D1357681

Colección Tamesis
SERIE A: MONOGRAFÍAS, 340

SPANISH GOLDEN AGE POETRY IN MOTION

THE DYNAMICS OF CREATION AND CONVERSATION

Tamesis

Founding Editors
†J. E. Varey

†Alan Deyermond

General Editor
Stephen M. Hart

Series Editor of Fuentes para la historia del teatro en España
Charles Davis

Advisory Board
Rolena Adorno
John Beverley
Efraín Kristal
Jo Labanyi
Alison Sinclair
Isabel Torres
Julian Weiss

SPANISH GOLDEN AGE POETRY IN MOTION

THE DYNAMICS OF CREATION AND CONVERSATION

EDITED BY

JEAN ANDREWS

AND

ISABEL TORRES

TAMESIS

© Contributors 2014

All Rights Reserved. Except as permitted under current legislation
no part of this work may be photocopied, stored in a retrieval system,
published, performed in public, adapted, broadcast,
transmitted, recorded or reproduced in any form or by any means,
without the prior permission of the copyright owner

First published 2014 by Tamesis, Woodbridge

ISBN 978 1 85566 284 1

Tamesis is an imprint of Boydell & Brewer Ltd
PO Box 9, Woodbridge, Suffolk IP12 3DF, UK
and of Boydell & Brewer Inc.
668 Mt Hope Avenue, Rochester, NY 14620–2731, USA
website: www.boydellandbrewer.com

A CIP catalogue record for this book is available
from the British Library

The publisher has no responsibility for the continued existence or
accuracy of URLs for external or third-party internet websites referred to
in this book, and does not guarantee that any content on such websites is,
or will remain, accurate or appropriate

Printed on acid-free paper

Typeset by

www.thewordservice.com

Contents

Contributors   vii

Acknowledgements   ix

Introduction   1
Isabel Torres and Jean Andrews

1.   La poesía mutante del Siglo de Oro   9
Aurora Egido

2.   Moving in …Garcilaso de la Vega's 'Dulces prendas por mi mal   41
halladas'
Isabel Torres

3.   The Movement of Thought and Feeling in the 'Ode to Juan de Grial'   59
Terence O'Reilly

4.   Metaphors of Movement in Two Poems of Fray Luis de León   73
Colin Thompson

5.   El tiempo medido en versos: Camila Lucinda en las *Rimas* (1609)   87
de Lope de Vega
Marsha S. Collins

6.   Upwards to Helicon: Lope de Vega, the *Laurel de Apolo*, and Acts   101
of Judgement
Mark J. Mascia

7.   'Dulce es refugio': El peregrino de Góngora se detiene   117
Noelia Cirnigliaro

8.   The Staging of Góngora's Three Funereal Sonnets for Margarita   131
de Austria Estiria
Jean Andrews

9. Jealousy in María de Zayas's Intercalated Poetry: Lyric Illness and   147
    Narrative Cure
        Dana Bultman

10. Hacia otra lectura del petrarquismo en Sor Juana Inés de la Cruz   165
        Verónica Grossi

11. El conde de Salinas y Leonor Pimentel: cuando se juntan el amor   185
    y la poesía
        Trevor J. Dadson

12. Poesía popular en movimiento: los jeroglíficos 'muy propios al intento 213
    y muy de su profesión' en las celebraciones de la Valencia barroca
        Carmen Peraita

13. Responding to Góngora: María Rosal and the Clori Poems   225
        Anne Holloway

14. Traveling in Place: Baroque Lyric Transports in Translation, or   243
    Flames that Bridge the Stream
        Amanda Powell

Works Cited   267

Index   291

Contributors

Jean Andrews: Associate Professor, Department of Spanish, Portuguese and Latin American Studies, University of Nottingham

Dana Bultman: Associate Professor, Department of Romance Languages, University of Georgia

Noelia Cirnigliaro: Assistant Professor, Department of Spanish and Portuguese, Dartmouth College

Marsha S. Collins: Professor, Department of English and Comparative Literature, University of North Carolina at Chapel Hill

Trevor J. Dadson: Professor, Department of Iberian and Latin American Studies, Queen Mary, University of London

Aurora Egido: Catedrática, Departamento de Literatura Española, Universidad de Zaragoza

Verónica Grossi: Associate Professor, Department of Languages, Literatures and Cultures, University of North Carolina at Greensboro

Anne Holloway: Lecturer, Spanish and Portuguese Studies, School of Modern Languages, Queen's University, Belfast

Mark J. Mascia: Associate Professor, Department of Foreign Languages and Cultures, Sacred Heart University

Terence O'Reilly: Emeritus Professor, Department of Spanish, Portuguese and Latin American Studies, University College Cork

Carmen Peraita: Professor, Department of Romance Languages and Literatures, Villanova University

Amanda Powell: Senior Lecturer, Department of Romance Languages, University of Oregon

Colin Thompson: Emeritus Fellow, St Catherine's College, Faculty of Medieval and Modern Languages, University of Oxford

Isabel Torres: Professor, Spanish and Portuguese Studies, School of Modern Languages, Queen's University, Belfast

Acknowledgements

This volume originated, for the most part, with papers presented at the Xth biennial conference of the *Society for Renaissance and Baroque Hispanic Poetry*, hosted by Queen's University Belfast in September 2011, although some participants kindly offered alternative papers to secure the intellectual coherency of the volume, and other contributors submitted their essays at our request.

We are most grateful to the following organisations which supported the conference so generously: the School of Modern Languages at Queen's, Belfast City Council, the *Banco de Santander* and the Spanish Embassy, London; and also to the School of Cultures, Languages and Area Studies at Nottingham and to the School of Modern Languages at Queen's for financial contributions that have facilitated the book's publication.

We would like to extend our warmest thanks to all our contributors for sharing their work with us and for their wonderfully positive commitment to this collaboration.

Introduction

ISABEL TORRES AND JEAN ANDREWS

Homer knew that poetry is a matter of motion. Once upon a pre-'theoretical' time, criticism of poetry inhabited poetry itself. It was inscribed in the self-conscious reflections of the early poets on the nature of their art, and in the narratological and metaphorical manoeuvres of their writing. The opening line of the *Iliad* compresses into a brief invocation to the Muse the essence of po-etry as a specialised form of discourse that travels over time and space, while it also points to the authority and accountability that is enshrined in poetic utter-ance. The narrator invokes the Muse: 'Sing, goddess, the wrath of Peleus' son, Achilles'. In this appeal to the daughter of Memory, there is more than a glimpse of poetry as the repository, mediator and voice of privileged knowledge, and a sense of its role as a dynamic locus of ideological value transfer and its claims to both temporal possession and timeless permanence. For in poetry's access to the past, its re-articulations in present upon present, it pretends to be owned by and to 'own' time. There are tensions in the Homeric figuring of poetry, and the poet's role, that would move theoretical debate for centuries: the compatibility of divine inspiration and artistic craftsmanship, the truth value of constructed poetic illusion, the stability of poetry's claim to communicate ethical wisdom, the affective power of its eloquence and the risks both for the individual body and for the body politic that might follow from intense emotional response. Close to Homer's own historical moment, Hesiod in the *Theogony* grasped a laurel staff on Mount Helicon, left his sheep and, divinely inspired, went off to sing of the aesthetic advantages of healthy emulative rivalry (*Works and Days*, 25–6). Pindar found fault with Homer's seductive fabrications, but was seduced himself by the idea of poetic apotheosis. His *Victory Odes* are sensitive to the transience of human life, but find compensation in language, which, unlike sculpture, has the power to transcend time and space. Poetry's capacity to move its reader beyond the imaginable limits of rationality constitutes boundary crossings of a different type, metaphysical and yet potentially socio-politically transgressive, and is at the core of equally fluid explorations, giving rise to Plato's attack, Aristotle's defence and Longinus' theory of the sublime. The *Illiad* opens, and opens up, a critical consciousness about poetry in, and as, motion that is still pertinent to present day, post-modern, literary practices. Madeleine Miller's award-winning debut novel, *The Song of Achilles* (2012),[1] sings Homeric 'wrath' in homo-erotic terms, while the British Poet Laureate Carol-Ann Duffy dips into 'myth's river' to catch and release 'a slippery golden boy' that takes the new form of a footballer, David Beckham, a different type of 'hero', with metro-sexual fashion habits and a vulnerable heel.[2]

In these new ways of telling the world, and themselves, through textual transformation, present-day poets return to the point of departure, retrieve, repeat, and find their beginnings. The *durée* is not erased in the process, expansion is accommodated in the conflation, and change is carried through and beyond the circle. This is the journey of Odysseus, and the self-conscious route of Homer's own writing. As he progresses back through his voyage home, Odysseus is presented as a wonderful teller of tales and, through them, becomes the maker and shaper of his own story. His ability to hold his various audiences captive is charged with erotic enthralment, analogous to the magical spells of Calypso and Circe and the seductive music of the Sirens. Odysseus, however, becomes the resisting receiver of the Sirens' song, not just because he has been pre-warned about the deception and violence within, but because to listen to their old song of Troy means to stop the ship (12.184–91), to forget the self in the fiction of the permanent, to allow stasis to interrupt his transformational journey. The constantly becoming 'other' that defines the movement of aesthetic metamorphosis, as both its subject and object, is emblematised in Odysseus's reaction to a different singer of Trojan tragedy, Demodocus (8.521–31). The conqueror weeps like a woman, weeps like the captives whose husbands have been lost, and moves closer to the waiting (and weeping) Penelope. The circular pattern of Odysseus's exilic narrative exists in relation to the story of the wife who weaves the shroud of Laertes by day and pulls out the woof threads by night. The story of Penelope's ruse to fend off suitors who would have her believe her husband dead, is told and retold three times in the poem (2.93–110; 19.137–57; 24.129–48). It is the story of a woman with time on her hands and who knows how to use it (and them). Penelope traces an alternative existential itinerary in this process of making, unmaking, and remaking; challenging the untrue with a fiction that ultimately alludes to truth. Roland Barthes suggests a binary in which women who sit and wait and sing, give shape only to absence

---

[1]   Madeleine Miller, *The Song of Achilles* (London: Bloomsbury, 2012).
[2]   Carol-Ann Duffy, 'Achilles (for David Beckham)' <http://www.sheerpoetry.co.uk/general-reader/carol-ann-duffy/achilles>; *The Mirror*, 16 March 2010 (accessed 31/7/2013).

and immobility, while men are mobilised and sail away.[3] But the arc of Odysseus's return voyage is resolved only in and through Penelope's symbolic acts of reinvention, in themselves a subjectively reconfigured temporal reality that disrupts the notion of fixity. Penelope's creative weaving finds its impetus in a nexus of anxiety, desire, and a compulsion to deal with something more than the ideology of the domestic. The 'text' she weaves is a strategic intervention, a way of dealing with contingency within and against the broader currents set by the returning waves of history.

The vernacular poetry of Golden Age Spain, cast into this liquid domain, as an active participant in a cultural and politico-ideological *translatio*, reaches us, therefore, like the movement of a boat in water, motion within motion. Individual poets, secular and sacred (from Boscán to Sor Juana Inés de la Cruz), map out their own voyages of discovery, but in their quest for the new, and in their movement away from the common*place*, are always (like colonisation itself) in tension with the traces of their origin. Or, as Aurora Egido demonstrates so persuasively in this volume, they chart their paths of exploration, testing out linguistic and epistemological freedoms and restraints, while always recognising that they are following in someone else's footsteps. Golden Age poetry tropes movement in all its forms (in adventures of seafaring, flying, walking, wandering, even the hurling of poetry to the river and the throwing of the voice to the wind), examining the interaction of historical and individual agency and the relational operations of identity formation. The poetic imagination is fired by the problem and potential of mobility and change in all spheres of life, but also in the cosmos. Against a background of mutable scientific and philosophical enquiry (notably the innovations of Copernicus, Kepler and Galileo) that interrogated motion, its different forms and its relation to time and space, poetic language transported the reader to the realm of the symbolic and therein tested the limits of human perspective.[4] The new science moved the earth and repositioned the sun, shaking the foundations of the human being's place in the greater scheme of things, but only under the operation of poetic metaphor could eyes become lips, fire cross water and human passion be seen to make the sun 'run'.

Golden Age poetry, embracing its own palimpsestuous quality, moves in these indistinct borderlands between changing worlds, part of a complex and often contradictory set of material and socio-political processes through which the transfer and transvaluation of belief systems and knowledge are in constant evo-

---

[3] See Roland Barthes, *A Lover's Discourse: Fragments*, trans. Richard Howard (London: Vintage, 2002), pp. 13–14.

[4] In a reflection on metaphor, Jacques Derrida reminds us that it derives from the Greek 'pherein', to carry or transport, and refers to the Odyssey's traditional recourse to the movement of a ship. See 'White Mythology: Metaphor in the History of Philosophy', *New Literary History*, 6 (1974), 1, 5–74.

lution. It is no surprise then that the project of poetry obsessively finds its *plus ultra* in a dynamic engagement with Ovidian myths of metamorphosis, in their urgent merging of realities that plays so provocatively with perspectives that suspension of belief is never quite total. Ovid's readers/viewers are not allowed to forget that the work of art exists in relation to, and is constitutive of, who and what they are, and where (and when). This reciprocal dynamism is a feature of the poetic in Velázquez's painting *Las hilanderas* (*Fábula de Aracne*) (El Prado, c. 1657), whose clashing and balancing of lighting, characters, impossible stairs, planes and proportions, has posed an iconological challenge which its double-naming does little to resolve. As Antonia Byatt realised in her own enigmatic revisioning,[5] Velázquez, like Ovid, gives us no sense of an ending, only threads to follow through the endlessly interconnected web where Ariadne meets Athene, Arachne, and even Daedalus. For the web is also a labyrinth, its intricate design an ambivalent symbol of human hubris and tenacious craftsmanship. And so it entraps us too in the seduction of art, the violence of higher powers, the precariousness of the ordinary, the desire to know who won. Arachne's story can remake Europa's or vice versa, or we have the licence to let the seventeenth-century 'spinners' undo it all and, like Penelope, to begin again.

The fourteen essays of this volume engage in distinct ways with the matter of motion in early modern Spanish poetics, without limiting the dialectic of stasis and movement to any single sphere or manifestation. Interrogation of the interdependence of tradition and innovation, poetry, power and politics, shifting signifiers, the intersection of topography and deviant temporalities, the movement between the secular and the sacred, tensions between centres and peripheries, issues of manuscript circulation and reception, poetic calls and echoes across continents and centuries, and between creative writing and reading subjects, all demonstrate that Richard Helgerson's central notion of conspicuous movement is relevant beyond early sixteenth-century secular poetics.[6] By opening it up we approximate a better understanding of poetry's flexible spatio-temporal co-ordinates in a period of extraordinary historical circumstances and conterminous radical cultural transformation.

    Aurora Egido, the newly-elected (23 May 2013) incumbent of Seat B of the Real Academia Española and the sixth woman currently sitting in the Academy, begins this collection with a lyrical and evocative meditation on the creative flow of poetry in Castilian over the course of the sixteenth and seventeenth

---

5   See A. S. Byatt, 'Arachne', in *Ovid Metamorphosed*, ed. Philip Terry (London: Vintage, 2001), pp. 131–57.

6   See Richard Helgerson, *A Sonnet from Carthage: Garcilaso de la Vega and the New Poetry of Sixteenth-century Europe* (Philadelphia: University of Pennsylvania Press, 2007).

centuries. She points out that the development of poetry over this period was forged from the complex interaction of the individual imagination of each poet, the oral and written transmission of influences, political factors, and, not least, the realities of the market for cultural production. In this comprehensive overview of the evolution of poetry in Castilian and its response to and re-invention of Classical, Christian and Italian sources, she argues that 'la poesía trató sobre todo de ser reina de sí misma', an ambition which conferred on the poet the status of theologian in an aesthetic moral universe. Citing the Jesuit Baltasar Gracián, she concludes that poetry is change, as life and love are change, and its mission therefore is to capture the change in movement through the dynamic power of its words, written or recited, read or heard.

Isabel Torres begins Part 1: 'Poetry in Creation', with a consideration of one of Garcilaso's best-known sonnets, 'Dulces prendas por mi mal halladas'. Using Plato as a point of departure, she examines the ways in which the sonnet reflects the temper of its own times. In her view, Plato's comments in the *Republic* about the risks of reader response suggest a paradigm for interactive engagement which constitutes an essential element of the consumption of textual art. This 'productive basis of interrogation and interpretation as dynamic, unfinished, business' provides an excellent approach to the literature of an era which revelled in its own multi-vocal fluidity. The invocation of Dido, Queen of Carthage, in herself symbolic of the end of one empire and the beginning of another, opens up tantalising tensions between the formal and ostensibly conventionally allusive sonnet, the tacitly apprehended stress of empire, and the early modern reader's awareness of Classical and vernacular tellings of her tale.

Terence O'Reilly explores the dynamic between secular humanist influences, already noted by scholars, and religious threads, which he identifies, in Fray Luis de León's ode to his friend and editor, Juan de Grial. In O'Reilly's view, the ode encapsulates 'the nobility of the writer's calling, and the suffering it may entail'. In this poem, Fray Luis uses the metaphor of the decline of the year from summer into autumn as a pretext to encourage his friend to engage in study and writing, at the same time contrasting his own difficulties with Grial's more fortunate circumstances. O'Reilly's exegesis of the religious implications latent in the poem's imagery suggests a darker counterpoint in the second half of the poem to the promising allusions of the first, creating a journey which is ultimately reflective of itself.

Colin Thompson argues that Fray Luis's 'Vida retirada' may best be understood through an analysis of imagery related to air and water, which are in constant flux across the poem and which may each be said to represent positive and negative aspects of emotional life. On the other hand, in Thompson's reading, Fray Luis's 'Noche serena', revolves on an axis turning one minute towards the heavens, the next back to the far-from-ideal earth. In each case the interplay between opposites is conveyed in movement, demonstrating that far from being primarily autobiographical, as has been the received opinion, these poems are, in fact, 'carefully and beautifully constructed as works of art' which sustain 'an intellectual argument through the flow of imagery'.

Marsha Collins examines the poems in the 1609, expanded edition of Lope de Vega's *Rimas* which are either specifically addressed to, or which refer to, the muse of the collection, Camila Lucinda, of which there are over thirty. Though Collins allows that the poems were not written in a deliberate chronological sequence, she argues that, as a whole, they convey the trajectory over time of a love affair, evincing 'una conciencia de la experiencia de enamorarse, gozar el amor y perderlo como un proceso dinámico vital, y como proceso temporal'. Citing Marina Warner, Collins explores the relationship between metaphor and metamorphosis in these poems, concluding that the final poem presents Lucinda as having achieved the purest form of being after passing through many stages, that of living on in memory.

Mark Mascia chooses as his subject Lope de Vega's 7,000-line *Laurel de Apolo* (1630), in which he discerns a constant upward movement as Lope locates himself in the Classical *locus amœnus* of Mount Helicon in order to issue judgements of a personal and ethical, as well as aesthetic, nature on his rivals. Lope's aesthetic and ethical judgements make it clear that he expected poets, whatever language they choose to write in, to observe the highest standards of truth, authenticity and beauty. Mascia attests that, in this respect, Lope was fully cognisant that 'language is not only an instrument of power; indeed, it is power' and must therefore be handled in an aware and responsible fashion. Lope's ire, in the *Laurel*, is directed at those who do not live up to these ideals. Here, Mascia concentrates in particular on Lope's rivalry with Jusepe de Pellicer and identifies the various darts flung at the royal chronicler and Gongorist from the heights of Mount Helicon by an ageing and rebarbative Lope.

Noelia Cirnigliaro's theme is the motif of *peregrinatio* in the poetry of Góngora, recurrent depictions of pilgrimage or secular travel the paradoxical function of which is to provide 'un medio para alcanzar una forma de quietud en paradas intermedias', occasions, in other words, for reflection. In particular, she concentrates on evocation of the noble host, secular or religious, whose wealth enables shelter to be offered to the wayfaring pilgrim, this relationship metonymic of that between artist and patron. The specific texts she chooses relate to episodes in Góngora's life when he was offered hospitality in the houses of the nobility, and the resulting poems are conventional acts of gratitude in which the house and the person of the host are praised.

Jean Andrews places the poems Góngora wrote to mark the death of Queen Margarita, wife of Philip III, in 1611, in the context of the funeral ceremonies conducted in Córdoba cathedral in January 1612. The three well-known sonnets, plus three other poems, subsequently published in the official account of the exequies, constituted a physical element of the ceremonial decoration of the cathedral. These texts were hung on the funereal catafalque housing a simulacrum of the queen's coffin, around which the congregation processed, perusing the multitude of valedictory poems, hieroglyphics and *imprese* rendering tribute to the queen's memory. They constituted, in themselves, points of stillness amid a confluence of curiosity and movement.

Dana Bultman examines María De Zayas's use of intercalated poetry in her *Novelas Amorosas* and *Parte Segunda del Sarao* as a means of creating an 'unsettling estrangement from love poetry slowly and in intervals' which has the effect of making the (female) reader aware of the invidiousness of prevailing amorous conventions, chiefly the propensity to lovesickness. Zayas achieves this by interspersing her tales with love poetry which is, in effect, parodic of the genre. The sheer number of parodic amatory poems she injects into her two collections, upwards of seventy-five in total, indicates, in Bultman's view, the currency of this form amongst Zayas's contemporaries and perhaps explains the vehemence of the novelist's counter-argument.

As Verónica Grossi observes, Sor Juana Inés de la Cruz is now no longer to be regarded as a *rara avis* whose work must be exclusively regarded through the lens of feminist recovery of misunderstood women writers. Rather, as Jane Stevenson has proved, she was a lettered woman in communication with other lettered women across Europe and viewed as an equal by the cultured, literary men in her own circle.[7] Grossi therefore sets out to explore Sor Juana's work as poetic text, focusing on Petrarchan intertextuality. She provides a comprehensive overview of the establishment of Petrarchism amongst poets in New Spain, from the mid-sixteenth century on, as an introduction, and proceeds to a reading of Sor Juana's output which shows how she confidently subverted Petrarchan rhetoric, turning the conventional 'acto de imitación' into 'una demostración de la fuerza creadora de su pluma', in a statement of *criollo* rather than specifically feminist independence.

Trevor Dadson begins Part 2: 'Poetry in Conversation', with an exploration of the function of poetry in the long, complex and ultimately frustrated amorous and literary relationship between Diego de Silva y Mendoza, Count of Salinas, one of Góngora's lauded noble hosts and himself a noted poet, and Leonor de Pimentel, the orphaned daughter of the Marquis of Távara, some of whose poetry also survives. In his view, the evidence proving that Salinas's conventional Petrarchan love poetry was also rooted in a very real relationship invites

---

[7] See Jane Stevenson, 'Sor Juana Inés de la Cruz and the Position of the Woman Intellectual in Spanish America', in *Mexico 1680: Cultural and Intellectual Life in the* Barroco de Indias, ed. Jean Andrews and Alejandro Coroleu (Bristol: HiPLAM, 2007), pp. 81–108.

the following intriguing question: are there other instances of amorous collaboration which 'nos obligará a repensar nuestras actitudes hacia la poesía
petrarquista y dejar de verla como algo tan convencional y trillado'?

Carmen Peraita returns to the topic of ephemeral poetry framed as part of
a festivity: specifically the poetry incorporated into the Valencian celebrations
of the Immaculate Conception in 1662 following the decree stating the puta-
tive doctrine issued by Alexander VII. This poetry is visual and visible,
usually part of a hieroglyph for the benefit of the illiterate and always mounted amid lavish decoration. She considers a variety of displays organised by
lay and church entities, all of which taken together demonstrate not only the
concrete nature of civic and communal life in Valencia at the time but, at a
more abstract level, 'los complejos intercambios comunicativos que ese tipo
de producción poética suscitaba'.

Anne Holloway explores a poetic conversation which takes place across the
centuries between Luis de Góngora and the contemporary Cordoban poet
María Rosal Nadales. She sites Rosal in two complementary contexts: that of
rare but extant poetic responses by early modern Hispanic female poets, lay
and religious, to the work of contemporary male poets probably not person-
ally known to them; and the significant Spanish twentieth-century current of
poetic response to Góngora, adding that Rosal's 'scholarly approach also
permits the recovery of the complexity of Góngora's own responses to the
Renaissance legacy of Garcilaso'.

Amanda Powell routinely engages in poetic conversation of the most direct
sort as a translator. In this instance, she writes as a renowned translator of
Spanish baroque poetry. She argues that a full understanding of the importance
of Epicurean and Stoic models in early modern poetry is fundamental to the
production of a culturally-sensitive translation of this work. She offers an
insight into her own pragmatic approach as a translator, using her translations
of Sor Juana and other early modern Hispanic cloistered women as examples,
and compares her own solutions with those proffered by other well-known
translators. Her diagnosis of her relationship with a poem to be translated:
'when I translate, the edifice of a poem moves and responds as I climb around
inside and examine it for reformulation', suggests that the translator's encounter may indeed constitute the most intense experience of all those listed here
of poetry in motion.

1

La poesía mutante del Siglo de Oro

AURORA EGIDO

Para los lectores actuales, 'Poesía en movimiento' remite sin duda a la antología de signo vanguardista preparada en 1966 por Octavio Paz y José Emilio Pacheco en la que estos pretendían recoger los poemas de quienes hubieran contribuido a la transformación de la poesía mejicana desde el Modernismo.[1] El asunto no es baladí, si tenemos en cuenta lo que el Barroco simbolizó, desde su invención, para los modernos, sobre todo a partir de los *Conceptos Fundamentales de la Historia del Arte* (1915) de Heinrich Wölfflin, que lo caracterizó precisamente como búsqueda del movimiento.[2] El siglo XX asignó además con esa palabra toda actitud de cambio artístico, cualquiera que fuese su naturaleza, cosa que sabía ya Cervantes cuando afirmó que 'los tiempos mudan las cosas y perfeccionan las artes'.

Por otro lado, cabría recordar cómo, para Antonio Machado, 'la poesía es palabra esencial en el tiempo', razón por la que Juan de Mairena se autodenominaba 'poeta del tiempo', aunque se considerara a sí mismo alejado de la estética barroca representada por el soneto de Calderón 'Estas que fueron pompa y

---

[1]   Evodio Escalante, 'Octavio Paz y los cuarenta años de la Poesía en Movimiento', *La Jornada Semanal*, 599 (27 de agosto de 2006). La antología, en la que también colaboró Ali Chumacero, comenzaba en 1915 y en ella hubo exclusiones tan significativas como la de Alfonso Reyes, acusado de haber escrito al filo de las vanguardias. Octavio Paz tiene además un poema titulado 'Movimiento', que comienza: 'Si tú eres la yegua del ámbar'. En relación con el título inglés del Congreso, *Poetry in Motion*, Corominas-Pascual (*Diccionario crítico etimológico castellano e hispánico*, ed. Joan Corominas y José A. Pascual) señalan que *moción* (movimiento), con cierto arraigo en nuestros días, fue cultismo raro en el siglo XVI. Es un anglicismo semántico admitido en la RAE (1869), pero con la protesta de Salvá y Baralt.

[2]   Aurora Egido, *El Barroco de los Modernos. Despuntes y pespuntes* (Valladolid: Universidad de Valladolid, Cátedra Miguel Delibes, 2009), y 'El Barroco en el laboratorio de las revistas', en *El Siglo de Oro en la España contemporánea*, ed. Hanno Ehrlicher y Stefan Schreckenberg (Madrid: Iberoamericana-Vervuert, 2011), pp. 23–52.

alegría'.[3] La temporalidad de la palabra y sus valores cinéticos vienen de lejos y forman parte esencial de la misma en el plano de la oralidad y en el de la escritura. Recordemos que el lenguaje, basado a un tiempo en la mutabilidad y en la inmutabilidad, se sirve de los recursos de *transcripción, traducción, translación, transliteración, trasposición, mutación* y otros muchos que la poesía utiliza con fines propios.[4] Esta se asienta precisamente en la transformación y hasta en la mutilación del lenguaje ordinario a través de toda una serie de procedimientos como la imagen, la metáfora, la alegoría, la metátesis, la metonimia, la metalepsis o la metábasis, que producen nuevos significados.[5] También habría que considerar las numerosas acepciones aristotélicas de *movimiento*, aparte de que ya Marsilio Ficino hablaba de la transfiguración poética de las cosas.[6] Cabría además contar con la fuerza generadora de las palabras y la que arrastran determinados sintagmas poéticos consolidados, como 'Estos de …' o 'Estas que me dictó …', desde Rioja y Medrano a Góngora, ofreciendo novedades temáticas y formales a partir de dicha pauta.[7]

El asunto es complejo, pues hasta la gramática está sujeta a una transformación constante que se agudiza aún más en los usos poéticos marcados por la retórica de la *mutatio*, que además tiene en cuenta el grado supremo de la persuasión.[8] En ese sentido, es fundamental recordar cuanto concierne al *movere* como parte

---

[3]   Pedro Cerezo Galán, *Palabra en el tiempo. Poesía y filosofía de Antonio Machado* (Madrid: Gredos, 1981), por extenso.

[4]   Baste repasar dichos términos en Fernando Lázaro, *Diccionario de términos filológicos* (Madrid: Gredos, 1987), quien recuerda las cualidades de mutabilidad e inmutabilidad del lenguaje enunciados por Saussure, que también conviene aplicar a la poesía por lo que en ella permanece de intangible a la vez que de alteración de las palabras.

[5]   Entre otros muchos, cabe recordar los cambios en los tiempos verbales o los movimientos transformacionales de inversión, sustitución, etc., enunciados por los generativistas, así como los que afectan a las estructuras lingüísticas de la poesía (los 'couplings' de Levin), en el ámbito fónico, rítmico, sintáctico, semántico, métrico, etc. Y otro tanto ocurre con los conceptos de analepsis, prolepsis, perífrasis, etc., y aquellos relacionados con la gradación y sucesión de palabras. Véase Angelo Marchese y Joaquín Forradellas, *Diccionario de retórica, crítica y terminología literaria* (Barcelona: Ariel, 2000).

[6]   Generación, corrupción, aumento, disminución, alteración y traslación y todo lo referido al movimiento fueron fundamentales en la filosofía aristotélica y en la posterior, hasta llegar a la teoría de la relatividad de Einstein. Véase, por extenso, la voz *movimiento* en José Ferrater Mora, *Diccionario de filosofía* (Barcelona: Ariel, 1994), que considera también la de *devenir*. Para Ficino, Eugenio Garín, *La revolución cultural del Renacimiento* (Barcelona: Crítica, 1981), p. 156.

[7]   Begoña López Bueno, 'Tópica y relación textual: Unas notas en la poesía española de las ruinas en el Siglo de Oro', *Revista de Filología española*, LXVI (1986), 59–74.

[8]   Para la *mutatio* por medio de figuras y tropos, H. Lausberg, *Manual de retórica literaria* (Madrid: Gredos, 1980), pp. 256–7, 331, 552, etc. Ya Aristóteles, *Retórica*, ed. de Quintín Racionero (Madrid: Gredos, 1990), pp. 29–30, 93, 112 ss. y 175–7, puso el énfasis en la comunicabilidad persuasiva a todos los niveles. Para su implicación, desde Aristóteles y Cicerón hasta Schiller, véase Gert Ueding, '*Rhetorica Movet.* Acerca de la genealogía retórica del *Pathos*', *Anuario Filosófico*, 31 (1996), 567–79.

sustancial que, junto al *delectare* y el *prodesse*, afecta a la finalidad misma de la poesía, que busca los afectos y la conmoción psíquica por medio de pensamientos y palabras.[9] Hablamos del movimiento último de la poesía que no acaba en sí misma, sino que trata de inducir a simpatía y cambios en los sentimientos a través de los medios más diversos codificados por la retórica clásica.[10] Estos constituyen también toda una poética que implicaba, como dice Lope en el *Arte nuevo*, un mudarse a sí mismo para mejor mover al oyente. La persuasión afectaba tanto al *ars dicendi* como al *scribendi*, y supuso toda una revolución en la oratoria, en el teatro y en la misma poesía del Siglo de Oro. El propio Lope atacó precisamente a Paravicino, a Góngora y a los cultos por sus excesos, apoyando otros recursos persuasivos como los de la *actio*:

> Dejad, ¡oh padres!, los conceptos vanos
> que Dios no ha menester filaterías
> sino celo en la voz, fuego en las manos.[11]

Recordemos que, para Aristóteles, todo cambio consiste en un proceso causado por un agente móvil, que actúa como una causa eficiente, semejante a la del alma de las cosas.[12] En la *Física* 'el pensar ya es un movimiento', aparte de implicar un paso que supone llegar a ser desde lo que no se es, o, por decirlo en términos bien conocidos para Calderón y sus coetáneos, pasar de la potencia al acto.[13] Ello supone no sólo los conceptos de génesis y de *dýnamis*, sino los

---

[9]   H. Lausberg, *Manual de retórica*, vol. I, pp. 228 ss., para el *movere* como tercer grado del *persuadere* en Cicerón y Quintiliano.

[10]   Véase *inducción* en Cicerón, *La invención retórica*, ed. Salvador Núñez (Madrid: Gredos, 1997), p. 146; y Cicerón, *Sobre el orador*, ed. Javier Iso (Madrid: Gredos, 2002), libro II, pp. 114–31, 281 ss, 287 y 300 ss. Téngase en cuenta además la persuasión por medio de la *actio*, que incluye la voz, los gestos y el movimiento del cuerpo, según la *Retórica a Herenio*, ed. Salvador Núñez (Madrid: Gredos, 1997), pp. 189 y 196 ss. Téngase en cuenta además que conmover ya aparece en el *Cancionero de Baena*, como indican Corominas-Pascual.

[11]   Francis Cerdan, 'La emergencia del estilo culto en la oratoria sagrada del siglo XVII', *Criticón*, 58 (1993), 61–72. La evolución ideológica que el Concilio de Trento supuso, en ese terreno y en la elocuencia en general, trató de apelar constantemente al movimiento de los afectos partiendo del *De doctrina christiana* de San Agustín. Sobre ello, Xavier Tubau, 'Agustín en España (siglos XVI, XVII). Aspectos de estética', *Criticón*, 107 (2009), 29–55.

[12]   Véase A. C. Crombie, 'Dynamics. Terrestrial and Celestial', *Augustine to Galileo 2. Science in the Later Middle Ages and Early Modern Times. 13th–17th Century* (Harmondsworth: Penguin Books, 1969), pp. 61 ss. Para Aristóteles, todo lo que se movía debía ser movido por algo (por ejemplo, el alma de las cosas). Acabada la causa, acabado el efecto.

[13]   Aristóteles, *Física*, ed. Guillermo R. de Chandía (Madrid: Gredos, 1995), pp. 14ss., donde se sintetizan los postulados aristotélicos y platónicos del movimiento, desde una posición muy diferente a la actual. Para Platón, era una mezcla admirable de ser y no ser. Para Aristóteles, la materia es un no ser que llega a ser al pasar de la potencia al acto (p. 20). Asunto que creemos fundamental cara a la construcción de los autos sacramentales. Véase Aurora Egido, 'Bases artísticas del *Concepto imaginado* y del *Práctico concepto* en Calderón', *Homenaje a Leonardo*

cambios en la materia y en la forma, como ocurre con la transición del mármol
que se convierte en la estatua de Hermes, lo que, en realidad, implica un proceso,
un devenir, y, en definitiva, un cambio.[14] Todo lo que hay bajo la luna es mutable
y contingente, de forma que la poesía no es, en buena parte, sino un conjunto
de 'Mutability Cantos', por decirlo con palabras de Spencer, que tanto tienen
que ver con lo perecedero y con la muerte.[15]

No debe olvidarse que la evolución poética, además de situarse en el ámbito
de la Historia Literaria en la que se inserta, se origina en la de cada autor en
concreto, ya hablemos de la intensidad de Góngora hacia lo oscuro, formulada
por Dámaso Alonso, o de un Lope ecléctico y evolutivo como el de la 'Epístola
a Juan de Arguijo'.[16] Están además los problemas relacionados con los cambios
producidos por las fuerzas centrífugas y centrípetas dentro de la península y
al otro lado del Atlántico. Pero también los impulsados por la difusión temporal
de la poesía en su transmisión oral, ya sea recitada o cantada, y los que a su vez
se producen por la escrita e impresa. Fernando Bouza acuñó precisamente en
Corre manuscrito un proceso largamente analizado en los últimos años desde

Romero Tobar (Zaragoza: Prensas Universitarias de Zaragoza), en prensa. Aparte habría que
considerar el proceso de gestación del poema, sujeto a constantes revisiones y cambios, como
confirman los borradores rotos de Periandro en El Persiles o la horaciana labor de lima, tan
presente en los Argensola. Véase además Giuseppe Mazzochi, 'La biblioteca imaginaria del
genio', La hidra barroca: Varia lección de Góngora, ed. Rafael Bonilla y G. Mazzochi (Sevilla:
Junta de Andalucía, 2008), pp. 55–80.

[14] Aristóteles, Física, pp. 21–5. Para él, como para los trágicos griegos, la phýsis es un poder
que gobierna las cosas (p. 619). En el libro V, pp. 298ss., estudia las distintas clases de movimiento y los cambios que de ello se deducen (p. 303). Y véanse, para el movimiento circular
y el rectilíneo, pp. 480 ss. Sobre su implicación en la temática figurativa, Giulio Claudio Argan,
'La Rettorica Aristotelica e il Barocco. Il concetto di persuasione come fundamento della
tematica barocca', Kunstchronick, 8 (1955), 91–3, quien señala cómo la interdependencia entre
pintura y poesía se transforma en la de pintura-elocuencia a partir de Tasso, con todo lo que ello
implica respecto al asunto tratado.

[15] C. S. Lewis, La imagen del mundo (introducción a la literatura medieval y renacentista) (Barcelona: Antoni Bosch, 1980), pp. 108 y 150. También habría que tener en cuenta el
tertium quid, es decir, los espíritus que unían cuerpo y alma (p. 127), recordados por John
Donne, pero que vemos igualmente en Garcilaso, Herrera y otros. Dejamos aparte el campo
de la mecánica en la poesía del Siglo de Oro, tan relacionada con Aristóteles, Sobre las líneas
indivisibles. Mecánica, ed. Paloma Ortiz (Madrid: Gredos, 2000), pp. 58 ss. Éste vinculó el
movimiento a los cuatro elementos, al lugar, al vacío, al tiempo, etc., creyendo necesario un
movimiento eterno producido por un motor inmóvil circular y no lineal. Cicerón, en el Sueño
de Escipión, creía que el alma es la única de entre todas las cosas que se mueve a sí misma
porque es eterna. Véase Filón de Alejandría, Sobre los sueños. Sobre José (Madrid, Gredos,
1997), p. 16. Como es sabido, los 'Mutability Cantos' (1606) de Spencer en The Faerie Queen
cuestionaban la relación del cambio con la vida o con la muerte, como hicieron Shakespeare
y otros autores.

[16] Gary J. Brown, 'Lope de Vega's Evolving Rhetoric and Poetics: the Dedicatory Epistle
to Arguijo (Rimas, 1602)', Hispanófila, 1 (2009), 29–49.

los conocidos presupuestos de Rodríguez Moñino.[17] Claro que esa perspectiva debe ser corregida con las matizaciones recientes de Trevor Dadson, que ha mostrado cómo la poesía corrió sobre todo impresa a partir de finales del siglo XVI y principios del XVII, siendo Lope quien más contribuyó a ello.[18] Afirmación que también refrendan los libros que incluyen poesía de justas y academias o aquellos otros en prosa que la recogen entre sus páginas. Sin olvidar la edición ingente de obras de poesía dramática, ya se tratase de tragedias, comedias, autos o entremeses, aparte romanceros, cancioneros y florestas varias, publicados ya desde mediados del XVI. Los libros de poesía también evolucionaron en su configuración, desde las *Obras de Boscán y Garcilaso* (1543) al *Parnaso español* de Quevedo (1648), abandonando la secuencia de cancionero petrarquista y sujetándose a criterios de variedad como los de las rimas esparcidas, que suponían una nueva forma de lectura.[19]

Claro que, antes de su transmisión, la poesía nace, a impulsos anímicos, del encadenamiento de las grafías en una sucesión espacial que implica el movimiento de la mano sobre la página en blanco y cuanto ello supone a todos los niveles, desde los manuales de escribientes a la escritura viva de los poetas.[20] Pues, como decía Francisco de la Torre y Sebil, la pluma es una flecha que traslada 'todo el aire del volar/ al aire del escribir'.[21]

Pero el movimiento de la escritura, en consonancia con el de la voz, no acaba en sí mismo, ni siquiera en su traslación manuscrita o impresa, sino que produce toda una serie de cambios, incluidos los que el autor busca a veces de correspondencia, como la de Lope en el poema 'Agora creo, y en razón me fundo', dirigido a una Amarilis indiana que le había escrito desde el otro mundo. Él le corresponde a través de los mismos tercetos ('a cuyo dulce estilo me acomodo') que ella le había

---

[17] Antonio Rodríguez Moñino, *Construcción crítica y realidad histórica en la poesía española de los siglos XVI y XVII* (Madrid: Castalia, 1965); Fernando Bouza, *Corre manuscrito. Una historia cultural del Siglo de Oro* (Madrid: Marcial Pons, 2001); y Antonio Carreira, 'El manuscrito como transmisor de Humanismo en la España del Barroco', *Barroco*, ed. P. Aullón de Haro (Madrid: Verbum, 2004), pp. 597–618.

[18] Trevor Dadson, 'La difusión de la poesía española impresa en el siglo XVII', *Bulletin Hispanique*, 113 (2011), 13–42, quien señala la existencia de 278 libros de poesía con 417.000 ejemplares editados entre 1600 y 1650. Conclusión que también refrenda con los inventarios de libros poéticos, y que continuó en la segunda mitad del siglo XVII.

[19] Ignacio García Aguilar, *Poesía y edición del Siglo de Oro* (Madrid: Calambur, 2009), al hilo de estudios anteriores de Pierre Civil, Felipe Pedraza o Pedro Ruiz, entre otros, ha analizado 193 ediciones en ese período regido por el marbete de las rimas varias.

[20] Véase Aurora Egido, *La voz de las letras en el Siglo de Oro* (Madrid: ABADA, 2003), y 'La dignidad de la escritura', *Bulletin Hispanique*, 114 (2012), 1, 9–39.

[21] *Paraíso cerrado. Poesía en lengua española de los siglos XVI y XVII*, ed. José María Micó y Jaime Siles (Barcelona: Galaxia Gutenberg, 2003), p. 597, por cuyo título abreviado citaremos más adelante.

enviado, haciendo así que la armonía amorosa fuera también métrica.[22] Lope fue maestro en el arte de acomodar el verso al sentido de las palabras, como tantas veces mostró en sus 'barquillas' o en sus letras para cantar ('¡Hola, que me lleva la ola!;/ ¡hola, que me lleva la mar!').[23] Pero sobre todo nos hizo tomar conciencia como pocos del ir haciéndose el poema en el conocido soneto a Violante, que tanto recuerda al Garcilaso que se preguntaba: 'Mas, ¿dónde me llevó la pluma mía?,/ que a sátira me voy mi paso a paso/ y aquesta que os escribo es elegía.' Artífice del ritmo y del movimiento, Lope supo de la musicalidad y el vaivén de las palabras a lo divino y a lo humano ('A la dana dina/ a la dina dana/ a la dana dina,/ Señora divina').[24] Y fue precisamente en el venero de la poesía tradicional donde esas sensaciones se hacían más perceptibles, como ocurre también con el romance de Góngora 'La más bella niña', donde todo el sentimiento de soledad por una ausencia reside en el movimiento rítmico que se amansa finalmente con la sensación de abandono en el estribillo: 'dejadme llorar/ orillas del mar'.[25]

Los poetas trataron de alcanzar en sus versos la armonía del mundo, todo concordia y medida, como muestra el poema de Bartolomé Cairasco de Figueroa 'Música', donde esta se adapta a los movimientos del cosmos a través de series enumerativas antitéticas que reflejan en la escritura la *discordia concors*.[26] La metáfora fue el vehículo fundamental a través del cual se podía transferir nueva vida a las palabras, dentro de los cauces de la lógica aristotélica, pero también era posible hacerlo desde la disimilitud y la desproporción agustinianas de las paradojas, como muestra una larga tradición que, desde los *Paradossi* de Lando, llegó a la poesía de John Donne. Así se probaba que la tensión artística tenía también su correlato científico en la revolución copernicana y que la metáfora

---

[22]   Por razones de espacio, en determinados casos, citaremos por *Mil años de poesía española*, ed. Francisco Rico (Barcelona: Planeta, 2009), p. 334 (en adelante, *Mil años de poesía*, y página correspondiente).

[23]   *Mil años de poesía*, p. 348.

[24]   *Mil años de poesía*, p. 361. Como me indica Federico Corriente, a veces las onomatopeyas provienen de otras lenguas tomadas libremente; en este caso, del árabe 'wa-gina, wa-dina, dan, dan' ('y canto y dina, dan, dan'). Véase Emilio García Gómez, *Todo Ben Quzman* (Madrid: Gredos, 1972), III, p. 450. También cabría recordar al Lope ventrílocuo y al que rompió moldes convencionales. Véase Yolanda Novo, *Las Rimas sacras de Lope de Vega. Disposición y sentidos* (Santiago de Compostela: Universidad de Santiago de Compostela, 1990), pp. 270 ss.

[25]   La poesía tradicional, desde los bateleros del Volga a los cantos de siega o los de minas, está llena de secuencias rítmicas que acompañan el movimiento de la naturaleza o el de las actividades humanas, como ya vieron los formalistas rusos. Lope ofrece infinidad de ejemplos en los que el verso acuna las ideas en amorosos vaivenes. Recordemos, por ejemplo, 'Pobre barquilla mía' (*Paraíso*, pp. 412–16), o el que ofrece, con el juego de heptasílabos y pentasílabos, el poema 'Blancas coge Lucinda'. Y otro tanto ocurre con el de Bernardino de Rebolledo: 'Entraréis en el agua/ barquero nuevo,/ y sabréis a qué sabe/ batir los remos' (*ib.*, p. 587), o el de Francisco de Borja, Príncipe de Esquilache: 'Llamo con suspiros/ el bien que pierdo/ y las galerillas/ baten los remos' (*Paraíso cerrado*, pp. 562 ss.).

[26]   *Paraíso cerrado*, pp. 231 ss.

puede ser una manera de resolver éticamente la ambigüedad moral, las incongruencias y hasta los conflictos en épocas de crisis.[27]

La poesía se sostiene y mueve con el ritmo y con las rimas, pero también con el *numerus* de sus versos, que rescatan, como ocurre en los sáficos de Esteban Manuel de Villegas, la música interna de los hexámetros latinos, tantas veces entrevistos al son del 'Dulce vecino de la verde selva,/ huésped eterno del abril florido', que rescataría siglos después Rubén Darío. Pues si primero fue la voz y luego la letra, lo cierto es que esta contiene a ambas y el trasiego de lo oral a lo escrito y viceversa es constante, como forma y fondo que vive en variantes, tanto en la poesía tradicional como en la culta. Las academias y las justas son un buen ejemplo, por no hablar del teatro a todos los niveles.

Hay que contar además con el componente musical de zarzuelas, autos, comedias, entremeses y óperas, lo que supone todo un ir y venir de partituras y textos que se convierten en canto o recitado mediante el que la palabra se mueve y conmueve, y que a la vez vuelven a ser texto moviente a tenor de la circunstancia que los impulsa. Todo ello conllevó una serie de transformaciones que, desde *El maestro* (Valencia, 1535) de Luis Milán y *Los seis libros del Delfín de Música* (Valladolid, 1538) de Luis de Narváez a las zarzuelas y óperas calderonianas, supusieron además un movimiento, en los cancioneros y flores de romances, de lo popular a lo artificioso y lo lírico cuyo espacio verbal prolongaba la música a través de repeticiones y ecos.[28] Pero no hay que ir tan lejos para demostrar las sutiles formas de unión entre palabras y sonidos. Sobre todo si recalamos en la sutileza de algunos hipogramas, como el dedicado 'A Córdoba' por don Luis de Góngora, en donde el ojo y el oído ven aflorar el silabeo y las grafías que componen el nombre de la ciudad verso a verso.[29]

El movimiento o acto de mover implica tal cantidad de acepciones y conceptos que su simple constatación resulta casi inabarcable, sobre todo porque estos se multiplican aún más si cabe en el territorio de la poesía, que, en definitiva, crea y recrea el lenguaje transformándolo continuamente.[30] Por otro lado, el valor

---

[27] Patrizia Grimaldi Pizzorno, *The Ways of Paradox from Lando to Donne* (Firenze: Leo S. Olschki, 2007), pp. 24 ss., quien se basa en Peter Burke, *On Symbol and Society* (Chicago, IL: University of Chicago Press, 1989), y en Paul Ricoeur, *The Rule of Metaphor: The Creation of Meaning in Language* (London y Nueva York: Routledge, 2003). La poesía burlesca se sustentó ampliamente en la tradición paradójica, como ha demostrado Valentín Núñez Rivera en *Paradojas*, ed. Cristóbal Mosquera (Salamanca: Universidad de Salamanca, 2010).

[28] Ya lo destacó R. O. Jones, *Historia de la Literatura Española. 2. Siglo de Oro: Prosa y poesía* (Barcelona: Ariel, 1974), p. 179. Y véase la introducción a Calderón de la Barca, *La fiera, el rayo y la piedra*, ed. Aurora Egido (Madrid: Cátedra, 1989).

[29] Andrés Sánchez Robayna, 'Córdoba o la Purificación', *Syntaxis*, 18 (1988), 39–43.

[30] *Mover* en el *Tesoro* de Covarrubias: 'menear de un lugar a otro'. Y véase el amplio artículo dedicado a dicha voz en Corominas-Pascual: 'partir, ponerse en movimiento', quienes lo recogen a partir del *Cantar de Mío Cid* y Berceo, junto a sus derivados (*motivo, motivar*),

órfico, que es patrimonio de aquella, consiste esencialmente en su capacidad de cambiarlo todo, incluido el movimiento mismo, como recuerda Garcilaso en la 'Ode ad florem Gnidi', donde además, como en tantos proemios y dedicatorias, se confirma que la poesía requiere detención y silencio para entrar en otro espacio y otro tiempo con movimiento propio:

> Si de mi baja lira
> tanto pudiese el son, que en un momento
> aplacase la ira
> del animoso viento
> y la furia del mar y el movimiento.[31]

Juan de Arguijo creyó precisamente años más tarde en su silva 'A la vihuela' que el toledano lo había conseguido, al recordar la 'famosa lira/ del que al mar arrojado/ supo aplacar la ira'.[32]

Sin adentrarnos en la compleja biografía de Orfeo y de la filosofía secreta que dio pie a tantas transformaciones, lo cierto es que este no solo encarnó las paradojas de la inmortalidad del alma envuelta en el cuerpo transitorio, así como la capacidad de transformar el mundo y conmover a los dioses infernales por medio de la palabra y de la música, sino de amansar a los tigres y a los leones, como dijo Boscán.[33] Milagros de dominio, parejos a los del arte, que se trasladaron a las églogas en prosa y en verso, a los autos o al *Orfeo* de Montalbán y al de Jáuregui, tan llenos de cantos y encantos modificadores como los de *El Divino Orfeo* de Calderón de la Barca.[34]

incluidos los poéticos (*inmovible*, en Aldana). Cultismos como *emoción*, *emocionar* no se incorporan hasta el XIX y el XX. Lo cierto es que es bastante difícil separar, en dichas áreas semánticas, lo físico de lo espiritual. Más allá de la evidencia ('al ave, el vuelo', como diría Pedro Soto de Rojas), ya Alonso de Palencia en 1490 recogía *mover*, *movible*, *movido*, *movimiento*, etc., y daba muchos derivados de *ago-agis* y *alo-as* (*mover aire*), señalando que *cupiditas* es el movimiento de ánimo para querer. Lidio Nieto y Manuel Alvar Ezquerra, *Nuevo tesoro lexicográfico del español siglo XIV–1726* (Madrid: Visor, 2007), muestran, como el mencionado Alonso de Palencia, lo inseparable de tales voces a lo largo del tiempo.

[31] Garcilaso de la Vega, *Obra poética y textos en prosa*, ed. Bienvenido Morros (Barcelona: Crítica, 2001), p. 90, donde se señalan las fuentes ovidianas. Creo que en esa lira debería tenerse en cuenta el juego entre 'momento' (de *momentum*, movimiento, instante, ya en el *Corbacho*, según Corominas-Pascual) y 'movimiento'.

[32] *Paraíso cerrado*, p. 432.

[33] Alberto Bernabé, 'Orfeo, una *Biografía* compleja', en Alberto Bernabé y Francesc Casadesús, *Orfeo y la tradición órfica. Un reencuentro* (Madrid: Akal, 2008), pp. 15–32. Téngase en cuenta la unión de música y palabra desde la Antigüedad, según F. Casadesús, *ib.*, pp. 33 ss. Y véase Jean-Michel Roesti, 'Imágenes de Orfeo en el arte judío y cristiano', cap. IX, para la transformación de Orfeo en Cristo Salvador. Y, por extenso, Isabel Torres (ed.), *Rewriting Classical Mythology in the Spanish Baroque* (Londres: Támesis, 2007).

[34] Pedro Cabañas, *El mito de Orfeo en la literatura española* (Madrid: CSIC, 1948), y, por extenso, Pedro Calderón de la Barca, *El divino Orfeo*, ed. J. Enrique Duarte (Pamplona y Kassel:

Hablamos de toda una tradición órfica inaugurada y luego canonizada en España gracias a Garcilaso de la Vega, que se vinculó a la sabiduría oculta y a la magia, así como a la fuerza de la palabra poética, capaz de hacer coincidir los opuestos desde Ficino y Pico.[35] Pero, en el paso del mito al *logos* o de Orfeo al orfismo, se encarna además la inmortalidad de la palabra poética, que seguirá cantando, más allá de la muerte, 'la voz a ti debida'. Por otro lado, frente a las sirenas, Orfeo encarna, en la secuencia de los argonautas, la capacidad de la poesía para retener y encantar al auditorio, convirtiéndose además en espejo de los poetas y paradigma del mudar, mover y conmover.

Bajo el signo de Orfeo no solo era posible transformar la naturaleza a través del arte, sino la poesía misma en todos los planos del fondo y de la forma. A este respecto, la estrofa L del *Polifemo* nos parece el paradigma horaciano de la misma creación poética, y no solo por cuanto implica de imitación compuesta, sino de capacidad para transformar ingeniosamente el lenguaje como hacen las abejas con las flores más diversas. Pues en esos versos Góngora aplica sudores y néctares virgilianos a un discurso poético libado en la *Naturaleza de las cosas* de Lucrecio y en otras fuentes, para demostrar hilando (y nunca mejor dicho) sus propios afanes poéticos a la hora de dar movimiento y vida a las palabras y a las imágenes transformándolas:

> Sudando néctar, lambicando olores,
> senos que ignora aun la golosa cabra,
> corchos me guarden, más que abeja flores
> liba inquïeta, ingenïosa labra;
> troncos me ofrecen árboles mayores,
> cuyos enjambres, o el abril los abra,
> o los desate el mayo, ámbar distilan
> y en ruecas de oro rayos del sol hilan.[36]

Universidad de Navarra y Ed. Reichenberger, 1999). Para su recepción, desde Marsilio Ficino, Poliziano y otros, véase Pilar Berrio Martín-Retortillo, *El mito de Orfeo en el Renacimiento* (Madrid: Universidad Complutense, 2002), quien analiza su presencia en Hurtado de Mendoza, Herrera, Arguijo, Horozco y otros, incluyendo las versiones a lo divino y a lo burlesco en el siglo XVII.

[35] Inés Azar, *Discurso retórico y mundo pastoral en la* Égloga segunda *de Garcilaso* (Amsterdam: John Benjamins-Universidad de Barcelona, 1981), pp. 122 ss., y p. 161, lo estudió en ese y otros poemas vinculados a la presencia de Orfeo desde Virgilio y Horacio. Para la *coincidencia opositorum*, p. 124; y véase Javier de Lorenzo, 'Orfismo y autorrepresentación poética especular de Garcilaso', *Revista de Estudios Hispánicos*, 32 (1998), 2, pp. 271–96.

[36] Dámaso Alonso, *Góngora y el* Polifemo (Madrid: Gredos, 1980), III, pp. 245–50. Y véanse las anotaciones de Jesús Ponce Cárdenas a Luis de Góngora, *Fabula de Polifemo y Galatea* (Madrid: Cátedra, 2010), pp. 328–30, donde resalta las novedades introducidas, así como las armonías de esta tan alabada como discutida estrofa. Y véase, para su dinamismo, Antonio Carreira, 'El sentimiento de la naturaleza en Góngora', *Homenaje a Francis Cerdan*, ed. F. Cazal (Toulouse: CNRS-Université de Toulouse-Le Mirail, 2008), pp. 135–50.

La creación poética implica así todo un movimiento de lanzadera hacia atrás y hacia delante en el que juegan las caras del tiempo, no sólo entre tradición y originalidad, sino entre naturaleza y arte, a la búsqueda de nuevas formas que muden los significados, como también hizo Garcilaso en el soneto 'Illustre honor del nombre de Cardona'.[37] Góngora, en ese y otros sentidos, fue magistral a la hora de producir movimiento con el ritmo de los versos y de las imágenes, como ocurre en la *Soledad I*, donde el acusativo griego, los hipérbatos, el encabalgamiento y los recursos fónicos recrean precisamente el baile de la aldeana, provocando, en su euritmia, opuestos de erotismo y contención moral:

> Al son pues deste rudo
> sonoroso instrumento
> – lasciva el movimiento
> mas los ojos honesta –
> altera otra, bailando la floresta.[38]

Y otro tanto ocurre cuando el movimiento del agua se convierte en símbolo ovidiano ('En rocas de cristal, serpiente breve').[39] No es extraño por ello que Rafael Alberti partiera de tales hallazgos a la hora de escribir una *Soledad tercera* insertada en una idea de movimiento, pasión y forma que remitía a la ruptura de las vanguardias literarias y artísticas del siglo XX.[40] Por algo Góngora encarnó ya en el *Polifemo* la 'dinámica de las formas'.[41]

---

[37] Garcilaso de la Vega, *opus cit.*, p. 51. La retórica ciceroniana propició desde el Renacimiento, con Petrarca, la imitación compuesta, partiendo precisamente de la imagen de las abejas elaborando miel con el néctar de distintas flores en relación con una tradición que ya estaba también presente en Virgilio y en Platón. Téngase en cuenta que la secuencia órfica relacionaba las abejas con las Musas, hijas de la Memoria, que bajaban desde los cielos las ideas divinas para alimento de los poetas y de los héroes, según Ángel García Galiano, 'Las polémicas sobre Cicerón en el Renacimiento europeo', *Escritura e Imagen*, 6 (2010), 241–66, quien recoge precisamente como ejemplo el soneto XXV de Garcilaso.

[38] *Soledad I*, vv. 254–8. Y véanse también los versos 'mas al cansancio no,/ que el movimiento/ verdugo de las fuerzas es prolijo', donde la sensación física de agotamiento corre en paralelo con la frase que introduce la acción de mover. Y véase el 'Éntrase el mar por un arroyo breve …'. Las poéticas renacentistas desarrollaron ampliamente la disposición de las palabras y los efectos sonoros como ha señalado A. Sánchez Salor, 'La poética, disciplina independiente en el Humanismo renacentista', en *Humanismo y pervivencia del mundo clásico. Homenaje al Profesor Luis Gil*, ed. J. M. Maestre y J. Pascual (Cádiz: Universidad de Cádiz-Ayuntamiento de Alcañiz, 1993), I, pp. 211–22.

[39] Luis Vélez de Guevara adaptaría semejantes imágenes: 'Hace sierpes de cristal/ un arroyo fugitivo', agrandadas en el discurrir del agua del Betis, que al final se despeña como él desea ocurra con sus propios males (*Paraíso cerrado*, p. 463).

[40] Rafael Alberti, *Soledad tercera*, introducción de Aurora Egido, ed. Luis Sánchez Laílla (Madrid: Fundación Federico García Lorca-Fundación Rafael Alberti, 2005). Claro que, como señalamos en la introducción, dicha silva también discurrió al son del orfismo y de la poesía de Garcilaso.

[41] Enrica Cancelliere, *Góngora. Itinerarios de la visión* (Córdoba: Diputación de Córdoba, 2006), ha destacado los umbrales de esa dinámica entre movimiento y parada.

La teoría de los efectos del sonido verbal y la fusión entre la tradición visiva y la pictórica a partir del Renacimiento generaron una transferencia de lo sucesivo a lo espacial y de lo auditivo a lo visual.[42] Virgilio se convirtió en el modelo por excelencia del *secreto artificio* de los efectos sonoros que subyace en cada texto, con sus resonancias visuales y hasta táctiles. La cadencia y el número, con otras sutilezas auditivas dignas de imitación formuladas en la poética de Pontano, se incorporaron a las *Anotaciones* de Herrera sobre la poesía de Garcilaso, que mostraba así ese movimiento sonoro interior que aflora en las onomatopeyas y aliteraciones.[43] Herrera fue además consciente de la 'fuerza de la elocución' y de cuanto suponía alcanzar lo inusitado no solo en los aspectos fónicos, sino en el ornato, buscando palabras ajenas y traslaticias, así como originalidad conceptual, para lograr el deleite.[44]

Aparte habría que considerar cuanto la retórica y la técnica vocal supusieron como vehículos del *movere* en la teoría y en la práctica musical y escénica, según muestra uno de sus más claros exponentes, Juan Caramuel.[45] Este desplegó una sutil variedad de voces y tonos en movimiento que expresaban la *qualitas* afectiva, tantas veces buscada, por otra parte, en los escenarios.[46]

Claro que también hay que tener en cuenta muchos otros impulsos, como el originado por la misma gestación poética. Francisco de Aldana ofrece en uno de sus sonetos el ejemplo de cómo el poema surge de un conflicto interior entre el silencio y las palabras, al tratar de darles vida, hasta encontrarlas en un dramático balbuceo:

---

[42] María José Vega, *El secreto artificio. Maronología y tradición pontaniana en la poética del Renacimiento* (Madrid: CSIC-Universidad de Extremadura, 1992), p. 339, por extenso. La *enargeia* o evidencia se asimiló al 'poner ante los ojos', y lo oído se cifró, a su vez, en términos de visión. Virgilio se convirtió en modelo de resonancias visuales y hasta táctiles, provocando toda una teoría del sonido representativo que afectó a géneros como la épica, por contraposición a la lírica, así como a la oposición *aspro/dolce*. Véase, para las raíces virgilianas, José Alcina Rovira, 'Herrera y Pontano. La métrica en las *Anotaciones*', *Nueva Revista de Filología Hispánica*, 35 (1983), 2, 340–54.

[43] María José Vega, *El Secreto Artificio. Maronología y Tradición Pontaniana en la Poética del Renacimiento* (Madrid: CSIC-Universidad de Extremadura, 1992), pp. 227 y 248 ss.

[44] Cristóbal Cuevas, 'Teoría del lenguaje poético en las *Anotaciones* de Herrera', en *Las Anotaciones de Fernando de Herrera. Doce Estudios*, ed. Begoña López Bueno (Sevilla: Universidad de Sevilla, 1997), pp. 159 ss.

[45] Lucía Díaz Marroquín, 'Técnica vocal yrRetórica de los afectos en el hermetismo espiritualista del siglo XVII. El Artículo XII *De oris coloquutione* de Juan Caramuel', *Criticón*, 103 (2008), 4, 55–68, donde este no olvidó el movimiento gestual.

[46] Caramuel, en su *Trimegistus*, elogia precisamente por tales cualidades y en paragón con las sutilezas fonéticas de la *Eneida* de Virgilio, la estrofa XII del *Polifemo* de Góngora, ofreciendo además toda una serie de conceptos sobre los cambios de voz que son fundamentales para entender mejor la poesía dramática del Siglo de Oro y cuanto los aspectos fonéticos de la *actio* vocal. Véase Lucía Díaz Marroquín, 'Técnica vocal y retórica', p. 63, nota 15.

> Mil veces callo, que romper deseo
> el cielo a gritos, y otras tantas tiento
> dar a mi lengua voz y movimiento
> que en silencio mortal yacer la veo.[47]

Esa angustia conlleva todo un trasiego en el que el pensamiento, como movimiento anímico, recorre veloz y dolorosamente en el interior con luctuosas resonancias órficas:

> Anda cual velocísimo correo
> por dentro el alma, el suelto pensamiento,
> con alto y de dolor lloroso acento
> casi en sombra de muerte un nuevo Orfeo.

En dicha contienda, las potencias anímicas en liza no logran alcanzar imagen alguna deleitable o dulce, deslizándose a través de unos tercetos que desembocan en la conciencia de 'una muerte que tarda', para terminar finalmente en un bimembre ('desdén del cielo, error de la ventura'), que, como tantas caídas icáricas, prueba la derrota de lo indecible.

A su vez, la progresión narrativa, su movimiento continuo, se desarrolló de formas muy diversas en la poesía áurea, ya sea en el traslado de las pasiones en su sucesión temporal o espacial, en el desarrollo de los avatares épicos, o en las transformaciones mitológicas. La idea de peregrinación amorosa se extendió además a muy distintos niveles, incluidos los de la égloga, que propició la identificación del poeta peregrino con el amador y la del curso con el discurso hasta cristalizar en los pasos–versos de las *Soledades* gongorinas.

Al dinamismo de la *narratio* habría que añadir el de la *descriptio*, sobre todo en el caso de la éckphrasis y del *ut pictura poesis*. Dar vida y movimiento a la pintura y demás artes a través de la palabra fue un ejercicio continuado que, a partir de las Églogas garcilasistas, alcanzaría un amplísimo desarrollo evolutivo en el que brillaron con particular relieve los emblemas y sobre todo los *ficta loca*, que describían lo imaginario añadiendo al estatismo artístico de las *picturae* movimiento y vida.[48] Además el teatro isabelino y el español llevaron la

---

[47]   José María Suárez, 'El otoño del Renacimiento: Poética de madurez en cuatro sonetos de Francisco Aldana', *Lemir*, 13 (2009), 177–90, lo ha estudiado junto a otros tres como modelo de atenuación petrarquista y anuncio del desengaño barroco. El soneto 'En fin, en fin, tras tanto andar muriendo' es también indicio de ese movimiento inquietante y sin sosiego del que hablaba San Agustín ('inquietus est cor meum, donet requiestat in te, Domine') y que no encuentra quietud alguna en la vida mortal.

[48]   Aurora Egido, 'La página y el lienzo', en *Fronteras de la poesía en el Siglo de Oro* (Barcelona: Crítica, 1999), y *De la mano de Artemia. Estudios sobre literatura, emblemática, mnemotecnia y arte en el Siglo de Oro* (Barcelona: J. de Olañeta-Universitat de les Illes Balears, 2004).

emblemática a la escena, como hizo Mira de Amescua tratando de convertirla en palabra viva y representada.[49] Por otro lado, cabría tener en cuenta la afición poética por los descubrimientos mecánicos y cuanto ello se reflejó también en la emblemática, llena de imágenes en movimiento.[50]

La pulsión amorosa implicó distintos tipos de movimiento psicológico que el poeta trató de convertir en lenguaje, como hace Garcilaso en la *Canción* IV arrastrado por los cabellos 'de un desatinado pensamiento/ que por agudas peñas peligrosas,/ por matas espinosas,/ corre con ligereza más que el viento'.[51] El discurrir de los ríos en parangón con las lágrimas se acomoda constantemente al de los avatares amorosos.[52] Pero sobre todo existe una clara identificación entre los impulsos del amor y los de la escritura. Lo sabía muy bien fray Luis de León cuando identificó en el *Cantar de los Cantares* la fuerza del amor con el impulso poético:

> La passión con su fuerça y con increible presteza le arrebata la lengua y corazón de un afecto en otro, y de aquí con sus razones cortadas y llenas de obscuridad, parecen también desconcertadas entre sý porque responden al movimiento que haze la pasión en el ánimo del que las dize.[53]

El amor y las palabras corren al unísono, apresuradas o contenidas, y hasta movidas por una fuerza elevada que las sublima:

> A esto obedece la Esposa, y el cantar de que usa para el gozo del Esposo y rabia de sus enemigos es pedille que se apresure y que venga; que es una voz

---

[49]   John Cull, 'El teatro emblemático de Mira de Amescua', *Emblemata aurea. La emblemática en el arte y la literatura del Siglo de Oro*, ed. Rafael Zafra y José García Azanza (Madrid: Akal, 2000), pp. 125 ss. Aparte habría que contar con el movimiento que la palabra inculca a la pintura en el emblema propiamente dicho o con el que impulsaron el bivio heraclida o la *Tabula Cebetis* en infinidad de obras, sobre todo las que se desarrollan en torno a la idea de *peregrinatio*.

[50]   Véanse, entre otros, los emblemas de vuelo, de aparatos mecánicos e imágenes en movimiento, en Antonio Bernat Vistarini y John Cull, *Enciclopedia Akal de emblemas españoles ilustrados* (Madrid: Akal, 1999); y en particular, José Luis García Arranz, *Ornitología emblemática. Las aves en la literatura simbólica ilustrada en Europa durante los siglos XVII y XVIII* (Cáceres: Universidad de Extremadura, 2008).

[51]   Rafael Lapesa, *La tradición poética de Garcilaso* (Madrid: Revista de Occidente, 1968), pp. 5–73, ya vio cómo las palabras se desbordaban como el raudal del sentimiento.

[52]   Véase el poema de Hernando de Acuña 'como vemos que un río mansamente', *Paraíso cerrado*, p. 115. El progreso y sucesión del río, el camino, el tiempo o la vida son fundamentales en la poesía descriptiva y narrativa.

[53]   Fray Luis de León, *Cantar de los Cantares de Salomón*, ed. José Manuel Blecua (Madrid: Gredos, 1994), p. 49. Todo ello a sabiendas de que 'no alcanza la lengua al corazón ny se puede dezir tanto como se siente'. Y véase el comentario luisiano: 'Corre, Amado mío,/ que parezces a la cabra montés, y al cervecito sobre los montes de los olores', así como la traducción, que acelera el proceso con la sinuosidad del verso: 'Amado, pasarás los frescos montes/ más presto que el cabrito/ de la cabra montés y que el granito' (p. 277–8).

secreta, que aguzada por el movimiento del Espíritu Santo, suena de contino en los pechos y corazones de las ánimas justas y amadores de Christo.[54]

De ahí que el cuerpo del poema se adapte, con la sinuosidad de los encabalgamientos, las aliteraciones y las repeticiones, a la de las paradojas amorosas o a las vitales, como en las endechas de Pedro de Andrade:

> Váseme la vida
> volando, volando,
> llegando a perdida,
> mas nunca llegando.[55]

Pero además existe un movimiento visual, que se plasma en la misma concepción del mundo como laberinto poético escrito por Dios y que se podía leer por todas partes, como señaló Nieremberg en su *Oculta filosofía*, dando pie a cuantos laberintos geométricos se dibujaron e imprimieron en el Siglo de Oro para agudizar los ojos con su lectura.[56] En cualquier caso, nos encontramos con ejemplos de lo que García Gibert ha dado en llamar 'catálisis cristiana', donde la mezcla del cristianismo con la herencia grecolatina produce una mezcla inalterable y a la vez transformada por una nueva energía espiritual.[57] En todo ello hay un afán de emular al Modelo, pues el poeta trata de imitar en su obra el movimiento divino.[58]

El alcance de semejante fusión sería incalculable, aunque este se mueva en una doble dirección desdibujando las fronteras entre lo humano y lo divino. Más allá de la conversión implicada por los *contrafacta* y de su elevación anagógica, la poesía ascética y mística fomentó un movimiento doble: hacia arriba y hacia dentro.[59] Fray Luis de León es ejemplo señero de esa ascensión

---

54   Fray Luis de León, *Cantar de los Cantares*, p. 278. Fray Luis diviniza en el prólogo al amor como cosa natural y propia de Dios (p. 43).

55   *Paraíso cerrado*, p. 184

56   Juan Eusebio Nieremberg, *Oculta filosofía* (Madrid: Imprenta Real, 1643), pp. 308 ss. Aparte habría que contar con los abismales 'laberintos del yo' analizados por Fernando R. de la Flor, *Pasiones frías, secreto y disimulación en el Barroco hispano* (Madrid: Marcial Pons, 2005), cap. 3.

57   Javier García Gibert, *Sobre el viejo Humanismo. Exposición y defensa de una tradición* (Madrid: Marcial Pons, 2010), p. 97. Estamos ante el *coniugium* entre la fe y las letras clásicas formulado por San Jerónimo y ya presente en san Agustín.

58   C. S. Lewis, *La imagen del mundo*, pp. 155 ss. y p. 85. Todo movimiento, poder y eficacia proviene de Dios y el *Primum Mobile* es el que hace rotar los astros, que a su vez influyen sobre la tierra y los hombres.

59   Téngase en cuenta la implicación de la doctrina centriforme en la poesía áurea. Véase Manuel Morales Borrero, *La geometría mística del alma en la literatura española del Siglo de Oro. Notas y puntualizaciones* (Salamanca: Universidad Pontificia, 1975).

en vertical que sin embargo conlleva, en la mayor parte de sus poemas, constantes descensos, pues los vuelos anímicos sufren el lastre y la rémora del cuerpo atado a las miserias. El anhelo de elevación, sentido y vivido a través de la música concertada, que

> Traspasa el aire todo
> hasta llegar a la más alta esfera
> y oye allí otro modo
> de no perecedera
> música, que es la fuente y la primera,

ofrece incluso la posibilidad de surcar dicho el aire y ver cómo el Gran Músico toca la cítara del mundo 'con movimiento diestro'.[60] Pero ello no deja de ser una ilusión fugaz, pues el poeta se sabe restituido al 'bajo y vil sentido'. Una buena parte de la poesía del agustino se mueve en ese vaivén de *ascensus–descensus* que casi siempre termina, como ocurre en la 'Oda al Licenciado Juan de Grial', 'con las alas quebradas'. El movimiento interior hacia el centro del alma supone sin embargo un camino gozoso, pues, pasados los quebrantos de la renuncia y el desprendimiento, se atisba el gozo, ya sea 'en la espesura' deseada del *Cántico* sanjuanista o en el movimiento anímico de la *Noche*, tras la salida desde el sosiego. San Juan, que probó la altura del vuelo aquilíneo y jupiterino del ascenso en 'Tras de un amoroso lance', logró, a través de su singular peregrinación nocturna, que el poema se disolviera en la última lira en la quietud absoluta de la unión, que, en definitiva, es también término de la escritura:

> Quedéme y olvidéme,
> el rostro recliné sobre el Amado;
> cesó todo y dejéme,
> dejando mi cuidado
> entre las azucenas olvidado.[61]

---

60   Fray Luis de León, *Poesía completa*, ed. Guillermo Serés (Madrid: Taurus, 1990), p. 60. Y véanse 'Al apartamiento' y 'En la Ascensión', entre otros. En 'Noche serena', el vaivén entre realidad y deseo se percibe ya en la primera estrofa, así como en 'A Felipe Ruiz' y 'De la vida del cielo': doble movimiento de *ascensus–descensus* entre lo divino y lo humano.

61   San Juan de la Cruz, *Cántico espiritual y Poesía completa*, ed. Paola Elia y M. J. Mancho (Barcelona: Crítica, 2002), p. 207. El *Cántico* expresa, desde el primer verso, la huida y la búsqueda implícitas en la peregrinación amorosa, tantas veces asunto de la poesía áurea, como decimos. 'Entréme donde no supe' (p. 210), a partir de los presupuestos de la *docta ignorancia*, es también un itinerario a ciegas, que consiste en no saber a dónde ni para qué se entra, pero en el que se alcanza precisamente la sensación de quietud y enajenación más absoluta. Aurora Egido, *El águila y la tela. Estudios sobre Santa Teresa de Jesús y San Juan de la Cruz* (Barcelona: J. de Olañeta-Universitat de les Illes Balears, 2010), cap. I y VIII. Los vuelos amorosos de altanería son bien conocidos, como el de Cetina y la garza entre halcones (*Paraíso cerrado*, p. 92).

Se trata, claro, de una noche interior, alejada de la visión nocturna de un Fray
Luis y de otras de sesgo más barroco, como las de Bernardo de Balbuena o Diego
de Hojeda, que tanto dinamismo imprimieron a las descripciones y narraciones
épicas a lo divino.[62] Por no hablar del producido por toda una poesía satírica y
burlesca que, como ocurre con los poemas escatológicos de Juan de Jáuregui o
en la parodia mitológica, encontró en la transgresión sus mejores hallazgos. Pero
volar en lo satírico conllevaba demasiados riesgos, o así lo entendió Cervantes
en el *Viaje del Parnaso*, donde confesó: 'Nunca voló la pluma humilde mía/ por
la región satírica, bajeza/ que a infames premios y desgracias guía.'[63] En la otra
ladera de la mística, san Juan fue sin embargo mucho más lejos, pues 'La llama
de amor viva' se convertiría inusitadamente en la protagonista de una acción
bélica situada en el centro del alma, donde toda la vida y el fuego y el resplandor
se disuelven finalmente en la mansedumbre del último verso.

Pero hasta llegar a tan singulares hallazgos de movimiento y quietud como
los de San Juan, que no creó, por cierto, continuidad alguna hasta siglos después,
la poesía amorosa se desenvolvió entre peregrinaciones, vuelos, búsquedas y
vaivenes de variado signo, como los de un Camoens, asentados en el juego
ligero propiciado por la lírica tradicional:

> Irme quiero madre
> a aquella galera,
> con el marinero
> a ser marinera.[64]

La transformación de los amantes sanjuanista no fue sino la culminación de la
transformación poética.[65] Pues, en efecto, la conversión del deseo en realidad
poética es toda una operación que implica una metamorfosis del lenguaje
ordinario, y hasta del ordinario en poesía. Además el estilo, como dice Herrera
en sus *Anotaciones*, podía ser 'afetuoso' y lograr con todos los recursos de la
oratoria mover los sentimientos y alcanzar la emoción.[66]

No es extraño por ello que el venero de los mitos sirviera tantas veces de
paradigma amoroso a la hora de expresar las transformaciones inherentes a la

[62] Frank Pierce, *La poesía épica del Siglo de Oro* (Madrid: Gredos, 1961), pp. 270 ss.
[63] *Paraíso cerrado*, p. 253. Él sin embargo encarnó en *La gitanilla* la suspensión de la
poesía y la elevación del alma en el soneto 'Cuando Preciosa el panderete toca'.
[64] *Mil años de poesía*, p. 304.
[65] Sobre el proceso, véase Guillermo Serés, *La transformación de los amantes. Imágenes
del amor de la antigüedad al Siglo de Oro* (Barcelona: Crítica, 1996).
[66] Ángel Luis Lyán Atienza, 'El estilo *afetuoso* en las *Anotaciones* de Herrera', *Revista de
Literatura*, LXVI (2004), 132, 373–88, muestra la influencia en este de Hermógenes, Trapezun-
tio y otros, como Quintiliano, que identificaron el *affectus* con las emociones, buscando la
conmiseración, tanto en el plano anímico como en el persuasivo.

enfermedad, la locura o la frustración. El conocido soneto XIII de Garcilaso 'A Dafne ya los brazos le crecían' fue inicio de una larguísima trayectoria en la que asistimos a su mutación en laurel a través de un movimiento que entraña a la vez temporalidad, cambios de espacio y sensaciones coloristas y táctiles. El poema asciende hacia los ramos y desciende hacia las raíces, se retuerce en las hojas y muestra en los tercetos la retórica de las lágrimas de Apolo que hacían crecer a la par el árbol y sus tormentos.[67]

El *Polifemo* de Góngora culminará y hasta ofrecerá andando el tiempo susceptibles y jocosas interpretaciones de semejante trayectoria natural y poética, como la observada por Sánchez Ferlosio en *Las Semanas del Jardín* (1974), donde dibujó a la cabra montaraz triscando hacia lo alto y descendiendo luego desde el ápice del esdrújulo en el endecasílabo 'cuanto las cumbres ásperas, cabrío'. A ello habría que añadir muchas más señales de sutil artificio, pero sobre todo el del movimiento de Acis y Galatea huyendo despavoridos, y el de la misma naturaleza trastocada por los celos de Polifemo, con la secuencia del trueno, el relámpago y el rayo con el que todo culmina:

> Y al garzón viendo, cuantas mover pudo
> celoso trueno, antiguas hayas mueve
> tal, antes que poca nube rompa,
> previene rayo fulminante trompa.[68]

La naturaleza en sí misma, como ente vivo, aparece constantemente en movimiento no solo en los poemas estacionales, como el de Lupercio Leonardo 'Llevó tras sí los pámpanos octubre'.[69] Pues aunque prime en las recreaciones de la Arcadia el estatismo ovidiano del *ver erat aeternum*, son muchos los poemas que muestran el cambio de las estaciones o el movimiento de las tempestades, al hilo de una vida que, como la de los peregrinos del *Persiles*, busca el agustiniano y sosegado puerto de salvación. Así lo hace Pedro de Espinosa en el soneto que empieza 'Como el triste piloto que por el mar incierto', donde este es, una vez más, símbolo de codicia.[70] Los ejemplos podrían multiplicarse hasta la saciedad, y en ellos la desarmonía del mundo sirve de correlato a la de las pasiones y vicios.

---

[67] Para su fortuna, Aurora González, *La poética del llanto en Sor Juana Inés de la Cruz* (Zaragoza: PPU, 2009).

[68] Luego viene la acción violenta de la roca que, al precipitarse, ofrece paradójicamente unas imágenes estáticas de orden arquitectónico que simbolizan la muerte: 'urna es mucha, pirámide no poca'.

[69] *Mil años de poesía*, p. 327.

[70] *Mil años de poesía*, p. 406. Y véase el 'Salmo a la perfección de la naturaleza, obra de Dios', *ib.*, pp. 406 ss. La épica desarrolló un sin fin de imágenes destructoras, a veces de una belleza sobrecogedora.

Dentro de ese ámbito, uno de los sonetos más sorprendentes tal vez sea el de Góngora 'Cosas, Celalba mía, he visto extrañas,/ cascarse nubes, desbocarse vientos,/ altas torres besar sus fundamentos/ y vomitar la tierra sus entrañas.' En él, las series enumerativas del movimiento destructor de la naturaleza se acaban estrepitosamente en un inquietante remanso: 'y nada temí más que mis cuidados'.[71] La épica desarrolló un sin fin de imágenes destructoras, a veces de una belleza sobrecogedora, como ocurre en los versos de Ariosto o en la *Araucana* de Ercilla, cuando relata el momento en el que el guerrero persigue velozmente al contendiente apretando las espuelas:

> Con menudo tropel y gran ruïdo
> sale el presto caballo desenvuelto
> hacia el gallardo bárbaro atrevido
> que en esto las espaldas había vuelto,
> pero el fuerte español, embebecido
> en que no se le fuese, el freno suelto,
> bate al caballo a priesa los talones
> hasta los enemigos escuadrones.[72]

Claro que lo más curioso es comprobar cómo cronografía y topografía son a veces inseparables y hasta paradójicas. La memoria juega en ello un papel crucial, moviéndose entre pasado y presente, y sobre todo hay la sensación frustrante que da la ligereza del tiempo y la imposibilidad de atraparlo, como en la exclamación de Luis Carrillo '¡Con qué ligeros pasos vas corriendo!'[73] Una buena parte de la poesía estoica se centrará sin embargo en la búsqueda de quietud, basándose a veces, como ocurre en la *Epístola moral a Fabio*, en esa temporalidad, tan manriqueña, consistente en ver que la vida no es más 'que un breve día'.[74] De ahí la búsqueda moral del sosiego. No es extraño por

---

71 *Mil años de poesía*, p. 382. Santiago Fernández Mosquera, 'Lope y la tormenta: Variaciones de un tópico', *Anuario de Lope de Vega*, 8 (2002), 47–80.

72 La fuerza épica alteró en ocasiones la quietud bucólica, como ocurre en la Égloga II de López de Zárate, en el fragmento recogido por F. J. Díez de Revenga y F. Florit, *La poesía barroca* (Barcelona: Júcar, 1994), p. 169, al expresar el dolor.

73 *Mil años de poesía*, p. 391. En una poema titulado 'A la ligereza y pérdida del tiempo', el poeta tratará de detenerlo inútilmente ('mientras más te busqué, te fui perdiendo') en un poema lleno de paradojas hasta el último verso. Carrillo desarrollará la idea de que el amor ni se mueve ni se conmueve, pues es ciego (p. 394).

74 *Paraíso cerrado*, pp. 469 ss. La epístola es todo un ejemplo de movimiento moral, en el que se encadenan las ideas de brevedad de la vida, comparada a los ríos que van a dar a la mar, al paso de las estaciones, mostrando el ruido y la redundancia de la ambición, así como el silencio de la templanza. Ese sentido moral se ve también en el soneto de Quevedo 'Vivir es caminar breve jornada' (p. 485) y en el que empieza 'Todo tras sí lo lleva el año breve', donde la vida es un moverse 'camino de la muerte' (p. 488). Alonso de Bonilla (p. 454) compara, en el soneto 'Del soberbio', la vida de este con un cohete.

ello que a veces se ansíe un tipo de quietud como la que Lope vislumbra 'A la muerte de Carlos Félix', donde la inteligencia divina mueve de manera invisible los tornos del macrocosmos y donde no hay invierno ni verano.[75] Lope, a fin de cuentas, sabía que el movimiento humano tenía su principio en la estimativa, y que ésta terminaba con la muerte, como lo expresa en el soneto 'A una calavera', convertida finalmente en guarida de gusanos.[76]

La poesía de ruinas y la relativa a los temas relacionados con la caducidad se solazará precisamente en la quietud y estatismo de lo que fue y no es. En ese amplísimo campo brillan con particular destello los versos de Quevedo, al mostrar tan visiblemente lo inaprensible de la duración temporal al sucederse:

> Ayer se fue; mañana no ha llegado;
> hoy se está yendo sin parar un punto.
> Soy un fue y un será y un ser cansado.[77]

Quevedo juega además con las tres caras del tiempo que, lejos del estatismo prudencial del famoso cuadro de Tiziano, se entrelazan en un movimiento temporal, paradójicamente lleno de negaciones, para precipitarse fatalmente:

> Ya no es ayer; mañana no ha llegado,
> hoy pasa, y es; y fue con movimiento
> que a la muerte me lleva despeñado.[78]

Eugenio Asensio analizó de forma magistral las novedades acarreadas por la silva de Quevedo 'Este polvo sin sosiego' que Alderete había insertado en la Musa Calíope. El ejemplo no sólo interesa como paradigma del 'reloj de arena y amor', sino porque fue imitado siete veces hasta 1681, y es así un doble ejemplo de movimiento amoroso y escriturario, además de serlo en el avance filológico. El asunto, derivado de Hieronimo Amalteo, nos muestra el curso del 'polvo andante' por el reloj de cristal convertido en ejemplo de las desgracias amorosas.[79]

---

75 *Mil años de poesía*, p. 360.
76 *Mil años de poesía*, pp. 354–5.
77 *Mil años de poesía*, p. 410. Y véanse otros sonetos de vida combativa y en movimiento temporal, como el que empieza 'Fue sueño ayer, mañana será tierra' en el soneto 'Pidiéndole piedad de sus males al amor'.
78 *Mil años de poesía*, p. 411.
79 Eugenio Asensio, 'Reloj de arena y amor en una poesía de Quevedo (fuentes italianas, derivaciones españolas)', *Dicenda. Cuadernos de Filolología Hispánica*, 7 (1987), pp. 17–32, señaló también otros seguidores italianos de Amalteo: Filippo Alberti y Tommaso Stigliani, conocidos por Quevedo. Éste ofrece ricas y variadas pruebas del movimiento anímico y poético. El soneto 'Muestra lo que es una mujer despreciada' (*Paraíso*, p. 508) la compara, entre

En Amalteo, como dice Asensio, 'asistimos a una especie de milagro de amor, cuando el amor metafísico se transforma en llama real', deificando un tropo que luego recrearían el Príncipe de Esquilache, López de Zárate, Francisco de la Torre y Juan de Moncayo, entre otros. La arena en movimiento no corría sólo por la urna cristalina, sino por los versos latinos, italianos y españoles que la glosaron en quintillas y sonetos, demostrando que la imitación, la emulación y la traducción son parte del movimiento poético en el sentido moderno de cambio.[80] Todos ellos dieron una lección de desengaño con variaciones más o menos afortunadas a lo largo de más de un siglo de ida y vuelta entre Italia y España, con Petrarca al fondo, junto a reminiscencias de la *Antología griega*.

Pero lo esencial del ejemplo es tal vez comprobar que la poesía es un ente vivo, que discurre y se mueve y evoluciona, y que el reloj de arena en el que la ceniza enamorada discurre perennemente transmitió distintos sentidos, a tenor de los autores que la glosaron: 'El movimiento sin término de las cenizas incitó a imaginarlas vivas, animadas por el amor; ese amor que, como la poesía misma, aspira a eternizarse más allá de la muerte.'[81]

El movimiento del alma como ser inmortal ya había sido tenido en cuenta por Platón, que lo relacionó con el del cuerpo y con el del cosmos en el *Timeo*.[82] Hablamos de movimientos anímicos que implican, como ha recordado Guillermo Serés, a las facultades inteligibles y sensibles, y que son fundamentales para la dinámica amorosa, que, según decía san Agustín, conduce al centro del mundo y del alma o viceversa. El movimiento amoroso como el del mundo impulsó

otras cosas, con el fuego, con un caballo volador desfrenado, con el águila y con la pólvora encendida. Pero sobre todo nos dio la sensación de inaprehensibilidad del movimiento del tiempo en el soneto '¡Cómo de entre mis manos te resbalas!/ ¡Oh cómo te deslizas, edad mía!' (*ib.*, p. 489).

[80] En el movimiento traslaticio de una lengua a otra no deja de producirse uno de carácter neoplatónico en el que algo cambia mientras algo perdura. Basta repasar lo sucedido con la poesía italianizante, como fue el caso de Hurtado de Mendoza, Garcilaso o Lope, y también en los poetas en latín, que se refugiaron en esa lengua para escribir poemas eróticos prohibidos en romance, como es el caso de Sebastián de Horozco. Véase Juan F. Alcina, 'Entre latín y romance: Modelos neolatinos en la creación poética castellana de los Siglos de Oro', *Humanismo y pervivencia del mundo clásico*, I, pp. 3–27. Y, del mismo Juan F. Alcina, 'Poesía neolatina y literatura española en los siglos XVI y XVII', *Acta Conventus Neo-Latini Abulensis. Proceedings of the Tenth International Congress of Neo-Latin Studies*, ed. Rhoda Schnur (Tempe, AZ: Center for Medieval and Renaissance Studies, 2000), pp. 9–28.

[81] Eugenio Asensio, 'Reloj de arena', p. 323.

[82] Por extenso, Guillermo Serés, 'La belleza, la gracia y el movimiento. Fray Luis de León y Quevedo', *Edad de Oro*, XXIV (2005), pp. 351–69, quien señala las fuentes clásicas y modernas del tema, recordando los comentarios de Vives al *Somnium Scipionis* de Cicerón donde dice que el ser divino es el principio que vive, que siente, y que gobierna y modera el cuerpo, al igual que Dios dirige y gobierna el mundo. Los movimientos son muchos: mirar, hablar, reír, cantar, gozar ..., aparte la belleza, que se manifiesta precisamente a través del movimiento.

una buena parte de la poesía áurea. De ahí que el soneto de Quevedo 'No es artífice, no, la simetría' lo haya explicado dicho autor precisamente desde la clave de un mover que abarca a todas las almas o 'movimientos' del alma, lo que equivale, en realidad, al inmenso arco de las pasiones.

Y es en ese ámbito en el que debemos situar también el misterioso soneto 'No me mueve mi Dios para quererte', que pervivió en tantas variantes.[83] Sin duda el movimiento al que apela desde el primer verso no es otro que el anímico, desplazado a un sentimiento que finalmente se mueve y conmueve no sólo a través de la imagen del crucificado, sino sobre todo del movimiento amoroso ('Muéveme, en fin, tu amor, y en tal manera, …'). El hecho de que sea el alma la que mueve, o mejor dicho, la que como inmortal se anima a sí misma y anima al cuerpo perecedero, hace que sus movimientos de gozo, tristeza, esperanza o temor sean expresión constante de la poesía.

No es extraño por ello que el Pensamiento actúe sin parar como loco gracioso vestido de muchos colores en *La cena del Rey Baltasar* de Calderón, o que aparezca también vestido de igual guisa en *El día mayor de los Días*. Gaspar de Aguilar hablará del 'Ligero pensamiento', imparable ante el abismo y que intenta no se despeñe, como por cierto ocurrió a lo vivo y en escena con el calderoniano 'Hipógrifo violento' mencionado por Rosaura mientras cae.[84] La actitud performativa de los movimientos de amor tuvo amplio eco en la poesía contemplativa, como prueban las *Divinas nupcias* de Arias Montano, basadas en la *théosis platónica* o posibilidad de divinización del hombre, que implican incluso un Entendimiento a la carrera cuando no está regido por la razón.[85] El ya aludido ascenso platónico de lo material a lo inmaterial gozó de amplia fortuna en la poesía áurea, que buscó a través de la ascensión o de la interiorización el divino sosiego de los contemplativos, como vemos en Francisco Aldana:

> Cual pece dentro el vaso alto, estupendo,
> del océano irá su pensamiento
> desde Dios para Dios yendo y viniendo:

---

[83] Las posibles atribuciones del famoso soneto ofrecen un amplio abanico de estudios, desde Marcel Bataillon a Helmut Hatzfeld, Leo Spitzer, Carrol Johnson o Alberto María Carreño, entre otros, incluida la ofrecida por Luce López Baralt, 'Anonimia y posible filiación espiritual islámica del soneto *No me mueve mi Dios para quererte*', *Nueva Revista de Filología Hispánica*, 2 (1975), XXIV, pp. 243–66.

[84] Gaspar de Aguilar, *Paraíso cerrado*, p. 293.

[85] Luis Gómez Canseco, *Poesía y contemplación. Las* Divinas nupcias *de Benito Arias Montano y su entorno literario* (Huelva: Universidad de Huelva, 2007), pp. 47 y 51. Y véase la carrera del desatinado *Entendimiento* en el soneto de p. 131, donde se da el proceso de vuelo angélico, por un lado, y el viaje hacia adentro, por otro, al igual que en Aldana o en San Juan.

> Seréle allí quietud el movimiento
> cual círculo mental sobre el divino
> centro, glorioso origen del contento.[86]

Claro que, además de los ascensos y descensos, de la vuelta hacia atrás de la memoria, por no hablar de la volandera fantasía, los poemas amorosos suelen convertirse a veces en un movimiento circular, como Quevedo cuando expresó la ausencia de reciprocidad en el soneto que empieza 'En breve cárcel traigo aprisionado'.[87] Pero la circularidad puede también ir más allá de la infinitud del ouroboros, implicando el dinamismo trágico de los celos que Lope introdujo en el poema sobre las sierpes enlazadas.[88] La fuerza de las pasiones opera como impulso constante y hasta desmedido, según dice Antonio de Soria en 'Vuestra es la culpa de mi atrevimiento':

> Así el órgano mueve su acento
> según que la fuerza aquel que le hiere,
> así mis sentidos van donde quiere
> quien fuerza la fuerza y fuerza el tormento.[89]

Todos los movimientos humanos del amor apelan, en definitiva, a aquel que mueve el sol y las estrellas descrito por Dante y recordado por Bembo, Lope y tantos otros.[90] Pero el mismo amor cohesionante que, desde Platón a Marsilio Ficino, es vínculo y motor al mismo tiempo, a la par que fuerza e impulso hacia la belleza y la divinidad, no está exento de fracasos y descensos, como

---

[86] A. A. Parker, *La filosofía del amor en la literatura española 1480–1680* (Madrid: Cátedra, 1986), p. 89.

[87] Paul Julian Smith, *Writing in the Margin. Spanish Literature of the Golden Age* (Oxford: Clarendon Press, 1988), pp. 4–17, mostró que el movimiento de los cuerpos celestes se identificaba en Quevedo con la circularidad del deseo. Y véase M. Louise Salstan, 'Francisco de Aldana's Metamorphoses of the Circle', *Modern Language Review*, 74 (1979), pp. 599–606.

[88] Véase Aurora Egido, 'Las sierpes enlazadas en un poema de Lope', *De la mano de Artemia*, cap. V.

[89] *Paraíso cerrado*, p. 30.

[90] El conocido verso con el que acaba la *Divina Commedia* ('l'amor che move il sole e l'altre stelle') es muestra del deseo intelectual que mueve al amor para alcanzar el motor inmóvil divino. Véase Antonio Gagliardi, 'Dante e Averroè: la visione di Dio. *Paradiso XXXIII*', *Tenzone*, 5 (2004), 39–78; y Miguel Ángel Granada, 'La cosmología de Dante', *Ciencia y cultura en la Edad Media. Actas VIII y X Fundación Canaria Orotava de Historia de la Ciencia* (Palma de Gran Canaria, 2001), pp. 311, para la representación aristotélico-ptoloméica del universo, y para Dios como *Primum Mobile*. Sergio Givone, 'Virtudes teologales y filosofía del amor en Dante', *Dante, la obra total*, ed. Juan Barja y Jorge Pérez de Tudela (Madrid: Círculo de Bellas Artes, 2009), p. 301, trata de cómo en el *Convivio* el Amor es principio de todas las cosas, pues de él derivan y a él regresan. Para el movimiento amoroso con el que Dios lo mueve todo, véase C. S. Lewis, *La imagen del mundo*, p. 85, donde destaca al respecto la importancia de la región del aire.

ya hemos visto.[91] El amor es, en esencia, puro movimiento, como la poesía misma, pues ambos aspiran a la belleza, que consiste precisamente en él, y nunca encuentra sosiego, pues este se identifica con la muerte, como sabía muy bien el mismo Quevedo.[92]

El movimiento anímico del amor, al que Gutierre de Cetina dio alas, discurrió constantemente por el cauce del movimiento poético, pues no en vano, como creía Scaligero, el metro y el ritmo constituían el *anima poeseos*.[93] Pero las pasiones corpóreas descendieron también a territorios más bajos, en la poesía satírica y burlesca logrando evidentes novedades de fondo y forma.[94] También cabría añadir que la idea tópica de que 'la donna è movile' no representa ninguna novedad, pues ya decía el conde de Villamediana, comparándola con la ligereza del pensamiento, que 'Es la mujer un mar todo fortuna,/ una mudable vela a todo viento,/ es cometa de fácil movimiento …'.[95]

Hablando de elevación, la prédica del furor poético, más allá de la conmoción mental, implicaba también un proceso de ascensión y arrojo casi místico a veces, como ocurre con el *Cisne de Apolo* de Carvallo. En este sentido, no todos eran partidarios de semejante tipo de inspiración poética, como vemos en la polémica de un contenido Jáuregui, que, a la zaga de Lorenzo Giacomini, predicaba frenar con el juicio los arrebatos del ingenio.[96] Como consecuencia de ello, no es

[91]   Jimena Gamba Corradine, 'Hacia una lectura de la teoría neoplatónica del amor en *La galatea*', *Literatura: Teoría, Historia, Crítica*, 8 (2006), 285–313. La batalla de ascensos y descensos entre el apetito natural y el contemplativo ofrece una suerte de dinamismo ontológico de clara raíz neoplatónica. Véase P. O. Kristeller, *Il Pensiero Filosofico di Marsilio Ficino* (Firenze: Le Lettere, 1988), pp. 179 ss.

[92]   Francisco de Quevedo, *Un Heráclito cristiano. Canta sola a Lisi y otros poemas*, ed. Lía Schwartz e Ignacio Arellano (Barcelona: Crítica, 1998), p. 142 y nota 14, donde la quietud del 'sosegarse' remite al 'Flamma quierit', etc., de Virgilio, ya indicado por González de Salas, tal vez el autor del título: 'Quiere que la hermosura consiste en el movimiento'. Como señaló A. Mas a propósito de las letrillas, Quevedo fue maestro en el movimiento, según indica María José Alonso Veloso, *El ornato burlesco en Quevedo. El estilo agudo en la lírica jocosa* (Sevilla: Universidad de Sevilla, 2007), p. 51.

[93]   Gutierre de Cetina, 'El cielo de sus altos pensamientos/ con las alas de amor ledo subía', en *Paraíso cerrado*, p. 91. Y p. 92, donde habla de 'la barca del triste pensamiento', navegando por un mar de llanto. Véase además José A. Sánchez Marín y María Nieves Muñoz Martín, 'La poética de Scaligero: Introducción a su vida y a su obra', *Ágora. Estudios Clásicos de Debate*, 9 (2007), 1, 116–17, quienes vieron en el italiano cómo la figura y el ritmo, sometidos a las reglas del verso y de la lengua, son afectadas por la *res* mediante el *character*, del que forman parte las figuras de dicción.

[94]   Véase, por ejemplo, A. Pérez Romero, 'The *Carajicomedia*: the Erotic Urge and the Deconstruction of Idealist Language in the Spanish Renaissance', *Hispanic Review*, 71 (2003), 67–89; e Ignacio Díez Fernández, *La poesía erótica en los Siglos de Oro* (Madrid: Ed. El Laberinto, 2003).

[95]   *Paraíso cerrado*, p. 427.

[96]   José Manuel Rico García, *La perfecta idea de la altísima poesía. Las ideas estéticas de Juan de Jáuregui* (Sevilla: Diputación de Sevilla, 2001), pp. 68 ss., quien ahonda en la base

extraño que Góngora fuera condenado por sus excesos de extremosidad o
cacozelia, aparte de por su oscuridad y por su afán de elevarse pretendiendo
alcanzar lo inalcanzable.[97]

Bastaría repasar el amplísimo campo de la poesía satírica y burlesca o el de
la erótica propiamente dicha, tan abierto a los cambios traslaticios y hasta a las
deconstrucciones, para comprender que el movimiento se da en direcciones
muy distintas y hasta opuestas. Por otro lado, la transgresión genérica y estilística
produjo novedades tan notorias como las *Soledades*, que incluso consiguieron
'por elevación' introducir lo burlesco.[98]

En ese y otros procesos, la lengua española trató de elevarse a la cumbre y
hasta de señalar paso a paso tales ascensos desde la *Interpretación de las
palabras castellanas en latín* (Salamanca, *circa* 1495) de Nebrija, que ya la
situó en el cénit. Y a esa idea ascensional contribuyeron posteriormente no
solo las retóricas y las poéticas, sino la poesía misma.[99] Sobre todo a partir de
la introducción del endecasílabo y cuanto este acarreó en clasicismo, temas,
léxico y toda una serie de conceptos y perspectivas nuevas que Boscán ya
formuló claramente en la 'Carta a la Duquesa de Soma'.

Pero aparte del movimiento inherente a la búsqueda de la mayor dignidad
lingüística y poética, en competencia con otras lenguas y naciones, la poesía
trató sobre todo de ser reina de sí misma, incluso haciendo suya la mística
teología o la filosofía moral. A ese respecto, hubo toda una *teología poética* de
raíz virgiliana que contribuyó sin duda a su dignificación al elevar al poeta a
la categoría de teólogo, como supo bien Petrarca.[100] La concepción humanística

senequista y platónica que subyace en la visión de movimiento probado por el furor poético a la
que apeló Díaz de Rivas en su defensa de Góngora. Y véase Marsilio Ficino, *L'Essenza dell'Amore*
(Roma: Casa Ed. Atamor, 1982), pp. 148 ss., para los furores divinos y para el amor, el más
noble de todos.

[97]   José Manuel Rico, *La perfecta idea de la altísima poesía*, pp. 154 ss. No es extraño que
también fuera atacado Góngora por los excesos en la hipérbole (pp. 196 ss.).

[98]   Robert Jammes, 'Elementos burlescos en las *Soledades* de Góngora', *Edad de Oro*, II
(1983), 99–117. Y véase el soneto 'Tonante monseñor, ¿de cuándo acá …?', donde se funden elementos burlescos de índole homosexual con el tono trágico, como señaló Donald McGrady,
'Explicación del soneto *A Júpiter* de Góngora, sobre la evidencia de otros ingenios', *Estudios
sobre Calderón y el teatro de la Edad de Oro. Homenaje a Kurt y Roswitha Reichenberger*
(Barcelona: PPU, 1989), pp. 397–416.

[99]   El Brocense y Herrera creían que Garcilaso lo había conseguido. Véase David Viñas
Piquer, *Historia de la crítica literaria* (Barcelona: Ariel, 2002), pp. 155–6. Claudio Guillén, *El
primer Siglo de Oro. Estudio de géneros y modelos* (Barcelona: Ed. Crítica, 1988), pp. 20 ss., ya
vio la fusión de elegía, epístola y sátira en la *Elegía* II de Garcilaso, demostrando además su
carácter dinámico, abierto o inacabado, además de sus dimensiones europeas, reinventando los
géneros.

[100] Charles Trinkaus, *In Our Image and Likeness. Humanity and Divinity in Italian Humanistic Thought* (London: Constable, 1970), y Miguel A. Granada, 'Virgilio y la *Theología poética*
en el Humanismo y en el Platonismo del Renacimiento', *Faventia. Revista de Filologia Clàs-*

de la poesía la mostrará además como culminación de los saberes, elevándola a ciencia suprema y oculta tras las imágenes, aparte de equipararse con la filosofía, por su universalidad.[101]

El aparente estatismo de las retóricas lo fue solo en apariencia, pues al estar al servicio de la oratoria, esta se sirvió libremente de sus esquemas, y no digamos la poesía o la literatura en general, donde, con palabras de Gracián, se podía 'discurrir a lo libre'. La mezcla de géneros y estilos, ya desde el mismo Garcilaso, supuso todo un movimiento de la rota virgiliana que fue clave en la mayor parte de las novedades alcanzadas a lo largo del Siglo de Oro, sobre todo en el quicio entre los dos siglos, con Lope, Góngora, Quevedo y tantos otros, que perdieron el respeto a Aristóteles y sobre todo a los neoaristotélicos.[102] Téngase en cuenta además que la elección estilística iba a veces aparejada a la ideológica, como ocurre con la oscuridad, de modo que todo cambio en *verba* lo era también en *res*.[103]

El hecho de que España se incorporara tardíamente al historial de las poéticas creemos favoreció las transgresiones, aunque desde el prólogo al *Cancionero de Baena* y el Proemio de Santillana, a Pinciano, Cascales o González de Salas, haya toda una cadena teórica, lo cierto es que la poesía discurrió más allá de sus márgenes, avanzando libremente, sobre todo en el campo de la imitación. Las *Anotaciones* de Herrera concibieron la poesía como descubrimiento y como sucesión, además de consagrar la mezcla de los clásicos con los italianos en la copiosa y rica lengua castellana, que, a través de los nuevos metros y temas, pretendía elevarse sobre aquellos y aún superarlos, como se ha dicho anteriormente.[104]

---

sica, 5 (1983), 41–64. Por el contrario, el aristotelismo, cortó semejantes vuelos y redujo la poesía a una función pedagógica y de entretenimiento (p. 52).

[101] M. A. Granada, 'Virgilio y la *Theologia*', p. 58, quien también se refiere a la concepción cósmica de los neoplatónicos, marcada por los comentarios de Ficino al *Ion*, donde se ve que el poeta es un alma privilegiada que se eleva a la cadena cosmológica divina, con ejemplos de Fray Luis y San Juan (pp. 59–64).

[102] Alberto Blecua, 'Virgilio, Góngora y la Poesía Nueva', *La hidra barroca. Varia lección de Góngora*, ed. Rafael Bonilla y Giuseppe Mazzochi (Sevilla: Junta de Andalucía, 2008), pp. 119 ss. Sobre la mezcla de géneros y estilos, véase Aurora Egido, 'La hidra bocal …', *Fronteras de la poesía en el Barroco*, cap. I.

[103] Jorge García López, 'Reflexiones en torno al estilo lacónico', *La poética barroca a Europa. Un nou sistema epistemològic i estètic*, ed. Antoni L. Moll y Josep Solervicens (Barcelona: Punctum, 2004), pp. 121 ss., lo detecta en la novedad impuesta por el laconismo lipsista frente a los ciceronianos así como en la oscuridad tactista de Malvezzi; y Aurora Egido, 'Voces y cosas. Claves para la poesía del Siglo de Oro', *Homenaje a Gonzalo Sobejano* (Madrid: Gredos, 2001), pp. 105–22.

[104] Aurora Egido, '*Sin poética hay poetas*. Sobre la teoría de la égloga en el Siglo de Oro', *Criticón*, 30 (1985), 43–77. Téngase en cuenta además que la Poética misma tardó en ser disciplina autónoma, al formar parte de la Gramática, como ha señalado Helmut J. Jacobs, *Divisiones Philosophiae. Clasificaciones españolas de las artes y las ciencias en la Edad Media y el Siglo de Oro* (Madrid: Iberoamericana, 2002), pp. 46 ss.

Todo ello conllevaba la aceptación de que los cambios métricos introducidos por Boscán y Garcilaso habían supuesto otros muchos que afectaban al fondo y a la forma, como señaló puntualmente el poeta barcelonés. El esquema se repetirá más tarde en la batalla entre dificultad y oscuridad en torno a Góngora, incluidas las acusaciones de extranjería y hasta de herejía que ya recibieran en su momento las novedades venidas de Italia. Además la ruptura con el código petrarquista, los *contrafacta*, la fusión genérica, el desplazamiento del *delectare* por encima del *prodesse* y hasta la absorción de este por parte de aquel en algunos casos, son signos de cómo desplazar un estilo, un género, un asunto, un argumento, de la serie a la que pertenece, abre el camino a la invención y posibilita las novedades. Y otro tanto ocurre con el desplazamiento de *res* o *verba*, o con la ruptura del decoro, a tenor de la finalidad poética perseguida.

Que el *ingenium* fuera capaz de dominar el territorio del *ars* en el Barroco es innegable.[105] Pero, desde nuestra perspectiva, la clave reside en las bodas entre Arte e Ingenio propuestas por Gracián, pues, a partir de tal coyunda, se engendraban los conceptos y se multiplicaban las agudezas de la hidra bocal.[106] Téngase en cuenta además que la mímesis creadora no se limitaba a los fenómenos naturales (*natura naturata*), sino a su fuerza creadora (*natura naturans*).[107] Desde tales paradigmas, surgió en la *Agudeza* graciana una capacidad casi ilimitada de generar conceptos a partir de un arte nuevo que, ya desde los primeros discursos, se entendía como acción de proseguir y adelantar, pero también de ascensión del entendimiento con remontes de águila.[108] Gracián creía que 'la variedad dilata; y tanto es más sublime cuanto más nobles perfecciones multiplica', sustentando toda su obra en el realce, la ponderación, la eminencia o el arte de levantar misterio donde no lo hay; o en sacar punta al entendimiento, como hizo Lope en el soneto 'Qué bien se echa de ver, divino Diego'.[109]

---

[105] Carmen Bobes, *Historia de la teoría literaria* (Madrid: Gredos, 1995–8), II, p. 387.

[106] Aurora Egido, 'Bodas de arte e ingenio', *Homenaje/Hommage a Francis Cerdan*, pp. 261–79. En cualquier caso, Gracián no hizo sino catalizar el auge que el ingenio fue adquiriendo por encima del arte en las poéticas del XVI y del XVII, sobre todo en Carvallo. Véase José Manuel Rico García, *La perfecta idea*, pp. 45 ss.

[107] David Viñas, *Historia de la crítica literaria*, p. 192.

[108] Sobre ello, las introducciones a Baltasar Gracián, *Arte de ingenio*, ed. Aurora Egido (Zaragoza: Institución Fernando el Católico, 2005), y Baltasar Gracián, *Agudeza y arte de ingenio*, ed. Aurora Egido (Zaragoza: Institución Fernando el Católico, 2007); además de las implicaciones planteadas por Antonio Armisén, 'Intensidad y altura: Lope de Vega, César Vallejo y los problemas de la escritura poética', *Bulletin Hispanique*, 87 (1985), 34, 277–304, y Francisco Garrote Pérez, 'El ascenso poético o el poder transformador de la belleza. Un proyecto humanista de realización personal', *Silva*, 2 (2003), 81–110.

[109] Baltasar Gracián, *Agudeza y arte de ingenio*, *Obras completas*, Introducción de Aurora Egido, y ed. Luis Sánchez Laílla (Madrid: Espasa, 2000), discursos III, IV, VI–VII y p. 372, por

La *Agudeza*, epítome de la poesía de su tiempo, está llena de fuerzas dinámicas que no sólo indican elevación, sino trasposición (discurso XVII 'Sobre las ingeniosas trasposiciones'), retorsión (XVIII), exageración y encarecimiento (XIX–XX). Pero Gracián también indica que, frente al 'lance para exagerar' (p. 478), caben la detención y el temple, que dice más de lo que aparenta.[110] La *Agudeza* sobrevuela además por encima de la retórica al indicar que se puede elevar el discurso no sólo con los consabidos tropos amplificatorios, sino con la paradoja conceptual, con la que 'funde soberanía el entendimiento como potencia real', capaz incluso de incorporar a la prudencia en el lenguaje por medio de una festinización lenta.[111] El movimiento geométrico graciano se asienta además en los retruécanos y laberintos por trasmutación o inversión del vocablo (p. 593), sin olvidar la prodigiosa fecundidad de la inventiva que suponían los jeroglíficos, los emblemas, las empresas, las parábolas y los motes (p. 744).

Lo vivencial del proceso poético supone toda una regeneración, además del desprecio por las 'rozadas antiguallas' (*ib.*), incluidas las metamorfosis, que tuvieron su tiempo y su triunfo, pero que el jesuita aspiraba a reinventar, como de hecho hizo en *El Discreto* y sobre todo en *El Criticón*. Él tenía además una idea vital de la historia literaria, probada con quienes, como Apuleyo, Marcial, Homero o Virgilio, se eternizaron por las palabras, el estilo y los fines perfectos de sus obras, sirviendo de alma nutricia a futuros imitadores.[112]

Pero no nos engañemos, los postulados gracianos tienen poco que ver con la estética del siglo XX y la invención del Barroco, y mucho sin embargo con la reconciliación platónico-aristotélica de poéticas como la de Scaligero, donde la *idea* aparece como forma de una poesía sujeta a armonía y proporción, al igual que el macrocosmos, y a un movimiento armónico regido por el número. Todo ello derivó en 'una necesidad de armonizar las tensiones de la naturaleza

la que citaremos. Para el jesuita, un 'doblado realce' consiste en aumentar la dificultad en las semejanzas o en realzar con el misterio o con el reparo (p. 429), pues cuanto más realzado el concepto, más perfecto (p. 440). El verbo *levantar* y semejantes aparecen por doquier, como en los conceptos por disparidad.

[110] Baltasar Gracián, *Agudeza y arte de ingenio* (p. 478, disc. XXI). Gracián lo ejemplifica con los versos de Góngora: 'yerbas le aplica a sus llagas/ que si no sanan entonces,/ en virtud de tales manos/ lisonjean los dolores'. Lope le sirve a su vez como ejemplo de elevación por reparo con el soneto 'Sangrienta la quijada, que por ellas' (p. 429). Dicha perfección, basada en el realce, puede darse también en los conceptos por disparidad (p. 440) y en las trasposiciones, consistentes en transformar un objeto en lo contrario de lo que parece (discurso XVII). Hasta la erudición 'sublime y realzada' (p. 761) suponía, para Gracián elevación y altura.

[111] Baltasar Gracián, *Agudeza y arte de ingenio*, discursos XXII y XXIV.

[112] Baltasar Gracián, *Agudeza*, discurso LX. Él fue además consciente de lo efímero de las modas, aunque creía que lo inmortal siempre permanece. Sobre ello, en relación con la identidad artística, Rodrigo Cacho Casal, 'Quevedo y el canon poético español', *El canon poético en el siglo XVII*, ed. Begoña López Bueno (Sevilla: Universidad de Sevilla, 2010), pp. 421 ss.

humana, la sociedad y el arte' claramente inspirada en los predicados platónicos.[113] Scaligero desarrolló además un concepto de *beatitudo* como fin de la poesía, lo que desplazaba el *prodesse* al *delectare*, demostrando hasta qué punto el placer que conllevaba el conocimiento adquirido a través de ella.[114] Argumento que coincide curiosamente con la defensa que Góngora hizo de la oscuridad.

Volviendo a Gracián, comprobamos que la vitalidad y movimiento del ingenio alcanza también a la *agudeza de acción*, ampliamente ejemplificada con hechos, y sobre todo a una idea de la poesía que, mas allá del cuerpo de la escritura, se convertía en voz y alma.[115] El asunto es interesante, pues remite además a un joven Baltasar Gracián escuchando cómo Bartolomé Leonardo de Argensola elevaba la calidad de sus propios versos al recitarlos:

> Era gran ponderador este ilustre poeta y así son tan preñadas sus palabras; pues oírselas a él era otra tanta fruición, porque les daba mucha alma. (p. 495)

El jesuita trató de probar con la historia misma de la poesía en mano hasta qué punto esta era, en el fondo y en la forma, hija del arte y del ingenio. Un ser vivo que, bajo el signo de la variedad estilística, también patrimonio de la naturaleza, se regía, como esta, por el cambio en todos los sentidos, tanto espaciales como temporales (discurso LXI). Desde el canto llano del estilo natural (LXII), que es como el pan de cada día, al más artificioso, culto o dificultoso, la poesía no parecía haber tenido más límites que los exigidos por la nobleza y perfección del arte (p. 800). Además en la teoría de los estilos formulada por Gracián cabe añadir la evolución que el concepto de *decoro* tuvo a partir de los clásicos y la originalidad que supuso su pérdida o transgresión en la poesía del Siglo de Oro, particularmente en el territorio de lo risible y en la variedad nacida del concepto.[116]

---

113 José A. Sánchez Marín y María Nieves Muñoz Martín, 'La poética de Scaligero', pp. 130 ss., quienes señalan la importancia de la *prudentia* en la síntesis poético-retórica de este autor, así como en la superioridad del arte sobre el *ingenium*, aspectos que creemos fundamentales para entender la obra graciana y su innovación al fundir ambos extremos.

114 Sánchez Marín y Muñoz Martín, 'La poética de Scaligero', pp. 132–3.

115 Téngase en cuenta, para la agudeza de acción, que convierte un acto vital en arte, todo cuanto supuso al respecto *Don Quijote de la Mancha*. También conviene acudir a Marc Fumaroli en 'El llanto de Ulises', *La diplomacia del ingenio. De Montaigne a La Fontaine* (Barcelona: Acantilado, 2011), pp. 35 ss., a propósito del redescubrimiento de la retórica como parte de la vida activa, así como de la primacía de la poesía a todos los niveles. Ya en la *Política* y en la *Etica a Nicómaco* de Aristóteles las Musas preparaban para el placer y el ocio.

116 David Mañero Lozano, 'Del concepto de *Decoro* a la *Teoría de los estilos*: Consideraciones sobre la formación de un tópico clásico y su pervivencia en la literatura española del Siglo de Oro', *Bulletin Hispanique*, III (2009), 2, 357–85, ha trazado un amplio panorama desde los sofistas y peripatéticos, fundamentalmente referido a la picaresca. La ruptura en el terreno poético merecería consideración aparte.

Claro que la *Agudeza* de Gracián no nació de la nada, sino que, como la *Poética* de Aristóteles en su tiempo, emanó de la poesía misma, donde el jesuita encontró el arte conceptual y agudo que la sustentaba más allá de las retóricas y poéticas al uso. De ahí que sea en ella, en la poesía misma, donde encontremos la mejor expresión del movimiento, de sus hallazgos y de sus fracasos. Un poema de Gabriel de Bocángel recogido en *La lira de las Musas* (Madrid, 1637) tal vez muestre la difícil aprehensión teórica y práctica del movimiento, que él entendió en clave aristotélica *per accidens*.[117] Prueba palmaria, en definitiva, de que la poesía, como el amor y como la vida, consiste en la mudanza, y que, al aire de su vuelo, trata de captar cuanto se mueve *animando* el cuerpo de las palabras:

> Lo que pasó ya falta; lo futuro
> aún no vive; lo que está presente
> no está, pues es su esencia el movimiento.
>
> Lo que se ignora es sólo lo seguro;
> este mundo, república de viento
> que tiene por monarca un accidente.[118]

---

[117] Como recuerda Amalia Quevedo, *El movimiento accidental en Aristóteles* (Pamplona: Universidad de Navarra, 2008), p. 161, éste creía que hay tres maneras de producir el cambio: accidentalmente, parcialmente y por sí mismo. El movimiento *per accidens* se distingue del propio (o *per se*), ya que no es susceptible de moverse por sí mismo. Aristóteles se reveló, en *De anima*, contra la idea platónica de que el alma se puede mover por sí misma naturalmente, pero creía podía hacerlo accidentalmente (pp. 164 ss.).

[118] Sin embargo Mercedes Blanco, 'La Poésie monumentale de Gabriel Bocángel', *Mélanges offerts à Maurice Molho* (Paris: Études Hispaniques, 1988), I, pp. 203–22, comparó el *Orfeo* de Jáuregui, tan lleno de dramatismo y variaciones melódicas de prodigioso movimiento, con la 'Fábula de Leandro y Hero' de Bocángel, considerando que esta se ahoga y congela en cuadros estáticos.

Part 1

Poetry in Creation

2

Moving in …
Garcilaso de la Vega's
'Dulces prendas por mi mal halladas'

ISABEL TORRES

A reader runs through it

If poetry plays to the most volatile and malleable part of our nature, then Plato, the philosopher, played poetry beautifully, and at its own game. The exploratory nature of Plato's writings, as well as their apparent inconsistencies, are well documented.[1] His contradictory attitude, for instance, to poetry's relationship to the polity has not only dogged disciplinary discourse in terms of a centuries-long quarrel between philosophy and literature, but has also given rise to a provocative paradigm that connects order within the self to the construction of a utopian state. Individual selfhood is symbolically politicised in this process, while the construction of the social state risks deconstruction at the level of the resisting individual, the citizen who refuses to recognise reason as dominant in the 'city' within. But if, in the *Republic*, the rule of reason demands the expulsion of poets from a commonwealth of rationally self-determined citizens,[2] how do we reconcile this attitude with the apotheosis of poetic madness (among other divinely-

---

[1]   The bibliography on Plato is extensive. For an overview of the key issues of critical reception, see as representative: Hugh Benson (ed.), *A Companion to Plato* (Oxford: Blackwell, 2006); Richard Kraut (ed.), *The Cambridge Companion to Plato* (Cambridge: Cambridge University Press, 1992), and, by the same author, *How to Read Plato* (London: Granta, 2008). Plato's attitude to *mimesis* has often been deemed self-contradictory on the basis that the treatment of the topic in *Republic* X (which opens with the statement that all imitative poetry should be banished) is inconsistent with the discussion in Book III (only some imitative poetry is condemned). For a review of the arguments, see Elizabeth Belfiore, 'A Theory of Imitation in Plato's *Republic*', *Transactions of the American Philological Association*, 114 (1984), 121–46, pp. 121–2.

[2]   See Plato, *The Republic*, translated with an Introduction by Desmond Lee (London: Penguin, 2003). For the denunciation of imitative poetry see Book X, 595a–608b.

gifted madnesses) in the *Phaedrus*, a stance that taken even at its most ironic seems to revel in reason's dethronement? The answer is very simple – we cannot, and any attempt to extract an overarching philosophical system that suppresses the more aesthetic dimensions of Platonic discourse will be inevitably flawed.[3] Plato's allusive self-consciousness is a hallmark of his writing. He may ban imitative poetry that flaunts deceptive appearance over reality, but he never tires of citing the poets himself throughout works where circumstances of context determine procedure.[4] His dialogical compositions are often multi-voiced, fluid speech acts, where speakers are made active in their own dramas[5] and where the engagement of readers, often figured as intratextual interlocutors, is crucial to the successful communication of the message. Like the ups and downs of the journey of the soul, figured in the *Phaedrus* as a chariot powered by two winged steeds, the Platonic dialogue is not a text that stands still before us. We are drawn into it and compelled through it, by word and whip, to reconcile the rational and extra-rational, and (notwithstanding a necessary accommodation of our own dark horses to a predestined higher goal) mobilised to think for ourselves. Plato's examination of ethical, political, metaphysical and epistemological questions may have systemised philosophical thinking and transformed the intellectual currents with which he grappled, but this has been accomplished (as the legacy of Platonism confirms) on the productive basis of interrogation and interpretation as dynamic, unfinished, business.

In the *Republic*, the metaphysics of imitation and the charge of ethical harm that is levelled against those poets who would wield language at dangerous removes from Truth, makes most sense when we exert '*hermeneutic* pressure' on

---

[3]   Many scholars have recognised the aesthetic dimensions of Plato's writing, finding evidence mostly in his use of myth, Frutiger's work being one of the more influential studies (Perceval Frutiger, *Les Mythes de Platon* [Paris: Félix Alcan, 1930], esp. pp. 229–85). However, the idea of myth as *ancilla philosophiae* continues to hold firm. Even Nussbaum, who identifies how philosophy in the *Phaedrus* 'is more intimately related to poetry than Plato has hitherto led us to think', and how 'it can, like poetry, contain material expressive of, and arousing, a passional excitation', ultimately regards the *Phaedrus* as exceptional in terms of this interrelationship. See Martha Nussbaum, *The Fragility of Goodness, Ethics and Luck in Greek Tragedy and Philosophy* (Cambridge: Cambridge University Press, 1986), chapter 7, p. 226.

[4]   Gadamer, for instance, refers to Plato's dialogical compositions as 'the artful synthesis of all the elements of form which had defined the development of literature from Homer through Attic tragedy and comedy'. See Hans Georg Gadamer, *Dialogue and Dialectic. Eight Hermeneutical Studies on Plato*, translated with an Introduction by P. Christopher Smith (New Haven, CT: Yale University Press, 1980), p. 40. Notably the *Republic*, in which Homer and Hesiod are condemned for their fables, ends with the 'story' of Er.

[5]   See as representative studies: Michael Frede, 'Plato's Arguments and the Dialogue Form', in *Oxford Studies in Ancient Philosophy*, Supplementary Volume (Oxford: Oxford University Press, 1992), pp. 201–20, and Ruby Blondell, *The Play of Characters in Plato's Dialogues* (Cambridge: Cambridge University Press, 2002).

the text,[6] thereby recovering the persuasive function of its hyperbole. Blasing oversteps the issues somewhat when he claims that Plato's attack on *mimesis* is 'something of a red herring', but he is right to direct our emphasis elsewhere: 'the real threat is not *mimesis* but a language use that mobilises emotions'.[7] Poetry is dangerous, according to Plato's speaker Socrates, because it is an effeminate principle that inclines towards reflection, recollection and lamentation; a useless and irrational force which, if not controlled, will hand authority and power over to pleasure and pain. In this passage Plato reminds his readers that the mnemonic and desiring dimensions of poetry are potentially transgressive – and he trespasses and tramples all over us emotionally to make the point.[8] Plato's broad agenda in the *Republic* is the development of educational reform within a utopian vision of a future state. Its approval requires the receiver to accept his critique of existing structures, customs and mores, and to that end he harnesses the rhetorical power of historically, ideologically and, most interestingly, emotionally charged language. The paradox is pertinent.[9] Moreover, at the core of both the argument and its methodology, Plato's reader is objectified as an individual upon whom literature acts, but also figured as a responsive and transforming agent of that action. In terms of argument he or she is compelled outwards with potentially imperilling extra-literary and collective consequences; in terms of rhetorical methodology, the reader is pulled inwards towards acquiescence. In both cases, the affective catalyst produces an active subject in motion.

I have invoked Plato at the outset of this chapter as a way of elucidating some of the critical principles that will inform my own reading of 'poetry in/as motion' in one of the most anthologised poetic texts from one of early modern Spain's most critiqued lyric poets: 'Dulces prendas por mi mal halladas',

---

6   The phrase is employed by Teodolinda Barolini in opposition to 'hermeneutic inertia'; it is a call to the reader to resist the authority of the commentary tradition, to take the text itself more seriously. See Simon Gilson, 'Historicism, Philology and the Text. An Interview with Teodolinda Barolini', *Italian Studies*, 63 (2008), 1, 141–52 (esp. pp. 141 and 146).

7   See Mutlu Konuk Blasing, *Lyric Poetry: The Pain and the Pleasure of Words* (Princeton, NJ: Princeton University Press, 2006), p. i. Blasing invokes Plato at the opening of a fascinating study that relates linguistic emotion to the systematic formality of poetic language, but he does so in order to move beyond a Platonic framework that accounts for poetic emotion in terms of its relationship to mimesis and truth. His study is posited as a first step in the construction of a critical idiom and methodology that engages with 'the affectively charged materials of language' (p. i). Although I have followed Blasing in terms of an opening invocation of Plato, and share many of his views concerning the public nature of lyric language and the poetic subject as the voice print of a speaker, his insistence on poetic language per se, on its formal linguistic codes, is not mine.

8   See *Republic*, X, 602c–605c which focuses on imitative poetry's appeal to the emotions rather than to the mind.

9   It is worth noting that Aristotle referred to the Socratic discourses as a form of poetic imitation (*Poetics*, 1447, b4).

Garcilaso de la Vega's Sonnet X.[10] The misreading of Plato's discourse on *mimesis* that is opened up here demonstrates how author, text and readers can be freed from layers of over-determined commentary that sterilises less comfortable significances. The Platonic text is a usefully fluid conceptual frame. The 'Platonism' I am interested in exploring is not the repository of Classical and Neoclassical values that debated the 'Truth' of literature's relationship to reality, which, as Rosenblatt has argued, relegated both author and reader to the margins for centuries.[11] But nor is it the Platonism that Rosenblatt herself evokes as a *locus classicus* of anxieties about the reader that would inform all subsequent efforts of censorship.[12] Where Rosenblatt glimpses only a passive reader in Plato's imaginings, a recipient of aesthetic impact, I intuit a riskier reader *in potentia*, a maker of meaning whom the philosopher releases in the very act of suppression. This is a reader who, within the intensely intertextual climate of Renaissance secular humanism, is also realised as a writer, and, in both functions, possesses the requisite rhetorical resources to escape the limitations of the dominant discourses of the period.

This alternative reading of Plato suggests a less regulated aestheticism in the Renaissance than the all-constraining landscape allowed for in Foucault's preconceptual epistemic grid; a paradigm which, as Maclean pointed out some years ago, is undermined particularly by its general acceptance of the Platonic sign and the Cratylic theory of language.[13] Maclean proposed the Aristotelian theory of the sign and the conventionality of language as an equally pervasive but 'more flexible set of mental practices':

> The framework in which Renaissance users of language lived allowed them to recognize its conventional nature, and it included [...] a concept of 'extensive signification' which permitted them to discuss both the semantic and historical dimensions of words. Therefore it is not the tautology of which Foucault accuses it of being. There is a prison-house, an *ergastulum*, of language, but it is not subjected to the terrifyingly all-seeing and regulating regime of Foucault's panopticon.[14]

---

[10] The following edition has been used: Garcilaso de la Vega, *Obra poética y textos en prosa*, ed. Bienvenido Morros, preliminary study by Rafael Lapesa, Biblioteca Clásica, 27 (Barcelona, Crítica, 1995).

[11] See Louise M. Rosenblatt, *The Reader, the Text, the Poem. The Transactional Theory of the Literary Work*, with a new preface and epilogue (Carbondale, IL: Southern Illinois University Press, 1994), p. vii.

[12] See Rosenblatt, *The Reader, the Text*, p. viii.

[13] See Ian Maclean, 'Foucault's Renaissance Episteme Reassessed: An Aristotelian Counterblast', *Journal of the History of Ideas*, 59 (1998), 1, 149–66.

[14] See Maclean, 'Foucault's Renaissance Episteme', p. 160.

While I share Maclean's desire to interrogate the bases of Foucault's imprisoning mind-sets,[15] (the empowerment that is transferred via Aristotelianism to operative concepts like analogy and paradox is of particular interest to the present study), the substitution of one philosophical system for another tends towards the superimposition of a different type of 'grid', and thus carries its own internal contradictions. Maclean's focus is not literary, but interestingly, when he does stray into a discussion of how epistemological paradox functions at the level of language he restricts his comments to poets and to the features of writing, with no mention of readers or modes of interpretation.[16] Given that the poetics of the period was built on an understanding of Aristotle's *Poetics* (albeit fused with an Aristotelian reading of Horace) that took absolutely no account of the experience of reading, the absence of the reader from Maclean's schema is not overly conspicuous. As María José Vega has so compellingly demonstrated, Neo-aristotelianism with its emphasis on composition and genre, was a poetics conceived for writers, not for readers.[17] Anxieties surrounding the reader's relationship to literary texts were conceptualised, however, in the early modern period, but found an outlet in a 'Christian poetics' where the emphasis on the potential impact of fiction in the 'real' world beyond the text made the issue of the active reader a legitimate domain of moralists. For Vega, the second post-Tridentine wave of Christianised poetics is paradoxically self-authorised in pagan Platonic terms, wherein theorists debate the relative merits of literary expulsion, prohibition or censorship for the ideal Christian state.[18] In this particular counter-reformational context, the mobilised reader imagined by Plato is trapped within a prescriptive counter exemplarity, even *in potentia* a shadow of its former self. But while the censors expurgated and even burned the books, poets like Garcilaso de la Vega in the sixteenth century, and Quevedo and Góngora in the seventeenth, read (as Plato feared one might), wrote and kept rewriting through critical moments of imperial history, conveying its coming into being and its going from it, releasing the paradoxes of 'pleasure and pain' in constructed subjective spaces imbricated with

[15]   I have addressed elsewhere how the Foucauldian paradigm (with its epistemic threshold set at 1600) undermines our understanding of cultural production prior to that date; the disjuncture between language viewed in essential terms (as nomenclature) and language operating as a dynamic spatio-temporal phenomenon was clearly evident in early sixteenth-century poets like Garcilaso. See Isabel Torres, *Love Poetry in the Spanish Golden Age. Eros, Eris and Empire* (Woodbridge: Tamesis, 2013), ch. 4.

[16]   See Maclean, 'Foucault's Renaissance Episteme', pp. 163–4.

[17]   See María José Vega, 'La poética de la lectura en el siglo XVI. Hacia una reescritura de la historia de la crítica en el Renacimiento', in *El Brocense y las Humanidades en el siglo XVI*, ed. Carmen Cordoñer Merino, Santiago López Moreda and Jesús Ureña Bracero, *Estudios Filológicos*, 298 (Salamanca: Ediciones Universidades Salamanca, 2003), pp. 255–71.

[18]   See Vega, 'La poética de la lectura', pp. 269–70.

the broader tensions of cultural self-constitution. These self-conscious transactions refuse the conventional antithesis of thought and feeling, not only 'making readable those impossible and necessary things that cannot yet be spoken',[19] but stimulating the reader to travel through the mnemonic text in ambivalent relations with time and space and, within their manipulated soundscapes, even to transform and rewrite the route.

There is the illusion of a material object at the centre of the Garcilaso poems under discussion (indeterminate 'tokens' that are pledges broken and spoils retained) but they are caught up in a transformative flow of thinking and feeling and never quite crystallise into shape, never quite come to a full stop. They are, however, like Keats' 'living hand', inscribed by the interconnectedness of speaker and reader, past and present, and capable of an 'earnest grasping' that is impossible to resist.[20] Walter Benjamin's paradoxical formulation, 'dialectics at a standstill', is useful to how we might think about the conceptualisation of the lyric present when objects connected to the past intrude, but only if we read somewhat against the grain of Benjaminian emphases: 'Where thinking suddenly comes to a stop in a configuration saturated with tensions, it gives that constellation a shock, by which thinking is crystallised as a monad.'[21] That the movement of thought depends also on arrest is challenged by the rhetorical 'configurations' of these poems. Historico-political tensions are 'saturated' by a conditioning that, in opposition to Benjamin's 'monad', I prefer to think of as nomadic, that calls us, as readers, to a consciousness of our own mobile spatio-temporal positionality, to realise (in both senses of the word) the scope and limits of our own power. In order to grasp the movement of histories, private and public, to generate an interrogative inter-relationship between poetry and polity, to fully apprehend the vitality of the lyric present, the flow simply cannot come to a stop.

The distinguishing features of material historiography, however, as defined by Benjamin, do provide an illuminating frame for an appreciation of human-

---

[19] See Barbara Johnson, book-jacket blurb to *The Feminist Difference: Literature, Psychoanalysis, Race and Gender* (Cambridge, MA: Harvard University Press, 1988), as cited by Mary S. Gossy, *Empire on the Verge of a Nervous Breakdown* (Liverpool: Liverpool University Press, 2009), p. 16.

[20] The fragment poem referred to was either written in or copied into a manuscript margin. It is entitled 'This Living Hand' and begins: 'The living hand, now warm and capable/ of earnest grasping'. See John Keats, *Complete Poems*, ed. Jack Stillinger (Cambridge, MA: Harvard University Press, 1982), p. 384.

[21] See Walter Benjamin, *On the Concept of History*, in *Selected Writings*, vol. 4, ed. Howard Eiland and Michael W. Jennings, trans. Edmund Jephcott et al. (Cambridge, MA: Harvard University Press, 2003), Thesis XVII. The context of the citation is a definition of materialistic historiography that differentiates it from historicism, with particular reference to the latter's lack of theoretical armature.

ist intertextual aesthetics. The materialist approach is defined by its ability to relate actively with history in order both to induce creative tensions between past and present, and to animate and reconfigure the losses of the past for future meaning (that is, the ability to 'make' absence present in a potential future). This productive attitude is set in opposition to political and ethical misappropriations of the past that flatten and fix totalising narratives and encrypt history with the singular vision of the victor. It is this reactive acedia that Garcilaso de la Vega shuns when he assumes, with some ambivalence, the female voice of the vanquished Dido. A century later poets like Francisco de Quevedo and Luis de Góngora would inherit, interpret and remake the remains of this once 'new' melancholic agency, re-assigning its alternative heroism to the voice of a 'victor', a poetic protagonist constituted in the full throes of 'power panic'.[22]

Dark materials

Peu de gens devineront combien il a fallu
être triste pour ressusciter Carthage[23]

Cultural history as it bears on the interpretation of literary texts can be best understood, according to Anthony Cascardi, in two conflicting ways, the humanist and the modernist: 'whereas modernism represents an attempt to generate a historical orientation for and from itself, humanism reads the past in order to distil a rhetoric of values and a canon to sustain its ideal'.[24] In op-

---

[22]   In a highly original study of narrative texts that deal with the 'acute anxiety symptoms' of lost empire (some Spanish, some not, from Joyce through Jazz song lyrics to Cervantes, but all demonstrating 'imperial anxiety in action' through allusions to Spain), Mary Gossy identifies how 'the symptoms of power panic' are especially revealed in 'articulations of love and trauma'. Although Gossy does not refer specifically to the poetic persona of Quevedo's love lyric, or to Góngora's shipwrecked *peregrino*, her observations are equally applicable to the figuration of these poetic subjects. See *Empire on the Verge*, p. 10. For a more detailed discussion of ideologically-inflected anti-heroism in Quevedo, see Torres, *Love Poetry in the Spanish Golden Age*, chapter 6.

[23]   Gustave Flaubert, as quoted in Benjamin, *On the Concept of History*, Thesis VII.

[24]   See Anthony J. Cascardi, 'History and Modernity in the Spanish Golden Age. Secularization and Self-Assertion in Don Quijote', in *Cultural Authority in Golden Age Spain*, ed. Marina S. Brownlee and Hans Ulrich Gumbrecht (Baltimore and London: The Johns Hopkins University Press, 1993), pp. 209–33, p. 212. For a more expansive treatment of the topic, see, by the same author, *Ideologies of History in the Spanish Golden Age* (University Park, PA: The Pennsylvania University Press, 1997). This is a wonderfully insightful study whose purpose is captured in the following: 'What we regard as "literature" in the Golden Age is situated within a social structure shaped by the polemical values of tradition and modernity, of "old" and "new", of caste and class. What is "ideological" about the historical role of literature in the Spanish Golden Age is that it is not merely shaped by these and similar tensions, but articulates a strongly inflected response to them' (p. 15).

posing humanism and modernism, Cascardi does not deny to humanism its
own dynamic rhetoric of self-assertion, nor its inherent sense of belatedness.
Rather, we might say that both impulses are forged in an attitude of inces-
santly mobile transvaluation that strives to break out of its own circle. Cascardi conceptualises this in terms of humanism's acknowledgement 'that it
stands in essential need of the tradition as the value field out of which it
arises and to which it ultimately refers'.[25] I would suggest that in the Spanish
context this play of allusive re-articulation is most anxiously expressed in
sixteenth-century poetry's tense figuring of material, linguistic and cultural
transfer, a process that from Nebrija onwards would formally wed 'studium'
to 'imperium'.[26] But, as I have argued elsewhere, the latter is an alignment
that by the seventeenth century had become a marriage of considerable in-
convenience.[27] Cascardi's analysis initiates in this Baroque moment of breakdown. In an interrogation of how the onset of literary modernity in Cervantes's
Don Quijote is connected to a secularisation process best exemplified in literary history itself (that is, in its renegotiation in the present of authorities from
the past),[28] he raises the question of poetry's efficacy in the face of loss and
death, passing over what he sees as Garcilaso's ultimately redemptive pastoral aesthetics, to consider Cervantes's 'farther-reaching investigation of literature's power and limits'.[29] Richard Helgerson, some years later, would
reframe the question (though not in conscious dialogue with Cascardi) and
reposition Garcilaso much more provocatively in relation both to the 'value
fields' of tradition and to the question of his poetry's potential to enunciate
the conditions that give rise to it. Can a poetry that articulates erotic desire,
abandonment, frustration, and yes, loss and death, speak for the nation in
making? Or, as Helgerson put it, 'can this be the voice of imperial triumph,
the voice of the new Rome?'[30]

[25]   See Cascardi, 'History and Modernity', p. 212.
[26]   The reference is to the often-cited: 'siempre la lengua fue compañera del Imperio, y de
tal manera lo siguió, que juntamente comenzaron, crecieron, y florecieron, y después junta fue
la caída de entrambos'. Antonio de Nebrija, *Gramática de la lengua española*, ed. Pascual Galindo Romeo and Luís Ortiz Muñoz, 2 vols (Madrid: CSIC, 1946), (preface).
[27]   See Torres, *Love Poetry*. The trajectory of the study (from Garcilaso through Herrera
and Góngora to Quevedo) focuses on how writing and reading under imperial conditions are
distinctly troped and how the insecurities of the beginning materialise as the disabling wound-
ing of the beginning of the end. This is distilled here to consider how the end can be inscribed
in the beginning in unexpected contexts.
[28]   See Cascardi, 'History and Modernity', pp. 209–11, where the objective of the analysis
is mapped back against Lukács's appraisal of *Don Quijote* in his *The Theory of the Novel* (1919).
[29]   See Cascardi, 'History and Modernity', p. 221.
[30]   See *A Sonnet from Carthage: Garcilaso de la Vega and the New Poetry of Sixteenth-
century Europe* (Philadelphia: University of Pennsylvania Press, 2007), p. 13. Helgerson notably
described the 'new poetry' of sixteenth-century Spain in terms of conspicuous movement.

Helgerson's study demonstrates very effectively that it can be, or rather, that it was.[31] The key evidential planks of his argument are as follows: there is an identifiable 'split' in Garcilaso's biography between the project of poetry and the project of empire; there is an 'unbridgeable gulf' between the actual content of the poems themselves and a critical reception determined to make of them worthy 'companions' of imperial ambition; in their enthralment, even abandonment, to *eros* these lyric poems dwell in those alternative spaces where epic seems to reject its own nature; Virgil's Dido episode in *Aeneid*, Book IV, is an obvious example of how epic structure cedes to and embodies lyric impulses: 'erotic self-abandonment and imperial self-realisation may not always be as much at odds with each other as one might suppose. On the contrary, one may lead to the other.'[32] The argument is crystallised in an analysis of Garcilaso's Sonnet XXXIII, addressed to his friend Boscán, 'desde la Goleta'. For Helgerson it is a wonderful synthesis of the forces that impelled the new poetry: 'imperial ambition, self-conscious poetic aspiration and Dido-like self-immolation'. Following Rodríguez García, Helgerson identifies the tragedy of Carthage, Aeneas's abandonment of Dido and her subsequent suicide, as the major intrusive and conflicting subtext of the sonnet.[33] I have engaged elsewhere with these readings, suggesting that the sonnet's ambivalent interrogation of both its 'aestheticised politics' and 'politicised aesthetics' requires a recognition that the end is written into the beginning and that the speaker experiences abandonment as both subject and object, victim and perpetrator.[34] For as the signifying strategies of the Garcilasian texts reveal, and Eclogue II is the most sustained example in the corpus,[35] 'imperial thinking is structured by irrational opposi-

---

[31]   Helgerson's broad argument is insightful and persuasive, but there are some places where closer attention to poetic texts of the period would suggest some nuancing. For instance, the remaking of the vernacular in Garcilaso's poetry certainly involved 'foreignising' and 'self-estrangement', but it did not involve a turning away entirely from previous writing in the vernacular (p. 9); Medina's prologue to Herrera's *Anotaciones* may appear to reveal a 'curious indifference to the content of the poems' (p. 13), but there is an ideological agenda at work here that has to be taken into consideration and, in any case, is a less valid assessment of Herrera's critical attitude and belied entirely by his recasting of Garcilaso in his own 'Algunas obras' (for a reading of Herrera that connects his critical and creative practice, see Torres, *Love Poetry*, ch 3).

[32]   See Helgerson, *A Sonnet from Carthage*, p. 17.

[33]   See José María Rodríguez García, 'Epos delendum est: The Subject of Carthage in Garcilaso's "A Boscán desde la Goleta"', *Hispanic Review*, 66 (1998), 2, 151–70. He also identifies a second major subtext in Augustine's *Confessions*, see pp. 160–2.

[34]   See Torres, *Love Poetry*, chapter 2, pp. 139–43.

[35]   See 'Sites of Speculation: Metaphor and Memory in Eclogue 2', in Torres, *Love Poetry*, pp. 143–59. An earlier version of this study was published as 'Sites of Speculation. Water/Mirror Poetics in Garcilaso de la Vega, Eclogue II', *Bulletin of Hispanic Studies*, 86 (2009), 6, 877–92. In a recent study Julia Farmer recognises the political resonances of the poem, but then reduces these to a biographical reading that identifies Albanio with Garcilaso and Camila with Charles V. The empirical data which might substantiate the possibility of this interpretation is wholly

tions and inversions'.[36] In our reading of Garcilaso's reformulation of Virgil, therefore, uni-dimensionality should never be an option.

Sonnet X is one of the more controversial of Garcilaso's poems, for reasons that appear to have little grounding in any textual or even historically-empirical evidence. Without wishing to flog a horse that has died several times over, the biographical reading that dominated in the twentieth century (and had its origins in *El Brocense*'s identification of the speaker's interlocutor as 'algunos cabellos') connected the sonnet with Nemoroso's address to a lock of hair that belonged to his dead beloved, Elisa, in Eclogue I. For Keniston, Lapesa, Prieto, Rivers, and many others, Elisa *was* Isabel Freire, the Portuguese lady whom Garcilaso loved in life, death and art, the 'prendas' were painful reminders of her death in childbirth, and Sonnet X was, therefore, a lament of the lover 'in morte'.[37] When Goodwyn's archival research invalidated the Freire story, the space for alternative interpretations was opened up.[38] Notably Johnson paved the way by drawing attention to the indeterminate meaning of 'prendas', concluding that they are important not because of what they are, but what they might represent. The poem turns on this sign and is, therefore, 'about signification itself'.[39] Navarrete expanded the semantic field to read 'prendas' as booty, offering a Bloomian reading of the poem as a metapoetic allegory, wherein the death at the centre of the text is the death of the writer as passive reader of Petrarch, but paradoxically reborn 'as a self-conscious Petrarchist poet'.[40] For Heiple, the Petrarchan dimensions of the poem are paramount, and Sonnet X is one of five poems that he classifies according to Garcilaso's chal-

---

dependent, as Farmer acknowledges, upon Lapesa's dating of the poem. See 'The Experience of Exile in Garcilaso's Second Eclogue', *Bulletin of Hispanic Studies*, 88 (2011), 2, 161–77.

[36]   See Gossy, *Empire on the Verge*, p. 13.

[37]   See Hayward Keniston, *Garcilaso de la Vega: A Critical Study of His Life and Works* (New York: Hispanic Society of America, 1922); Rafael Lapesa, *La trayectoria poética de Garcilaso de la Vega* (Madrid: Revista de Occidente, 1948); Elias Rivers, *Garcilaso de la Vega: Obras completas con comentario* (Madrid: Castalia, 1974), Bernard Gicovate, *Garcilaso de la Vega* (Boston, MA: Twayne Publishers, 1975); Antonio Prieto, *Garcilaso de la Vega* (Madrid: SGEL, 1975).

[38]   See Frank Goodwyn, 'New Light on the Historical Setting of Garcilaso's Poetry', *Hispanic Review*, 46 (1978), 1–22. Others who took up Goodwyn's gauntlet include: David H. Darst, 'Garcilaso's Love for Isabel Freire: The Creation of a Myth', *Journal of Hispanic Philology*, 3 (1979), 261–8; Pamela Waley, 'Garcilaso, Isabel and Elena: The Growth of a Legend', *Bulletin of Hispanic Studies*, LVI (1979), 11–15; and Luís Iglesias Feijóo, 'Lectura de la Egloga 1', in *Academia Literaria Renacentista IV, Garcilaso de la Vega*, ed. Víctor García de la Concha (Salamanca: Ediciones Universidad de Salamanca, 1983), pp. 61–82.

[39]   See Carroll B. Johnson, 'Personal Involvement and Poetic Tradition in the Spanish Renaissance: Some Thoughts on Reading Garcilaso', *Romanic Review*, 80 (1989), 288–304, pp. 290–2, p. 292.

[40]   See Ignacio Navarrete, *Orphans of Petrarch. Poetry and Theory in the Spanish Renaissance* (Los Angeles: University of California Press, 1994), pp. 112–16, p. 115.

lenging of Petrarch's imitative practices.[41] From this point onwards (almost two decades ago), it was as if, having effectively slaughtered the sacred cow of biographical interpretation, it was time to leave Sonnet X and to look elsewhere in Garcilaso's corpus. In the intervening period some individual studies have illuminated specific aspects of the poem (such as Ly's work on tense patterns, Gatland's attention to liminality and, more recently, Amann's analysis of temporal perspectives).[42] These have certainly 'stirred', though without really shaking, the interpretive scaffolding. Surprisingly there has been no place for Sonnet X in the newer wave of criticism that increasingly reads the poetry in terms of its dissonant engagement with imperial ideology[43] – surprising, because it is the only sonnet that signposts a 'connective' that goes straight to the voice of the vanquished.[44]

The sonnet speaks to us as follows:

> ¡O dulces prendas por mi mal halladas,
> dulces y alegres cuando Dios quería,
> juntas estáis en la memoria mía
> y con ella en mi muerte conjuradas!
> ¿Quién me dijera, cuando las pasadas

---

[41]   See Daniel Heiple, *Garcilaso de la Vega and the Italian Renaissance* (University Park: Pennsylvania State University Press, 1994), especially pp. 169–73. Cruz agrees with Heiple's categorisation of the poem as Petrarchan, but not for the reasons he advances. Rather she demonstrates how Garcilaso self-consciously assembles the verses according to a poetics of memory drawn from the Petrarchan model. See Anne J. Cruz, '"Verme morir entre memorias tristes": Petrarch, Garcilaso and the Poetics of Memory', *Annali d'Italianistica*, 22 (2004), 221–36, pp. 231–3.

[42]   See Nadine Ly, 'El trabajo de la rima en los sonetos de Garcilaso de la Vega', in *Studia Aurea: Actas del III Congreso de la AISO (Toulouse, 1993)*, ed. Ignacio Arellano Ayuso, Carmen Pinillos et al. (Pamplona: Eurograf, 1996), pp. 387–94, pp. 390–2; Emma Gatland, '"Que me ha de aprovechar ver la pintura d'aquel que con las alas derretidas, cayendo, fama y nombre al mar ha dado?": Liminality in the Sonnets of Garcilaso de la Vega', *Forum for Modern Language Studies*, 47.1 (2011), 75–91, p. 79; and Elizabeth Amann, 'Petrarchism and Perspectivism in Garcilaso's Sonnets (I, X, XVIII, XXII)', *The Modern Language Review*, 108.3 (2013), 863–80, pp. 869–74.

[43]   Commentators have mostly focused attention on Elegies I and II. See, for instance, E. L. Graf, 'From Scipio to Nero to the Self: The Exemplary Politics of Stoicism in Garcilaso de la Vega's Elegies', *PMLA*, 116 (2001), 5, 1316–33, and Mar Martínez Góngora, 'Relaciones homosociales, discurso antibelicista y ansiedades masculinas en Garcilaso de la Vega', *Caliope*, 10 (2004), 1, 123–40.

[44]   Rifaterre defines 'connectives' as those signposts within a text which point to a locus and which 'combine the sign systems of text and intertext into new semantic clusters, thereby freeing the text from its dependency on usage and existing conventions, and subordinating its descriptive and narrative devices to a signifying strategy unique to the text'. See Michael Rifaterre, 'Compulsory Reader Response: The Intertextual Drive', in *Intertextuality: Theories and Practices*, ed. Michael Worton and Judith Still (Manchester: Manchester University Press, 1990), pp. 56–78, p. 58.

oras que'n tanto bien por vos me vía,
que me habiades de ser en algún día
con tan grave dolor representadas?
   Pues en una ora junto me llevastes
todo el bien que por términos me distes,
lleváme junto el mal que me dejastes;
   si no, sospecharé que me pusistes
en tantos bienes porque deseastes
verme morir entre memorias tristes.

From the opening apostrophe that serves as a fulcrum between the worlds of reader and text, the poem unfolds as a moment in motion, conscious of its own passing. Darkness is heard, and felt, seething across the material spectrum in rhythmic patterns and pauses that rupture conventional time, but yet give the illusion of a coherent subjectivity and the sequencing of experience. Out of sonorous patterns of coincidence and antithesis emerge qualitative and quantitative shifts. In the modulating call and recall of 'dulces' (1 and 2), 'mal' (1 and 11), 'bien' ('tanto', 6 and 'todo', 12)/ bienes ('tantos' 14) and 'memoria' (3 and echoed in 14), we are compelled to a close listening that becomes constitutive not only of the poem's emotional pitch, but also of its meaning. 'Poetry reaches us through the ear as well as through the eye', as Stephen Arata has recently reminded us, 'insinuating itself into our bodies, working sometimes with and sometimes against, the pulses and rhythms of those bodies' and once materialised in sound, 'can alter, subtly or dramatically, our material bodies'.[45] But in our silent hearing and soundings,[46] we also 'insinuate' ourselves into the text, activating its realm of ideas, and in the case of Sonnet X, find ourselves released and constrained in this transfusion by its commingling of metre and memory. Strong stress metrics announce the Platonic paradox, pulling together 'pain and pleasure' as co-conspirators, each pregnant throughout with the possibility of the other ('juntas', [3], 'con ella' [4], 'en una hora junto' [9], 'junto el mal' [11]). The text tolls us through the impossibility of its self-erasing logic (verse 4), anticipating the beat of its ambivalent Orphic resolution, the exquisitely sonorous 'memento (mori)' of the final verse. Petrarchism as a tradition has its origins, as Braden reminds us, 'in the nurturing of a creative

---

[45]   See Stephen Arata, 'Rhyme, Rhythm and the Materiality of Poetry: Response', *Victorian Studies*, 53 (2011), 3, 518–26, p. 519.

[46]   Arata quotes Houseman, who had noted that the best poetry does not require vocalisation to be complete. Rather it is addressed to 'the inner chambers of the sense of hearing, to the junction between the ear and brain'. Only the heart is missing from Houseman's intersection. See 'Rhyme, Rhythm', p. 519.

narcissism',[47] and there is certainly an idolatrous dimension to the contemplation of the self as material object, operating as both motif and referent, that imaginatively extends the speaker's agency. If the ultimate merging of memory and death enfolds an Orphic *sparagmos* that shadows the voice with the tragic losses of descent and dissolution, there is also in the resounding assonance the capacity of the echo to exceed the temporal expectations of the text. Sanders-Regan has referred to rhyme as 'the manic illusion of closure'.[48] But the insistent rhyming of aorist preterites, that are perversely prophetic in the tercets, collapse into 'tristes',[49] and frustrate any sense of summation. For the intrusion of the adjective is an analogical longing that draws us back into the vulnerable orbit of 'dulces prendas'.

These are not the 'prendas' that are materialised in the moment of Eclogue I's 'dulce lamentar' as strands of Elisa's hair. Within the pastoral narrative, their entwining assumes a mnemonic movement that allows for a concrete recollecting of the components of the past, firstly individuated within a tortured 'ubi sunt?', but then as an ultimate re-assembling of earthly happiness 'más allá'. In as much as memory and visuality collide in the Eclogue, share a troubling subjectivity, and aspire to capture the lucidity that is required for empathetic response, there is an ekphrastic dimension to this pastoral interweaving that culminates formally, though perhaps no more 'movingly', in the tapestries of Eclogue III. Amir defines empathy, as it is elicited through ekphrasis, as 'motor mimicry', a process through which the reader is able to feel the object, and the 'other', as if from the inside.[50] This projection of the self into the object takes various forms in Garcilaso. Where the 'art object' *sensu stricto* is absent, intensely visualised metaphorical structures can cause an image to take shape in the mind of the reader,[51] as in Eclogue I or in Sonnet XIII, the metamorphosis of Daphne. On occasions, the visual image is intuited but deliberately blocked

---

[47]   See Gordon Braden, *Petrarchan Love and the Continental Renaissance* (New Haven and London: Yale University Press, 1999), p. 60. On the idolatrous nature of auto-reflexive poetics, see John Freccero, 'The Fig Tree and the Laurel: Petrarch's Poetics', *Diacritics*, 1 (1975), 1, 34–40.

[48]   See Mariann Sanders-Regan, *Love Words: The Self and the Text in Medieval and Renaissance Poetry* (Ithaca: Cornell University Press, 1982), p. 43.

[49]   Ly has discussed how these preterites are determined both by attachment to the siting of their subject (vos) in the present (v. 3) and via memory to 'tristes' (v. 14). See 'El trabajo de la rima', pp. 390–1.

[50]   See Amir Ayala, 'Sunt lacrimae rerum: Ekphrasis and Empathy in Three Encounters between a Text and a Picture', *Word and Image*, 25 (2009), 3, 232–42, p. 241.

[51]   My emphasis on reader response distinguishes this principle from the ur-ekphrasis which de Armas identifies in Cervantes, where art objects are created in the mind of a fictional character. See *Ekphrasis in the Age of Cervantes*, ed. Frederick A. de Armas (Lewisberg, PA: Bucknell University Press, 2005), ch. 1, 'Simple Magic: Ekphrasis from Antiquity to the Age of Cervantes', pp. 13–31. De Armas takes the episode of the windmills as a prime illustration of art objects wrought in the mind of Don Quijote.

and representation becomes its own subject and object, for instance in Sonnet V, 'Escrito está en mi alma', where verbal framing is the priority for the construction of a new poetic selfhood.[52] In Sonnet X, the 'prendas' are captured only in language, and appear to have no accessible visual identity within the text that might produce clear cognitive meaning. But the relational nature of 'dulces prendas' is crucial in this regard, endowing them with a potent imaginative and symbolic identity which deepens into its own visual field. The dialectical reformulation which is one aspect of this hybrid process is conceptualised by Bakhtin as 'double-voicing', that is, intertextual dialogue which allows for an 'unmasking' of another voice, even within the limits of a single utterance. The inevitable outcome is an 'undoing' of prevailing authoritative discourses that are inherently univocal.[53] However, verbal signposting also makes possible other ways of 'seeing' through the text. We catch voices, but we also take part in a re-visioning of scenes, especially when the images that we so subjectively access involve the performance of mythical archetypes. In this case, the archetype is Dido, widow of Sychaeus, foundational Queen of Carthage, vow-breaking lover of Aeneas, adversary of imperial destiny, tragic victim of passion and politics – the sacrificial casualty of the progress of history.[54] Dido as archetype is not of the Jungian kind: 'empty and purely formal, nothing but a *facultas praeformandi*', rather she intervenes as a culturally determined, symbolic form, functioning fluidly and actively within the poetic text and mobilising creative, hermeneutic inquiry.[55] In short, when Garcilaso's 'prendas' are apprehended as intertextual artefacts, their material obscurity is productive, they can be coaxed out of the past to speak, to be seen and to be heard under the conditions of a new collaborative ownership. The sonnet's starting point in

---

[52]   Bergmann's analysis of Sonnet V as ekphrastic draws attention, in particular, to the textual echoes of a metaphoric tradition found in Plato, Aristotle, Plotinus and Ficino. See Emilie L. Bergmann, *Art Inscribed: Essays on Ekphrasis in Spanish Golden Age Poetry* (Cambridge, MA: Harvard University Press, 1979), pp. 237–50.

[53]   See Mikhail Bakhtin, *The Dialogic Imagination. Four Essays*, ed. Michael Holquist, trans. Caryl Emerson and Michael Holquist (Austin and London: University of Texas Press, 1994), p. 344. Hybridisation is defined on p. 358.

[54]   I have addressed elsewhere the ambivalent images of Dido's public and private self that were transmitted from the Middle Ages onwards via the conflicting accounts of Justinus and Virgil and which inspire artistic re-creations as diverse as those of Guillén de Castro, Ercilla, Virués and Bocángel. See '"A small boat over an open sea?" Gabriel Bocángel's *Fabula de Leandro y Hero* and Epic Aspirations', in *The Polyphemus Complex. Rereading the Baroque Mythological Fable, Bulletin of Hispanic Studies*, Monograph Issue, 83 (2006), 2, 131–63, pp. 146–8, 160–3.

[55]   See Carl Gustav Jung, *Four Archetypes: Mother, Rebirth, Spirit, Trickster*, trans. R. F. C. Hull (London and New York: Routledge, 2003), pp. 12–13. As representative of an alternative school of thought, see Petteri Pietikainem, 'Archetypes as Symbolic Form', *Journal of Analytical Psychology*, 43 (1998), 3, 325–43.

the *Aeneid* is incontrovertible and has been identified by almost every com-
mentator from *El Brocense* to the present day.[56] To date, and to the best of my
knowledge, no-one has addressed what the intertextual stimulus might yield in
the act of reading.[57]

The explicit verbal gesturing of verse 2 towards Virgil's *Aeneid* IV, 651,
'Dulces exuviae, dum fata deusque sinebat', reveals the 'prendas' for what they
once were, the 'spoils' of a tragic love affair (picture, clothes and sword), and,
following Dido's lead, attributes to them a value ('dulces y alegres') that they
can no longer have, nor indeed ever fully possessed.[58] For Dido's final words are
an ironic 'unmasking' of Aeneas's own earlier protestation (IV, 340–1) that Fate,
rather than free will, dictates his action. But the hero's dilemma is not expressed
here in terms of the subordination of human desire to the historical mission of
'imperium sine fine', announced by Jupiter in *Aeneid* I, 279 (that is, the di-
chotomy of love versus duty that has dominated critical thinking on the epic),
but rather it is the utterance of a man torn between two competing world views
and value systems: 'me *si fata paterentur* [...] sponte mea componere curas,
urbem Troiam primum *dulcisque* meorum *reliquias* colerem' (*if the fates were
to allow* me to deal with my concerns through my own free will, I would first
attend to the city of Troy and to *the sweet remains* of my own people). Dido is
a deviation cut out of Aeneas's predicament over 'patria'. In the move from the
old Trojan order towards the founding of Rome and the promise of a new Au-
gustan order of 'pax romana', the unsettling narratives of the old that admit the
possibility of difference and desire (and Dido carries with her the traces of
gender, racial prejudice and extreme irrationality) must be removed. Dido's last
words then are a speech-act of misreading and are performed in the post-frenzied
'furia' of sacrifice to the chthonic deities. They are also testimony to the epic's
portrayal of *eros* as a force that acts from without, over which the individual has
little or no control. The illicit union is manipulated by Juno and Venus (deities

---

[56]   See, especially, Herman Iventosch, 'Garcilaso's Sonnet "Oh dulces prendas": A Composite of Classical and Medieval Models', *Annali Istituto Universitario Orientale, Napoli,
Sezione Romana*, 7 (1965), 203–27.

[57]   Lapesa and Heiple both engage to some extent with the fusion of Virgil and Petrarch in the
line, noting a Petrarchan echo in the second half of the verse and the omission of 'Fata' by both
poets, but neither addresses the import of this. Morros disputes the Isabel Freire reading of the
poem on the evidence of the Virgilian intertext, arguing that its recognition solves problematic
details in the poem: it contextualises the aspect of requited love that is counter-intuitive in the
Petrarchan tradition and removes the illogicality of 'prendas' inflicting death when these are
transformed into Aeneas's sword. Morros, however, proceeds to swap one biographical reading
for another, suggesting that the poem is dedicated to a lady from Naples. See Lapesa, *La trayectoria*, p. 97; Heiple, *Garcilaso de la Vega*, pp. 69–70; and Bienvenido Morros, 'Cuatro notas inéditas sobre el clasicismo de Garcilaso en sus sonetos', *Studia Aurea*, 4 (2010), 73–80, pp. 74–5.

[58]   All references to the *Aeneid* are from the following edition: Virgil, *Opera*, ed. R. A. B.
Mynors (Oxford: Clarendon Press, 1986).

at war with each other), and its consummation in the cave is recalled at the moment of Dido's final penetration by Aeneas's sword. When this erotic weapon is wielded subtextually in the 'dulces prendas' of Garcilaso's sonnet, desire acquires a mythical configuration, an irrepressible capacity for spatio-temporal boundary crossing that is embodied more explicitly by Icarus, Phaeton, Leander and Orpheus in other sonnets, but here is mobilised from within, and its raging more controlled in the metaphorics of melancholy (Il a fallu être triste).[59]

In the early modern period, melancholy evolved as a myth-like, symbolic structure, whose literary exposition (from *El Corbacho*, *La Celestina*, through to *Don Quijote* and the lyrics of Sor Juana) was paradoxically fuelled by the permanence of essential characteristics that had been transmitted over two millennia, via the scientific tradition of humoral theory.[60] A 'frontier disorder' that flourished in the transition of emotional states, melancholy found a receptive host in those who had lost something and often resulted in an 'exacerbation of self-consciousness'.[61] The latter gave rise to individualising tendencies and the 'enthronement of the ego' that lies at the core of modern subjectivity.[62] In Petrarchan lyric it is, above all, connected to a profound and paradoxical sadness,[63] inflected by absence, loss and the tensions of the human being in time, but it can also initiate an awareness of 'poet as motion', articulating autonomy and transcendence. Thus the 'memorias tristes' of the final verse enact the return of the enigmatic 'dulces prendas', which in their simultaneous opening and closing to significance illumine the 'darkness visible' that is the hallmark of lyric substance.[64] And in this return to its own origin, the speaker 'travels

---

[59]   Manuel Ballestero discusses the paradoxical movements of sexual appetite as figured by Garcilaso in the Icarus allusion of Sonnet XII. See *Poesía y reflexión. La palabra en el tiempo* (Madrid: Taurus, 1989), pp. 36–9.

[60]   See Roger Bartra, *Melancholy and Culture. Diseases of the Soul in Golden Age Spain*, trans. Christopher Follett (Cardiff: University of Wales Press, 2008). Bartra's evolutionary analysis attends to the changing functions of melancholy as it passes through different historical periods.

[61]   See Bartra, *Melancholy and Culture*, pp. 46 and 192.

[62]   See Bartra, *Melancholy and Culture*, pp. 193–4.

[63]   This may have its origins in Petrarch's secularisation of acedia in the *Secretum*, where the sadness occasioned by the futile efforts of the human being in the context of an uncertain future are balanced against the pleasure derived from the exercise of intellectual scrutiny. Bartra analyses the links between acedia and melancholy in order to illuminate a conceptual axis that connects Huarte de San Juan's *Examen de ingenios* (1575) and Cervantes's *Don Quijote*. See *Melancholy and Culture*, pp. 170–94.

[64]   Milton uses the oxymoron to refer to the palpable light of hell (*Paradise Lost*, I. 62). Virgil *Aeneid*, VII, 456, 'acto lumine', is a possible source where the fury Allecto has emerged from the Underworld to incite war between Trojans and Latins. Johnson finds the iconography of the *topos* in the radiance of the Underworld in a study that foregrounds the lyric dimensions of Virgil's epic. See W. R. Johnson, *Darkness Visible: A Study of Vergil's Aeneid* (Berkeley: University of California Press, 1976).

away from the established path' of the Virgilian and Petrarchan models,[65] demonstrating in the performance of rewriting and transformation, the freedom to suppress and omit, to inflict the value transfer necessary to energise active reading. And so 'fata' is silenced. Garcilaso denies to his own reader the deep sense of destiny that Virgil's contemporary audience had about the project of empire. The interrelationship of muses, collective memory and imperial destiny that pervades the epic poem is deconstructed in Garcilaso's figuring of memory as the nemesis of the sentient individual. How the reader interprets that is his or her unfinished business.

The value of historicising is raised in the concluding section of Amann's recent interpretation. Building upon the previous work of Johnson and Navarrete, she focuses on temporal perspective as central both to the sonnet's reflection on shifting signs and to the anxiety that beset the Renaissance writer's mediation of the ancient world. The 'prendas' thus represent the 'strangeness and alterity of signs from the past' and prosopopoeia is the primary vehicle through which Garcilaso attempts 'to bridge this gap'.[66] Greene's model of 'archaeological reading', wherein a textual fragment is employed to imagine a lost era, provides a very stable methodological platform for this approach,[67] but it requires critical recuperation of the sign in its original, 'other', context for a fuller appreciation of the import of the reimagining. Despite acknowledging the transfer of the 'remnant', Amann seems not to feel Dido's presence in the fabric of Sonnet X, and so concludes that distorting the past can work against understanding the present. I would suggest, rather, that calculated deconstruction is a catalyst for clarification; that the poem's conspiratorial agency is plurisignative and ultimately productive. Weiss reminds us that the freedoms of the aesthetic domain are relative.[68] As I hope to have shown, this is particularly true when speaker and reading subject journey together through a skilfully sutured intertextual landscape. To fully grasp the possibilities of their movement across the times and spaces of the poem requires us, in our own moment, to embrace the pleasure and the pain, and to move in, and act upon, their politico-ideological mapping.

[65]   See Sanders Regan, *Love Words*, p. 73 and her discussion of the poet who 'motions himself in unconventional texts'.

[66]   See Amann, 'Petrarchism and Perspectivism', p. 873.

[67]   See Thomas Greene, *The Light in Troy: Imitation and Discovery in Renaissance Poetry* (New Haven, CT: Yale University Press, 1982), pp. 81–103.

[68]   See Julian Weiss, 'Between the Censor and the Critic: Reading the Vernacular Classic in Early Modern Spain', in *Reading and Censorship in Modern Europe*, ed. María José Vega, Julian Weiss and Cesc Esteve (Barcelona: Universitat Autònoma de Barcelona, 2010), pp. 93–112. For an insightful analysis of the reading subject's relationship to the 'classic' text, see especially pp. 95–8.

3

The Movement of Thought and Feeling in the 'Ode to Juan de Grial'

TERENCE O'REILLY

Our understanding of the 'Ode to Juan de Grial' has been deepened in recent years by research into the sources on which it draws.[1] In 1979 Fernando Lázaro Carreter showed that the model Fray Luis had foremost in his mind was a neo-Latin poem written in Florence by the humanist Angelo Ambrogini Poliziano (1454–94) to mark the start of the academic year. This Fray Luis adapted, in accordance with the precepts of mixed *imitatio*, blending into it further elements, both classical (mainly from Horace, Virgil and Ovid) and Italian (Bernardo Tasso), in order to produce a distinctive poem of his own.[2] Subsequent scholars have built on the approach that Lázaro Carreter pioneered, and the detailed knowledge of its Latin context that we now possess may be seen in the dense notes that accompany it in the edition of the poems by Antonio Ramajo Caño.[3] Less attention, however, has been paid to how Fray Luis ordered the material of which his poem consists in order to induce in the reader a particular experience of the text.

The analysis of the poem's structure followed by Lázaro Carreter has been accepted, on the whole, without demur. According to this reading the ode falls into four parts: Stanzas 1–3 describe the onset of autumn; Stanza 4 notes that

[1]   The pages that follow are dedicated to the memory of Eduardo Saccone (1938–2008), Professor of Italian in University College Cork.
[2]   Fernando Lázaro Carreter, 'Imitación compuesta y diseño retórico en la Oda a Juan de Grial', *Anuario de Estudios Filológicos*, 11 (1979), 89–119; reprinted in *Fray Luis de León*, ed. Víctor García de la Concha (Salamanca: Universidad de Salamanca, 1981), pp. 193–223, to which page references in this article refer.
[3]   *Fray Luis de León: Poesía*, ed. Antonio Ramajo Caño (Barcelona: Galaxia Gutenberg, 2006), pp. 75–8, 584–91. On the classical and neo-Latin background, see in particular, *Fray Luis de León: Poesía*, ed. Juan Francisco Alcina (Madrid: Cátedra, 1994), and Margherita Morreale, *Homenaje a Fray Luis de León* (Salamanca: Universidad de Salamanca, 2007), pp. 563–624.

the season invites one to study; Stanzas 5–7 exhort Grial to accept the invitation and write; and Stanza 8 evokes the poet's inability to join him in the task.[4] This schema, however, does not do justice to the complexity of the ode, which is designed, it would seem, to be read in not one but two distinct ways. These, taken together, convey the poem's subject: the nobility of the writer's calling, and the suffering it may entail.

The question of the poem's form is connected with another issue, the presence and role within it of religious motifs and ideas. Most critics, detecting few of these, have concluded that the subject of the ode is secular. In the words of Margherita Morreale, 'Fray Luis, enamorado de Cristo y devoto de la Virgen, pudo ser también poeta profano humanista.'[5] It may be argued, though, that when the ode is read in the ways mentioned certain biblical images come to the fore, giving a Christian dimension to the theme.

First mode of reading

As the reader's eye moves down the page, the ode unfolds in three phases, beginning with the opening description of autumn:

> 1. Recoge ya en el seno
>   el campo su hermosura; el cielo aoja
>   con luz triste el ameno
>   verdor, y hoja a hoja
>   las cimas de los árboles despoja.

> 2. Ya Febo inclina el paso
>   al resplandor Egeo; ya del día
>   las horas corta escaso;
>   ya Éolo al mediodía
>   soplando espesas nubes nos envía;

> 3. ya el ave vengadora
>   del Íbico navega los nublados
>   y con voz ronca llora,
>   y el yugo al cuello atados,
>   los bueyes van rompiendo los sembrados.[6]

---

4   Lázaro Carreter, 'Imitación compuesta', p. 215. His analysis of the poem's structure was followed by Emilio Alarcos Llorach, 'La Oda a Grial de Luis de León', in *Homenaje a José Manuel Blecua* (Madrid: Gredos, 1983), p. 65, and it is accepted too by Ramajo Caño, *Poesía*, p. 75.
5   Morreale, *Homenaje*, p. 624.
6   The text of the ode cited is the one in *Fray Luis de León: Poesía completa*, ed. José Manuel Blecua (Madrid: Gredos, 1990), pp. 192–3.

In the first stanza, lines one and two note the signs of hibernation, the flowing down of sap, and the gathering of food that mark the close of summer in the countryside of Castile, and at the end of line two the verb used, *aojar* (meaning 'to give the evil eye' and thus to 'wither' or 'destroy'), conveys the changes in colour that occur as the green of summer disappears. The stanza ends with the steady falling of the leaves. Here there are echoes of descriptions of seasonal change in the odes of Horace.[7] In Stanza 2, the reference to the sun (Febo) at the start develops out of the previous stanza, where the subject of the concluding lines is 'el cielo'. Now, we are told, Phoebus is entering 'el resplandor egeo', a puzzling phrase that has attracted two different interpretations.[8] The adjective *egeo*, derived from the Greek, means 'goat-like', and some scholars find here a reference to the goatstar in the constellation of Auriga, which rises in the night sky of Castile at the time of the autumn equinox, in late September. Others, however, interpret it as a reference to the constellation of Capricorn (the Goat), which the sun enters at the winter solstice, towards the end of December. The latter explanation accords better with the use of the noun *resplandor*, which is more applicable to a constellation than to a single star, but it is significant that the verbal phrase used is 'inclina el paso' (bends its steps): the sun is on its way towards Capricorn, but has yet to reach it; we are not in winter now, but in autumn. Between the autumn equinox and winter solstice the hours of daylight decrease: hence Phoebus is said in line three to be 'escaso' (tight-fisted) as he cuts back the hours of day to alter the proportions of light and dark. In line four, the wind designated by 'Éolo' is not identified, but it is probably the south wind, which, in Castile, is rain-bearing.[9] Hence the allusion, in 'espesas nubes', to approaching storms. An alternative reading at this point, 'ya el malo mediodía/ soplando', underlines the wind's ominous character.[10]

The mention of clouds at the end of Stanza 2 leads into the image of flying birds with which Stanza 3 begins. The phrase used to describe them, 'el ave vengadora/ del Íbico', is a further erudite allusion of the kind Fray Luis liked to make for his scholarly friends. It refers, probably, to a story, recorded in Plutarch's *Moralia* and other ancient sources, in which the murder of Ibycus, a minor Greek poet of the sixth century BC, is said to have been witnessed by

---

[7]   See *Fray Luis de León: Poesías completas*, ed. Cristóbal Cuevas (Madrid: Castalia, 2000), p. 132. The echoes of Horace are discussed further in Alcina, *Fray Luis de León*, p. 130; Lázaro Carreter, 'Imitación compuesta', pp. 205–6; Ramajo Caño, *Poesía*, p. 587; Morreale, *Homenaje*, p. 566.

[8]   See Lázaro Carreter, 'Imitación Compuesta', p. 196; Alcina, *Fray Luis de León*, p. 132; Cuevas, *Poesías completas*, pp. 132–3; Ramajo Caño, *Poesía*, p. 587; Morreale, *Homenaje*, p. 566.

[9]   *Fray Luis de León: The Original Poems*, ed. Edward Sarmiento (Manchester: Manchester University Press, 1953), p. 81.

[10]   The variant is discussed in Morreale, *Homenaje*, p. 573.

cranes.[11] The tale was retold in the mid-sixteenth century by the Sevilian humanist Pedro Mexía, who wrote of the poet's killers:

> Aviéndolo muerto en un campo yermo, do nadie lo pudo ver, quando lo tenían para matar, passaron acaso unas grullas por el ayre bolando, y el poeta, alçando los ojos, dixo: – 'Vosotras, grullas, me seréys testigo de lo que éstos me hazen.' Muerto después y no pudiendo saber por muchos días quién lo uviesse hecho, en unas fiestas que se hazían acertaron a estar juntos los dos matadores de Íbico; y passaron bolando otras grullas por lo alto del ayre, y, vistas por el uno dellos, dixo al otro, riéndose, pensando que nadie mirava en ello: '¿Veys? Allí van los testigos de la muerte de Íbico.' Uno de los que estavan cabe ellos notó aquella palabra y, no podiendo alcançar por qué se dezía, tomó mala sospecha y avisó a los magistrados y juezes de lo que avía oýdo; y, por abreviar, fueron presos, y, en pocas palabras, confessaron la verdad. Y hízose justicia dellos […].[12]

In the poem of Fray Luis, the learned and indirect allusion which the story evokes forms part of the autumn scene: at the end of summer the cranes migrate from Castile. In line three, the poet underlines their hoarse cry: 'y con voz ronca llora'. It was commonly held that if cranes flew silently good weather was in store, but that if they cried out as they went a storm was due. The belief was recorded also by Pedro Mexía: 'Yr las […] grullas muy callando por el ayre, nos prometen serenidad en el tiempo; y, si van graznando muy apriessa y sin orden, dan aviso de tempestad.'[13] Here the suggestion of stormy weather is reinforced by *los nublados*, the term used in line two to denote the clouds through which the cranes are sailing: a *nublado* is a storm-cloud, presaging a tempest.[14] The stanza concludes with the Virgilian image of oxen ploughing (literally 'breaking up') the fields,[15] and with it the first phase of the ode, the description of autumn, comes to an end. The second phase follows in Stanzas 4 and 5, which evoke the call to study and to write:

> 4. El tiempo nos convida
>   a los estudios nobles, y la fama,

---

[11] On the classical sources, see Cuevas, *Poesías completas*, p. 133; Lázaro Carreter, 'Imitación compuesta', pp. 201–11; Morreale, *Homenaje*, p. 570.

[12] Pedro Mexía, *Silva de varia lección*, ed. Antonio Castro, 2 vols (Madrid: Cátedra, 1989–90), 1, pp. 212–13.

[13] Mexía, 1, p. 822.

[14] See the definition of *nublado* in *Diccionario de autoridades: Edición facsímil,* 3 vols (Madrid: Gredos, 2002).

[15] The imitation of the *Georgics* (1, 118–20) was noted by Lázaro Carreter, 'Imitación compuesta', pp. 211–12. For further discussion see Ramajo Caño, *Poesía*, p. 589, and Morreale, *Homenaje*, p. 569, who cites, in addition to Virgil, Horace (*Epode* 2, 63–4).

> Grial, a la subida
> del sacro monte llama,
> do no podrá subir la postrer llama.

> 5. Alarga el bien guiado
>   paso, y la cuesta vence y solo gana
>   la cumbre del collado
>   y do más pura mana
>   la fuente, satisfaz tu ardiente gana.

Although the first words in Stanza 4, 'El tiempo', refer to the season in which the academic year begins, the 'estudios nobles' mentioned in the next line are probably not only the university studies in which Fray Luis was involved, but also those connected with writing poetry. It was conventional in the Ancient World and in the Renaissance for poets to describe their work as 'study', meaning the labour involved in appropriating the legacy of the past.[16] In the tradition of Christian humanism cultivated in the circle of Fray Luis this legacy was twofold: on the one hand, the literature and philosophy of classical Greece and Rome; on the other, the text of the Bible and the writings of the Fathers of the Church. Grial was familiar with both: he wrote commentaries on Virgil and Lucretius, edited the works of St Isidore of Seville, and published a lengthy poem in Latin, directed to Fray Luis, in which classical and biblical sources are combined.[17] In line three, the poet's friend is addressed for the first time, and by name, and in line four he is urged to accept an invitation, addressed to them both, to ascend *el sacro monte*. The mountain is not named, but the phrase calls to mind a number of possibilities, both classical and biblical. It has been interpreted as a reference to Mount Parnassus, home of the sun-god Apollo, which humanist writings often invoked as a symbol of the art of poetry.[18] In the Latin tradition, however, the adjective 'sacred' was not normally applied to Parnassus,

[16]   Lázaro Carreter, 'Imitación compuesta', pp. 213–14.

[17]   Cuevas, *Poesía completa*, p. 132. The edition of the *Opera* of St Isidore, commissioned by Philip II, was published in 1599 (Madrid: ex typographia regia). Grial's poem in honour of his friend was printed in 1582 in the second edition of Fray Luis's Latin commentary on the *Song of Songs*, and again in the expanded third edition of 1589. It may be seen in *Fray Luis de León: Cantar de los Cantares. Interpretaciones: Literal, espiritual, profética. Texto bilingüe*, ed. José María Becerra Hiraldo (Real Monasterio de El Escorial: Ediciones Escurialenses, 1992). See Eugenio Asensio, 'El Ramismo y la crítica textual en el círculo de Luis de León: Carteo del Brocense y Juan de Grial', in *Fray Luis de León*, ed. Víctor García de la Concha, pp. 44–76 at pp. 47–9.

[18]   The image of Parnassus in the humanist tradition has been examined by Marc Fumaroli, 'Academia, Arcadia, Parnassus: trois lieux allégoriques de l'éloge du loisir lettré', in *Italian Academies of the Sixteenth Century* (London: Warburg Institute, 1995), pp. 15–36, and by Veronika Coroleu Oberparleiter, 'Der Humanist versetzt Berge. Zu einer Facette des Parnass in der neulateinischen Dichtung', *Grazer Beiträge*, 28 (2011), 120–32.

as Lázaro Carreter observed.[19] Its use in the poem, therefore, extends the connotations of the image to include other holy mountains connected with poetic
inspiration. One of these is Mount Helicon, which was sometimes described as
'sacred'.[20] Another is Mount Sion, the 'holy mountain' (*mons sanctus* in the
Vulgate), where God spoke to his people through prophets and priests, and inspired King David, the author of the psalms.[21] The blending of classical and
biblical traditions was a feature of the poetry cultivated in the circle of Fray Luis.
It occurs in the Latin poems of Benito Arias Montano, and in the verse epistle
dedicated to him by Francisco de Aldana, where the Muses are said to have left
their classical home in order to dwell, for Montano's sake, on Sion.[22] Calderón,
drawing on this convention, would later describe Mount Sion as 'el sacro Parnaso', and associate it with the true Apollo, Christ.[23] In both traditions, in fact,
the heavenly mountain is the place where divine inspiration is offered to those
who, leaving the world behind, climb to receive it. Here Grial is called to turn
away from the active life, now that summer is over, and to seek instead the
contemplative life, which the change of season makes possible. In line five it is
affirmed that the mountain will never be touched by 'la postrer llama', an image
that has given rise to much discussion. Its connotations, as Margherita Morreale
has shown, are classical, the flames of the funeral pyre at the end of life.[24] They

[19]   Lázaro Carreter, p. 213, n. 54: 'A juzgar por los datos lexicográficos que poseo, parece
que los latinos no denominaron así nunca al Parnaso.' He concluded (p. 213) that Fray Luis probably drew the phrase from Bernardo Tasso. On the application of *sacer* to specific aspects and
attributes of Parnassus, see Cuevas, *Poesía completa*, p. 133.

[20]   An allusion to Mount Helicon was suggested by Alarcos Llorach (p. 63). Poliziano refers to
Helicon as 'sacred' in his poem *Manto*, line 197: 'cui sacer hibernos Helicon intercipit ortus': see
Angelo Poliziano. Silvae, ed. and trans. Charles Fantazzi (Cambridge, MA, and London: Harvard
University Press, 2004), p. 18. I am grateful to Rich Rabone for supplying me with this reference.

[21]   The passages in which the term occurs include a number in the Psalms (3.5, 14.1, 86.1)
and in Isaiah (27.13, 56.7; 65.11). See *Biblia sacra iuxta vulgatam versionem*, ed. Robert Weber,
4th edition prepared by Roger Gryson (Stuttgart: Deutsche Bibelgesellschaft, 1994). In these
passages it is associated with Mount Sion by exegetes contemporary with Fray Luis. On the
psalms, see Robert Bellarmine, *Explanatio in psalmos*, 2 vols (Paris: Vivès, 1874), and on
Isaiah, Cornelius à Lapide, *Commentaria in Scripturam Sacram*, 21 vols (Paris: Vivès, 1868–76),
xi, *In Isaiam prophetam*. For further scriptural references, *s.v. mons* in *Concordantiae Sacrae
Scripturae*, ed. H. de Race, E. de Lachaud and F. B. Flandrin (Madrid: Palabra, 1984).

[22]   *Carta para Arias Montano sobre la contemplación de Dios y los requisitos della*, lines
286–94, in *Francisco de Aldana. Poesías castellanas completas*, ed. José Lara Garrido (Madrid:
Cátedra, 1985), p. 451.

[23]   See *El sacro Pernaso*, ed. Alberto Rodríguez Rípodas, with an introduction by Antonio
Cortijo (Pamplona: Universidad de Navarra / Kassel: Reichenberger, 2006), p. 28: 'Desde el
título mismo, *sacro Pernaso*, se produce [...] una fusion de elementos (clásicos en el *Pernaso*,
cristianos en *sacro*).' I am grateful to Professor Don Cruickshank for directing me to this edition.

[24]   Morreale, *Homenaje*, p. 571. See too, her earlier study, 'Algo más sobre la oda, "Recoge
ya en el seno"', *Nueva Revista de Filología Hispánica*, 32 (1983), 380–8, pp. 383–4, and the
discussion in Ramajo Caño, *Poesía*, p. 589.

are also biblical: the conflagration that will engulf the world at the end of time, foretold in the Old Testament and the New.[25] The summons, in other words, is to a fame destined to survive this passing world, a fame based on the excellence that lasts beyond death. Then, in Stanza 5, the poet issues four commands, all addressed to his friend. He urges him to respond to the invitation described in Stanza 4, and, with single-minded determination ('solo'), to climb the sacred mountain. There he is to slake his thirst 'do más pura mana la fuente' (l. 4), a reference to the waters of inspiration that flow on the mountains of poetry: in the classical tradition, the Castalian spring on Parnassus and the Hippocrene on Helicon; in the biblical, the spring of Siloam on Sion.[26]

These two stanzas, 4 and 5, stand together: they complement each other, and mark a break with those that go before. The landscape evoked now changes from the plains of modern Castile to the mountains of Ancient Greece and Palestine, and in place of the world of space and time, accessible to the senses, we are introduced to an inner world, where the objects and actions described are symbolic. The final phase of the ode consists of three stanzas in which the poet gives further advice to his friend:

> 6. No cures si el perdido
> error admira el oro y va sediento
> en pos de un bien fingido,
> que no ansí vuela el viento,
> quanto es fugaz y vano aquel contento.

---

[25]   See Zephaniah 3.8: 'in igne enim zeli mei devorabitur omnis terra', a passage applied by Cornelius à Lapide (xiv, p. 302) to the end of the world, when Christ will come again: 'per ignem conflagrationis mundi, quem emittet, devorabitur et comburetur omnis terra'. See also, Zephaniah 1.18; 2 Thessalonians 1.7–9; 2 Peter 3.7. St Augustine, drawing on such prophecies, affirmed that at the end of time, 'the world will be destroyed by fire and renewed': De civitate Dei, Book 20, Chapter 30, in Augustine: The City of God against the Pagans, ed. and trans. R. W. Dyson (Cambridge: Cambridge University Press, 1998), pp. 1042–3.

[26]   St Jerome in his letters cites the spring of Siloam as an image of inspired learning, and underlines its purity: see Letter 121, Ad Algasiam, in Saint Jérôme: Lettres, ed. Jérôme Labourt, 8 vols (Paris: Les Belles Lettres, 1949–63), vii, p. 10. The image recurs in Paradise Lost (Book 1, lines 5–16), where Mount Sion and Mount Helicon and their respective streams are contrasted as symbols of poetic inspiration: John Milton, Paradise Lost, ed. Alistair Fowler (London: Longman, 1971), pp. 42–3. On this passage and a cognate one in Spenser's Faerie Queen, see A Dictionary of Biblical Tradition in English Literature, ed. David L. Jeffrey (Grand Rapids, MI: Eerdmans, 1992), p. 378: 'the drawing of such parallels between these classical and biblical treatments of inspiration was encouraged in the Renaissance by Christian humanism'. The location of the spring of Siloam, as early Christian tradition understood it, was recorded by Bede the Venerable in his treatise On the Holy Places: 'From the side of Mount Sion that has a steep cliff facing east, the spring of Siloam rushes forth inside the walls and toward the foot of the hill' (De locis sanctis, 2.4): see Bede: A Biblical Miscellany, trans. W. Trent Foley and Arthur G. Holder (Liverpool: Liverpool University Press, 1999), p. 9.

7. Escribe lo que Febo
   te dicta favorable, que lo antiguo
   iguala y passa el nuevo
   estilo; y, caro amigo,
   no esperes que podré atener contigo;

8. que yo, de un torbellino
   traidor acometido y derrocado
   del medio del camino
   al hondo, el plectro amado
   y del buelo las alas he quebrado.

In Stanza 6, Grial is urged to be detached from the values of the world, and, specifically, from the false goal of wealth ('el oro'). The 'bien fingido' mentioned in line three is probably public renown: in some manuscripts the text reads, 'por un nombre fingido'.[27] The happiness such goals provide is fleeting and empty ('vano'), like the wind. Here we have a contrast between two kinds of good. One is private, inner and eternal: Grial is invited to seek inspiration, and the fame it will bring, in solitude; the other is public, outer and passing; and the contrast between them is indicated in the language used. At the start of Stanza 5, Grial is asked to lengthen his well-directed stride, 'el bien guiado paso', a contrast with those in Stanza 6 who have succumbed to 'el perdido error' (lost wandering). Similarly, at the end of Stanza 5, Grial is pictured slaking his thirst, unlike those in Stanza 6 who go thirsting after an illusion. In the Ancient World, both Horace and Seneca had affirmed, in accord with Stoic teachings, that a poet should be free from attachment to wealth and celebrity, a wisdom compatible with Christian renunciation of the world.[28] Now Fray Luis urges this lesson on his friend.

The *Febo* mentioned in line one of Stanza 7 is the sun-god Apollo, lord of the Muses, and the verb *dictar* in line two, with its latinate connotation 'to inspire', is in the indicative, a sign that Grial's writing has been blessed already. To him Heaven has been 'favorable'. The nature of the favour he has received is indicated by the image of Phoebus, which may be understood in two ways: on the one hand, as a reference to the experience of inspiration common to all poets, irrespective of belief; on the other, as an allusion to the grace bestowed

---

[27]   The alternative reading is discussed by Morreale, *Homenaje* (pp. 573–4), who argues that 'nombre' cannot here mean 'renown'. However, one of the definitions of the word in the *Diccionario de autoridades* (*s.v. nombre*) reads: 'se toma tambien por fama, opinion, reputacion ò crédito'.

[28]   See Isabel Rivers, *Classical and Christian Ideas in English Renaissance Poetry* (London: Routledge, 1992), pp. 46–50.

by the Christian Logos on poets who sing of divine mysteries. Phoebus/Apollo was equated with the Logos in a long-standing tradition, established in the writings of the Fathers of the Church and prolonged in the poetry of the Middle Ages.[29] The lines that follow (ll. 2–4) have been interpreted in various ways, but Lázaro Carreter was surely correct to refer them to the humanist debate that began in fifteenth-century Florence about the relative merits of the ancients and moderns.[30] To encourage his friend, Fray Luis states that the poetry of their time not only equals the classics but surpasses them. The stanza ends, like many of the odes of Horace, on a moving note of anticlimax. After addressing Grial again, with affection ('caro amigo'), the poet refers to himself to say that he will not be accompanying his friend's ascent. The following stanza explains why. Some have seen in it an allusion to the crisis caused in the poet's life by his arrest and trial, but the allusion, though plausible, is not explicit. Instead the poet refers in general terms to a calamity that has destroyed him. His words call to mind, once again, images both classical and biblical: the desolation of Ovid in exile, described in the *Tristia*, and passages in the Old Testament where the whirlwind stands for sudden and devastating tribulation.[31] In line two the whirlwind is said to be treacherous ('traidor'), an allusion, it may be, to the university colleagues of Fray Luis who denounced him to the authorities as heretical. The poet then states, in lines two to four, that he has been cast down from his path ('camino'), presumably the path up the mountain that he was invited to ascend with Grial. The disaster has occurred, moreover, at the mid-point ('del medio del camino'). Now his journey will remain unfinished, his work as a writer incomplete. The last two lines supply further details. His beloved pen (described, in accord with classical precedent, as a plectrum) has been broken, and so have the wings on which he was flying towards the mountain top, sacred to the sun-god. The pen and the wings are qualified by one verb, 'he quebrado', which, coming at the end of the last line, receives added emphasis from both the rhyme-scheme and the metre.

---

29   See Ernst Robert Curtius, *European Literature and the Latin Middle Ages*, trans. Willard R. Trask (Princeton, NJ: Princeton University Press, 1990), pp. 235, 244–5, 568; the commentary on *Paradiso* 1.13–15 in *Dante Alighieri: Paradiso*, trans. Jean Hollander, with an introduction and notes by Robert Hollander (New York: Doubleday, 2007), pp. 16–17; Ignacio Arellano and J. Enrique Duarte, *El Auto Sacramental* (Madrid: Laberinto, 2003), p. 66; Marie Tanner, *The Last Descendant of Aeneas: The Hapsburgs and the Mythic Image of the Emperor* (New Haven, CT: Yale University Press, 1993), p. 231.

30   Lázaro Carreter, 'Imitación compuesta', pp. 217–20. The various interpretations of the lines that have been proposed are discussed in Ramajo Caño, *Poesía*, p. 590.

31   Ovid, *Tristia* I, 1, 39–44, in Ovid, *Tristia. Ex Ponto*, ed. and trans. Arthur Leslie Wheeler, Loeb Classical Library, 151, 2nd edition revised by G. P. Goold (Cambridge, MA: Harvard University Press, 1988), pp. 4–5. The relevant biblical passages include Job 3.6, 27.21; Isaiah 25.4, 41.16, 66.15; Jeremiah 23.19, 30.23. See Morreale, 'Algo más sobre la oda', pp. 381–2.

Throughout the poem, read in this way, there is a contrast between the generosity of the poet, urging his friend on, and his own suffering, which is mentioned almost in passing and without bitterness; between the affection he expresses for Grial, wishing his good, and his plea for compassion in his plight; and the contrast, which is finely tuned, deepens the poem's emotive power.

Second mode of reading

The second mode of reading may be termed 'reflective'. As a trained reader and translator, Fray Luis was familiar with devices used in classical and biblical poetry to encourage a meditative approach to texts, and there is evidence that in a number of his poems he used such techniques himself. In an article of 1977, Edward Wilson showed that the ode to Francisco de Salinas, another friend, is so structured that the sequence of elements in the first part is inverted in the second, and it has been argued since that the same chiastic device may be discerned in the famous ode on the contemplative life, *¡Qué descansada vida!*[32] In each case, the person who has read the poem through is invited to go further, beneath the surface of the text, and to reflect more deeply on the theme, which the parallels and contrasts to be found there reinforce. Something similar may be said of the 'Ode to Juan de Grial', which consists, as we have seen, of three sections. Stanzas 4 and 5, which lie at the centre, form a diptych, linked by the image of Parnassus; before them there are three stanzas, also interconnected, which evoke autumn; and after them come three more, on the contrasting journeys of the poet and his friend. Between the first section and the last there are certain parallels, which may be represented schematically as follows: *1a, 2b, 3c; 6a, 7b, 8c*. Let us consider them briefly, beginning with Stanzas 1 and 6:

> 1. Recoge ya en el seno
>   el campo su hermosura; el cielo aoja
>   con luz triste el ameno
>   verdor, y hoja a hoja
>   las cimas de los árboles despoja.

---

[32]   Edward M. Wilson, 'La estructura simétrica de la *Oda a Francisco Salinas*', in his collection of essays, *Entre las Jarchas y Cernuda. Constantes y variables en la poesía española* (Barcelona: Ariel, 1977), pp. 197–201; Terence O'Reilly, 'The Image of the Garden in *La vida retirada*', in *Belief and Unbelief in Hispanic Literature*, ed. Helen Wing and John Jones (Warminster: Aris and Phillips, 1995), pp. 9–18; José Ramón Alcántara Mejía, *La escondida senda: Poética y hermenéutica en la obra castellana de Fray Luis de León* (Salamanca: Universidad de Salamanca, 2002), pp. 241–66.

> 6. No cures si el perdido
>   error admira el oro y va sediento
>   en pos de un bien fingido,
>   que no ansí vuela el viento,
>   quanto es fugaz y vano aquel contento.

These two stanzas focus, in different ways, on good things in life that are fleet-ing. Stanza 1 dwells on the beauty of Nature in spring and summer, which fades when autumn comes and the leaves begin to fall. Stanza 6 dwells on wealth and renown, both of which pass like the wind. There is a contrast too: Stanza 1 is concerned with the world of Nature and time, Stanza 6 with the self and its values. In the biblical tradition it was conventional to bring the two together, to find in the falling of the leaves and in the passing of the wind images of hu-man mortality.[33] The parallels between the two stanzas encourage reflection on this *topos*, and in doing so add scriptural echoes to the Horatian ones already present in Stanza 1.

> 2. Ya Febo inclina el paso
>   al resplandor Egeo; ya del día
>   las horas corta escaso;
>   ya Éolo al mediodía
>   soplando espesas nubes nos envía;

> 7. Escribe lo que Febo
>   te dicta favorable, que lo antiguo
>   iguala y passa el nuevo
>   estilo; y, caro amigo,
>   no esperes que podré atener contigo;

Stanzas 2 and 7 centre on the image of Phoebus. At the start of Stanza 2 he is the sun, entering the splendour of Capricorn; at the start of Stanza 7 he is the inspirer of Grial's poetry. In the middle lines of Stanza 2 we are presented with the changing relation between light and dark as the days grow shorter, a process paralleled in the corresponding part of Stanza 7 on the changing relation between the ancient and modern worlds; and just as Stanza 2 ends with storm clouds approaching, so Stanza 7 concludes with a first allusion to the poet's distress.

> 3. ya el ave vengadora
>   del Íbico navega los nublados

---

[33] See Job 7.7 ('memento quia ventus est vita mea'); Job 13.25 ('contra folium quod vento rapitur ostendis potentiam tuam'); Isaiah 64.6 ('cecidimus quasi folium universi').

> y con voz ronca llora,
> y el yugo al cuello atados,
> los bueyes van rompiendo los sembrados.

> 8. que yo, de un torbellino
>   traidor acometido y derrocado
>   del medio del camino
>   al hondo, el plectro amado
>   y del buelo las alas he quebrado.

Stanzas 3 and 8 both allude to the sufferings of writers: Ibycus, who was set upon and killed (3), and Fray Luis, who has been betrayed and silenced (8). The parallels are reflected also in the form. In Stanza 3 there is a contrast between the cranes in the clouds at the start, on their way to sunny climes, and the oxen working in the fields at the end, while in Stanza 8 the initial mention of Fray Luis on the mountain, at the midpoint of his flight, gives way at the close to the contrasting image of the poet lying in the depths. Small details, also, are significant. In Stanza 3, the oxen on the land are bound and yoked as they break up the ground ('rompiendo'). In Stanza 8, the poet is earth-bound too and trapped, his wings and pen broken ('he quebrado'). Tilling the land and composing verse are thereby linked, in accord with a classical tradition, preserved by Isidore, in which ploughing is a metaphor for writing.[34] These parallels underline the poet's affliction: like Ibycus, he has been treated unjustly. But, despite the sombre note, there is hope. Ibycus was revenged, as the adjective 'vengadora', and the story to which it alludes, remind us. Fray Luis, perhaps, may hope for justice too, if only after death. According to a contemporary of Fray Luis, the Jesuit Juan de Pineda, the migration of cranes, and other long-necked birds such as geese and swans, was associated with hope by Pliny the Elder:

> Dice Plinio que todas ellas [las aves cuellilargas] mudan sus estancias, según los tiempos, yéndose los inviernos a unas partes y los veranos a otras; y tal estenderse como éste por diversas tierras no es sin esperanza de hallar, adonde van, lo que no tienen donde están; y condición de la esperanza se dijo ser la extensión, y en los hombres es tanta, que les llegan los cuellos hasta Dios.[35]

---

[34]   Curtius, *European Literature*, pp. 313–14. See Isidore, I, p. 586 (Book vi, 9, 2), and p. 590 (Book vi, 14, 7). In his edition of the works of Isidore, Juan de Grial annotated the latter passage (Book vi, 14), expanding the classical context with references to Pausanias and Pliny: *Divi Isidori Hispal. Episcopi opera* (Madrid: ex typographia regia, 1599), p. 107.

[35]   Juan de Pineda, *Diálogos familiares de la agricultura Cristiana*, ed. Juan Meseguer Fernández, 5 vols (Madrid: Atlas, 1963–4), iv, p. 308.

The oxen, similarly, may be captive and bound, like the poet himself, but the broken soil they plough will one day bear seed and a harvest, as the noun 'sembrados' underlines.[36] Considered in parallel, the images in the two stanzas thus acquire new connotations. In the Old Testament whirlwinds are associated not only with tribulation but with God's presence at the heart of the storm.[37] In the elegies of Tibullus, ploughing is associated with hope,[38] and Ovid, imitating Tibullus, developed the theme:

> Colla iube domitos oneri supponere tauros,
>   Sauciet ut duram vomer aduncus humum:
> Obrue versata Ceriala semina terra,
>   Quae tibi cum multo faenore reddat ager.[39]

Later the image recurs, in a Christian context, in the epistles of St Paul: 'debet in spe qui arat arare et qui triturat in spe fructus percipiendi'.[40] Though the calamity faced by the poet is not denied in any way, these parallels indicate that at the time of writing he had not despaired, but hoped, perhaps against hope, for his ultimate vindication.

Conclusion

The formal perfection of the 'Ode to Grial' is apparent on a first reading, when the stanzas, considered in sequence, fall into three parts, centred on the image of the 'sacro monte'. Beneath its limpid surface, however, and apparent on a closer reading, there lies a deeper structure, in which the first part of the poem is mirrored, through parallels and contrasts, in the third. The interplay between these modes of reading shapes the movement of thought and feeling within the

---

36   See *sembrado* in *Diccionario de autoridades*.

37   The point is made by Colin Thompson, *The Strife of Tongues: Fray Luis de León and the Golden Age of Spain* (Cambridge: Cambridge University Press, 1988), p. 270, n. 44. See Job 38.1 and 40.1; Isaiah 4.6 and 25.4.

38   'spes alit agricolas, spes sulcis credit aratis/ semina quae magno faenore reddat ager' ('Tis Hope sustains the farmer; to ploughed furrows Hope entrusts the seed for fields to render back with heavy usury): Book 2, Elegy 6, lines 21–2, trans. J. P. Postgate in *Catullus, Tibullus, Pervigilium Veneris*, Loeb Classical Library, 6, 2nd edition revised by G. P. Goold (Cambridge, MA: Harvard University Press, 1995), pp. 280–1.

39   'Bid the tamed bulls bow their necks to the burden, that the curved share may wound the stubborn ground; bury the seeds of Ceres in the upturned soil, that the earth may restore them to you with lavish usury': *Remedia amoris*, lines 171–4, in *Ovid, the Art of Love, and Other Poems*, trans. J. H. Mozley, Loeb Classical Library, 232, 2nd edition revised by G. P. Goold (Cambridge, MA: Harvard University Press, 1979), pp. 190–1.

40   I Corinthians 9.10: 'he that plougheth should plough in hope; and he that thrasheth, in hope to receive fruit' (Douay translation). See also 2 Timothy 2.6.

text. It also creates a web of allusions, biblical and classical, that disclose the theme. The learning that the poem celebrates is not exclusively pagan, but pagan and Christian combined, the ideal of the humanist tradition that Fray Luis shared with his friend Grial.

4

Metaphors of Movement in
Two Poems of Fray Luis de León

Colin Thompson

At the end of his analysis of the 'Vida retirada' poem, Ricardo Senabre wrote: 'Urge […] afrontar el estudio del sistema metafórico de fray Luis.'[1] He was arguing against the predominant biographical interpretation of the poem, in which its search for a life of peaceful contentment was read as the poet's desire to be free of the disputes and conflicts of Salamanca, and the famous garden 'por mi mano plantado' was identified with the Augustinian estate of La Flecha or another such retreat. He demonstrated persuasively that the classical, biblical and Patristic resonances of many of Fray Luis's metaphors, like the garden, the stormy sea and imprisonment, required a more literary reading. In turning to two of his most familiar 'Odas', the 'Vida retirada' and the 'Noche serena', I intend to take Senabre's plea seriously. To do so, in the first of these I will focus on the structural and thematic function of metaphors of movement drawn from the elements of air and water, and follow the trajectory of the second as it develops out of its initial contrast between two contrasting types of night vision, one upwards into the starry heavens, the other downwards to the sleeping earth. There is nothing especially original about the ideas Fray Luis expresses in these poems, drawn as they are from the common currency of neo-Stoical and neo-Platonic philosophy used by many Golden Age writers. What is much more striking, however, is the way in which he breathes new life into them through the play of imagery, in such a way that readers can encounter them anew in a poetic world through a process of lyrical concision rather than abstract argument.

What constitutes the good life? Is it the search for and possession of riches and power, as many believe, or is there a more secret, hidden way to find hap-

[1]   Ricardo Senabre, *Tres estudios sobre Fray Luis de León* (Salamanca: Universidad de Salamanca, 1978), p. 36; for a fuller analysis of the metaphorical world of the poet, see his *Estudios sobre Fray Luis de León* (Salamanca: Universidad de Salamanca, 1998).

piness? That is the question the 'Vida retirada' poses and answers, in terms
which owe much, as we know, to Seneca and to Horace. As we also know, the
ironic edge of Horace's first epode, 'Beatus ille', is lost in Fray Luis, who turns
his poem into a more considered and serious reflection on human motivation
and desire, and in particular the attractions of fame, wealth, and power, and the
ways in which they deceive us, offering fulfilment of our desires but delivering
only worry, stress, and in the worst case, self-destruction. The main lines of
such a rewriting of Horace were already present around 1540, when the court
poet Diego Hurtado de Mendoza exchanged his poetic 'carta' – 'la primera
epístola horaciana escrita en castellano en tercetos encadenados' – with Boscán.[2]
Its opening anticipates Fray Luis:

> El no maravillarse hombre de nada
> me parece, Boscán, ser una cosa
> que basta a darnos vida descansada.[3]

The ideas it contains are also very similar. Words like 'mediana', 'medianeza'
and 'medianamente' (lines 116, 167, 269) are diagnostic features of a neo-
Stoical ethic, with its insistence on the middle way of moderation as a sure path
against the excesses of the passions, on and the need to reject the riches and
power sought by the ignorant masses, and with its praise of a quiet life lived
away from such temptations. But in other respects Hurtado de Mendoza's poem
is quite different from the 'Vida retirada' of Fray Luis. It is over three times as
long (274 lines, in contrast to Fray Luis's 85), more conversational and philosophical in tone, and includes both friendship and love in the evocation of the
good life, in contrast to the solitary state envisaged by Fray Luis. At its most
lyrical point (lines 229–40) it shares some of the features of the *locus amœnus*
imagined by the Augustinian – perfumed flowers, birdsong, clear streams and
fruit-laden trees. But in other respects its imagery is illustrative rather than
constitutive: it supports the poem's meaning, rather than creating it. Stormy
seas are mentioned (lines 99–102) as a conventional metaphor for the instability of human affairs, but they are not treated with the dramatic intensity of lines
61–70 of the 'Vida retirada', where they threaten to engulf the ships carrying
the treasures intended to enrich the crew.[4]

---

2   *Diego Hurtado de Mendoza. Poesía*, ed. Luis F. Díaz Larios and Olga Gete Carpio (Madrid: Cátedra, 1990), p. 33.
3   *Diego Hurtado de Mendoza. Poesía*, p. 82.
4   Another poem in this tradition, Aldana's fine *octavas* 'Sobre el bien de la vida retirada',
echoes Fray Luis at various points but it is four times as long (336 lines) and more overtly Christian; see *Francisco de Aldana. Poesías castellanas completas*, ed. José Lara Garrido (Madrid:
Cátedra, 1985), pp. 236–49.

Fray Luis weaves a tight web of images into the structure of his *liras*, themselves a more demanding verse form than the *tercetos* of Hurtado de Mendoza or Aldana's *octavas*, because of their five lines of seven and eleven syllables and *ababb* rhyme scheme. It is only when we are sensitive to the intellectual inheritance of Fray Luis that we are able to follow not simply a progression of images but also a philosophical argument, conducted not in abstract terms but through the evocation of particular scenes, in such a way that the concentrated power of the poem's language carries with it an appeal that would for many be lost in a lengthy philosophical treatise. The meaning of the 'Vida retirada' is communicated primarily through a metaphorical structure based on images drawn from the elements of air and water. The elements operate across the poem, sometimes separately, at other times in combination, and their constant motion is used to imagine two opposite ways of living.

The poem begins with the discordant 'mundanal ruido' of the second line and moves to the harmonious 'son dulce, acordado' of the poet's music in the penultimate line (84), two contrasting sounds produced by air which enclose the metaphorical world of the rest of the poem.[5] Air can produce the negative din of worldly ambition or the positive sound of the harmonious instrument. Its negative features come to the fore in the third and fourth stanzas, where the poet rejects the trumpet of fame which 'canta con voz su nombre pregonera' (line 12), and 'la lengua lisonjera' (line 14), self-promoting music and hypocritical speech, before both images dissolve into their constituent element, 'viento'.[6] They are both judged wanting by 'la verdad sincera' (line 15), a very different kind of utterance which sees through the deceit they embody.

As a scholar of Hebrew and Greek, Fray Luis would have been familiar with the double meaning of *ruah* and *pneuma* as wind and spirit, and with the biblical concept of *ruah* as the animating principle of life (see Gen. 1.2; Ezek. 37.7–10). The 'viento' of fame or ambition robs me of the 'aliento' I need to sustain my life, my vital breath. Thus, if I go 'en busca deste viento', I shall, paradoxically, find myself 'desalentado', literally 'out of breath', metaphorically 'discouraged', 'con ansias vivas, con mortal cuidado' (lines 18–20). In this state the only things which can truly be said to be alive are my 'ansias', which, juxtaposed to my 'mortal cuidado', create an original version of the oxymoronic 'living death' so beloved of poets sacred and profane, in which the normally antithetical 'vivas' and 'mortal' come to represent the same experience of a living death. If what I think makes

5   All citations from the poems of Fray Luis are taken from *Fray Luis de León. Poesía*, ed. Juan Francisco Alcina (Madrid: Cátedra, 1986).
6   The metonymy of the 'vano dedo', the manner in which great people attract attention or summon someone they wish to favour, is connected to the 'viento' and the 'ansias vivas' by alliteration in 'v'.

life worth living is the search for fame and power, if they become the very air I breathe, then I live in a state of constant anxiety which drags me down to death. What can this 'viento' add to my 'contento', the very thing I desire, when such anxieties arise to deprive me of it?

The fifth verse, with its outburst of longing addressed to the *locus amœnus*, the place where, in contrast to all that we have seen so far, the 'descansada vida' and the 'contento' it brings are to be found, marks a sudden shift away from the imagery of air. But it introduces the two contrasting images of water which Fray Luis will develop through the second half of the poem. First, alongside the desired 'campo' and 'monte' comes the 'río' (line 21), followed at the end of the stanza by air and water in furious contention, 'aqueste mar tempestuoso' (line 25) from which the poet flees and on which his vessel has been all but wrecked. By this point of the poem, therefore, Fray Luis has introduced the two elements to imagine both the negative effects of worldly clamour and ambition and the positive role of truth sincerely spoken and a secure haven found.

In verses 6–7 the vision of the restful life gradually begins to dominate, but always in opposition to what disturbs it. In contrast to the 'mundanal ruido', the rejected 'viento' of fame and the howling of the storm, the element of air is now transformed into the natural, peaceful music of birdsong which awakens the poet out of deep, refreshing sleep. From verse 9 to verse 12 the poet draws a moving picture of an idyllic retreat in which the order, beauty and fruitfulness of nature stand in mute rebuke of the kinds of human folly he has portrayed for us, absent now until a brief mention of power and money in line 60 leads, as we shall see, to a further consideration of their effects. Critics have paid much attention to the biblical and classical echoes of the garden 'por mi mano plantado', but less to the way in which water and air constitute the *locus amœnus* and form the lyrical climax of the poem in verses 11–12.[7] The stream hurries

---

[7]   Most critics have pointed to Cicero and to Genesis as the inspiration of these lines: 'Multae etiam istarum arborum mea manu sunt statae' (*Cato Maior*, xviii.59), 'many of these trees have been planted by my hand'; 'and the Lord God planted a garden in Eden' (Gen. 2.8); see, for example, Senabre, *Tres estudios sobre Fray Luis de León*, pp. 11–18, 27–8, 35–6; *Fray Luis de León. Poesía*, ed. Alcina, p. 72; also *La poesía de Fray Luis de León*, ed. Oreste Macrí (Salamanca: Anaya, 1970), p. 306; *Fray Luis de León. Poesías completas*, ed. Cristóbal Cuevas (Madrid: Castalia, 1998), p. 90. Fray Luis may be suggesting that by planting such a garden in so idyllic a place he is imitating God's own creation by seeking to construct a life which is patterned on the life of Adam and Eve before the Fall in another garden watered by a single stream which then divides into four (Gen. 2.10–24). But all these elements – the garden, the flowing fountain and the scent-laden breezes – are fundamental to the description of the *hortus conclusus* at the heart of the Song of Songs (4.12–16). I am therefore inclined to think that the Song of Songs is the most immediate literary antecedent of the 'huerto'. Fray Luis's own exegesis of this passage could well serve as a commentary on these lines from his ode; see his *In Cantica Canticorum Solomnis Explicatio* (Salamanca: Lucas à Iunta, 1580), pp. 179–82, where he also refers to the garden of Alcinous in Homer's *Odyssey* (vii. 112–32), with its fruit trees and vegetables

down from the hills, then meanders through the garden across two stanzas
which imitate its gentle progress:

> y, como codiciosa
> por ver y acrecentar su hermosura,
> desde la cumbre airosa
> una fontana pura
> hasta llegar corriendo se apresura;
>
> y luego, sosegada,
> el paso entre los árboles torciendo,
> el suelo, de pasada,
> de verdura vistiendo
> y con diversas flores va esparciendo. (lines 46–55)

As it flows by, 'de pasada', it waters the land, turns it green ('de verdura
vistiendo') and causes 'diversas flores' to bloom.[8] The stream is 'pura', like the
'día puro' desired by the poet in line 27, and life-giving, but also, more surprisingly, 'codiciosa/ por ver y acrecentar' the 'hermosura' of the 'huerto'. When
we recall how greed for burdensome goals dominates the earlier stanzas, and
how we are about to witness the sea swallowing up the 'tesoro' of merchants
in search of material riches, such a positive evaluation of what is, after all, a
deadly sin, becomes appropriate because the stream to which this otherwise
disordered motivation has been attributed is not seeking any advantage for itself,
but is greedy only to play its part in the beautifying of God's creation.

In verse 12 the *locus amœnus* becomes quite sensuous, as the life-giving
stream which descends from the mountains and waters the plants yields to
the element of air, as breezes rustle the leaves of the trees and waft the fra-
grance of the flowers across the garden. These scent-laden breezes have a
hypnotic effect; their 'manso ruido', in contrast to the 'mundanal ruido' at
the beginning, 'del oro y del cetro pone olvido' (lines 59–60), leading one to

---

maturing at different times and watered by springs. In his earlier vernacular commentary on the
Song, he translates the 'puteus aquarum viventium, quae fluunt impetu de Libano' of iv.15 as
'pozo de aguas vivas [...] que corren del monte Líbano', which may have inspired the 'monte'
and 'fontana pura' which flows down from its summit of lines 41 and 49; see *Obras completas
castellanas de Fray Luis de León*, 2 vols, ed. Félix García, 4th edn (Madrid: Biblioteca de Autores
Cristianos, 1957), I, 138.

8   Note the further alliteration in 'v', this time in positive contrast to the earlier example
(lines 17–20). 'Sosiego' and its derivatives are often used by Fray Luis to describe a state of
absolute peace and harmony, notably in his description of Christ as 'Pastor' and in his Augustinian definition of peace at the start of 'Príncipe de la paz'; see *De los nombres de Cristo*, ed.
Cristóbal Cuevas (Madrid: Cátedra, 1997), pp. 225–7, pp. 404–5.

forget the world outside, with its insane chasing after insubstantial goals.[9] Absent from this place, though, paradoxically, textually present in the poem, it is the reappearance of the restless search for riches and power, now compressed into the metonyms of 'oro' and 'cetro', which leads the poet to return for two stanzas to the unstable and dangerous world he has left behind. The idyllic retreat is contrasted with those who risk their lives by taking to the sea in search of material treasures and who put their trust in a 'falso leño', false because it cannot withstand the power of the storm, and also because the rewards such voyages promise cannot deliver the happiness they purport to secure.[10] Those who sail the stormy seas of greed start to lose hope ('se desconfían') when the 'cierzo', the north wind, and the 'ábrego', from the south-west, 'porfían', and they react with 'lloro', a further water image (lines 63–5). The only thing that grows rich is the sea, as the panicking crew jettisons the precious cargo in hope of avoiding shipwreck. Fray Luis's picture is vivid, with the creaking of the mast under pressure ('La combatida antena/ cruje', line 66), the storm clouds darkening the sky, and the cries of the sailors.[11] At this dramatic point in the poem, images of air and water unite to wreak havoc on human pretensions.

The poem concludes by contrasting the poet in his haven with 'los otros', the foolish majority, depicted as 'abrasando/ con sed insaciable/ del peligroso mando' (lines 77–8), the desire to exercise power, 'peligroso' precisely for the reasons we have seen: it is insecure, since others are always waiting to step into your shoes, and it leads to shipwreck, not in the literal, but in the moral sense. The 'sed insaciable' – a final water image, associated with a rare appearance in the poem of its antithesis, the element of fire ('abrasando') – hints at the myth of Tantalus, symbol of eternal frustration, as he vainly tries to quench his thirst from the ever-receding water. It is that sense of frustrated hopes and desires that we can now see as central to the argument of the poem. Those who do not find 'la escondida senda', and who are therefore not among

---

[9]   As many critics have noted, the 'manso ruido' is surely a tribute to the beginning of Garcilaso's 'Canción 3', 'Con un manso ruido/ d'agua corriente y clara'. The 'cantar sabroso no aprendido' of the birds (line 32) also follows Garcilaso, 'Égloga segunda', lines 67–8 ('Y las aves sin dueño | con canto no aprendido').

[10]   The reduction of the ship to its constituent element, timber, is a characteristic Latin metonymy ('lignum'), much used by later poets such as Lope and Góngora. The destructive power of the sea and the failure of earthly treasure to grant the 'reposo' those who seek it believe it can deliver is the subject of Fray Luis's short ode 'En vano el mar fatiga/ la vela portuguesa'.

[11]   The raging of both elements is underlined by the pushing of the phrases across the ends of the first four lines of the *lira*. The crying out of the sailors and the greed of the sea to swallow up the riches they are carrying are found in Horace, Ode iii.29, line 61, while Fray Luis's own translation of Horace's Ode i.14 includes 'ábrego' and 'crugen las antenas'; in *Poesías completas*, ed. Cuevas, p. 262.

'los pocos sabios' the world has ever known, keep chasing goals which appear attractive and life-enhancing but which turn out to bring worries and disasters in their wake. Their 'sed' is 'insaciable' because the treasures they seek do not have the power to quench it.

While the majority pursue their foolish and destructive ends, the poet imagines himself resting and singing: 'tendido yo a la sombra esté cantando'. This music is the very opposite of the 'mundanal ruido' at the start of the poem. It is, for one thing, 'acordado', in tune; and if there is one thing that those who lust after power and riches do not possess, it is a life in harmony. But the metaphor also represents the art of the lyrical poet, crowned with 'hiedra y lauro' (line 82) and singing. The poem ends, perhaps, where the 'Ode to Salinas' begins ('El aire se serena/ y viste de hermosura y luz no usada'), the 'atento oído' listening to the harmonious music which awakens the soul to the music of the universe as created by God, ordered and perfect, which 'los pocos sabios' can hear beyond the worldly clamour of power, fame and riches.[12]

If the 'Vida retirada' is given poetic and thematic structure by a series of elemental metaphors which portray both negative and positive ways of living, the 'Noche serena' is built on a metaphorical structure which grows out of the double movement of looking to the heavens and back to the earth in the first stanza: 'cuando contemplo el cielo' and the counterbalancing, rhyming 'y miro hacia el suelo'. Two different kinds of looking, one upwards into the mystery of the unknown or partly glimpsed, and the other downwards to the known but imperfectly grasped, set the tone for the poem's argument, that in lifting one's eyes to the night sky and its stars, the soul is awakened to see beyond the erroneous earthly goals which most humans chase into the realm of the eternal, its true home. The series of contrasting images which grow out of the first stanza act as variations on the theme across the poem.[13]

The poem opens with an image of light (the 'cielo' and its 'luces') which points to a truth beyond the everyday, followed by five antithetical ones associated with the existential darkness which prevents humans from making the ascent (the 'suelo' surrounded by 'noche' and 'sepultado' in 'sueño' and 'olvido'). Earth,

---

[12]   The ivy crown belongs to Dionysus or Bacchus and is probably here intended to allude to Dionysus as the god of music, rather than of intoxication.

[13]   For a brief account of this patterning of images, see Elias L. Rivers, *Fray Luis de León. The Original Poems*, Critical Guides to Spanish Texts, 35 (London: Grant & Cutler, 1983), p. 62. The verbs appear to be deliberately differentiated, 'contemplar' bearing a greater weight of meaning than the more everyday 'mirar', as Covarrubias (*Tesoro de la lengua castellana*, 1943) explains: 'Considerar con mucha diligencia y levantamiento de espíritu las cosas altas y escondidas que enteramente no se pueden percebir con los sentidos, como son las cosas celestiales y divinas' (*s.v.* 'contemplar'). However, 'mirar' is used later in the poem (lines 41, 61) in relation to the contemplative ascent through the spheres, and it can have the additional meaning, as Covarrubias also explains, of 'advertir y considerar' (*s.v.* 'mirar'), as in line 27: 'Mirad con atención en vuestra daño'.

night, sleep (or dreaming) and oblivion function at the literal level, since it is dark and people are asleep, unaware even of everyday life; so too does the experience of gazing at the night sky. But their deeper sense is metaphorical. 'Cielo' and 'luces' speak of illumination, higher knowledge and truth, whereas their antitheses are associated with materiality and perishability, ignorance, danger, evil, illusion and death, all of which will feature in the poem's argument. In the second stanza this double vision causes in the poet a kind of emotional Platonic anamnesis, in which 'amor' and 'pena' awaken in his breast an 'ansia ardiente', a passionate longing for knowledge he does not have (lines 6–7). All that follows is spoken by the poet's 'voz doliente' (line 10) in response to this ardent desire.

The third stanza extends the pattern of the first. Images of light, beauty and loftiness predominate in its first three lines, then give way to the dark prison of earthly bondage in the final two. The night sky has become the more explicitly metaphorical 'Morada de grandeza' and 'templo de claridad y hermosura' (lines 11–12), its 'alteza' the proper inheritance of the soul, in sharp contradistinction to the 'desventura' of the 'cárcel baja, escura' (lines 14–15) which imprisons it in earthly values.[14] The rhetorical question which follows (lines 16–20) asks what 'mortal desatino' is responsible for this inability to see into the truth of things, the epithet suggesting at the literal level its prevalence among mortals and at the metaphorical its association with moral and spiritual death, already foreshadowed in the negative images of the first and third verses. Whatever it is, it leads 'el sentido' away from 'la verdad' – the first time in the poem truth is mentioned – and from knowledge of the 'bien divino' to which the soul is called (lines 17–18).[15] The soul, having 'olvidado' (line 19, following on from 'olvido' in line 5) and lost its knowledge of this 'bien', proceeds on a mistaken and futile course, following 'la vana sombra, el bien fingido' (line 20). The chiastic pattern of epithet–noun, noun–adjective ensures that 'vana' and 'fingido' occupy prominent positions at the beginning and end of the line, while Fray Luis's careful placing of words enables the 'bien divino' at the end of line 18 to contrast vividly with the 'bien fingido' in the climactic position at the end of the verse (line 20). To the negative images already present Fray Luis has added the 'vana sombra', with its echoes of Plato's cave and Ecclesiastes, and the 'bien fingido', where, for the first time in the poem, we are made aware not so much of human ignorance of the good as of false representations of it.[16]

---

[14]   Whereas 'desventura' may come undeserved, Covarrubias reminds us that the meaning of 'desatino' is 'cosa hecha sin discurso y sin consideración' (*s.v.* 'atinar'), which here suggests a form of living in which humans may act unthinkingly but for which they must bear responsibility.

[15]   Fray Luis has in mind the Christianised version of Platonic anamnesis, based on the image of God implanted in humans at creation (Gen. 1.26, 5.1).

[16]   See, for example, Eccl. 1.2, 'Vanitas vanitatum, et omnia vanitas', 'Vanity of vanities, all is vanity' (King James Version).

The rhetorical questions of lines 14–20, which seek an explanation for the 'desventura' and 'desatino' which have imprisoned the soul, do not at this stage receive an answer. Instead, the fifth verse steps back for a moment to draw a conclusion from what has so far been proposed. Man is 'entregado/ al sueño' (lines 21–2), an image present at the end of the first stanza but now more clearly metaphorical, the sleep of the foolish and deceived; and, 'de su suerte no cuidando' (line 22), is failing to engage in any kind of deeper consideration of what life means. For the earthbound, the night sky does not represent, as it does for the poet from the outset, a window opening out on to a higher, partially glimpsed truth, it is merely an image of the relentless passage of time, a thief robbing them of life hour by hour. These reflective comments give way to an exclamatory summons to action, addressed to the whole human race, '¡Ay! ¡despertad, mortales!' (line 26), out of the 'sueño' which is constituted of all the negative images up to this point – night, oblivion, imprisonment, shadow, false values, deception. Worse still, unlike its literal counterpart, which refreshes and reinvigorates, this moral and spiritual sleep is harmful, hence the second exclamatory imperative: 'Mirad con atención en vuestro daño' (line 27). There follows a third rhetorical question (line 30) which, unlike those of lines 14–20, contains the germ of the answer to be supplied. 'Almas' are 'inmortales'; their heavenly origin and destiny is a 'bien tamaño' (lines 28–9) which requires heavenly nourishment. They may appear to 'vivir de sombras y engaño' (line 30), first introduced ten lines earlier as 'la vana sombra y el bien fingido', but they will starve to death.

A third exclamatory outburst leads to the third of the series of second-person plural imperatives and contains the necessary summons to action if the curse of such sleep is to be broken: '¡Ay, levantad los ojos/ a aquesta celestial eterna esfera!' (lines 31–2). It is not enough for mortals to awaken to their immortal destiny and to consider the harm done to them by earthbound living. They must do what the poet has been doing: look away from the 'cárcel baja, escura' of line 15 and upwards to 'aquesta celestial eterna esfera', the double epithet underlining the spiritual meaning of the 'cielo' he has been contemplating, earlier imagined in more architectural terms as 'Morada de grandeza/ templo de claridad y hermosura' (lines 11–12). This lifting of vision will lead mortals to see through and laugh at 'los antojos' of 'aquesa lisonjera/ vida' (lines 33–4), the hopes and fears which fall into perspective when our vision is corrected.[17] 'Antojos' are the whims and fancies which prevent us from seeing into the truth of our condition. The question which follows, the fourth of the poem, contrasts the shortness and insignificance of human life with the grandeur and eternity

---

17 Covarrubias defines the epithet as if he were writing about this very line: 'el que nos habla siempre a gusto de nuestro paladar [...] aunque sea malo y contra razón' (*s.v.* 'lisonjero').

of the celestial spheres: the earth itself, the 'bajo y torpe suelo', is no more than a 'breve punto' in comparison with them (lines 36–7). The 'suelo' which the poet looked back at after his eyes were first raised to the heavens has now attracted to itself two very negative epithets, the first, 'bajo', previously associated with the 'cárcel' imprisoning the soul (line 15), the second, 'torpe', introducing a further antithesis to the light above, with its suggestion both of the grossness of matter and of moral disorder. When we reach the noun 'trasunto' in line 38 the precise significance of the night sky becomes clear, as an image or reflection of the eternal realm of God, the true home of the soul. Fray Luis's sustained polypoton emphasises the point. Man, who believes that 'el cielo, vueltas dando/ las horas del *vivir* le va hurtando' (lines 24–5), cannot '*vivir* de sombra y de engaño' (line 30) in this 'lisonjera *vida*' (lines 34–5); he must lift his vision to that realm where there '*vive* mejorada' (line 39) the past, the present and the future in one equal eternity (my emphases).

In reading this poem, it is important to realise that what follows, the ascent from the transient and ephemeral through the heavenly spheres of the moon, Venus, Mars, Jupiter and Saturn, is a lengthy parenthesis bracketed by 'Quien mira en gran concierto' of line 40 and the corresponding '¿quién es el que esto mira?' of line 61.[18] The imagery of light is complemented by the idea of harmony and proportion, as the illumination shed by these bodies is combined with the mathematical precision of their orbits and the silent music this creates. This movement is 'cierto' (line 43), in contrast to the instability of human life, yet it is their very 'pasos desiguales' (line 44), their different orbits, which order their many sounds into the 'gran concierto' and 'proporción concorde' (lines 41, 45) of celestial harmony, the music of the spheres. The ascent through the spheres is dominated by repeated images of light ('plateada rueda', 'luz', 'reluciente', 'rayo', 'reluciente', 'luz', lines 47–60) and treasure ('oro', 'tesoro', lines 57, 60), while more abstract qualities are introduced by references to knowledge ('saber', 48), love ('amor', 'amado', 50, 55), beauty ('bella', 50), and gentleness and peace ('benino', 'serena el cielo', 'los siglos de oro', 53,

---

[18]   The ascent has strong links to the 'Somnium Scipionis'; see Cicero, *De re publica, De Legibus*, trans. Clinton Walker Keyes, The Loeb Classical Library (London and Cambridge, MA: Heinemann and Harvard University Press, 1928), vi.ix–xxvi, pp. 260–83. Among the many links with Fray Luis's ode are the reference to the soul as imprisoned in the body ('hi vivunt, que e corporum vinculis tamquam e carcere evolaverunt, vestra vero, quae dicitur, vita mors est'; 'Surely all those are alive [...] who have escaped from the bondage of the body as from a prison; but that life of yours, which men so call, is really death', pp. 266–7); the description of the celestial spheres; and the contrast between the sublunary realm of mortal decay and the eternal spheres ('infra autem iam nihil est nisi mortale et caducum praeter animos munere deorum hominum generi datos, supra lunam sunt aeterna omnia'; 'But below the moon there is nothing except what is mortal and doomed to decay, save only the souls given to the human race by the bounty of the gods, while above the Moon all things are eternal', pp. 270–1).

55, 57), with the inevitable exception of 'el sanguinoso Marte airado', squeezed into a single line (52). But once 'la cumbre' of the ascent is reached, Saturn and the starry firmament 'tras dél' (56–8), the final rhetorical question of the poem brings us back to earth, as Fray Luis sometimes does, with a series of images of lowness, earthliness, imprisonment, exile and emotional distress last encountered in line 37, but now expanded into a complete stanza (61–5).[19] The statement 'Quien mira el gran concierto', twenty lines earlier, is reca-pitulated as a final rhetorical question:

> ¿Quién es el que esto mira
> y precia la bajeza de la tierra,
> y no gime y suspira
> por romper lo que encierra
> al alma, y de estos bienos la destierra? (lines 61–5)

Virtually everything in this verse is a distillation of what has gone before. Its first line repeats the verb 'mirar' of lines 3, 27 and 41, while 'la bajeza de la tierra' was present from the start of the poem (lines 3–5; also 37). The groaning and sighing in the poet's response to the night sky looks back to the 'ansia ardi-ente', tears and 'voz doliente' of lines 7–10; the soul's imprisonment to the 'cárcel baja, escura' of line 15; the 'bienes' of the heavenly realms to the 'bien divino', the 'bien tamaño' and Jupiter's 'bienes mil' in lines 18, 29, 54; while the theme of exile is foreshadowed by the 'desatino' by which the 'sentido' dis-tances ('aleja') the soul from the truth (lines 16–17). Indeed, 'destierra' forms the climax of a series of verbs and nouns prefixed with 'des-', some positive, most negative: 'despiertan', 'despiden' (7–8), 'desventura' (14), 'desatino' (16), 'despertad' (26), and, finally, 'destierra'.[20] This technique of interrupting the upward movement with a reminder of what has been left behind is remarkably similar to the way in which the imagery of a storm at sea blows up at exactly the same point in the 'Vida retirada' (lines 61–70), as the poet contrasts the peace of his retreat with the restless quest of others for material gain. In neither case can the sudden reappearance of negative forces threaten the progress that has been made towards a true understanding of the self and its needs.

The three closing stanzas restore the vision of the 'cumbre' in a series of six affirmations followed by five exclamations which expand the imagery hinted at in the first exclamation of the poem, '¡Morada de grandeza,/ templo de

---

[19] See, for example, lines 38–50 of 'El aire se serena' and the final stanza of 'Alma, region luciente'.

[20] The theme of earthly life as a form of exile from eternity is a biblical one; see, for exam-ple, Hebr. 11.13–15.

claridad y hermosura!', and by the 'celestial eternal esfera' (lines 11–12, 32). This is the place where 'el contento' and 'la paz' reign (lines 65–6), in place of 'aquesa lisonjera/ vida, con cuanto teme y cuanto espera' (lines 34–5) and its pursuit of false goals, 'la vana sombra, el bien fingido' (line 20). Sacred love is here enthroned, 'de gloria y deleites rodeado', in contrast or perhaps in fulfilment of the love associated with Venus, 'la graciosa estrella/ de amor' (49–50). 'Amor sagrado' (69) belongs to a more explicitly religious lexis, like the adjectives in the earlier 'bien divino' (18), 'celestial eternal esfera' (32) and 'resplandores eternales' (42). The affirmations which follow transform three qualities humans know only as ephemeral – beauty, light and spring – into perpetual presences in the region to which the contemplation of the night sky has led. 'Inmensa hermosura aquí se muestra toda' (line 72), in place of the partial and deceptive glimpses of physical beauty humans experience, and in fulfilment of the first reference to eternal beauty in line 12 ('templo de [...] hermosura'), from which the poet had felt so keen a sense of exile.[21] The light is even more emphatically defined to emphasise its permanence and the absence of its opposite, as 'clarísima luz pura,/ que jamás anochece' (lines 73–4), in contrast to the 'suelo de noche rodeado' of lines 3–4, and in an allusion to the vision of the heavenly Jerusalem in Rev. 21.25, where divine light banishes the darkness ('nox enim non erit illic'; 'for there shall be no night there'). The biblical allusion is followed by a classical one: 'eterna primavera aquí florece' (line 75), which takes us back to Ovid's evocation of the age of gold at the beginning of the *Metamorphoses*, already hinted at in the description of Saturn as 'padre de los siglos de oro' (57), when 'ver erat aeternum', 'then spring was everlasting'.[22] Seasons, by definition, come and go, but in these celestial realms time has no place and the freshness, beauty and vigour of springtime remains for always.

The introduction of 'eterna primavera' into a poem about the night sky at first seems out of place, but it belongs to the ancient tradition of the heavens as the Elysian fields, as Christianised by Fray Luis in 'Alma región luciente' and used by Góngora in his evocation of springtime at the beginning of the *Soledades*. At this climactic point in the poem verbs disappear. All activity must cease and pass to joyful contemplation of the goal of the ascent through the heavens. The poem dissolves into a series of five exclamations as the poet ad-

---

[21]   This emphasis on beauty is particularly Augustinian: see, for example, St Augustine's hymn to divine beauty in *Confessions*, x.27.

[22]   Ovid, *Metamorphoses*, i.107, trans. Frank Justus Miller, The Loeb Classical Library, 3rd edn, 2 vols (Cambridge, MA and London: Harvard University Press, 1977), I. 9–10. See also, as Senabre notes (*Estudios sobre Fray Luis de León*, p. 16) the *Etymologiae* of St Isidore of Seville, xiv.3.2, where Paradise is described as a constantly temperate region. Fray Luis recalls this description more obviously in the first stanza of 'Alma región luciente', while the oxymoronic 'inmortales rosas' of line 13 of that poem play the same part as the 'eterna primavera' here.

dresses the 'campos verdaderos', the 'prados con verdad dulces y amenos', the 'riquísimos mineros', the 'deleitosos senos' and the 'repuestos valles de mil bienes llenos' (lines 76–80).[23] At last an answer comes to the question of the fourth stanza, as to what mortal folly removes the senses from 'la verdad' (line 17) and makes the soul forget the 'bien divino' and the 'bien tamaño' for which it was created (18, 29), as well as the 'bienes' from which it is exiled (65). When the soul ascends to the everlasting realm it will possess all the treasure, the truth and the joy it needs.

The poems of Fray Luis are carefully and beautifully constructed as works of art, and nowhere is that truer than in his handling of metaphorical discourse. In my analysis of the 'Vida retirada' I have noted the ways in which Fray Luis consistently contrasts the negative and the positive associations of images taken from the element of air and water in order to set out his vision of what does and what does not constitute an ordered life. Much the same could be said about images drawn from the element of earth, in the contrast between self-consuming luxury (the 'dorado techo [...] en jaspes sustentado' and the rejected 'vajilla,/ de fino oro labrada' of lines 8–10 and 73–4) on the one hand and the picture of the hillside 'huerto' (lines 41–60) on the other, though they are less pervasive than images of air and water. Likewise, in the 'Noche serena' I have tried to demonstrate how carefully Fray Luis develops the double act of looking at the start of the poem through a series of variations based on antithetical images and by means of repeated words and phrases which climax in the vision of the last three stanzas. Through his use of these metaphorical structures we see how Fray Luis can invigorate otherwise commonplace ideas by sustaining an intellectual argument through the flow of imagery. Two opposite effects of the elements of water and air become two different ways of leading one's life, one restless and insecure, the other peaceful and stable. If the soul's vision is confined to the earthly values of the world below, it will be lost in the sleep of reason, whereas if it rises to contemplate the image of the eternal heavens beyond the star-spangled darkness, its hunger and thirst for knowledge and truth will find fulfilment.

---

[23]   There are parallels between this verse and a passage in 'Monte' which may help to explain the image of 'mineros' (one used, for example, two centuries later, by William Cowper, in his hymn 'God moves in a mysterious way'); see *De los nombres de Cristo*, ed. Cuevas, pp. 246–7.

5

El tiempo medido en versos:
Camila Lucinda en las *Rimas* (1609) de Lope de Vega

Marsha S. Collins

En 1609 se publicó la versión aumentada de las *Rimas* de Lope de Vega, la edición conocida ahora sobre todo por la presencia del *Arte nuevo de hacer comedias*. Sin embargo, la colección termina con un soneto en que imaginativamente Lope le da la voz y la palabra a Camila Lucinda, la musa principal de las *Rimas*, en un *mise en scène* en que transforma a ella en Eurídice y a sí mismo en 'español Orfeo', archimúsico y archipoeta nombrado así por su musa. En aquella época se conocía a Orfeo también como la figura simbólica del mago que utiliza la música o la poesía como un agente de cambio, un medio para encauzar el amor hacia algo o alguien para realizar una transformación o una serie de cambios.[1] Así que en el primer terceto del poema la voz del poeta órfico exclama: '¡Oh clara luz de amor que el hielo inflama!,/ su curso el tiempo en estos versos mida;/ sirvan de paralelos a su llama.'[2] El mago invoca el recuerdo de la luz brillante del amor muerto o perdido como la fuente de la inspiración poética, y a lo largo de las *Rimas* explora el paralelismo entre la luz, Lucinda y las imágenes de luz. En estos versos lo hace para sugerir que la memoria de ese amor, transformada en poesía, es suficiente para derretir el hielo del olvido o de la muerte para recuperar al amor, y a la Lucinda suya, viva y enamorada de él, de nuevo. Además surge la paradoja que el hielo del olvido o la pérdida misma inspira o inflama el amor para recuperarlo, es decir, inspira el deseo de rescatar o resucitar la luz o a su Lucinda de las tinieblas. Pero el Orfeo español exige aún más de su

---

[1] Jeanice Brooks, 'Music as Erotic Magic in a Renaissance Romance', *Renaissance Quarterly*, 60 (2007), 1207–56, p. 1218.

[2] Lope de Vega, *Rimas humanas y otros versos*, ed. Antonio Carreño (Barcelona: Crítica, 1998), 9–11, p. 570. Todas las citas de las *Rimas* son de esta edición, y se citarán entre paréntesis en el texto de acuerdo con el número del verso y de la página.

propia magia poética; quiere que capte la experiencia amorosa como un proceso dinámico y temporal, fluido y subjetivo como un río que reemplaza el Leteo, el río del olvido. Y espera que este río de experiencia amorosa se mida en versos poéticos y no en los términos evanescentes de minutos, horas y años pasados y perdidos para siempre, sino en su nueva forma, paralela, del arte conmemorativo y perdurable. Al mismo tiempo el poeta mago moldea o mide la experiencia vivida y la inscribe en la poesía, transformándola en una llama eterna, un tributo permanente al amor y al arte.

Como se sabe, esta relación simbiótica muy profunda entre la vida y el arte no es nada nuevo en el caso de Lope. En la primera parte del siglo XX, Leo Spitzer escribió sobre 'die Literarisierung des lebens' como elemento fundamental de la poética lopesca, y todavía siguen publicándose los estudios que nos ofrecen perspectivas críticas muy importantes para entender la complejidad y la sofisticación de este entretejido especial en el arte de Lope. Específicamente en cuanto a las *Rimas*, por ejemplo, Mary Gaylord ha enfatizado la relación entre el proceso muy consciente de la imitación poética y el proyecto personal de auto-invención lírica por parte del poeta, mientras que Antonio Carreño ha recalcado las numerosas alusiones intertextuales en los poemas como las huellas de una conciencia poética en busca de su propia identidad. Y Arthur Terry subraya la fluidez del yo en las *Rimas* de Lope y el hecho que este yo siempre está en el acto de cambiarse y redefinirse.[3]

En cuanto a Camila Lucinda, sobre todo los estudios de Hugo Rennert y Américo Castro publicados al principio del siglo XX revelan que corresponde a una de las damas más importantes en la vida y obra de Lope – la actriz Micaela de Luján conocida por el poeta después de la muerte de su primera mujer Isabel de Urbina en 1595, a finales de los noventa. De todas las relaciones amorosas de Lope, las con Micaela tienen la fama de ser las más 'apacibles', sin las pasiones violentas y escandalosas identificadas con Elena Osorio y sin los conflictos atormentados sufridos por el viejo poeta con Marta de Nevares. Así que como ha señalado Carreño, se puede considerar las *Rimas* una especie de '*canzoniere* amoroso' en que se presenta un relato confesional de su amor por

    [3] Véase los estudios de Leo Spitzer, *Die Literarisierung des Lebens in Lope's 'Dorotea'* (Bonn y Cologne: Rohrscheid, 1932), pp. 8–15; Mary Gaylord, 'Proper Language and Language as Property: The Personal Poetics of Lope's *Rimas*', *Modern Language Notes*, 101 (1986), 2, 225–46; Antonio Carreño, 'Amor "regalado" / Amor "ofendido": Las ficciones del yo lírico en las *Rimas* (1609) de Lope de Vega', in *Hispanic Studies in Honour of Geoffrey Ribbans*, ed. Ann L. Mackenzie and Dorothy S. Severin (Liverpool: Liverpool University Press, 1992), pp. 73–82, pp. 79–80; Antonio Carreño, in Lope de Vega, *Rimas Humanas*, pp. xxv–cv, pp. xxv–xliv, lx–lxviii; y Arthur Terry, *Seventeenth-Century Spanish Poetry: The Power of Artifice* (Cambridge: Cambridge University Press, 1993), pp. 94–121.

Camila Lucinda.[4] Antonio Sánchez Jiménez también recalca el aspecto petrarquista de las *Rimas*: '[C]onstituyen un mesurado ejercicio de introspección por parte del sujeto narrativo: ofrecen más bien un análisis minucioso del estado del narrador-amante que una descripción de la amada. Siguiendo este modelo, las *Rimas* incluyen una especie de calendario del proceso amoroso que conforma la *persona* del poeta enamorado dando la impresión de seguir paso a paso la biografía amorosa del autor: el libro detalla cuándo y dónde se enamoró el poeta y rememora esta ocasión desde el presente, desde el momento de la escritura.'[5] A fin de cuentas, para los lectores y espectadores de la vida y obra de Lope, este relato amoroso transformado en poesía sirve como uno de los hilos conductores y unificadores más destacados de las *Rimas*. Como pista interpretativa, la experiencia amorosa de Lope con Micaela se convierte en proceso dinámico, en unas relaciones vividas por el tiempo que se puede seguir por los versos dedicados a Camila Lucinda, anagrama casi perfecto de Micaela de Luján, lo cual representa el primer paso en la metamorfosis de la mujer de carne y hueso en fuente de inspiración de las *Rimas* y en doble poético que habita y vive en y por estos versos.

En *Fantastic Metamorphoses* (2002), Marina Warner describe el poder de las pasiones humanas para transmutar la naturaleza, y abunda en la conexión estrecha entre la metáfora y la metamorfosis. Warner interpreta ambas cosas como estrategias o retóricas o conceptuales que muestran la naturaleza fluida y variable de la conciencia y del yo, los cuales generan ideas e imágenes sin fin por distintas combinaciones y permutaciones: '[M]etamorphosis embodies the shifting character of knowledge, of theories of self, and models of consciousness that postulate the brain as an endlessly generative producer of images and of thoughts, selected from and connected through fantasy, observation, and memory.'[6] Sin duda este proceso se relaciona de una manera íntima con el de la creación artística, como se puede ver en los sonetos complementarios: 3 'Cleopatra a Antonio en oloroso vino' (p. 120), y 4 'Era la alegre víspera del día' (p. 121). Aquí Lope establece unos paralelismos entre el nacimiento de Lucinda, el nacimiento y la asunción de la Virgen, y el

---

4   Carreño, 'Amor "regalado"', p. 73. Sobre las relaciones entre Lope y Micaela de Luján, consulte a Hugo A. Rennert y Américo Castro, *Vida de Lope de Vega (1562–1635)*, 2nd edn (Salamanca: Anaya, 1968), pp. 102–9, 401–30.

5   Antonio Sánchez Jiménez, *Lope pintado por sí mismo: Mito e imagen del autor en la poesía de Lope de Vega Carpio* (Woodbridge: Tamesis, 2006), pp. 20–79, p. 44. El libro de Sánchez Jiménez es fundamental para entender la trayectoria de la auto-representación en la poesía de Lope como un recurso literario constante e importante, y en que hay una evolución a lo largo de su vida artística. Para un resumen de esta idea, véase las páginas 1–19.

6   Marina Warner, *Fantastic Metamorphoses, Other Worlds: Ways of Telling the Self* (Oxford: Oxford University Press, 2002), p. 202.

nacimiento de su amor por la dama como un *coup de foudre* o más bien un golpe solar la primera vez que se ven y se conocen. Se construyen estos paralelismos en marcos culturales y espacio-temporales muy distintos. En el soneto 3, Lope crea un ambiente de exotismo pagano y oriental, de erotismo e intimidad al contar una anécdota de los famosos amantes Antonio y Cleopatra, figuras históricas desde luego, pero quienes pertenecen más bien al mundo del mito y de la leyenda sobre todo por su amor pasional y trágico. Al nombrar la ciudad de Nino y hablar de su amor como 'desatino' y 'monstruo', y mencionar el acto de beber una de las dos magníficas perlas pertenecientes a la seductora Cleopatra, el poeta evoca un lugar y un momento lejanos, episodios y espacios identificados con un mundo pecaminoso de la lujuria, distantes en el tiempo y el espacio del mundo del lector y de la voz poética. Hasta el último verso, en que compara el nacimiento de Lucinda con la irrupción después de tantos siglos de una perla humana que es igual a la perla que se quedó sola en el cuento de Antonio y Cleopatra: 'Quedó la perla sola en testimonio/ de que no tuvo igual hasta aquel día,/ bella Lucinda, que naciste al mundo' (12–14, p. 120). El yo se dirige directamente a la 'bella Lucinda' y este acto de acercarse física y psicológicamente señala un movimiento temporal hacia el pasado, o el futuro, según el geógrafo cultural Yi-Fu Tuan, y en este caso en particular, ambas cosas a la misma vez porque por una parte, la voz poética hace un salto enorme y un giro sorprendente hacia el futuro con respecto a los amantes de la antigüedad, y por otra parte, hacia el tiempo y el espacio menos distantes en el pasado en que nació Lucinda con respecto al yo y la dama amada.[7]

Nace de nuevo el amor del yo poético en el soneto 4 en que el amante utiliza su memoria evocadora para recuperar un momento muy significativo en el pasado – el día inolvidable en que conoció y se enamoró de Lucinda. En este soneto Lope logra espacializar el tiempo para expresar emociones tan intensas que una narrativa, aunque medida en versos, no serviría para comunicar de manera adecuada. Y así lleva a cabo una metamorfosis impresionante en cuanto al ambiente y el marco espacio-temporal. Hay cierta precisión cronológica, parafraseando – 'la víspera del día en que la Virgen salía para la patria celestial', es decir, la víspera de la Asunción (el 15 de agosto) – en que nos menciona un día específico en su pasado personal, pero en términos del calendario litúrgico del cristianismo. Reemplaza el erotismo pagano y el amor carnal de Antonio y Cleopatra con el lenguaje del marianismo y el amor de la perfecta madre cristiana, esta perla sin precio cuya presencia como hada madrina en este episodio irradia las imágenes celestiales que predominan en el poema e influye en el ascenso espiritual que parece guiar al yo poético desprovisto de vanidad

---

[7] Yi-Fu Tuan, *Space and Place: The Perspective of Experience*, rpt. 2008 (Minneapolis: University of Minnesota Press, 1977), pp. 124–5.

y apetito hacia la celestial luminosidad de Lucinda, comparable con la de la Virgen. En vez del acto goloso de ingerir una perla material, lo cual se presenta en el poema anterior, el amante se acuerda de sí mismo y Lucinda como dos actores en una viñeta platónica representada en términos cósmicos, con ella haciendo de sol cuyos ojos abrasan como rayos, y él, como otro cuerpo celestial que ahora se mete en la esfera del fuego solar, transformando el nuevo amor encontrado en un reajuste en la órbita del poeta planeta. Sin embargo, a pesar de cierta exactitud temporal y cierta precisión emocional al evocar este momento en el pasado, Lope reviste el episodio en un contexto tanto mítico como religioso y platónico por el uso muy sencillo de la anáfora: 'Era la alegre víspera del día/ … / y era la edad en que más viva ardía' (1, 5, p. 121). El momento era el 'érase una vez que era …', el comienzo nostálgico de un cuento de hadas personal o de un sueño íntimo compartido por los dos.

Siguen unos poemas en que se subrayan la frustración y la incertidumbre del amante de Lucinda lo cual parece corresponder a la época en que ya se conocen y se ven los dos, pero la dama parece resistir las declaraciones amorosas del yo, o simplemente se calla y le deja solo con sus dudas. El yo conflictivo del soneto 41, 'Hermosos ojos, yo juré que había' (p. 170), por ejemplo, amenaza a la dama cruel con 'la pena de Anaxarte' (11, p. 170), es decir, la transformación material en piedra por mostrarse indiferente ante la pasión del yo poético lo cual establecería la correspondencia perfecta entre ser y parecer, según el frustrado enamorado. Pero casi inmediatamente después de hacer esta queja o amenaza medio jocosa, parece arrepentirse y vuelve a pedir que se le acepte el amor: 'no despreciéis el don, que al lago Averno/ irá por vos mi amor venciendo el arte;/ mas tal hielo aun no teme el fuego eterno' (12–14, p. 170). El mago poético realiza una metamorfosis en estos versos, en que el hielo ya es la frialdad del infierno mientras que el fuego eterno es el de su amor por ella. Borra las imágenes del amor trágico de Ifis y Anaxarte, y por éstas sustituye otras figuras mitológicas, Orfeo y Eurídice. Se presenta dispuesto para bajar al infierno para recuperarla, haciendo una declaración amorosa muy fuerte para conseguir el amor tan deseado de la dama.

Sin embargo, aun cuando consigue lo que quiere y los dos aparecen en las *Rimas* ya como una pareja muy unida, a veces el yo se revela casi agobiado por ansiedad e incertidumbre en cuanto al futuro. En el soneto 81, otra vez la voz poética se dirige directamente a Lucinda, aquí desde el principio, 'Lucinda, yo me siento arder y sigo' (p. 224). A pesar de la alegría de gozar un amor tan fuerte y ya correspondido, esta pasión inspira unos sentimientos de enajenación e inseguridad en cuanto a sí mismo, pero debido al futuro inseguro de su felicidad amorosa. Le confiesa a Lucinda: 'a mí yo propio me parezco extraño,/ pasan mis años sin que llegue un año/ que esté seguro de mí conmigo' (6–8, p. 224). Por los pronombres, preposiciones y posesivos enmarañados el lector adivina

que la experiencia amorosa le ha transformado en otro, pero su otro yo ya
depende totalmente del amor compartido con ella, y lo acompaña la preocupación
constante por cuánto tiempo va a durar la felicidad lograda. Lope enfatiza el
lazo entre el amor y el paso del tiempo, y el hecho que se experimentan las
relaciones amorosas como proceso dinámico vital. Después de mencionarlo, el
poeta procura espacializar esta sensación en otra imagen de auto-enajenación:
'¡Oh dura ley de amor, que todos huyen/ la causa de su mal, y yo la espero/
siempre en mi margen como humilde río!' (12–14, p. 224). En esta exclamación
emotiva, el yo poético indica que su experiencia es única y fuera de lo normal
en que no sigue la ley universal del amor de huir la causa de su mal. Se ve casi
literalmente fuera de sí, marginado de sí mismo, haciendo el juego de palabras
margen–vega desde luego, esperando en forma pasiva y estática mientras
paradójicamente como humilde río vive el fluir del tiempo amoroso, arrastrado
por fuerzas que no puede controlar. En cierto sentido, es espectador estático de
su propio movimiento como actor-sujeto amoroso y temporal. Y desde el principio
hasta el fin del soneto, la causa de su mal resulta imposible de aclarar e identificar
con exactitud, ya que se define como un vago pero persistente presentimiento
de un desengaño inespecífico pero previsible en un momento futuro anticipado
que no se puede prognosticar.

Estas dudas y ansiedades enunciadas se parecen superadas porque dan paso
a unos sonetos en que se comunican la alegría y la confianza de la plenitud del
amor. El soneto 124, 'Blancos y verdes álamos, un día' (p. 283), crea la impresión
de ser la representación casi teatral del recuerdo de un momento específico en
un día en particular, pero en realidad parece ser más bien una muestra magnífica
de lo que Elaine Scarry llama la mimesis de la percepción, en que Lope le ofrece
al lector las instrucciones necesarias para construir un cuadro imaginativo.[8]
Claro que como escritor, Lope es famoso por la *enargeia* o la viveza pictórica
de su obra lo cual demuestra en este poema.[9] Al comienzo, utiliza el pincel para
pintar un cuadro estático, o mejor dicho, dibuja un paisaje o escenario pastoril
en que hay elementos tan convencionales como álamos, flores, una fuente, una
alusión mitológica a Eco y Narciso, y mete a Lucinda haciendo el papel de
pastora o ninfa o diosa del paisaje bucólico: 'Blancos y verdes álamos, un día/
vi yo a Lucinda a vuestros pies sentada' (1–2, p. 283). Al decir 'un día/ vi yo',

[8]   Elaine Scarry, *Dreaming by the Book* (New York: Farrar, Straus and Giroux, 1999), pp.
6–7. Según Scarry la mimesis de la percepción es fundamental para la imaginación poética, y
la poesía se distingue de las otras artes por su capacidad de comunicar información sensorial
directamente (p. 7).
[9]   Para más información sobre este aspecto tan importante de la obra de Lope, véase el
libro reciente de Antonio Sánchez Jiménez, *El pincel y el Fénix: Pintura y literatura en la obra
de Lope de Vega Carpio*, Biblioteca Áurea Hispánica, 70 (Madrid: Iberoamericana; Frankfurt:
Vervuert, 2011), pp. 15–133.

el amante establece una relación personal con la dama, el escenario, y el momento en el pasado, pero adopta la postura un poco alejado de espectador. Luego introduce el sentido del oído al mencionar 'la parlera fuente', el eco – 'la voz de Narciso' y 'ella murmuraba' en el segundo cuarteto. El sonido crea un lazo entre los dos que elimina el distanciamiento de espectador, porque el amante responde a sus palabras como a una señal que le hace salir al escenario para participar ahora como otro protagonista en este minidrama pastoril. Su postura original, que se puede calificar de estética, de reflejo y distanciamiento, se transforma en postura dramática, de acción y compromiso emocional.[10] La voz de Lucinda y los ecos animan la pintura, metiéndola en marcha con el movimiento del viento y el comentario 'hasta que vine yo' (10, p. 283), y este yo tiene el poder tanto de suspender los suspiros del viento como de suspender las palabras murmuradas de Lucinda. En el último terceto, elimina todo distanciamiento físico y pictórico: 'Aquí tan loco de mirarla estuve,/ que de niñas sirviendo a sus safiros/ dentro del sol sin abrasarme anduve' (12–14, p. 283). Termina con los enamorados juntos, cuerpo a cuerpo, con un primer plano de los ojos de ella, y resume el resto de esta experiencia amorosa con la alusión ya conocida a Lucinda como el sol y él totalmente embelesado al mirarla. En lo que ya es viñeta, el poeta comunica la impresión de un amor tierno, intenso y correspondido que comparte con el lector por un lenguaje sensorial y temporal en que hay tensión entre la narración de un suceso imaginado en el pasado con la inmediatez de un presente en que el sujeto lírico anima al lector a construir el escenario por los ojos de la imaginación. A la misma vez, transforma a los lectores en espectadores del momento y testigos de su amor sobre todo por la repetición enfática de 'aquí' al comienzo de los versos cinco, nueve y diez. Por este uso de la anáfora deíctica les hace cómplices del acto imaginativo de evocación poética, fijando a los lectores en el momento y el espacio de la viñeta pintada.[11] El poeta parece recuperar el albedrío en este soneto a pesar del poder hipnotizador de los ojos de Lucinda, y toma posesión del momento vivido. En cuanto a las relaciones amorosas, ya parecen mostrar más igualdad entre los dos lo que se nota por el orgullo personal del amante que se ve capacitado para satisfacer los deseos murmurados por la dama y repetidos por el viento. Se confirma esta confianza al final del soneto 133, 'Ya no quiero más bien que sólo amaros' (p. 295): 'mis lágrimas, mis versos, mis suspiros/ de olvido y tiempo vivirán seguros' (13–14, p. 295). Sus propias emociones y su exaltación de Lucinda, transformadas en poesía, sobrepasan la cancelación de la mutabilidad y el futuro olvido.

---

[10]   Yi-Fu Tuan, *Passing Strange and Wonderful: Aesthetics, Nature, and Culture* (Washington, DC: Island Press, 1993), p. 127.

[11]   Sobre la retórica deíctica en la poesía, véase Susan Stewart, *Poetry and the Fate of the Senses* (Chicago: The University of Chicago Press, 2002), pp. 154–6.

Estos momentos de plenitud amorosa, de confianza en las relaciones con Lucinda, y la voz poética que inspiran, no pueden durar, y pronto surgen sonetos que documentan el enojo de Lucinda, sus quejas por la ausencia del amante y la distancia entre ellos. En el soneto 136, 'Probemos esta vez el sufrimiento' (p. 299), se nota el cambio de actitud por parte del amante: 'Salid del alma, confianza vana,/ esperanza fundada en apariencias,/ si os falta calidad ¿qué importa el nombre?' (9–11, p. 299). El momento anticipado del desengaño tan temido parece haber llegado con la confianza 'vana' en vez de firme y la esperanza que se basa en el aire de lo insustancial, las apariencias. Aunque Lucinda soporta las ausencias del amante, inspiran su enojo, lo cual precipita la pregunta retórica al final del poema: '¿Qué más vergüenza que rendirse un hombre?' (14, p. 299). Como es de esperar, esta humillación funciona como una especie de veneno que mina las relaciones amorosas. Un poco después, en el soneto 138 (p. 301) ya se espacializa la destrucción del amor en un paisaje de blancura y aniquilación:

> Inmenso monte cuya blanca nieve
> te muestra antes de tiempo encanecido,
> en ti quiero vivir por ver si ha sido
> fuego este amor, pues acabar se debe. (1–4, p. 301)

Se notan la fatiga del amante y su deseo de fundirse o de anularse en la nieve, parecido a un deseo de borrar las huellas de su voz, dejando la página en blanco para acabar con la poesía que registra un amor ya moribundo. Después de sufrir los enojos de una 'Lucinda helada' (10, p. 301), se le presenta la muerte como un fin deseable en que puede descansar al pasar por los trabajos de la ruptura: '¡Oh duro puerto, una mujer airada!/ Pero paséle yo, quedando muerto:/ que a quien cansa el vivir, la muerte agrada' (12–14, p. 301). Pero le queda la paradoja imposible de resolver: si reduce el amor pasado al olvido, ¿cómo puede confirmar que ha existido?

Estas vacilaciones culminan con otro cambio de tono poético y otra metamorfosis del sujeto lírico. En el soneto 179, 'Ángel divino, que en humano y tierno' (p. 348), ya el amante mira a Lucinda por los ojos nostálgicos de la memoria. El poeta recupera a Lucinda, pero en forma transfigurada, y de nuevo la ve y describe por características divinas, entablando una conversación con la Lucinda de sus recuerdos por apóstrofe. Los lectores pueden imaginar a la dama idealizada y espiritualizada al estilo petrarquista, sobre todo por las imágenes que funcionan como una especie de sfumato lingüístico que borran a la mujer de carne y hueso y la transforman en espíritu. En el primer cuarteto, por ejemplo, Lucinda es ángel:

> Ángel divino, que en humano y tierno
> velo te goza el mundo, y no consuma
> el mar del tiempo, ni su blanca espuma
> cubra tu frente en su nevado invierno. (1–4, p. 348)

En estos versos Lope emplea la mimesis de la percepción para desmaterializar a Lucinda al comparar a la dama visible con un velo, algo tenue, vaporoso y traslúcido, algo que le quita peso, densidad y forma precisa.[12] Espera que se escape de los efectos de la mutabilidad, un hecho logrado por su poesía en que Lucinda siempre va a ser joven, bella y perfecta. Las imágenes de la 'blanca espuma' y el 'nevado invierno' recalcan la imagen visual del velo, algo blanco y de poca sustancia o sustancia efímera qu cubre, pero además, si el tiempo es el mar, sus fuerzas no tienen ningún impacto en la Lucinda poética. Por su propia lógica poética y platónica entonces, en el segundo cuarteto sugiere el yo que el velo humano cubre la beldad ideal, la creación divina – la idea platónica de la belleza. Como tema de su poesía, Lucinda le transforma a él en doble y reflejo humano del artífice divino, y mientras tanto, como se indica en el primer terceto, el poeta contempla la harmonía cósmica concentrada en ella, pero lo que queda aquí es la esencia de una Lucinda ausente e incorpórea. Por el vehículo de su poesía este espíritu de la belleza perfecta inmortaliza al poeta. Al final del soneto, el poeta resume esta esencia en términos de luz, en que el nombre de Lucinda figura entre una lista de sustantivos asociados con la luminosidad del mundo natural – 'alba, Lucinda, cielo, sol, luz, día' (12, p. 348) – y él metamorfosea en fiel suyo, quien ofrece su memoria hecha poesía en el altar de su ídolo.

Lope evoca la imagen de Lucinda otra vez en los poemas añadidos a las *Rimas* de 1609, desarrollada de su manera más extensa en la segunda de las tres églogas que se tratan del amor perdido. El poeta realiza un cambio de tono y una metamorfosis de los amantes–personajes principales de una manera muy dramática y aun en este caso teatral.[13] El poema, escrito en la forma de la *canzone* o canción, es un soliloquio montado, una elegía pastoril en que el triste cabrero Eliso lamenta no la muerte de su amada Lucinda sino su ausencia al abandonarle por otro pastor. Los antecedentes literarios de Eliso incluyen no sólo a Gallus de la *Égloga* X de Virgilio, sino también al pastor lloroso y narcisista Salicio de la *Égloga* I de Garcilaso.[14] Como en el poema de su

---

[12]   Scarry, *Dreaming*, p. 22.

[13]   Para más sobre la teatralidad de estas églogas, véase Marsha S. Collins, 'Staging Lost Love in the Eclogues of Lope's *Rimas* (1609)', *Neophilologus*, 91 (2007), 625–39.

[14]   Morton W. Bloomfield observa que el llanto es la parte central y más antigua de la elegía en 'The Elegy and the Elegiac Mode: Praise and Alienation', in *Renaissance Genres: Essays on Theory, History, and Interpretation*, ed. Barbara Kiefer Lewalski, Harvard English Studies, 14 (Cambridge, MA: Harvard University Press, 1986), pp. 147–57, p. 153.

compatriota, en la égloga de Lope el ciclo temporal divino de la salida y la puesta del sol, el que reanima la naturaleza de modo dinámico con fuerte impacto sensorial, sirve como marco temporal de los versos y como piedra de toque por el lenguaje subjetivo de profundo afecto desarrollado a lo largo de los versos. Por todo el poema, el poeta contrasta las imágenes que enfatizan la belleza armoniosa de la naturaleza luminosa transformada por los rayos del sol, con los sentimientos discordantes de la enajenación expresados por Eliso, los cuales le aíslan de la luz y le dejan solo en las sombras fuera del ritmo circadiano renovador que tiñe el paisaje pastoril. En contraste con el modelo de Garcilaso, aquí no hay nadie como Nemoroso, y de resultas, falta la visión de un amor trascendental elevado al nivel platónico y celeste. Así que mientras los lectores pueden medir el paso del tiempo por los versos, marcando el movimiento del sol por el cielo, y miran la naturaleza en el acto de despertarse al comienzo del día, también se fijan en el estatismo de Eliso, y su encierramiento fuera de los procesos naturales, en un estado de ánimo casi solipsista de parálisis emocional. La representación tan afirmativa de la naturaleza genera un contraste irónico con la situación estancada de Eliso, pintando un retrato psicológico negativo del cabrero obsesionado con su propio sufrimiento.

En comparación con los sonetos identificados con Lucinda ya mencionados, Lope complica la cuestión de la expresión subjetiva en esta égloga en parte por el distanciamiento psicológico entre Eliso, *persona*-personaje identificado hasta cierto punto con el poeta mismo – aunque el sufrir desdén y abandono no es exactamente experiencia ni única ni exclusiva de una sola persona ni un período histórico en particular – y la conciencia artística y personal que crea el poema y parece reflejar retrospectivamente sobre sí mismo, y una serie de experiencias íntimas ya pasadas y ya historia personal. Lope complica la dinámica intersubjetiva aún más al introducir a otra figura en el paisaje pastoril en el poema, la cual interrumpe el fluir del monólogo de Eliso con observaciones y comentarios que subrayan su papel como *beschouwer* o 'representante del espectador', quien sirve para orientar al lector en términos de espacio y/o tiempo y meterle imaginativamente en el texto.[15] Así que el poema empieza con el soliloquio de Eliso, identificando a Lucinda como la luz que supera la brillantez del sol y en su pequeño universo lo ha reemplazado: 'Luz que alumbras el sol, Lucinda hermosa,/ que aún no te precias de volver los ojos/ al alma que llamabas dueño suyo' (1–3, p. 407). Pronto se revelan sus emociones conflictivas al hacer un gesto melodramático señalado por la retórica deíctica: 'El cuello es este; no dirás que huyo./ Desnudo de mi propia resistencia/ le ofrezco a tu inclemencia'

---

[15] El término *beschouwer* es de Alastair Fowler, quien escribe sobre la gran variedad de figuras de este tipo en la literatura renacentista en 'Involved Spectators', en *Renaissance Realism: Narrative Images in Literature and Art* (Oxford: Oxford University Press, 2003), pp. 66–84.

(7–9, p. 407). Eliso transforma a la Lucinda antes tan elevada en diosa vengativa, quien le utiliza como sacrificio humano. Justamente en este momento el poeta introduce la primera intervención por parte del espectador comentarista, quien se encuentra cerca del cabrero y le puede situar en el escenario: 'Así lloraba Eliso al pie de un monte,/ cuando nuestro horizonte/ el primero crepúsculo doraba' (10–12, p. 407). Pero mientras el sol va aclarando y reanimando el mundo natural, Eliso continúa en plan quejumbroso en su propio espacio tenebroso y el espectador comenta, 'con lástima de sí, prosigue el llanto' (17, p. 407). De esta manera el lector no sólo recibe información esencial en cuanto al contexto espacio-temporal, casi en la forma de acotaciones, sino también adopta la perspectiva crítica e irónica de un poeta desdoblado en comentarista ficticio de otra versión ficticia más joven de sí mismo. Se añade al ciclo del tiempo natural representado visualmente en el poema, un sistema temporal constante e invariable, el tiempo humano de la experiencia subjetiva, un sistema de tiempo fluido y variable, vivido y recuperado por los recuerdos y por el arte creativo. Así se combinan o se superimponen dos sistemas temporales distintos en la égloga, y les toca a los lectores calibrar las relaciones entre estos sistemas y los valores asociados con ellos.

El espectáculo de luz y sombra, efectos e imágenes visuales y auditivos, de retórica lúgubre o irónica sigue a lo largo del poema hasta el clímax al ponerse el sol cuando la frustración de Eliso llega a su punto máximo. Resume las emociones ya expresadas por el verso quiástico 'No hay tiempo para mí, faltóme el tiempo' (91, p. 411), y anuncia que prefiere la muerte a la vida sin esperanza de recuperar el amor de Lucinda. Al terminar con su soliloquio egoísta, de repente ve sus cabras esparcidas por todas partes y en un acto que encauza sus sentimientos violentos les tira una piedra con la honda, lo cual sirve para recogerlas pero que también destruye la paz idílica del momento y espacio. El escenario imaginativo se vacía al anochecerse y la tonalidad de ironía retrospectiva parece dominar el poema al final.

De las tres églogas añadidas a las *Rimas* de 1609, ésta es la única que no menciona explícitamente el mito de Orfeo. Sin embargo el lamento desconsolado de Eliso por la ausente e irrecuperable Lucinda, su estado anímico de muerte en vida y el acto de sumergirse con intención en un paisaje interior de melancolía, sombra y oscuridad, a pesar de la perspectiva irónica que Lope mete en el poema, alude claramente al mito que se ha establecido como uno de los subtextos principales de las relaciones amorosas con Camila Lucinda, y anticipa el último soneto de las *Rimas*, dedicado a ella, y mencionado al comienzo de este ensayo. En la versión quizás más conocida del mito, la ovidiana (caps. X, XI), el triste Orfeo renuncia el amor para siempre después de perder a Eurídice por la segunda vez, pero sigue cantando con más maestría. Las Ménades, furiosas por el hecho que Orfeo no les presta atención, se vengan de él, y le desgarran, haciéndole pedazos. A pesar de esta destrucción, la cabeza de Orfeo se conserva sin daño y continúa cantando, esta vez con la protección divina de Apolo, quien le otorga el poder profético. Orfeo no puede rescatar a Eurídice de la muerte, pero la compensación por el amor perdido es el aumento casi divino de la magia poética. La narrativa sugiere además que la poesía de Orfeo se realiza al nivel más alto en su capacidad para lamentar el amor perdido.[16]

En las *Rimas*, más de treinta poemas se dirigen o se refieren directamente a Lucinda. Como se ha mostrado, el sujeto poético expresa una gran variedad de emociones en cuanto a sus relaciones con ella a lo largo de la colección, y estos poemas están repletos de las imágenes y convenciones del petrarquismo. A pesar del desarrollo de las relaciones amorosas captado aquí en una trayectoria cronológica bastante linear, no se propone que Lope haya escrito una serie de poemas programáticos como un caso de *La voz a ti debida* (1933) de Pedro Salinas *avant la lettre*, sino que haya una conciencia de la experiencia de enamorarse, gozar el amor y perderlo como un proceso dinámico vital, y como proceso temporal con sus aspectos tanto cronológicos como subjetivos, y todo esto se condensa y se presenta como una experiencia, y un período de tiempo medido en versos. Además, hace falta decir que entre los muchos ecos y alusiones a otros poetas y textos tan notados por los críticos como característica fundamental de las *Rimas*, se debe incluir los ecos de la voz a Lucinda debida, y en cierto sentido, se debe mantener que el poder órfico de componer poesía compensa la pérdida de su amor o lo transmuta por la alquimia del arte en la poesía perdurable. Según Warner, en los casos en que ocurren una serie de transformaciones, la última metamorfosis normalmente capta el ser más puro, perfecto y verdadero en cuanto a lo que revela de la esencia de una persona u objeto.[17] Sin duda éste es el caso en el soneto final de las *Rimas*, como el lector puede ver en los últimos versos: 'Por ellos [los versos] corra mi memoria asida,/ que si vive mi nombre con tu fama,/ del alma igualará la inmortal vida' (12–14, p. 570). Lucinda ya se ha transformado en una sombra, la tan amada Eurídice, quien a pesar de la magia de Orfeo, se queda en el otro mundo, los lazos del amor compartido rotos,

---

[16] Charles Segal, *Orpheus: The Myth of the Poet* (Baltimore, MD: The Johns Hopkins University Press, 1989), p. 87. Sin duda Lope conocería la versión del mito de Orfeo contado e interpretado por su contemporáneo Juan Pérez de Moya en su *Philosophía secreta de la gentilidad* (1585). En gran parte se basa la relación de Pérez de Moya en la narrativa ovidiana de la cual observa: 'La serpiente que había pretendido tragar la cabeza de Orpheo denota el tiempo, porque con la culebra denotaban los antiguos el año. La cabeza denota el ingenio y obras de Orpheo, porque en la cabeza están todos nuestros sentidos; y en querer la serpiente tragar esta cabeza denota que como con la distancia de tiempo se suele perder la memoria del nombre de algunos, quiso el tiempo esconder la memoria de Orpheo, y no pudo.' Juan Pérez de Moya, *Philosophía secreta de la gentilidad*, ed. Carlos Clavería (Madrid: Cátedra, 1995), 514–20, p. 518. Note que el poder órfico desafía y en cierto sentido triunfa sobre el tiempo y el olvido.

[17] Warner, *Fantastic Metamorphoses*, p. 4.

mientras que el triste archipoeta, el español Orfeo Lope de Vega, sufre aún más, pero gana más inspiración y más poder poético, y al mismo tiempo, niega la ley temporal de la mutabilidad y la mortalidad. Le quedan los recuerdos de Camila Lucinda/Eurídice los cuales se miden por la memoria que corre por los versos, y por ellos, Lope goza de la inmortalidad, es decir por su poesía, creada y medida con esmero para transformar la experiencia vivida del amor en gran experiencia artística.

6

Upwards to Helicon:
Lope de Vega, the *Laurel de Apolo*, and Acts of Judgement

Mark J. Mascia

One of Lope de Vega's (1562–1635) longest poetic works, the *Laurel de Apolo* (1630), has received less critical attention than much of his other poetry due to its sheer length. This massive poem, composed of ten *silvas* and totalling nearly seven thousand lines, is sometimes viewed as a simple litany of praise for several hundred contemporary poets. However, one often overlooked element is the way in which Lope uses this text to engage in acts of judgement and even personal vendettas against his rivals. The purpose of this study is to examine how Lope moves his locus of enunciation to a mythological space (Mount Helicon) and also shifts the poem's narrative voice to various subjects in order to pass judgements that are as personal and ethical as they are aesthetic. The concept of movement in this regard is thus essential to arrive at a more thorough understanding of the *Laurel* and these less-examined nuances.

An exhaustive analysis of the *Laurel* and each of its ten *silvas* would be impossible for the length of this study. Instead, this study will focus in part on Lope's use of a mythological location to highlight his interpersonal rivalry with one poetic figure of the day, Jusepe de Pellicer. Pellicer was a noted Gongorist who had attacked Lope in his poem *El Fénix* (published earlier in the same year as the *Laurel*, 1630, though written and publicly known to Lope prior to the *Laurel*),[1] as well as in his *Lecciones solemnes a las Obras de don Luis de Góngora*. Here, Lope avails himself of a classical space[2] – and

---

[1]   The complete title of the poem is *El Fénix y su historia natural, escrita en 22 ejercitaciones, diatribes, o capítulos*. See Carreño's introduction to his critical edition of the *Laurel* for an exact chronology of Pellicer's *El Fénix*: Lope de Vega, *Laurel de Apolo*, ed. Antonio Carreño (Madrid: Ediciones Cátedra, 2007), p. 60.

[2]   For a more thorough study of Lope and his use of classical intertexts – far beyond the

a space which can be considered symbolic 'higher ground', Helicon, as well as a *locus amœnus* – in order to attack his rival. He constructs this attack partly by inscribing his dislike for Pellicer within another mythological setting, a segment of *silva* V entitled 'El baño de Diana'. Throughout the *Laurel*, Lope also adds aesthetic judgement of poetics generally and of *culterano* poetics in particular, frequently electing to ban the latter from what he perceived as 'proper' Castilian poetic discourse, as Lope perceived *culteranismo* to be a hybrid school of poetry advocating an inappropriate blending of Spanish with Latinised vocabulary. This study will treat some of these and other aesthetic issues as well. This movement 'upwards' to a lofty sphere inhabited by Apollo is also complemented by Lope's choice to move his speaking subject on various occasions. This primarily occurs for several *silvas* in which the poet's narrator is Laura, a nymph of the Manzanares river. Like the fictitious Helicon, the equally fictitious speaking subject of Laura allows Lope to use a convenient mask behind which he can pass judgement and retaliate against his rivals. In sum, it will become clear that the *Laurel de Apolo* is more than simply a compendium of venerated poets; indeed, Lope crafts the *Laurel* by moving both places and narrative voices to judge both the poetic art and actual people, while essentially placing himself on an ethereal plane to the exclusion of enemies such as Pellicer.[3]

Set in the fictional space of Mount Helicon, in which a vast array of primarily Iberian poets are to be canonised, the *Laurel de Apolo* catalogues the poets (more than 280) whom Lope deems worthy of eternal acclaim.[4] Indeed, Lope's

---

Apollo figure or Mount Helicon, and in genres such as drama as well – see A. K. Jameson, 'Lope de Vega's Knowledge of Classical Literature', *Bulletin Hispanique*, 38 (January–March 1936), 444–501.

[3]   The *Laurel de Apolo* is not the only text in which Lope engages in literary warfare with Pellicer. For instance, *La Dorotea*, Lope's *acción en prosa*, contains a number of anti-Pellicer references – perhaps not surprisingly, as it was published during the same epoch of Lope's life (1632, in this instance). See Xavier Tubau, 'La Dorotea: A Tragicomedy in Prose', in *A Companion to Lope de Vega*, ed. Alexander Samson and Jonathan Thacker (Woodbridge: Tamesis, 2008), pp. 256–65, p. 260.

[4]   The sheer number of poets leads the reader to believe that perhaps Lope was not quite selective enough in his choices. Francis C. Hayes offers a possible explanation for this in the following commentary: 'Although the *Laurel of Apollo* consists of nearly seven thousand lines of indiscriminate praise, it is far from being merely a rhymed catalog, for it affords, in some ways, a mountaintop vista of Lope's tastes and preferences in literature and painting. Still, he was sensitive to the political values of his appraisals and may have praised persons who were to him "right" in their attitude, whether or not they were mediocre poets.' See Francis C. Hayes, *Lope de Vega*, TWAS 28 (New York: Twayne Publishers, 1967), p. 120. For their part, Américo Castro and Hugo A. Rennert contain one of the lengthiest examinations of the *Laurel* that one can find, which includes some analysis of Lope's choices, along with a number of biographical references; see Américo Castro and Hugo A. Rennert, *Vida de Lope de Vega (1562–1635)* (Salamanca: Ediciones Anaya, 1968), pp. 292–9. Felipe B. Pedraza Jiménez also provides a concise summary of the *Laurel*, and notes its mythological fables

appreciation of his own poetic culture was quite profound, as Victor Dixon indicates more generally about Lope's work:

> He alluded knowledgeably in many works to huge numbers of contempo-
> raries, not only the rich and powerful whose favour he sought but scholars,
> writers and artists of every kind, especially in Book IV of his *Peregrino*,
> *El jardín de Lope* and *La Dorotea* but above all in *Laurel de Apolo*, in
> which he praised almost 300 Spanish and Portuguese writers and artists
> (at least a sixth of them friends).[5]

Once again, given the limits and focus of this study, it would be impossible here to examine Lope's opinions on all or even most of them. The equally fictional 'ceremony' that occurs to honour these poets takes place on 29 April 1628.[6] The first four *silvas* of the *Laurel* set the stage for Lope's choice to embed fictive spaces and narrative voices even further within this mythological context of a ceremony on Helicon, a choice which will enable him to engage Pellicer in greater detail and to continue to pass judgement. The sections of the *Laurel* also move geographically within Spain, praising poets as grouped often by region (for instance, poets from the valleys of the Duero [I: 236]; the Betis, or Guadalquivir [I: 238]; and the Tajo [I: 263] Rivers).[7]

Before Lope begins to mention the first poets worthy of Helicon's heights, the reader may glean a subtle reference to Pellicer. Francisco de B. Marcos Álvarez, in his article on the *Laurel*, indicates that these references are indeed numerous and are often of a personal, as well as literary, nature. In this in-stance, Lope includes a brief explanation of honour and respect, and refers to the time-honoured adage (or, if one insists, cliché) that what goes around, comes around.

> Si de tener honor el darle viene,
> Ninguno puede dar lo que no tiene;
> A quien el deshonor público sobra,

---

as well; see *El Universo Poético de Lope de Vega* (Madrid: Ediciones del Laberinto, 2003), pp. 189–92. In another source, Pedraza Jiménez chronologically situates the *Laurel* as belonging to Lope's own 'ciclo de la vejez', a period having begun in 1627; see *Lope de Vega* (Barcelona: Teide, 1990), pp. 70–1. In this latter source, Pedraza Jiménez implies that the *Laurel* inherently belongs to an author accustomed to life's vicissitudes and well-versed in political and aesthetic rivalries.

[5]   Victor Dixon, 'Lope's Knowledge', in *A Companion to Lope de Vega*, ed. Alexander Samson and Jonathan Thacker (Woodbridge: Tamesis, 2008), pp. 15–28, p. 25.

[6]   Lope de Vega, *Laurel de Apolo*, in *Colección escogida de obras no dramáticas. Bibli-oteca de autores españoles*, 38, ed. Cayetano Rosell (Madrid: Atlas, 1950), p. 185. This edition of the *Laurel* will be used throughout.

[7]   I hereafter refer to direct verse quotations by the number of the *silva* in Roman numerals and the actual verse lines after it.

Con darle al bueno piensa que le cobra;
Mas, como sus desdichas descubrieron,
Vuelven a sí lo que a los otros dieron. (I: 375–80)[8]

Clearly, ethics and public behaviour are linked to literary expression. Honour
and public reputation, while of primary importance to Lope, mean nothing
when not supported by ethical conduct and respect for one's peers – and it is
precisely this lack of respect which Lope perceived from Pellicer. As stated
above, Lope's primary reason for including stabs at Pellicer throughout the
Laurel is derived from a previous set of attacks launched against Lope by Pellicer in his *Lecciones solemnes*. There are other understood reasons as well,
including the fact that Lope had lost to Pellicer in his endeavour to secure the
role of royal chronicler.[9] Perhaps not surprisingly, given Lope's long-standing
misgivings regarding Góngora, his imitators, and *culterano* poetics, Lope's
harsh words are reserved for a premier Gongorist of the day.[10]

---

[8]   Marcos Álvarez, Francisco de B., 'Las invectivas del *Laurel de Apolo* de Lope de Vega', in
Actas del VIII Congreso de la Asociación Internacional de Hispanistas II, ed. David A. Kossoff, José
Amor y Vázquez, Ruth H. Kossoff, and Geoffrey Ribbans (Madrid: Istmo, 1986), pp. 247–58, p. 248.
[9]   The prolonged and ultimately unsuccessful attempt on Lope's part to become royal
chronicler has been given some critical attention, notably by Juan Manuel Rozas. Rozas places
the *Laurel* and its anti-Pellicer invective within the context of an older Lope writing from the
perspective *de senectute*, though the politics behind the Lope–Pellicer dynamic are somewhat
more complicated. Rozas gives a thorough explanation of Lope's reasons for infusing the *Laurel*
with such personal attacks, both veiled and somewhat more obvious, and also includes the following description of how Lope took his losing battle to the realm of actual politics: 'Por el
epistolario vemos que Lope, fracasado por tercera vez en su pretensión de cronista, se convierte en pretendiente de un cargo, tal vez no especificado, en Palacio. Esta otra petición, que
comienza en 1630 y se mantiene, al menos, hasta 1633, le hará revolver contra Palacio y aun
contra Felipe IV ... Y Pellicer es pieza clave, o así lo consideraba Lope, de ese fracaso. Porque
las contestaciones de Pellicer se dieron en dos libros dedicados a dos personajes fundamentales
en la Corte y, sin duda, claves para las pretensions de Lope: *El Fénix* está dirigido a don Luis
Méndez de Haro, yerno del todopoderoso conde-duque, y las *Lecciones solemnes* al cardenal
infante. En ambas dedicatorias Pellicer les pide expresamente ayuda contra los ataques de Lope,
quien se desespera por ello y trata de hacer llegar su descargo ante los dos personajes: al infante en un poemas [*sic*] que quedó incompleto, seguramente sin utilizar, en el Códice Daza y
también en la *Epístola a Claudio*, vía los condes de Altamira, íntimos del infante, a quien, a su
vez, servía el receptor, Claudio Conde, y al de Haro por medio del *Huerto desecho*.' See Juan
Manuel Rozas, *Estudios sobre Lope de Vega* (Madrid: Ediciones Cátedra, 1990), pp. 164–5.
[10]   There is no shortage of scholarship which examines the literary relationship between Lope
and Góngora and above all Lope and Góngora's *culterano* imitators. Lope's distaste for *culteran-
ista* poetics, which he perceived to be excessively Latinised and recondite for the Spanish reader,
is well-documented. Lope's anti-*culterano* rhetoric can be seen in numerous texts, not only here
but also in far shorter works, including many sonnets and a number of *epístolas*. Lope's alter ego
of Tomé de Burguillos also undertakes the task of deconstructing *culterano* poetics (the poetic
collection pseudonymously authored by the latter having been published in 1634, one year prior to
Lope's death). For a very concise and lucid study of Lope and his poetics vis-à-vis *culteranismo*,
see Mary Gaylord's article 'Poética de la poética de Lope', *Ínsula*, 45 (April 1990), 520, 31–2.

Although Lope focused very heavily on the maintenance of a clear and 'pure' Castilian poetic idiom, an idea he never fully abandoned throughout his career, he still uses the *Laurel* as a way of showing respect for poetry composed in other languages, Latin included. The third *silva* shows this in several key areas. It begins with praise for a number of Portuguese poets, but quickly returns to Spain and to some principal issues, notably language and plagiarism. Lope even includes poets who are considered *cultos*, and one of them is Francisco de Macedo, who possesses a 'retórica dulce y amorosa' and a 'lira latina culta y grave' (III: 60, 61). However, one must note that this praise for Latin verse does not come at the expense of Castilian, as seen in a segment of praise for the author of *Diana*, Montemayor, who 'Ennobleció la lengua castellana' (III: 128) with his work. In fact, Lope's canon includes a number of polyglots, one of whom is Vicente Noguera. Noguera patronises not only Latin and the modern Romance vernaculars, but also other tongues, such as German. Fluency and erudition together are seen in his literature:

> Tuviera asiento entre latinos grave,
> Laurel entre toscanos,
> Palma entre castellanos,
> Por la dulzura del hablar süave,
> Y entre franceses y alemanes fuera
> Florida primavera,
> Que como ella de tantas diferencias
> De alegres flores se compone y viste,
> Así de varias lenguas y de ciencias,
> En que la docta erudición consiste
> ¿Qué libro se escribió que no le viese?
> ¿Qué ingenio floreció que no le honrase?
> ¿En qué lengua se habló que no supiese?
> ¿Qué ciencia se inventó que no alcanzase? (III: 171–84)

Whatever the language in which these poets write, Lope also never abandons his *conceptismo*. For example, he characterises Antonio Hurtado de Mendoza as 'Conceptüoso, fácil, puro y terso' (III: 248). As long as Latin and Castilian are not fused together to form an invented poetic idiom, Lope respects a poet's ability to write in ancient languages as well as modern ones.

Lope speaks later of a phenomenon that he truly deplores, however, and that is the lack of originality, and possible plagiarism, which he sees in many authors of the day. These authors, in an attempt to sell their work, take from the lyric of other poets and thus mutate the original work to fit their own self-serving needs. This ethical commentary – emanating again from this fictive and 'superior' space of Helicon – is one on the state of the practice of literature and its public (as well as private) dimension. No longer can a reader ascertain the author of a given work, it seems:

> Que al propio dueño se lo venden todo
> Escalan libros, manuscritos tientan,
> Unos trasladan mal, y otros inventan;
> Que no hay, o sea público o secreto,
> Seguro verso, frase ni conceto,
> Y aciertan bien, porque de aquí a veinte años
> Ni los propios sabrán ni los extraños
> Si fué, cuando el concepto o verso espante,
> Primero el inventor que el trasladante. (III: 431–9)

In some of Lope's *epístolas*, notably the ones to Gaspar de Barrionuevo and Claudio Conde,[11] the direction of plagiarism was different: other people took a majority of their work and combined it with a minority of Lope's work to publish it under Lope's name. In this case, it appears more straightforward, in the sense that poets (or more accurately, poetasters) continually take other people's ideas and actual words and pass them off as their own, in the interests of making a living and a name for oneself. The *Laurel* thus serves as an ethical as well as an aesthetic vehicle, a document affirming integrity in poetics as much as proper aesthetics.

The fourth *silva* acknowledges the debt that Spanish verse has to Latin (for being the parent language of modern Spanish) and to Italian (for giving Spain, and the entire Western world, new poetic forms such as the sonnet). Though this *silva* does not contain much in the way of ethical judgement and does not directly portray the rivalry between Lope and Pellicer, it still offers the reader some insight into Lope's stance as a judge of the art of verse. Once more, the locus of enunciation is Helicon. Lope delves into a recounting of some major developments in Spanish lyric poetry. Beginning with Garcilaso's innovations, Lope describes how Garcilaso changed poetry forever and altered the depend-

---

[11]   The *epístola* to Gaspar de Barrionuevo is certainly not the only example of other poetic texts in which Lope engages in ethical judgement, but it is perhaps one of the most fertile. Believed to have been written in 1603, a fairly long time before the *Laurel de Apolo* and before the firm establishment of *culteranismo*, this *epístola* shows how long-lasting a concern plagiarism and honesty were for Lope. See Lope de Vega, *Obras poéticas*, ed. José Manuel Blecua (Barcelona: Editorial Planeta, 1989), pp. 212–24. Also, for the *Égloga a Claudio*, written decades later in 1631, see Lope de Vega, *Égloga a Claudio. Obras Sueltas I*, ed. Antonio Pérez Gómez (Cieza, 1968–1971), pp. 1–12. For a more thorough study of the *Égloga a Claudio* and its ethical dimensions, see Mark J. Mascia, 'Constructing Authority in Lope de Vega's *Égloga a Claudio*: Self-Referentiality, Literary Judgment, and Ethics', *Romance Notes*, 45 (Winter 2005), 2, 181–91. The *Égloga a Claudio* is for all intents and purposes really an *epístola*, but was not initially titled as such.

ence on the *arte mayor* (IV: 319–29). Lope demonstrates awareness that Spanish verse, in fact, is replete with modifications and changes, as the Spanish language itself is a modification of its parent tongue, Latin. Lope acknowledges this linguistic and historical debt, and mentions that even his beloved Castilian is imperfect. It owes a great deal to Latin for metre, as well.

> Como reliquia fue de los romanos
> Nuestra lengua y dialecto,
> Que ya corre imperfecto;
> Tomaron los antiguos castellanos
> La medida del verso a los latinos,
> Como se ve en Horacio al grande Augusto,
> O en los sagrados hinos,
> De quien también hacer memoria es justo
> Pues los tiene la Iglesia en tanto precio. (IV: 333–41)

Spain's lyric has developed since its earlier days of the *verso corto* and of the *arte mayor*. Indeed, the history of Spanish poetry is one of change and adaptation, and it is this tendency to change which Lope notes (IV: 361–7). Perhaps Spain's greatest adaptation can be seen in a precisely Italian form, the sonnet. It is the sonnet which captures the perfect essence of Lope's poetic of conceits and epigrammatic endings, and which is perfectly suited for 'las sutilezas españolas' (IV: 381). Though Lope here acknowledges a simple cultural debt to another nation, Italy, the reader still notes how Lope places his own national verse on a superior level, alluding to his language's and culture's subtleties. What makes Lope all the more 'authoritative' (or, as the reader may believe, self-important) is the fact that these pronouncements all emanate once again from Helicon.

The fifth *silva* includes the insertion of a Greek myth, 'El baño de Diana'. This myth, which appears in a distinctly demarcated subsection between verses 237 and 699, and which is narrated within the frame of the *Laurel* by a nymph of the Manzanares River, Laura, contains several key references to Pellicer. Before the recounting of the myth, it is the same Manzanares that forms the topocentric focus, as a number of Madrilenian and Central Spanish poets receive their due. The Manzanares River 'Valley' is a certain *locus amœnus*, an area ideal for worthy poets to flourish, and in fact itself becomes a speaking subject for a while. This river skims the surface of poetic theory immediately thereafter, and implies again that poets come from different walks of life. After the river commands the nymph Laura to speak and to recount the forthcoming fable, she briefly states the purpose of the lengthy poetic sermon that is to follow. Her intent is neither to please nor to be didactic – indeed, it is not thus

overtly Horatian in nature – but rather it is simply to address the issue of the
best poets from the area.

> Y pues en esta parte no se entiende
> Lo que oración retórica pretende,
> Ni mover ni enseñar ni deleitaros
> Debo, mas referir ingenios raros,
> Donde la relación no se divide. (V: 202–6)

In her admission of not intending to 'enseñar' or 'deleitar' her audience,
Laura would appear to stray from the central goal of poetry held dear by many
treatise writers of the day, such as Francisco de Cascales, in whose words it
had been said that 'De manera que el Poema no basta ser agradable, sino
provechoso y moral; como quien es imitación de la vida, espejo de las costumbres, imagen de la verdad.'[12] However, as Lope's mythological mouthpiece,
Laura is not here to speak on behalf of the theorists. Instead, one notes movement of the speaking subject away from Lope and to a fictive entity – Laura
– in order to engage in a veiled polemic on Lope's behalf. Lope inserts
Laura in the poem not to edify his readership but rather to attack an enemy,
cleverly couching his intentions in a fable which an educated and informed
audience might understand.

Laura then recounts 'El baño de Diana'. On the surface, this would simply
appear to be either a section showcasing Lope's classical knowledge or a digression providing the reader respite from the lengthy encomium of worthy poets.
Yet, upon closer examination, one can glean an underlying personal motive for
the insertion of this myth. In this myth, one of Diana's nymphs, Callisto, is
made pregnant by the covetous Jupiter, who disguises himself as Diana in order
to get away with his ruse. Once Diana learns of Callisto's state, she banishes
her from her company. Further damage is done when Juno, Jupiter's wife,
transforms Callisto into a female bear and her illegitimate son into a bear cub,
at which point Jupiter takes the two and places them on the astral plane, as the
constellation Ursa Major and the star Arcturus (or with the latter as the constellation Ursa Minor, in another version of the myth). For the purposes of this
study, several references to Pellicer and related topics will receive attention.[13]

---

12   Antonio García Berrio, *Introducción a la poética clasicista (Comentario a las* Tablas
poéticas *de Cascales)* (Madrid: Taurus, 1988), p. 96.

13   There has also been another study, not widely accepted by scholars, advocating an entirely different theory as to who 'Pellicer' is in this segment of the *Laurel*. Arturo Zabala pos-
tulates that, in fact, this 'Pellicer' is Lope's own child born out of wedlock – but he never states
the actual identity of the mother. Decades earlier in his life, Lope was involved with Micaela de
Luján as his lover and Juana de Guardo as his second wife. Zabala thinks that this is a recondite

The first one occurs when Diana learns of Callisto's state. It is not necessarily a reference to Pellicer, however; it is a parenthetical aside inserted in the third-person narration of Diana's learning of events. Here, Lope (through the voice of Laura) deconstructs haughty people who feign true knowledge and who write disrespectfully of others.

> (Y hay hombres que lo quieren saber todo
> Con ciencia fabulosa
> Que la ignorancia cría,
> Perdiendo la opinión por bajo modo,
> Alabándose necios
> De aquello que no saben ni es posible,
> Pues siendo lo que dicen imposible,
> Ellos mismos escriben sus desprecios;
> Que es la ignorancia suma
> Fingir la ajena y ser la propia pluma.) (V: 490–9)

This mythological digression serves to some degree, therefore, as an additional vehicle for demonstrating ethical authority. This segment also demonstrates intellectual authority, given Laura's statements on ignorance, foolishness, and human pride.

Later, Lope includes a direct reference to Pellicer's name, along with other references. Juno sees Callisto travelling with her illegitimate son; the two are described as follows:

> Viendo funestamente acompañada
> Del niño, entre los brazos defendido,
> La ninfa pellicer de su marido. (V: 565–7)

Pellicer is likened to this bastard son of Callisto, as his own name is used disparagingly against him. Further along, the comparison becomes more graphic and demeaning, as the infant acquires the characteristics of a wild bear:

allusion to an unnamed mistress and the son she bore Lope, one Fernando Pellicer (also known later in life as Fray Vicente Pellicer) at the turn of the seventeenth century. Furthermore, he hypothesises that 'Lucina' (V: 548) is a variation on 'Lucinda' or Micaela de Luján, whilst 'Juno' is actually Juana de Guardo. No other evidence is offered for this, and additionally Zabala never explains why Lope (or Laura, more accurately) would perform such lyrical violence on Pellicer here. Finally, Zabala readily acknowledges at the end of his study that his theories are indeed conjecture. See Arturo Zabala, 'Alusión de Lope de Vega a unos supuestos amores valencianos', in *Estudios dedicados a Menéndez Pidal*, 6 (Madrid: Consejo Superior de Investigaciones Científicas, 1956), pp. 591–609.

> El infante se encoge y estremece,
> Y forma injusta queja
> De quien le dió la vida que le deja;
> Viendo los miembros yertos,
> De espesas cerdas rígidas cubiertos,
> De cuyas pieles vienen
> Los animales, que hoy su nombre tienen;
> ¡Oh fábula, oh moral filosofía!
> Tanta fue de los osos la osadía. (V: 604–12)

With this convenient mask of a mythological fable, Lope couches his scorn and contempt for a rival within verse – a degree of scorn so serious that he effectively dehumanises his rival. Of note is the intentional association of two similar-sounding words, the 'oso' of line 612 above (representing Pellicer) and its corresponding 'osadía'.

Laura mentions that a dishonourable man, in trying to take advantage of the good name of others or in praising himself, is nevertheless recognisable as dishonourable and can therefore be likened to an animal.

> Que quien de fieras viene,
> Es máxima infalible y verdadera
> Que ha de tener alguna cosa fiera;
> Y más si del honor que solicita
> Piensa tener él que a los otros quita;
> Y así, cuando sus obras más se alaben,
> A osa, a cabra, a loba, a cierva saben. (V: 646–52)

Finally, using different mythological figures, the narrator expresses her disquiet at Jupiter's placement of Callisto and the bear cub (Pellicer) in the heavens. This time, it is Mercury, god of commerce but also of lies and deceit, who is the key figure personifying Pellicer. The father of this figure, Argemifao, is also referenced, a common pedlar whose name is a variant of the Spanish *aljemifao*, which Marcos Álvarez defines as a 'vendedor ambulante' or 'buhonero' (p. 255).

> Colocar a Mercurio fue insolencia,
> Porque su padre Argemifao vendía
> En una caja al cuello mercería,
> Y ahora se hace el dios de la elocuencia. (V: 693–6)

Lope has Laura do further damage to Pellicer by contemptuously stating how the latter now indulges in casting himself as the god of eloquence.

The *silva* ends as Laura closes the myth. It would seem from the final two lines of the *silva* that Lope praises the quality of his own work by praising others: 'alabar ingenios superiores/ Produce versos que parecen flores' (V: 708, 709). In concluding the *silva*, Lope shows how he habitually reacts to Pellicer's prior attacks. Lope does it 'a su manera, con el verso, con la sátira y la invectiva, y no a pecho descubierto, sino por vía indirecta, mediante la alusión, la clave, la multiplicación de niveles significativos' (Marcos Álvarez, p. 250). It is precisely the phenomenon of movement or motion – in this case, both on Helicon (as the locus of enunciation) and from the voice of the voice of the nymph Laura (as the enunciator) – which enables Lope to do this. As a result, the *Laurel* must be seen as more than a massive tome whose sole purpose is to venerate other poets; this simplistic view of the *Laurel* does not take into account the fundamental necessity of motion nor the nuanced personal attacks which rely upon the former to take place.

Laura begins the sixth *silva* by returning to the praise of more poets from the Manzanares region. She is also sure to include a typically Lopesque comment on the use and abuse of ornamentation in language. Early in the *silva*, while referring to the Castilian language, Laura states,

> Que tantos ponen en afrenta y mengua
> Pensando que la adornan,
> Pues a lo antiguo bárbaro la tornan. (VI: 29–31)[14]

Typical combinations of praise for work that is erudite, written in Spanish or Latin, or on different topics follow. Addressing the Latin Muses, Laura pays homage to that ancient language for being the root of all modern Romance vernaculars. In this manner, Lope again shows his respect for Latin:

> Musas latinas, que principio distes
> A nuestras españolas,
> Francesas y toscanas,
> Pues siempre honradas fuistes. (VI: 318–21)

Laura's monologue is rather rudely interrupted, however, by a number of jealous satyrs. The placement of these satyrs at this point in the poem allows Lope

---

[14] This can be considered another brief attack on *culteranismo* and its perceived excessive ornamentation of the Spanish language. However, one must remember that Lope did not limit his scorn for *culteranismo* to lyric poetry and an educated, elite audience; indeed, he also showed the same disdain in works of theatre, via the stock figure of the *gracioso*. So profound was his distaste for such a poetic idiom that he took it to the common people, the theatregoing public. See Lucile Kathryn Delano, 'Lope de Vega's *Gracioso* Ridicules the Sonnet', *Hispania*, first special number (1934), 19–34.

to recount the Marsias myth and to use it as a veil to deconstruct Pellicer again. These satyrs were simply jealous and indignant of Laura's poetic speech:

> Que bastaba ser acto de poesía,
> Para que de la envidia y la ignorancia
> Procediese tan vil descortesía. (VI: 379–81)

The Manzanares is angry at this interruption, and Floris, another nymph of the same river, takes it upon herself to chastise the satyrs by relating a story. This story is another myth – more precisely, the Marsias myth – in which a satyr, Marsias, is jealous of Apollo's poetry and decides to challenge the god. The end result is disastrous for the satyr, and once more Lope avails himself of a mythological setting in which to engage, and symbolically vanquish, his rival. The poem's use of movement involving mythological figures and places thus goes even further than the location of Helicon and the Diana/Callisto myth recounted earlier.

The following passage, as articulated by Floris, demonstrates the rudeness of the satyr. In this instance, Felicio, as the reader will see, is a pseudonym for Lope, whereas Salicio is one for Pellicer.

> Y con aquel disgusto arroja airada
> La dulce flauta, que después hallada
> De un sátiro que música sabía,
> Soberbio al mismo Apolo desafía,
> Cual vemos con la lira de Felicio
> Al ignorante sátiro Salicio,
> Salicio rudo y feo
> De gótico preciado semideo,
> Que dice que concibe
> Los dulces partos que Felicio escribe. (VI: 449–57)

The reader may note the metapoetic association of Felicio's/Lope's verses as 'dulces partos', reminiscent of the more impassioned and pained 'partos' that were Lope's verses decades earlier in the first sonnet of the *Rimas humanas* (1602), 'Versos de amor, conceptos esparcidos'.[15] Marcos Álvarez explains the nomenclature in this segment:

---

[15]   Lope de Vega, *Obras Poéticas*, p. 23. There have been other studies on the relationship between emotion and the act of writing poetry as seen in Lope's work. By the time Lope wrote the *Laurel*, this was nothing new for Lope, and indeed the self-referential statements Lope is wont to make on how his emotions provide an impetus for writing poetry contain not a little haughtiness and vanity. Among the studies on this topic, especially as seen decades earlier in the *Rimas*, Patricia Grieve's work is especially insightful. Regarding this first sonnet of the *Rimas*,

Lope establece pues una clara correspondencia: Felicio–Apolo y Salicio–Marsias. Felicio es un transparente disfraz de Lope construido sobre la base de su segundo nombre, *Félix*. Pero ¿quién es Salicio? En mi opinión es Pellicer. El seudónimo mismo con que lo nombra Lope abona tal hipótesis. Efectivamente, sabemos que *Salicio* fue el nombre arcádico-académico que usó don Joseph, sin duda por la cercanía fonética entre el del pastor garcilasiano y su propio apellido *Salas*. (251)

The mythologically-themed violence visited upon Pellicer additionally serves as a vehicle for self-validation.

In the story, the satyr reaches his end when he is skinned alive in punishment. This story so frightens the satyrs who had interrupted Laura that they run away, climbing the trees like monkeys (see VI: 567–71). Before Floris ends the story, however, one can glean another reference to Pellicer. In this instance, not only does the speaker describe him again as barbarous and ugly, but also, she refers to his parentage.

> Era concierto desta competencia
> Que del vencido el vencedor hiciese
> Lo que su gusto fuese;
> ¡Rigurosa sentencia!
> Porque si solo el sátiro tenía
> La casa de pellejos que vivía,
> De quien godo señor se intitulaba,
> Y Apolo celestial se la quitaba,
> ¿Qué le importaba Caxelor, su padre,
> Ni Torabina, su salvaje madre,
> Para que no muriese? (VI: 535–45)

Marcos Álvarez offers the following interpretation of this reference, couched in anagrams:

she writes, '"Versos de amor" quite arrogantly praises poetic creation – hence, the poet's *ingenio* – and embarks the entire collection on a journey of a highly creative level of poetic experimentation.' See Patricia E. Grieve, 'Point and Counterpoint in Lope de Vega's *Rimas* and *Rimas Sacras*', *Hispanic Review*, 60 (1992), 4, 413–34, p. 418. Evidently, Lope's hubris grew to cover not just self-praise or praise for others, but also contempt for enemies. Thirty years after the far less vitriolic sonnets of the *Rimas*, one sees just that in the *Laurel*. Lope also acknowledges the role of love as a stimulus for writing poetry without necessarily using the latter as a vehicle for self-promotion. Indeed, the *Laurel* contains other references to love and its role in the poet's imagination. See John Dagenais, 'The Imaginative Faculty and Artistic Creation in Lope', in *Lope de Vega y los orígenes del teatro español: Actas del I Congreso Internacional sobre Lope de Vega*, ed. Manuel Criado de Val (Madrid: EDI-6, 1981), pp. 321–6.

> Se complace además Lope en mentar los padres de Marsias–Salicio con
> dos enigmáticos nombres: Caxelor y Tobarina.[16] En ambos casos juega
> Lope al anagrama. La salvaje madre *Tobar*ina muestra su identidad por la
> coincidencia con uno de los apellidos de la madre de Pellicer, doña Ana
> María de Salas y Tobar. Más recóndita parece la clave de *Caxelor*, sin
> embargo es también un anagrama, casi perfecto y apenas distorsionado, de
> la palabra 'caxero'. Esta voz corría en los siglos XVI y XVII como sinónimo
> de buhonero. (pp. 252–3)

The poet stops at nothing to denigrate his rival; if not an animal or a mythological victim, Pellicer acquires the traits of a profession not accorded much
respect at the time, a simple pedlar.

To close this study, I shall compare examples of scorn and praise as Laura
offers them for different poets. Her narrative voice lasts through several *silvas*
and details many examples of noteworthy poets, though before she ceases
speaking (and hence serving as Lope's fictitious mouthpiece), she offers several fleeting instances of condemnation for Pellicer – even naming him overtly
(as opposed to in an anagram). Much later, in the eighth *silva*, Laura laces her
laudatory speech yet again with criticism of Pellicer, a now-familiar figure of
ridicule. This literato claims to be a polyglot, but Laura delivers the insult when
she asks whether a language can be found to praise him. Naturally, the answer
implicit in this challenge is negative.

> Ya don Jusepe Pellicer de Salas
> Con cinco lustros solos sube al monte,
> Ya nuevo Anacreonte,
> Fénix extiende las doradas alas,
> Que el sol inmortalice,
> Y pues él mismo dice
> Que tantas lenguas sabe,
> Busque entre tantas una que le alabe. (VIII: 248–55)

Finally, Laura ends her speech by including praise for none other than Lope de
Vega himself. In this manner, it is quite clear that Lope praises himself, using
the thin discursive veil of a fictitious nymph of the river that runs through the
city he calls home. The 'humble' Lope is an autochthonous son of the Man-

---

[16] Marcos Álvarez uses an edition which clearly has 'Tobarina' as the name in question.
However, the edition used in this study has 'Torabina', as seen above; see p. 252 of his article for
the quote he uses. Additionally, the reference to a pedlar in this quote alludes to the identity of
Pellicer's ancestors as French, who at that time often had been stereotypically portrayed as
pedlars (p. 253).

zanares' shores, and his ancestry is equally autochthonous to the noble mountains of Spain. Of course, by now the reader would immediately observe that
this 'humility' is indeed false:

> Mas ya Lope de Vega humilde llega,
> Que aunque de su fortuna
> Fué tu ribera su primera cuna,
> Le dieron las montañas otra vega;
> En tanto pues que el escuadrón navega
> De tantos pretendientes,
> Elige cuatro que con dignas frentes
> Merezcan el laurel que se propone:
> Si alguno se ha quedado por oculto,
> O porque nombre y patria dificulto,
> Mi ignorancia perdone.
> O escriba y salga a luz; que mejor suena
> En proprias bocas la alabanza ajena. (VIII: 597–609)

Above all, the reader notes the self-promoting touch that Laura/Lope includes
at the end.[17] Lope knows quite well – and he shows this metaliterary self-
awareness in these lines – that he generally uses Laura as a vehicle for self-praise.
This same self-promotion is something Lope accomplishes earlier in the *Laurel*
by initially having characterised himself as 'un escritor genial', as Antonio
Sánchez Jiménez observes.[18]

Lope ends the poem diplomatically, as no one individual receives Apollo's
laurels over any other; no one is victorious at the expense of a fellow poet.[19]
The Fénix effectively eternalises all of Spain's poets, in a celebration of unity
through diversity. Yet, it is precisely these sections of the *Laurel* examined
herein which provide a uniquely undiplomatic – if highly symbolic and sometimes recondite – exception to this. Indeed, throughout the last decades of the
author's life, one can glean insight into the dynamic of Lope's literary rivalries.
Much of this is visible in longer poems, notably the *epístolas*, along with

---

[17] Carreño's edition of the text contains a slightly different wording (and hence meaning) of
line 609 in this *silva*, as it reads, 'en propias obras la alabanza ajena'. See *Laurel de Apolo*, p. 421.

[18] Antonio Sánchez Jiménez, *Lope pintado por sí mismo. Mito e imagen del autor en la
poesía de Lope de Vega Carpio* (Woodbridge: Tamesis, 2006), p. 87.

[19] Within the context of the poem, that task falls to King Philip IV (X: 929–44). This diplomatic ending accomplishes two functions: firstly, it absolves Lope of incurring any potential
embarrassment or enmity on the part of other poets by not favouring them, and secondly, it
briefly re-establishes a tone of respect and reverence for the reigning monarch, even though Lope
had had problems in currying courtly favour (above all in his failed attempt to secure the position
of royal chronicler, which he lost to Pellicer, as this study has demonstrated).

shorter works such as sonnets penned at a much later age. These latter works are perhaps most visible in the collection authored under Lope's pseudonym, Tomé de Burguillos.[20] This alter ego accomplishes many of the same tasks undertaken by the fictitious Laura within the mythosphere of Mount Helicon; the *Laurel* thus serves as a longer and far more detailed complement to these latter works. For Lope, language is not only an instrument of power; indeed, it is power, and the *Laurel* demonstrates this by moving the spatial and chronological context of poetic discourse along with the speaking subject. In conclusion, what Lope does in this text is consistent with his literary persona throughout the latter years of his life, and it is through the movement upwards to Helicon – and through fictive creations of his imagination – that we see the Fénix at his most judgemental and, perhaps, closest to the implied recognisance of his own end on this earth.

[20]   A number of scholars have studied *Las rimas humanas y divinas del licenciado Tomé de Burguillos* and the relationship of self (Lope) to constructed alter ego (Burguillos). Helpful in understanding this nuanced relationship and how Lope used 'Burguillos' as a mouthpiece are two works already cited in this study, by Rozas (above all pp. 197–220) and Pedraza Jiménez (*El universo poético*, pp. 217–28). Noteworthy also is the more recent study by Isabel Torres, 'Outside In: The Subject(s) at Play in *Las rimas humanas y divinas de Tomé de Burguillos*', in *A Companion to Lope de Vega*, ed. Alexander Samson and Jonathan Thacker (Woodbridge: Tamesis, 2008), pp. 91–106.

7

'Dulce es refugio':
El peregrino de Góngora se detiene

NOELIA CIRNIGLIARO

La producción de movimiento en la obra poética del Barroco está asociada usualmente a la trayectoria de un viaje que llega a tener connotaciones alegóricas. Uno de los casos más estelares es la obra de Luis de Góngora, quien abordó en múltiples ocasiones y con una variedad de objetivos estéticos el motivo del viaje y la multifacética figura del peregrino.[1] Ligado indefectiblemente al movimiento de sus pasos, el peregrino gongorino es tan errante como el proceso mismo de la creación poética. Peregrinar, no obstante, no es mero sinónimo de viaje, de movimiento, de desplazamiento y de errático caminar. El objetivo ulterior de su camino no es deambular incesantemente ya que el movimiento está asociado a experiencias negativas como la desorientación, pérdida, confusión y soledad, como notamos desde el comienzo de las *Soledades*: 'Pasos de un peregrino son errante/ cuantos me dictó versos dulce Musa,/ en soledad confusa/ perdidos unos, otros inspirados.'[2] La *peregrinatio* en la obra de Góngora no es una teleología en sí, sino un medio para alcanzar una forma de quietud en paradas intermedias que afincan, protegen y cobijan al yo y a su poesía. Es el caso del primer albergue en las *Soledades* que recibe repetidas veces el apóstrofe de 'bienaventurado albergue, a cualquier hora'. Dicho albergue es central para el

---

[1]   La figura del peregrino en la literatura no es una invención barroca, sino que comienza en la antigüedad clásica. La identificación del peregrino de amor con el poeta o el amante enamorado que encontramos en las *Soledades* y en algunos sonetos gongorinos, según Vilanova, comienza con la lírica provenzal. Sobre el tema véase Antonio Vilanova, 'El peregrino de amor en las *Soledades* de Góngora', en *Estudios dedicados a Menéndez Pidal*, 7 vols (Madrid: Consejo Superior de Investigaciones Científicas, 1952), III, pp. 421–60, p. 437; y del mismo autor, 'Nuevas notas sobre el tema del peregrino de amor', en *Studia hispanica in honorem Rafael Lapesa*, ed. Eugenio de Bustos et al., 2 vols (Madrid: Gredos, 1972), I, pp. 563–70.

[2]   Luis de Góngora y Argote, *Soledades*, ed. Robert Jammes (Madrid: Castalia, 1994), vv. 1–4. Cito las *Soledades* por esta edición.

desarrollo de la aventura épico-pastoral del protagonista y ocasiona una extensa y profunda misiva anti-cortesana (vv. 94–135) que, en contraste, alaba la hospitalidad y domesticidad de los cabreros.

En una etapa de producción anterior a las *Soledades*, los sonetos de Góngora también dibujaron una figura errática de viajero, de peregrino, o de caminante que adelantaba ya rasgos del personaje y su circunstancia en la gran silva de 1613.[3] Uno de los primeros poemas es 'Descaminado, enfermo, peregrino' de 1594 (Millé 258),[4] del cual numerosos críticos, incluidos los primeros comentaristas, han señalado las conexiones con las *Soledades*.[5] 'Descaminado, enfermo, peregrino' nos habla de esos 'otros' peregrinos de Góngora que arriban, de manera casi ritual o atávica, a un monumento arquitectónico que los recibe, les da cobijo, alojamiento y hasta cuidados a su frágil salud en caso de enfermedad. Estos monumentos, que toman formas proteicas de un pastoral albergue, casa de recreo, palacio o quinta de un gran aristócrata o canónigo, son la ocasión de una parada y descanso donde el viajero se reanima y recarga fuerzas. El momento de *stasis* es significativo. ¿Qué implica la instancia en que el movimiento del viaje poético se detiene en la casa que no es propia? La asociación latente entre el peregrino y el poeta mismo abre de inmediato la posibilidad de interrogarnos sobre el rol de ese otro personaje, el anfitrión de la casa. ¿Qué dinámicas se establecen entre anfitrión y peregrino y cómo ven ambos personajes el ámbito social en que el poeta ansiaba la hospitalidad, asistencia y cuidados de otros nobles poderosos?

Para abordar esas preguntas el presente ensayo analiza la tríada poética formada por el peregrino, el 'huésped' y la casa que oficia de albergue para el primero.[6] En un selecto corpus formado por cuatro sonetos, se verá que la confluencia explícita entre viajero y poeta invita a establecer el vínculo entre el anfitrión del albergue y la figura del noble o del poderoso que, por su lugar en la escala social, estaba en condiciones materiales y simbólicas de proteger al artista. Centrado en los sonetos 258, 269, 298 y XLVIII de la edición de Millé, este ensayo considera la realidad histórica que motivó la producción de dichos

---

3   Dámaso Alonso llama a este período la 'época cordobesa', que dura hasta su mudanza a la corte en 1617. Alonso, Dámaso, *Góngora y el 'Polifemo'*, 7ma edn (Madrid: Gredos, 1994), pp. 35–40.

4   Cito todos los sonetos siguiendo la numeración en la edición siguiente: Juan Millé y Giménez e Isabel Millé y Giménez, *Luis de Góngora y Argote. Obras completas*, 6ta edn (Madrid: Aguilar, 1972).

5   Salcedo Coronel indica 'que casi parece el mesmo argumento del de las *Soledades*'. Citado en Luis de Góngora y Argote, *Sonetos completos*, ed. Biruté Ciplijauskaité, 6ta edn (Madrid: Castalia, 1989), p. 145. Para un análisis del soneto, consúltese Mary M. Gaylord, 'Góngora and the Footprints of the Voice', *Modern Language Notes*, 180 (1993), 2, 230–53.

6   *Huésped* era un término que designaba tanto 'anfitrión' como 'visitante' en el castellano áureo. Según el *Diccionario de Autoridades*, 'Huésped. Se toma algunas veces por el mismo que hospeda en su casa a alguno'. Para distinguir ambos significados, uso 'huésped' entre comillas para connotar la acepción ya en desuso de 'anfitrión'.

textos pero se concentra, sobre todo, en la figura poética del anfitrión en tanto función de la institución de mecenazgo y el *habitus* de la hospitalidad.[7] Los poemas elegidos corresponden al registro o sub-género poético conocido como 'heroico' o dedicatorio y se organizan mediante el *laus* o alabanza de la casa. Dicha alabanza será significativa para comprender las dinámicas establecidas entre fijeza y movimiento en la obra de Góngora y así deslindar cómo se manipula la ideología de la domesticidad y hospitalidad nobiliarias en la fabricación retórica de la imagen del servicio, la protección, la amistad y el mecenazgo.

Laus domus y la práctica del hospedaje

Leer el encuentro entre la figura poética del peregrino y la casa del 'huésped' requiere comprender ante todo las dimensiones socio-culturales de la idea misma de casa y el *habitus* de hospedar en el contexto de la ideología de la domesticidad. La casa de la temprana modernidad era un artefacto que se construía, como lo hacemos hoy en día, a partir de emociones, recuerdos, valores, actitudes y, sobre todo, prácticas signadas por un significado social compartido por toda una comunidad. A pesar de remitir a un espacio privado, lo doméstico pertenece al dominio de lo público puesto que la casa y la manera de habitarla produce un mensaje que el sujeto – en el caso que nos interesa el

---

7   En un proyecto más extenso y ambicioso sería apropiado contrastar los aquí estudiados con otros sonetos donde la arquitectura doméstica se hace presente más allá de la figura del peregrino o donde el peregrino arriba a un monumento que no es estrictamente doméstico. 'De pura honestidad templo sagrado' (Millé 217) es uno de los poemas amorosos más leídos y estudiados del siglo de oro en que, siguiendo el *Canzoniere* de Petrarca, Góngora organiza la alabanza del cuerpo femenino con símiles arquitectónicos. Millé 250, dedicado al palacio toledano de don Luis de Vargas, poeta y amigo de Góngora, es un poema muy similar a los aquí estudiados pero que carece de la figura del peregrino. 'Árbol de cuyos ramos fortunados' (Millé 256) está dedicado a Cristóbal de Mora, miembro del consejo privado de Felipe II. Aquí la voz poética pide la protección de este importante político al declararse peregrino de la sombra del árbol de 'moras'. Millé 257 resulta interesante por las varias metáforas arquitectónicas que celebran el amor de una dama. Millé 291 recuerda la admiración causada por un cuarto específico, una galería de 'pinturas y relicarios' del cardenal Fernando, Niño de Guevara en Sevilla. Dedicado al Conde de Lemos y al recuerdo de la visita de Góngora al Conde en Monforte, Galicia, es Millé 299. Aquí la altura de Monforte y la magnanimidad del Colegio, fundado por Rodrigo de Castro, Arzobispo de Sevilla, se confunde con la grandeza del Conde en un juego alusivo de imágenes arquitectónicas similares a las estudiadas en este ensayo. Por estar dedicado a la segunda casa y templo de Felipe II, Millé 255 también merecería su inclusión, donde la arquitectura es expresión directa de la sacralidad y poder simbólico del rey. Un soneto burlesco, Millé 349, que desacredita la comodidad de las casas portuguesas que albergan a la Corte de Felipe III en Lisboa, también resultaría pertinente para este proyecto, dado que invierte los tópicos de hospitalidad desarrollados en los poemas serios. Un soneto atribuido, Millé LXXI, describe una academia que toma lugar en casa de su organizador, el Padre Ferrer. En éste la casa es cenáculo de académicos golosos que se aprovechan de la hospitalidad del académico 'huésped'. El mensaje final es esclarecedor: 'cuidado con la casa'.

aristócrata o un jerarca de la Iglesia – proyecta de sí mismo y es reconocible
por los otros que no viven con él. Desde y con la casa, el sujeto se manifiesta
en el exterior porque su hogar funciona como un lenguaje que codifica elementos
distintivos de la identidad y la personalidad como la clase, el linaje, el género,
el origen regional o nacional y el nivel de educación, refinamiento y distinción.
Por esta razón, durante la temprana edad moderna el concepto de casa para un
noble significó mucho más que los ladrillos y argamasa que rellenaban las
paredes. Así lo sugiere, siguiendo de cerca a Aristóteles y Jenofonte,[8] Juan Costa
(1549–95), autor de *Gobierno del ciudadano*, un espejo o manual de conducta
para nobles que instruye sobre la importancia del gobierno doméstico por parte
del varón:

> … porq[ue] aqui entendemos por ca∫a el marido, muger, hijos y criados,
> que ∫on los que la hazen, y no el edificio della, como por la ygle∫ia no
> entendemos, las paredes, ∫ino la congregacio[n] de los fieles; y por la
> Ciudad no entendemos como el vulgo, los muros, cerco y edificios, ∫ino el
> ayuntamiento de los que e∫tan aparejados para viuir bien en ella.[9]

Este manual de conducta y economía doméstica y toda la literatura cortesana de
la época reconocen que la estatura social del aristócrata se medía no solo por el
valor suntuario de su palacio en la Corte o la riqueza y belleza de sus casas de
recreación y retiro, sino por las conductas que el señor, su familia y sus criados
desarrollaran en esos interiores. Por esto, estudios recientes sobre el interior y las
prácticas domésticos destacan la importancia de asumir el espacio en toda su
fluidez y su capacidad de proyectar significados desde el interior hacia el exterior:
'the domestic interior is clearly never merely private – it is a place of hospitality
and business, production and consumption, all of which activities inevitably
challenge any notion of impermeable boundary'.[10] En esta doble dimensión de
privada pero también de pública, se yergue la casa en las representaciones poéticas
del Barroco español. La casa se edifica literariamente desde su función de hospedar
a otros que la visitan o que están de paso. La grandeza del noble o prelado, y su
capital económico y simbólico, se subrayan por la capacidad que el texto poético
tiene de fabricar y exaltar un *locus* de hospitalidad.

---

[8]   El *Oeconomicus* de (pseudo-)Aristóteles y el de Jenofonte, disponibles desde el siglo
XVI en traducción al castellano, fueron dos fuentes de consulta constante de los escritores
renacentistas cuyas obras son manuales de edificación y conducta, para la mujer o el hombre,
como es el caso de Costa.

[9]   Juan Costa, *Govierno del civdadano … trata de como se ha de regir a si, su casa, y republica …*, 3ª edn (Zaragoza: Casa de Ioan de Altarach, 1584), p. 304. Houghton Library, Harvard University.

[10]   Jeremy Aynsley, Charlotte Grant y Harriet McKay (eds), *Imagined Interiors: Representing the Domestic Interior Since the Renaissance* (London: V&A Publications, 2006), pp. 13–14.

Luis de Góngora bebió de la caudalosa tradición humanista en la que la casa nobiliaria, en particular la casa rural o de recreo, representaba un espacio sincrético de encuentro de sujetos, discursos y prácticas sociales. Por esto, hoy en día dichos textos son un material revelador en cuanto a las ansiedades y deseos, especialmente los masculinos, frente al espacio del hogar. Martínez Góngora observa que para los nobles del Renacimiento, su cuarto propio en la casa familiar era un reducto esencial para la educación y el pensamiento que el humanista debía desarrollar y perfeccionar.[11] A su vez, la casa asegura 'la renovación espiritual del varón, de manera que le aseguren el éxito profesional y garantice su promoción social'.[12] Luis de Góngora sitúa a sus amigos y (potenciales) protectores, sean de la alta nobleza o de la curia, precisamente en este imaginario, en su casa de campo. El rasgo distintivo de su imagen consiste, como se ha señalado, en una escena primordial que se repite, con leves variantes, a lo largo de su obra: la llegada del peregrino a la casa rural del poderoso, erigida con grandeza ante la mirada perpleja y agradecida. El encuentro entre viajero y arquitectura cobra la forma de una interrupción o *impasse* al movimiento deambulatorio que permite retratar elementos de la cultura material de toda la propiedad, como el escenario bucólico en que se encuentra, sus espejos de agua, la naturaleza animal y vegetal y, por supuesto, todo elemento arquitectónico o decorativo. Esta descripción material con forma de *laus* o alabanza tiene origen en la tradición clásica del *laus urbis* o *laus civitatis* y corresponde a un elogio de ciudades o grandes espacios cuyos rasgos retóricos más comunes ya aparecen glosados en Quintiliano.[13] Góngora estaba familiarizado con el elogio de ciudades, como demuestra '¡Oh excelso muro, oh torres coronadas!' de 1585 (Millé 244), *laus* de su Córdoba natal, o la inversión satírica del tópico en sus misivas contra Madrid, Valladolid, Lisboa o Cuenca. Los poemas que nos interesan, en cambio, articulan una variación especial de alabanza que podríamos denominar *laus domus* al hacer de la casa de un poderoso el objeto exclusivo de exaltación y admiración.

---

[11]   Mar Martínez Góngora, *La utilización masculina del espacio doméstico rural en textos españoles del Renacimiento* (Vigo: Academia del Hispanismo, 2010), p. 13.

[12]   Martínez Góngora, *La utilización masculina*, p. 35.

[13]   Es de utilidad el trabajo de Antonio Ramajo Caño, quien sintetiza los rasgos del tópico, rastrea su tradición e identifica los usos durante el siglo de oro. Véase Antonio Ramajo Caño, 'Notas sobre el tópico de *Laudes* (Alabanza de lugares): Algunas manifestaciones en la poesía áurea española', *Bulletin Hispanique*, 105 (2003), 1, 99–117. Sobre el poema de Góngora y el uso del *laus urbis* véase Julio Alonso Asenjo, 'Sin par loor de Córdoba por Góngora', *Quaderns de Filologia. Estudis Literaris*, 10 (2005), 133–54.

Millé 258 y Atr. XLVIII

En 1593 Góngora se enfermó en momentos cuando se encontraba dando los
parabienes en nombre del Cabildo de Córdoba al recientemente electo obispo de
Salamanca, Jerónimo Manrique.[14] Los críticos señalan que dos poemas habrían
sido producto de este episodio biográfico: el famoso 'Descaminado, enfermo,
peregrino' que escribió al regresar de Salamanca en 1594 y 'Huésped sacro, señor,
no peregrino' de 1593, en honor al hospedaje y cuidados que le dio Manrique:

De un caminante enfermo que se enamoró donde fue hospedado

Descaminado, enfermo, peregrino
en tenebrosa noche, con pie incierto,
la confusión pisando de el desierto,
voces en vano dio, pasos sin tino.
Repetido latir, si no vecino,
distincto oyó de can siempre despierto,
y en pastoral albergue mal cubierto
piedad halló, si no halló camino.
Salió el Sol, y entre armiños escondida,
soñolienta beldad con dulce saña
salteó al no bien sano pasajero.
Pagará el hospedaje con la vida;
más le valiera errar en la montaña,
que morir de la suerte que yo muero. (Millé 258)[15]

A don Jerónimo Manrique, Obispo de Salamanca, Electo de Córdoba

Huésped sacro, señor, no peregrino,
llegué a vuestro palacio. El cielo sabe
cuánto el deseo hizo más süave
la fatiga del áspero camino.

---

[14]   Analizan este poema y su circunstancia de producción, Robert Jammes, *La obra poética
de Don Luis de Góngora y Argote* (Madrid: Castalia, 1987), p. 214; José María Micó, *De Góngora* (Madrid: Biblioteca Nueva, 2001), p. 52; y Dámaso Alonso, *Góngora y el 'Polifemo'*, 7ma
edn (Madrid: Gredos, 1994), p. 39.

[15]   El soneto 'Muerto me lloró el Tormes en su orilla' (Millé 259) recuerda el mismo episodio de la enfermedad en Salamanca (a la orilla del Tormes) y la enfermedad de amor ('entré a
servir a un ciego'). En este caso no hay una figura de peregrino *stricto sensu*, si bien el juego
conceptual con Lazarillo y el ciego acercan al yo del poema al lugar del caminante que vaga por
las tierras de Castilla. Orozco Díaz señala: 'De admitirse como real este episodio amoroso – y
algo hay que admitir – se trataría del mismo aludido en el soneto *Descaminado, enfermo, peregrino*'. Emilio Orozco Díaz, *Los sonetos de Góngora (Antología comentada)*, Colección de Estudios Gongorinos, 1 (Córdoba: Diputación de Córdoba, Delegación de Cultura, 2002), p. 100.

Mas ay qué apriesa en mis alcances vino
la cruda enfermedad, ministro grave
de aquella inexorable en quien no cabe
piedad, si no es de solo lo divino.
Conseguí la salud por la piadosa
grandeza vuestra. Libre destos daños
piséis del Betis la ribera umbrosa;
y, en púrpura teñidos vuestros paños,
concédaos Dios, en senectud dichosa,
en blancas plumas ver volar los años. (Millé XLVIII)

Dado que Millé 258 se encuentra en el manuscrito Chacón pero Millé XLVIII se incluye en los sonetos 'atribuibles', rara vez tenemos la experiencia de estudiarlos a la par y notar sus varias similitudes formales y temáticas.[16] Ambos cuartetos desarrollan el tema del viaje o la peregrinación y el motivo de la enfermedad. Los tercetos, en cambio, auspician una segunda etapa, sea de recuperación, sea, en el caso del Millé 258, de recuperación de la primera enfermedad pero intensificación de una segunda, esta vez amorosa (*amor hereos*). Ambos sonetos identifican al viajero con el yo poético ('llegué a vuestro palacio'; 'que morir de la suerte que yo muero') y exaltan un importante componente de la hospitalidad barroca: la piadosa disposición de quien los alberga ('Piedad halló, si no halló camino'; 'Conseguí la salud por la piadosa/ grandeza vuestra'). No conocemos la identidad histórica de la 'soñolienta beldad', si bien sabemos que el anfitrión de XLVIII es Jerónimo Manrique, obispo de Salamanca. No obstante, más allá de las diferencias en registros poéticos – uno amoroso, otro heroico –, la retórica laudatoria a propósito del 'albergue' o 'palacio' es similar. ¿Qué sugieren estas concordancias? ¿Utiliza Góngora una retórica amorosa con fines homo-sociales? Sin dudas, no fue Góngora el único ni el primer escritor que utilizó la retórica amorosa o el código del amor cortés con el propósito de reafirmar sus vínculos con cortesanos. El código de amor (cortés) fue parte del lenguaje cortesano desde la Edad Media y en la temprana modernidad fue también parte del juego retórico del mecenazgo, como Alison Weber ejemplifica en su análisis de la relación entre Lope y el Duque de Sessa. Weber sostiene que 'participants in the early modern patronage system developed a highly codified language [...] clients [...] declared themselves variously to be children, servants, slaves, and *abject lovers*'.[17] En Millé 256, otro soneto de 1593 dedicado a Cristóbal de Mora, Góngora no dudó en declararse 'gusano', 'pajarillo' y 'peregrino' del árbol de 'Mora' que representaba

---

[16]   Millé XLVIII suele publicarse como 'atribuible' puesto que solo está incluido en la edición de Salcedo Coronel.

[17]   Alison Weber, 'Lope de Vega's "Rimas sacras": Conversion, Clientage, and the Performance of Masculinity', *PMLA*, 120 (March 2005), 2, 404–21, p. 405. Mi énfasis.

este alto funcionario de la Corte de Felipe II (Jammes, p. 219). ¿Es viable, por lo tanto, la lectura de que Góngora dedica ambos poemas a Manrique y se declara 'abyecto amante' del Obispo, enmascarado a su vez como personaje femenino? ¿Es al obispo a quien Góngora 'pagará con la vida' por darle albergue y curaciones en su palacio salmantino?[18] Mientras que no poseemos pruebas convincentes para confirmar esta hipótesis, lo cierto es que el efecto retórico de ambos textos demuestra la importancia de las mercedes, en este caso inmateriales y simbólicas, que da el poderoso a aquel que depende de la institución del favor y del mecenazgo para subsistir. El mecenazgo en tanto forma de patrocinio y sustento a una persona, institución o arte, tenía efectos duraderos que iban más allá del plano económico, como ha estudiado Werner Gundersheimer. Entre esos efectos se encuentran formas de favor más tradicionales como cargos seculares o religiosos, como el que Góngora ya tenía como racionero, pero también otras formas menos tangibles e igualmente vitales:

> the conception and creation of structures and spaces within which people work, pray, and live; the execution of the artifacts of materials and intellectual culture; the systems of transactions into which the behavior of social groups – families, clans, gilds, classes (whether economic, social, occupational, or sexual) – is organized, and through which the relationship of such groups to one another is expressed.[19]

A la luz de una definición amplia de mecenazgo como la que articula Gundersheimer, se re-semantiza la noción de 'pagará el hospedaje con la vida' del soneto amoroso, puesto que los favores contraídos en la comunidad homo-social del mecenazgo, entendido en el sentido amplio, son una obligación de por vida. Así, lo que el soneto nombra como 'errar en la montaña' representa la independencia absoluta del poeta, la liberación de las fuerzas sociales y culturales que lo obligan a limosnear – con su arte o sus servicios – un lugar de privilegios y de seguridades. No obstante, y de un modo más penoso, 'errar' implica asimismo la incertidumbre de no alcanzar nunca un destino, un espacio

---

[18] Dámaso Alonso ha señalado el hecho de que el 'enamoramiento' del peregrino puede ser mera expresión de agradecimiento y no el registro de una pasión gongorina: 'Soneto amoroso (es posible que los extremos de la pasión no sean sino cortesía para agradecer un generoso hospedaje), nos impresiona por ese comienzo en el que un caminante, enfermo y perdido, vaga, gritando, solo, en un paisaje sombrío, hasta que oye el repetido ladrar de un perro […] Ese peregrino y la guía del perro ladrador recuerdan el principio de la *Soledad Primera*' (Alonso, p. 323). Wardropper rastrea la tradición erótica medieval de la serrana en el poema. Bruce Wardropper, 'Góngora and the Serranilla', *Modern Language Notes*, 77 (1962), 178–81.

[19] Werner L. Gundersheimer, 'Patronage in the Renaissance: An Exploratory Approach', en *Patronage in the Renaissance*, ed. Guy Fitch Lytle and Stephen Orgel (Princeton, NJ: Princeton University Press, 1981), pp. 3–23, pp. 3–4.

de comodidad y seguridad, un 'segundo hogar' para escalar socialmente como cortesano y como artista. En consecuencia, cuando un amigo o un poderoso 'alberga' en su seno al poeta, éste deberá 'su vida entera' al agradecimiento de tales mercedes y beneficios.

Millé 269 y 298

En la primera década del siglo XVII, Góngora realizó nuevos viajes que le depararon encuentros con otros personajes importantes de la arena política y religiosa. Producto de su viaje por Valladolid es su poema dedicado a una quinta de Diego Gómez de Silva y Mendoza, Conde de Salinas y Marqués de Alenquer, en la visita de 1603. El Conde de Salinas era poeta y amigo de Góngora y fue importante político y diplomático en Portugal para la Corte de Felipe III y, más brevemente, de Felipe IV. Como el soneto XLVIII, el de 1603 transluce el derrotero de un escritor que, ahora con 42 años, continúa produciendo 'elogio de los grandes'.[20]

De una quinta del Conde de Salinas, Ribera del Duero

> De ríos, soy el Duero acompañado,
> en estas apacibles soledades,
> que despreciando muros de ciudades,
> de álamos camino coronado.
> Este, que siempre veis alegre prado
> teatro fue de rústicas deidades,
> plaza ahora, a pesar de las edades,
> deste edificio, a Flora dedicado.
> Aquí se hurta al popular rüido
> al sarmiento real, y sus cuidados
> parte aquí con la verde Primavera.
> El yugo desta puente he sacudido
> por hurtarle a su ocio mi ribera.
> Perdonad, caminantes fatigados. (Millé 269)[21]

---

20   Jammes, *La obra poética*, pp. 207–56.
21   En las diversas ediciones del poema se ubica a la quinta en la zona geográfica de Ribera del Duero. La casa estaba específicamente ubicada en Fuentes del Duero y era rica en animales de caza, según recogemos de la correspondencia del Conde: 'Envío a V.m. lo que don Francisco y el padre fray Rafael escriben, y por estar de noche no más porque no se ofrecen otras nuevas de Fuentes y sol y caza, río y buen campo y soliloquios' (Carta autógrafa del 1 de enero de 1603 enviada al Conde de Gondomar). Agradezco a Trevor Dadson por facilitarme la transcripción del texto de esta carta.

A diferencia de los sonetos antes analizados, en 269 la voz poética es el río mismo
que domina, como un monarca 'coronado, la orografía que ocupa esta quinta'. En
este escenario bucólico despreocupado de los quehaceres mundanos, se halla lo
que el Duero nombra como 'este edificio a Flora dedicado', esto es, la casa del
Conde, situada en el seno de este espacio natural. El río, inserto en la tradición
fluvial de la poética clásica y la filosofía de Heráclito, representa vitalidad y
renovación, irrigando campos, sacudiendo con su caudal un puente (ahora roto)
que lo cruza. Así, el poema se organiza desde la oposición entre movimiento y
fijeza. La fijeza está subrayada por la insistencia de los deícticos como *éste*, *aquí*
y *desta*, que señalan un punto en la hoja, en el discurso y en la cartografía extra-
textual. El movimiento se expresa por los testigos, es decir, la presencia de los
caminantes que van de paso y que, sin importar su fatiga, se detienen a ver la
imponente construcción. La casa es aquello que permanece fijo, intacto desde su
alzado y construcción. En la casa de esta quinta, como eje de fijeza y permanencia,
se encuentra la clave panegírica del poema y, sobre todo, a la persona del Conde
de Salinas, cuyos atributos personales se metaforizan desde la arquitectura, con
valores asociados a la permanencia ('a pesar de las edades'), vitalidad (río,
bucolismo), magnanimidad ('teatro fue de rústicas deidades') y, en general, belleza.

A pesar de la proverbial magnificencia y lujo de los palacios y quintas que
el Conde de Salinas heredó o adquirió desde finales del siglo XVI, el poema
no produce una imagen de rasgos arquitectónicos u objetos decorativos específicos
de su interior, como sí lo hacen otros sonetos gongorinos.[22] En cambio, el
emplazamiento natural en que se encontraba esta casa rural ennoblece el edificio.
El prado que rodea a la casa es alegre y fue el hábitat de antiguas deidades. En
el momento de la enunciación es escenario teatralizado de vida floral, una
caracterización que anticipa, casi imagen por imagen, el 'bienaventurado
albergue' de las *Soledades*.[23] Con un registro serio se plasma, así, aquello que

---

[22]   Otros poemas se concentran en el interior doméstico, como Millé 291, donde encontramos
una descripción de una galería de cuadros. Respecto de los palacios de Salinas hay noticias de que
eran amplios y hermosos. Nótese, por ejemplo, que por falta de espacios adecuados para las juntas
de Consejos en Valladolid en el período 1601–6, se utilizó para dichas reuniones el magnífico palacio que Salinas tenía en Valladolid, el Palacio de los condes de Ribadeo, adjunto al palacio real.
Véase, Luis Rosales, 'La obra poética del Conde de Salinas', en *Obras completas*, 6 vols (Madrid:
Editorial Trotta, 1996), V, pp. 43 y 50–2. Este edificio vallisoletano era tan magnificente que allí se
alojó el almirante y embajador inglés Lord Howard en su embajada a Valladolid, cuyo cuarto tenía
siete piezas. Mientras tanto, Salinas se alojó en su quinta de Fuentes, a tan sólo unos kilómetros de
la capital cortesana. Vid. Trevor Dadson, *Diego de Silva y Mendoza: Poeta y político en la Corte
de Felipe III* (Granada: Universidad de Granada, 2011), pp. 287–8. Sobre la residencia cortesana
madrileña del Conde después de 1606, el Palacio de Buenavista, véase Dadson, *Diego de Silva y
Mendoza*, cap. 2. También este palacio gozaba de fama por su belleza y magnificencia.

[23]   Compárese el segundo cuarteto con 'imperïoso mira la campaña/ un escollo apacible,
galería/ que *festivo teatro fue algún día/ de cuantos pisan Faunos la montaña*' (*Soledades*, vv.
186–9; mi énfasis).

Robert Jammes señalaba respecto de la obra burlesca del cordobés, en la que veía encarnados al 'turista mordaz, el provinciano burlón' (Jammes, p. 95). En los sonetos analizados aquí percibimos a un Góngora 'turista' pero distinto de aquel que, como 'provinciano burlón', se expresa en las mordaces y famosas críticas a la corte y otras ciudades. En los poemas dedicatorios, en cambio, Góngora rinde tributo en clave seria y elogiosa a los vínculos cortesanos con que Salinas y, veremos a continuación, otros poderosos como Venegas lo honraban por aquel tiempo. A diferencia de las sátiras que contienen la inversión cómica del *laus urbis* o *laus civitatis*, en estos poemas serios urge crear una imagen enaltecedora de aquella personal e íntima de la esfera doméstica que interrumpe la peregrinación y la búsqueda de favores.

Según las iluminadoras lecturas de John Beverley y Crystal Chemris a propósito de las *Soledades*, el peregrino gongorino no tiene una capacidad mesiánica puesto que no arriba a un destino específico al final de la silva: 'The crisis at the origins of Spanish modernity, expressed aesthetically in the Baroque, provoked a parallel crisis in the representational function of literature, disrupting, in certain works, such a messianic function of the pilgrimage *topos*.'[24] Según esta lectura, el peregrinaje quedaría literalmente 'suspendido' ya que Chemris, siguiendo a Beverley – y a diferencia de Robert Jammes –, no ve en las *Soledades* una obra incompleta a la que le faltarían dos cantos (de las selvas y el yermo), sino un poema con un final truncado a propósito que busca el efecto de 'alienate the reader from the poem, to force him to complete it somewhere else in another language'.[25] La circunstancia del peregrino en los sonetos previos a la silva agrega una dimensión interesante a la que describen estos estudiosos para el caso de la silva. El arribo del personaje a un albergue donde descansa y se protege de la intemperie o la enfermedad obliga a repensar estos destinos intermedios o parciales, no el destino final, como *loci* constitutivos e igualmente relevantes para el viaje. Mientras que el peregrino de las *Soledades* 'ends up going nowhere, his pilgrimage both a ruin and a frustrated circuit, a kind of Möbius strip endlessly telling a broken tale of loss, violation and isolation'.[26] los poemas tempranos todavía no condenan a esa pérdida o disolución en la nada, porque organizan el sentido mismo del movimiento en torno a una llegada a algún lugar, aquel edificio que aún no niega la promesa de protección y cuidados. Un poema más tardío, dedicado al obispo de Pamplona, posibilita leer de esta manera la poesía de Góngora, atribuyendo un valor esencial a las

[24] Crystal Chemris, 'The Pilgrimage *Topos* and the Problem of Modernity: A Transatlantic View of Selected Hispanic Texts', *Romance Studies*, 26 (April 2008), 2, 136–49, p. 136.

[25] John Beverley, *Aspects of Góngora's 'Soledades'*, Purdue University Monographs in Romance Languages, 1 (Amsterdam: Benjamins, 1980), p. 112.

[26] Chemris, 'The Pilgrimage *Topos*', p. 139.

paradas intermedias de la peregrinación. Seis años después de la visita a Salinas, en su paso por Navarra, Góngora es recibido en Burlada por don Antonio Venegas, Obispo de Pamplona.[27] En este texto, el poeta también se adentra en el tópico de la alabanza de aldea:

> *De una quinta que hizo el mismo obispo [don Antonio de Venegas]*
> *en Burlada, lugar de su dignidad*

> Este a Pomona, cuando ya no sea
> edificio al Silencio dedicado
> que si el cristal lo rompe desatado,
> süave el ruiseñor le lisonjea,
> dulce es refugio, donde se pasea
> la quïetud, y donde otro cuidado
> despedido, si no digo burlado,
> de los términos huya desta aldea.
> Aquí la Primavera ofrece flores
> al gran pastor de pueblos, que enriquece
> de luz a España y gloria a los Venegas.
> ¡Oh peregrino, tú cualquier que llegas,
> paga en admiración las que te ofrece
> el huerto frutas y el jardín, olores! (Millé 298)[28]

En una clara alusión mitológica del gusto gongorino, la deidad que presidía los huertos de la antigüedad clásica, Pomona, encuentra en la quinta del obispo un lugar dedicado al silencio propio del campo y de un religioso.[29] En contraste con el poema a Salinas, observamos que el peregrino no llega a un simple 'edificio' sino a una casa que se identifica con 'dulce refugio'. Aquí 'se pasea la quietud', un oxímoron que subraya la compleja condición del movimiento poético en Góngora, así como el anhelo del ya no 'fatigado caminante' sino 'peregrino' por detener su paso y por no deambular incesantemente. Como se

---

27   Jammes, *La obra poética*, p. 215.
28   También al Obispo de Pamplona Góngora le dedica el soneto '¡Oh de alto valor, de virtud rara!' (Millé 321). Éste es un poco posterior (1612) y prescinde de una imaginería doméstica, quizás porque se escribió, según Jammes, con ocasión de su paso por Córdoba, de camino a Sigüenza, cuando lo nombran obispo de aquellas tierras. Su registro más oficial sugiere que a diferencia de Millé 298, éste habría sido por encargo. Orozco Díaz indica que corresponde a la etapa en que Góngora, desengañado de la corte, 'se siente impulsado a celebrar personas y hechos de su Andalucía' (Orozco Díaz, *Los sonetos de Góngora*, p. 225). Consúltese también Jammes, *La obra poética*, pp. 215–16; y las notas de Millé a este soneto.
29   Vid. Biruté Ciplijauskaité (ed.), *Luis de Góngora. Sonetos completos*, 6ta edn, p. 77. En su numeración es el poema número 21.

observara para el caso de Salinas, el emplazamiento de la casa del Obispo es un espacio idílico donde la primavera lo dignifica todo con sus bienes. Así lo expresa la correlación sintáctica con el gran pastor de pueblos que enriquece con su luz a España. Como la quinta en Fuentes, la quinta en Burlada goza de la vitalidad natural que trae la cercanía de un río. La presencia del agua, en este caso el río Arga, interrumpe, junto a las aves, con sonoridad la quietud y calma que este retiro florido sacraliza. Como señala Orozco Díaz, la tradición clásica del *locus amoenus* y el tema de la primavera están presentes aquí, pero solo como condimento a un elogio por este tipo de construcciones domésticas del barroco que combinaba espejos de agua, animales y plantas, jardines y huertos, organizados artificiosamente para despertar todos los sentidos (Orozco Díaz, p. 196). Mientras que los cuartetos y el primer terceto construyen una estructura sintáctica compleja pero descriptiva, el último terceto cambia el tono para, igual que Millé 269, apostrofar al peregrino que llega a atestiguar y, suponemos, hospedarse en la quinta. El apóstrofe que cierra el epigrama solapa la economía simbólica de la hospitalidad con la del 'mecenazgo' en el sentido amplio que señalamos con Gundersheimer. Es decir, el terceto pide que el peregrino pague con bienes simbólicos, esto es 'admiración', la hospitalidad del Obispo, algunos de cuyos signos materiales y tangibles son flores, frutos y olores.

En síntesis, el rol del turista, como lo llama Jammes, y del peregrino al que queda indefectiblemente asociado Góngora en estos poemas, demuestran la flexibilidad de la metáfora de la peregrinación en el Barroco. En palabras de Elizabeth Wright:

> pilgrimage was a flexible metaphor. It acknowledged the inherited order of things through its hierarchies of patrons and suppliants. At the same time it provided a ready-made, moral framework for those seeking upward mobility though alliances with influential or wealthy sponsors. Mixing classical and Christian metaphors in a manner characteristic of early-modern Europeans, pilgrimage provided a safe, orderly notion of ambition, in contrast to Icarus and Phaëton, the era's cautionary emblems of overreaching desire.[30]

Wright destaca cómo en el imaginario barroco resultaba natural y necesario el vínculo entre la metáfora del peregrinaje (pilgrimage) y la institución del mecenazgo (patronage). En el caso gongorino, el peregrinaje resultó ser sin dudas una metáfora móvil que muestra la constante búsqueda de un poeta por conseguir favores, fueran económicos o simbólicos, en el contexto de sus redes sociales, tanto eclesiásticas como políticas o literarias. La imagen del viaje que

---

[30] Elizabeth R. Wright, *Pilgrimage to Patronage: Lope de Vega and the Court of Philip III, 1598–1621* (Lewisburg, PA: Bucknell University Press, 2001), p. 17.

protagoniza el peregrino y su detenimiento a la sombra del 'dulce refugio' del mecenazgo supone el ejercicio retórico necesario y propio de todo noble que careciere de un alto estatus socioeconómico, como fue el caso de Góngora, y que necesitara acceder a cualquiera de estas manifestaciones de la institución del favor. Góngora comenzaba a ensayar con los sonetos, mucho antes que en las *Soledades* de 1613, una búsqueda estilística propia dentro de las cavidades amedrentadoras del lenguaje del servicio y la cortesanía. Al hacer topar con la casa del noble amigo a su infatigable peregrino encontró una fórmula lo suficientemente flexible y funcional para dichos propósitos.

8

The Staging of Góngora's Three Funereal Sonnets for Margarita de Austria Estiria

Jean Andrews

Luis de Góngora y Argote's three funeral sonnets for Margarita de Austria Estiria were published in 1612 in the festival book recording the exequies to mark the post-partum death of the queen, celebrated in the Santa Iglesia, Córdoba Cathedral, on 1 and 2 January of that year.[1] Góngora's three sonnets appear first in a collection of poetry consisting of over thirty sonnets and also *canciones*, *estancias* and *décimas* composed expressly for the exequies by the poets of Córdoba, the vast majority of whom, understandably since the event was organised by the Cathedral chapter, appear to have been clergy. A small number of these contributors were considerably more prolific than Góngora, who produced, apart from the three opening sonnets, an *estança* (in *octava real*) and a pair of *décimas*, six poems in all. Antonio de Paredes, for example, a native of Badajoz who spent much of his brief adulthood (he died aged 32) in Córdoba, is credited with Sonnets VII–XVI, twenty in all, while the Augustinian Padre Andrés Márquez penned nine.[2] These

---

[1]   Anon., *Relación de las honras que se hizieron en la Ciudad de Cordoua, à la muerte de la Sereníssima Reyna Señora nuestra, doña Margarita de Austria que Dios Aya* (Córdoba: Viuda de Andrés Barrera, 1612). Within the British tradition of close reading, these sonnets have been admirably analysed by R. P. Calcraft in *The Sonnets of Luis de Góngora* (Durham: University of Durham, 1980), pp. 85–90; R. O. Jones, *Poems of Góngora* (Cambridge: Cambridge University Press, 1966), pp. 13–14; and Arthur Terry, *An Anthology of Spanish Poetry, 1500–1700* (Oxford: Pergamon Press, 1968), II, pp. xxxvii, 22, 208–9. See also Juana Toledano Molina, 'Tres sonetos de Góngora en su contexto', *Boletín de la Real Academia de Córdoba*, 149 (2005), 181–90; and Mercedes Blanco, 'Arquitectura fúnebre en un soneto de Góngora', in *Cultura oral, visual y escrita en la España de los Siglos de Oro*, ed. José María Diez Borque (Madrid: Visor, 2012), pp. 101–32, for a discussion of the relationship between later funerary sonnets by Góngora and the plastic arts.

[2]   See José Luis Escudero, *Antonio de Paredes, un poeta extremeño en la corte literaria Gongorina* (Córdoba: Litopress, 2010); Miguel Artigas, in his seminal *Don Luis de Góngora y Argote* (Madrid: Real Academia Española, 1925), acknowledges Góngora's pre-eminence in this enterprise, and the involvement of Paredes, though he does misrepresent the number of poems by Góngora and others published in the *Relación* (pp. 123–4).

poems are followed by hieroglyphics and *imprese* explaining the decoration of the three-tier funereal monument or catafalque which housed the simulacrum of the queen's coffin, the centrepiece of the spectacle, and the nave of the cathedral. The poems, with illustrated hieroglyphics and *imprese* would have been hung on the catafalque itself and on the black draperies lining the nave as the congregation entered the cathedral. They therefore constituted plastic as well as intellectual and reflective elements of a dynamic spectacle through and around which congregation and clergy would process, their presence as physically indispensable as the decorated timber of the catafalque, the wax of the candles, the pigment of the paintings or the fabric of the textiles. Góngora's position at the beginning of each sequence of poems indicates his literary pre-eminence in Córdoba, as does the paucity of his contribution relative to those of younger poets seeking to establish themselves, such as Paredes, or the various members of the clergy evidently fulfilling an obligation to demonstrate learning and ingenuity and doing so diligently but without much flair.

Margarita, Archduchess of Austria, daughter of Karl II of Styria (Inner Austria/ Steiermark) and Maria Anna of Bavaria, was married at the age of fourteen to her cousin, Philip III of Spain, in Ferrara on 15 November 1599, in a double wedding conducted by the Medici Pope Clement VII which also incorporated the betrothal of Philip's sister, the Infanta Isabel Clara Eugenia, to the Archduke Albert of Austria, son of the Holy Roman Emperor, Rudolph II. Both Philip and Isabel Clara Eugenia were represented at the ceremony by proxies, with Albert standing in for his cousin and future brother-in-law.[3] Philip formally met his bride in Barcelona a couple of months later and they underwent a second wedding ceremony amid much pageantry on 29 January 1599.[4] Margaret produced eight children in ten years. Her firstborn, the long-lived Ana María Mauricia, became, as Anne d'Autriche, the influential and somewhat scandalous wife of Louis XIII of France and mother of the Sun king, Louis XIV. The future Philip IV, her third child and first son, was born on Good Friday, 9 April 1605, cementing the already close relationship between royal spouses. Her last child, Alfonso Mauricio, *el caro*, who lived for barely a year, was born on 22 September 1611. Shortly after the birth, the queen left her apartments in the Escorial and toured the monastery in the company of the king and the imperial ambassador. However, her apparently rapid recovery was short-lived.[5] She fell into a fever some days later and died, at the age of 26, on 3

3   Maria Ines Aliverti, 'Travelling with a Queen: The Journey of Margaret of Austria (1598–9) Between Evidence and Reconstruction', in *Writing Royal Entries in Early Modern Europe*, ed. Jean Andrews and Marie-Claude Canova-Green (Brussels: Brepols, 2013), pp. 46–57.
4   Patrick Williams, *The Great Favourite: The Duke of Lerma and the Court and Government of Philip III of Spain, 1598–1621* (Manchester: Manchester University Press, 2006), p. 58.
5   Williams, *The Great Favourite*, p. 169.

October, leaving a disconsolate Philip, who, unusually and perhaps partly because he had three sons who outlived him, did not subsequently re-marry. Such was his grief that it was some days before he could bring himself to begin to sign the decrees communicating the news of the queen's death to the constituent entities of his empire.[6]

The Habsburg custom of commemorating the deaths of members of the Spanish and Austrian royal families had been inaugurated under Charles V and codified, inevitably, by his thorough son Philip II.[7] The first funereal monuments were constructed in Spain in the decade between 1539 and 1549 and Philip laid out a series of stipulations in 1558, initially to mark the death of his own father, which were eventually extended to cover the core members of the Spanish royal family and certain senior members of the Austrian branch. As Allo Manero and Esteban Lorente explain:

> Las exequias reales tenían carácter obligatorio y, por lo tanto, contaban con una normativa legislativa expresa que, llegado el caso, se materializaba a través de cartas reales enviadas por el monarca ordenando su celebración. Dicha obligación afectaba a toda la jurisdicción administrativa, civil y religiosa, de la monarquía hispana, traspasando incluso los límites geográficos de los reinos peninsulares y alcanzando los pertenecientes a los estados de Italia, Flandes e Índias: ciudades con asiento en Cortes, Audiencias, Diputaciones, Tribunales de la Inquisición, Órdenes Militares y otras instituciones de real patronato (catedrales, capillas, universidades, hospitales, etc.[8]

These dispositions were further expanded in 1578 and afterwards carried out with little divergence from the established norms throughout the seventeenth and eighteenth centuries.[9]

The usual sequence of events involved the dispatch of a *Cédula Real* signed by the king, ordering the celebration of funerary rites in memory of the defunct royal personage. The entity in receipt of the king's disposition was then under obligation to organise a series of events beginning with public proclamation of

---

6   Williams, *The Great Favourite*, p. 170.
7   Carlos A. Page, 'Arte y arquitectura efímera en los funerales reales de Córdoba el Tucumán', *Hispania Sacra*, LXI (2009), 124, Julio–Diciembre, 423–46, p. 428.
8   María Adelaida Allo Manero and Juan Francisco Esteban Lorente, 'El estudio de las exequias reales de la monarquía hispana: siglos XVI, XVII y XVIII', *Artigrama*, 19 (2004), 39–94, p. 40.
9   Allo Manero and Esteban Lorente, 'El estudio de las exequias reales', p. 40. See Fernando Moreno Cuadro, *Las celebraciones públicas cordobesas y sus condecoraciones* (Córdoba: Monte de Piedad, Caja de Ahorros de Córdoba, 1988), p. 27, for a sense of the punishment to be incurred if these dispositions were not obeyed.

the death of the royal personage and the acceptance of condolences sent in response by all the major religious, military, civil and trades institutions in the locality. Meetings would be held by the organising body to decide how much could be spent on the celebrations, who would design and erect the catafalque, which of the local artists and artisans would be commissioned or invited to participate, who would preach the sermon and where the structure would be located. Many of these celebrations involved the organisation of poetry competitions, *justas* or *certámenes*, or poets would simply be invited to submit contributions. Córdoba, for example, does not appear to have held a competition in 1611/12. Nine days of mourning would be declared leading up to the date set for the religious services, which would be scheduled to take place over two days. Over this 48-hour period, formal condolences would be presented by the representatives of the designated local institutions on the first morning. That evening, clergy, state and municipal officials and those elements of the gentry and citizenry invited to attend would repair to the church in which the catafalque had been erected, to take part in the all-night vigil. The next morning a solemn requiem Mass would be celebrated, at its heart the sermon in Castilian extolling the virtues of the deceased, virtues already enshrined in the monument itself and in the poems and paintings associated with it.[10]

These celebrations were ruinously expensive, frequent (even royal children who lived a few days had to be correctly commemorated) and unavoidable. While Margarita was beloved of the king, admired at court for her intelligence and her piety, and held in genuine affection by the populace at large, many were the institutions and cities who thought twice each time before committing themselves to yet further expenditure which would have to be met by increased borrowing. In the autumn of 1611, for example, no less an institution than the University of Salamanca debated long and hard as to whether it could reasonably afford to mark the queen's passing appropriately.[11] As Baltasar de Céspedes records, rather forthrightly for the times, at the outset of his account of the ceremonies:

> Dificultose mucho el Claustro en poderle hazer estas honras con el esplendor, que la Uniuersidad desseaba, y otras vezes se hauia hecho, por la gran quiebra, que hauia en las rētas y haziēda, que era la mayor que jamas se auia visto.[12]

---

[10] Page, 'Arte y arquitectura efímera', p. 431.

[11] Baltasar de Céspedes, *Relación de las honras que hizo la Universidad de Salamanca a la Magestad de la Reyna doña Margarita de Austria nuestra señora, que se celebraron miércoles nueve de noviembre del año M.DC.XI.* (Salamanca: Francisco de Cea Tesa, 1611).

[12] Céspedes, *Relación*, f. 2.

Needless to say, in spite of the academic salaries yet to be paid for that year and the recently-purchased buildings which added to the crippling financial burden facing the university, they had no alternative but to produce as sumptuous a spectacle as ever: 'No obstante esto se resoluiò, que las honras se hiziessen [...] como se auian hecho otras vezes.' Not to do so would be to incur the wrath of the king and indeed the disdain of neighbouring institutions and cities. A famous instance of this citizen censure is the scorn Góngora himself, secure in the relative splendour of the Córdoban effort, heaped on the catafalques erected by the nearby Andalusian cities of Écija, Baeza and Jaén in memory of Margarita, and, naturally, on the poor quality of the accompanying poetry:

> Écija se ha esmerado, yo os prometo,
> que en bultos de papel y pan mascado
> gastó gran suma, aunque no han acabado
> entre catorce abades un soneto.[13]

It should be no surprise that nine years later Écija should erect an elaborate funeral monument at a cost of 1,800 reales, for which the city had to contract huge debts, mortgaging land as surety, a measure Córdoba had been obliged to take in 1611.[14]

Avoiding opprobrium from any quarter and at the risk of similar indebtedness, the Salamanca event was mounted, relatively early, on 9 November 1611. Though these public ceremonies, irrespective of the gender of the personage lamented, were usually almost entirely the product of the male artistic imagination, in Salamanca, the second prize for *redondillas* in the *Certamen de Poesía* organised as part of the commemoration was awarded to Doña Antonia de Alarcón. Céspedes grants her the epithet 'natural de Madrid' but divulges or knows little else about her. In fact, she appears to have been an assiduous, freely-admitted and successful cultivator of festival poetry com-

---

[13]   'Soneto 120', Luis de Góngora, *Sonetos completos*, ed. Biruté Ciplijauskaité (Madrid: Castalia, 1985), p. 191; see also 'Soneto 119', p. 191, and 'Soneto 121', p. 192, which satirises diplomatic protocol as observed in the official marking of the queen's passing. See Elsa Graciela Fiadino, 'Góngora y las representaciones de la muerte: el túmulo en sus sonetos fúnebres', *Celehis: Revista del Centro de Letras Hispanoamericanas*, 3 (1994), 3, 175–85, p. 178. In fact, Góngora's description is erroneous, since it is not believed that papier maché was employed in the construction of funereal monuments before 1665. See María Jesús Mejías Álvarez, '*Pyras Philipicas*: Los túmulos de Felipe III y Felipe IV erigidos en la Ciudad de Écija', *Laboratorio de Arte* 18 (2005), 193–200, p. 198.

[14]   Mejías Álvarez, '*Pyras Philipicas*', pp. 195–6. The church in which the monuments for Philip III and Philip IV were erected, the Iglesia de Santa Cruz, was destroyed by the Lisbon earthquake of 1755; see also Jorge Terukina-Yamauchi, 'Parodia, autoparodia y deconstrucción de la arquitectura efímera en dos sonetos de Luis de Góngora (Millé 315, 326)', *Bulletin of Spanish Studies*, LXXXVI (2009), 6, 719–45, p. 719.

petitions and thus Margarita, felled by the risks of parturition, was celebrated in the seat of Castilian learning by at least one who understood the same
perils herself.[15]

While there are no female poets recorded in the Córdoba festival book, it is
clear that the event was costly and elaborate, though the catafalque might be
considered rather simpler, and consequently more elegant in design, than many
others of the period.[16] It was, however, sufficiently showy to allow Góngora the
luxury of flinging barbs across and along the Guadalquivir at his less wealthy
neighbours. As Page observes, these ceremonies, when well choreographed and
expensively funded, were profoundly moving and constituted the epitome of
public art throughout the Spanish empire:

> Como tipología arquitectónica, el simulacro de una tumba real [fue] [c]apaz
> de impresionar notablemente a las autoridades y al pueblo, el entorno de su
> emplazamiento contribuía a lograr una misticidad que se conseguía [...] en
> medio de altas bóvedas donde hacían una pronunciada sombra titilante las
> cientos de velas allí colocadas.[17]

These were created to provide powerful visual, olfactory, aural, intellectual and
spiritual experiences for all participants.

In Córdoba after the death of the queen, the pattern followed the usual
specifications.[18] By 9 October 1611, letters from the king to the bishop and religious chapters had been received informing them of the queen's death and the
rites to be performed. From midday on 9 October, for 24 hours, the four bells

---

[15]   Céspedes, *Relación*, ff. 46/47. Her *glossa*, 'De quien ay fue esta corona', was awarded
first prize in the poetry *justa* associated with the funeral rites for Philip III in Salamanca in 1621:
*Exequias, túmulo y pompa funeral que la Universidad de Salamanca hizo en las honras del Rey
nuestro señor don Felipe III en cinco de Iunio de mil y seiscientos y veynte y uno* (Salamanca:
Antonio Vázquez, 1621), p. 163. Classed in Salamanca as 'la musa del Manzanares', she contributed a *redondilla*, 'Roma, que en glorias triunfante', the following year to the festivities cele-
brating the canonisation of St Isidore in Madrid: Lope de Vega, *Relación de las fiestas que la
insigne villa de Madrid hizo en la canonización de su bienaventurado hijo y patrón San Isidro,
con las comedias que se representaron, y los Versos que en la Iusta Poética se escribieron*
(Madrid: Viuda de Alonso Martín, 1622), f. 140v; and a first-prize-winning *glossa* to the Jesuit
celebration, in the same year, of the canonisation of their two founder saints: 'Del primer Ignacio fuiste', in Fernando de Monforte y Herrera, *Relación de las fiestas que ha hecho el Colegio
Imperial de la Compañía de Iesus de Madrid en la canonización de San Ignacio de Loyola, y S.
Francisco Xavier* (Madrid: Luis Sánchez, 1622), ff. 32r–32v.

[16]   See Allo Manero and Esteban Lorente, pp. 51, 54–5; Terukina-Yamauchi, 'Parodia, autoparodia y deconstrucción', p. 719.

[17]   Page, 'Arte y arquitectura efímera', p. 429.

[18]   See Anon., *Relación de las honras que se hizieron en la Ciudad de Cordoua*, ff. 1–4,
29–30, for a description of the ceremonies, the monument and the decoration of the Santa Iglesia.
All subsequent quotes are taken from here.

of the Santa Iglesia (cathedral) tolled continuously, a behest also observed by all the parish and convent churches of Córdoba. The *Alguazil mayor*, Don Alonso de Carvajal, accompanied by the two chapter *escribanos* and a 'buen número de alguaziles', dressed in mourning, rode around the most important public places of the city to proclaim the sad news. An organising committee was quickly constituted and a design for the catafalque chosen, the most 'bizarro y magestoso' of the 'varios modelos de túmulo [ofrecidos] por personal naturales y forasteras'. It was then built, 'reducido a buena forma', by Blas de Marabel 'maestro mayor de fábricas en esta ciudad y en su Obisbado' and erected, in the *crucero de San Sebastián*, under the dome of the *Santa Yglesia*. The whole was finished well within the time stipulated, an outcome the author of the *Relación* credits to the diligence of the Corregidor, Don Juan de Guzmán, who visited the construction every day despite his cares of office. Though the description of the competition to design the monument might seek to indicate that it was built from scratch, it is possible that the timber skeleton of the structure and several of its fixtures and fittings were standard pieces slotted together anew with varying degrees of cosmetic alteration for each commemoration.[19] However, as the crossing of the *Santa Yglesia* was, in fact, only completed in 1607 it is equally possible, in this instance, that the structure was actually constructed specifically for this spectacle.[20] Another reason, perhaps, for Góngora's arrogant dismissal of the Écija and Jaén efforts.

The catafalque that Blas de Maravel and his team built on this occasion consisted of three neo-classical tiers, made of wood painted to resemble marble. The bottom tier, through which members of the clergy would process, was eclectic in design, with Doric bases and Ionic capitals and cornices; the second tier, also square-shaped, was exclusively Ionic and the third, octagonal, tier Corinthian. These three tiers measured 30 *varas* in height with the base covering a floorspace of 12 *varas* squared. The *remate* or pyramid which stood on top of the third tier was six *varas* high and the statue of Fame placed on top of this a further three and a half *varas* tall. The complete structure reached up about 120 feet into the magnificent new dome and was decorated in black and white with the exception of the coats of arms hanging on the pillars of the first and second tiers, which were rendered in full and vibrant colour. The royal coat of arms hung in the centre of each bottom tier cornice with the coats of arms of the constituent kingdoms, territories and overseas colonies of the Spanish empire, and Jerusalem, a reference to the Holy Roman Empire's claim on the Holy City and indeed its incorporation into the arms of the Emperor Charles I,

19   Mejías Álvarez, '*Pyras Philipicas*', p. 195.
20   Miguel Ángel Ortí Belmonte, *Córdoba monumental, artística e histórica* (Córdoba: Diputación Provincial, 1980), pp. 45–53.

Philip's grandfather, on the pillars.[21] The second tier carried the arms of the constituent dukedoms and principalities of Austria, Flanders and Burgundy, representing Margarita's more immediate family. The simulacrum of the queen's coffin was placed in the centre of the second tier on a graduated platform four *varas* high with the royal arms suspended on a canopy overhead.[22] The coffin was covered in black brocade with third degree reliefs ('de tres altos rico') which also covered the top step of the platform, with the other steps covered in black velvet. Two brocade cushions were laid on top of the coffin, on which were placed the crown and the royal sceptre together with a cross of 'inestimable valor' owned by the *Santa Yglesia*, this value being due to the very fine gold, 'con ser de oro finísimo', of which it was crafted, an indication possibly also of *mudéjar* workmanship. *Hachas* (big thick white candles) were placed on balustrades built into each of the four façades, and smaller *velas* lit up the steps below the coffin such that 'un bien vistoso espectáculo' was produced. Eight figures of virtue, 'de excelente escultura', each two and a half *varas* tall: the four cardinal virtues of Prudence, Justice, Temperance and Fortitude, plus the three theological virtues of Faith, Hope and Charity and an eighth composite virtue representing what is achieved by observing the other seven, *bienaventuranza*, were placed one on each of the pedestals supporting the eight pillars at the corners of the structure. The third tier contained the traditional figure of Death, a skeleton with a scythe three *varas* high mounted on a pedestal conveying the message that death 'ygualmente huella los torreados alcaçares de los Reyes, y las humildes moradas de los pobres'.[23] The figure of Death was complemented by 'trofeos de muertes' painted or moulded on the pilasters and the friezes, and the structure was otherwise covered with candles on pyramids at each corner, on balustrades attached to each façade and in candelabra standing on the pedestal on which the figure of Death was placed. The sense given in the account is that the concentration of candles increased as the structure ascended into the roof of the *Santa Yglesia*.[24] Thus the *remate* seems to boast an

[21]   Jerusalem was retained by Philip II on his coat of arms until 1580 when the arms were re-designed to incorporate the arms of Portugal after unification. The arms of Portugal would not be removed from the escutcheon of the Spanish king until 1668, when the independence of Portugal, achieved in 1640, was formally recognised. See *Herádica Hispánica* <http://www.heraldicahispanica.com/historiaescudo.htme> (accessed on 3/07/2012). I am grateful to my colleague Richard Cardwell for drawing my attention to heraldry in relation to these sonnets, initially the queen's coat of arms.

[22]   In fact, there is some doubt as to the disposition of the queen's coffin, whether it was placed in the first or second tier. The *expediente* indicates the former and the *Relación* the latter. See Moreno Cuadro, *Las celebraciones públicas*, p. 36.

[23]   The figure of death was apparently unusually large. See Terukina-Yamauchi, 'Parodia, autoparodia y deconstrucción', p. 719.

[24]   The *Relación* does not mention the placement of candles in the bottom tier and none are

even greater concentration of candles: eight pyramids holding *hachas* with balustrades supporting more *hachas*, 'de suerte que hizo tan hermosa y gallarda vista'. Above the third tier stood a pyramid on top of which the figure of Fame, 'por estremo bien obrada', bestrode a globe, symbolically overcoming the finality of Death: 'no lo acaba todo la muerte, pues no acaba la fama'.

The ceremonies commenced on Sunday, 1 January 1612. Fray Diego de Mardones, the bishop of Córdoba, excused himself from saying the funeral Mass the following day, though he did attend, because he was suffering from gout, and the three inquisitors excused themselves from attending because all three were in poor health. When the formal procession which had made its way from the Quadra de Rentas at 2pm, followed by the general public, entered the *Santa Yglesia* at 3pm on the afternoon of New Year's Day, they would have found the interior cast into greater than usual darkness. The arches leading from the main entrance, the *Puerta de Santa Catalina*, up the nave, along which they walked as they approached the catafalque, and both aisles of the transept were covered up to the top third of the supporting pillars in black baize, as were all statues. The entire congregation and clergy would also, of course, have been dressed predominantly in black, with many of the clergy, municipal officials and guild members in costly costumes the outlay for which would not have been the smallest part of the expense of the event. Used as they were to the 'magestad lugubre' of such ceremonies, however, what seems most to have attracted the attention of members of the congregation as they looked about them was the

> muche dumbre de obras Poéticas Vulgares, y Latinas, que ocupauan parte de las pilastras del tumulo, y todo el campo de la colgadura, haziendo tan agradable lauor sobre lo negro della lo blanco de los papeles, como el artificio de la disposicion del dellos compartidos en emblemas (que el vulgo llama Gerogliphicos) vistosos por su pintura tanto, quanto por su agudeza entre Epigrammas, y Sonetos, que escritos en bien cortadas tarjetas, combidauan al numeroso concurso de pueblo à ver, y gozar los raros y admirables pensamientos que contenian.

The congregation, its eyes dazzled by the candles lit on the magnificent funeral monument ascending into the dome, its senses overcome by the incense burned over the course of at least twenty-five vigils said, one for each of the thirteen parishes and twelve religious orders, some also duplicated, and by the profusion of (extremely expensive) wax candles; its ears luxuriating in a cathe-

---

depicted in the bottom tier in the drawing of the structure contained in the *Relación*. The drawing does show candles on pyramids at the corners of the *remate* and on balustrades around each façade though by this late stage in the description, the narrator does not mention their presence, assuming that the reader would take them for granted.

dral choir 'que suele ser de las mejores de España', undoubtedly performing the work of some of the greatest composers of what was also a Golden Age for church music in Iberia, must have exited the *Santa Yglesia* at midnight in a state of near delirium. Yet, there would be little sleep that night as for the entire twenty-four-hour period of the religious ceremonies the bell of the cathedral and those of all the other parish and convent churches tolled and Masses were said in each of these churches after the cathedral ceremonies. Indeed, they must have greeted the culminating ritual of the Requiem Mass on Monday, 2 January, a grey day, 'queriendo en cierta manera imitar el luto', with their state of delirium entirely confirmed. The Mass was said by the Master of Deacons, Don Alonso Venegas de Cañaberal and Dr Bernardo Aldrete Canónigos while the most crucial element, the sermon, was delivered by Dr Alvaro Piçaño de Palacios, *Canonigo de Escritura*. It was two hours long, a matter which excited the wonder of the narrator, given the inability of the contemporary congregation to achieve anything approaching a receptive silence: 'cosa que puede poner admiración durar tanto la fuerça del decir entre tanto tumulto popular'. The *Cabildo de la Ciudad* provided the candles for the Sunday ceremonies, of the same weight as those which the Cathedral had provided for the Vigils the day before, the *Cabildo* also donated candles to the lay clergy and to the religious orders so Masses could be celebrated in their churches.

Unlike those who wrote almost all the other poems in the collection associated with the exequies for the queen in Córdoba, Góngora, who must have witnessed several of these spectacles by that point in his life and certainly would have had access to the catafalque as it was under construction, engaged directly with the plasticity of the monument in his three sonnets, two *décimas* and *octava real estança*. There is no telling exactly where his poems, written out on beautifully cut card, would have been located but it is hard to imagine they were not in pride of place on the bottom tier of the catafalque itself. They constitute, in effect and in substance, a sequence of oblique and less oblique baroque improvisations on the nature and location of the funereal monument, as well as the life and achievements of the queen.

The first sonnet printed in the *Relación*, 'No de fino diamante', offers a consideration of the overall form of the catafalque. The Córdoban monument was constructed as a neo-classical pyramid, the more usual structure by the early seventeenth century, and such monuments were described in the accounts of the time variously as *pirámides* or *obeliscos*, with *pira* being applied both to the pyramidal form and other variants, such as the baldaquin initially more favoured in Catalunya and Aragón.[25] The octave offers the alternative *aguja*

---

25   Allo Manero and Esteban Lorente, 'El estudio de las exequias reales', pp. 65–6.

for *pirámide* or *obelisco* and engages with the funereality of the artefact from the outset. The pyramid though melancholic in function is 'luziente', and, as it were, lifts up the stars, the *hachas* and *velas* which increase in profusion and consequently deepen the intensity of illumination the further up the structure they are placed, to be kissed. This *aguja* is the inversion of the implied head-dress the queen might once have worn in life, with a fantail of feathers gathered by a shining diamond or burning ruby mounted on a long pin, the jewels, of course, allusions to the white and red of conventional female facial beauty. However, the allusion to 'plumas', allied to the 'buelo' which is obscure or obscured by the nature of the monument ('la gala'), rights the comparison by invoking the expanding upward flight of the dark smoke from the white church candles, themselves also 'agujas' in shape, placed on the catafalque:

> No de fino diamante, o Rubi ardiente,
> Luzes brillando aquel, este centellas
> Crespo volumen vio de plumas bellas
> Nazer la gala mas vistosamente
> Que obscura el buelo, y con razon doliente
> De la perla Catolica, que sell[as]
> A besar te levantas las estrellas
> Melancolica aguja, si luziente.[26]

The metonymic pearl, Margarita, is sealed in the catafalque, her own earthly grandeur or spiritual ascent ('buelo') covered, possibly in the sense of rendered dark ('obscurar'), beneath the black brocade-covered simulacrum of her coffin housed in a black-painted catafalque ('la gala vistuosa'). The sestet reprises the theme. The edifice is redolent of the 'aromas' of church incense wafted with each vigil ceremony and the scent of beeswax, emanating both light and smoke from its two upper tiers, at least, and the *remate*, these perhaps drifting around the *crucero* and the body of the cathedral on the currents of air generated by those entering and leaving (*el viento*), since the baroque congregation was very much a fluid and garrulous entity:

> Pompa eres de dolor, seña no vana
> De nuestra vanidad: dígalo el viento,
> Que ya de aromas, ya de luzes tanto
> Humo te deue. Ay ambicion humana
> Prudente pauon oy con ojos ciento
> Si al desengaño se los das, y al llanto.

---

[26] See Anon., *Relación de las honras que se hizieron en la Ciudad de Cordoua*, f. 5, for the three sonnets.

Perhaps the hundred eyes of the 'prudente pauon', set there by Juno but now ('oy') equipped with the prudence of the properly-informed Christian soul, alludes to the vastly more than one hundred mourning-clad eyes publicly weeping, as per courtly and religious convention, in the *Santa Yglesia* during the course of the ceremony.

The second sonnet in the *Relación* sequence is the best-known of the three: 'Maquina funeral'. The first quatrain employs two further synonyms for the catafalque: 'maquina', any type of ceremonial ephemeral structure, and 'pyrà'. The juxtaposition of both terms in this quatrain acknowledges that the structure is not made of the aromatic timber of Classical antiquity which will be ceremonially burned. Indeed, it infers a corollary, self-evident to the contemporary spectator, that the basic structure will, in fact, as with the majority of ephemeral architecture, be re-used. This inference may also be drawn, secondarily, from the invocation of the figure of the *Fénix*, otherwise the pious queen whose soul will rise from the ashes of her mortality:

> Maquina funeral que desta vida
> Nos dezis la mudanza, estando queda
> Pyrà, no de aromatica arboleda
> Si a más gloriosa Fénix construída.

The second quatrain moves the catafalque from the dry land of the *crucero de San Sebastián* a couple of hundred metres onto the open water of the Guadalquivir, which was navigable to ocean-going ships at the beginning of the seventeenth century. It is easy to see how the third tier containing the figure of Death, or the *remate* above it surmounted by the statue of fame, reaching 120 feet (36 metres) into the dome, might look like a ship's crow's nest ('gavia') from ground-level, with the candles lighting up the sky like Castor and Pollux ('estrellas hijas de Leda'):

> Baxel, en cuya gavia esclarecida
> Estrellas hijas de otra mejor Leda,
> Serenan la Fortuna de su rueda
> La volubilidad reconocida.

Indeed, the 'aguja' of the first sonnet is seamlessly transfigured, in the sestet, into a shining lighthouse ('farol luziente'), sought out by the well-informed Christian soul ('la razon') as it, now a ship floundering on reefs, attempts to reach port safely. This, however, is a lighthouse which is conversely ('à pesar de lo luziente') an 'obscura concha', picking up on the use of 'obscurar' in the first sonnet, the black-clad coffin and catafalque in which the pearl Margarita symbolically lies. The 'rubí' and 'diamante' of the first sonnet are re-stated here as religious signifiers, representing two of the theological virtues: Charity and Faith. The third, Hope, might be deemed to be encapsulated in the Phoenix-like rebirth of the pearl in heaven ('nueuo Oriente'), in the presence of God ('nueuo Sol'). It may be worth remembering that the dome of the cathedral lit by such a profusion of candles may well have had a golden glow which evoked the golden aura, representing the celestial light of heaven, surrounding God the Father, Christ and the Virgin when depicted enthroned in glory in contemporary iconography:

> Farol luziente soys, que solicita
> La razon entre escollos naufragante
> Al puerto, y à pesar de lo luziente,
> Obscura concha de una Margarita,
> Que, Rubí en Caridad, en Fè diamante
> Renaze à nueuo Sol ya en nueuo Oriente.

The third sonnet, segueing from the maritime theme of the second, sites the monument precisely on the banks of the Guadalquivir, 'el Betis ... sus arenas', and invokes the horizon of Spain as a 'dosel'. This is usually the canopy over an aristocrat's four-poster bed, specifically here it refers to the canopy decorated with Philip III's coat of arms, symbolic of nation and empire, suspended from the ceiling of the second tier over the simulacrum of the queen's coffin:

> A la que España toda humilde estrado
> y su horizonte fue dosel apenas,
> el Betis esta urna en sus arenas
> majestüosamente ha levantado.

The second quatrain, in tune with the primary metaphor of the previous sonnet, returns to the perilous condition of the soul attempting to reach port through dangerous reefs, here including the fabled 'syrenas', earthly temptations:

> O peligroso, oh lisonjero estado
> Golfo de escollos, playa de syrenas,
> Trofeos son del agua mil entenas,
> Que aun Rompidas no sè si an recordado.

The 'trofeos del agua', the now broken masts of the ships wrecked on the reefs ('escollos'), might be taken as reflections of the 'trofeos de muertes' scattered on the third tier around the tall, looming figure of Death. That they have not remembered their former glory or folly, 'no sè si an recordado', underlines the *memento mori* import of the contents of the third tier. The first tercet draws attention to the parentage of Margarita, but also to the sixteen coats of arms representing the possessions and territories of Austria, Burgundy and Flanders surrounding the 'urna' on the second tier. If the mathematics of 'mas coronas ceñida, que vio años' is to be verified, then the thirty-two kingdoms, colonies and possessions of the Spanish empire on the first tier must also be included, moving down the catafalque as the sonnet progresses, to make a total of forty-eight, nearly twice Margarita's age at death.

> La Margarita, pues, luziente gloria
> Del sol de Austria, y la concha de Bauiera
> Mas coronas ceñida, que vio años

The 'clarin' in the second tercet, while here undeniably Christian in context, and possibly referring to St Jerome's description of the awful sound summoning humanity to the last judgement, at the same time, alludes to the clarion into which the statue of Fame blows, returning at the end to the pinnacle of the vertiginous edifice, closest to heaven, where Margarita will undoubtedly find herself on the last day.[27]

> En poluos ya el clarin final espera
> Siempre sonante à aquel cuya memoria
> Antes peyno que canas desengaños.

Góngora's *estança* in *octava real* moves closer to the implied contents of the coffin: the queen's embalmed ('vunguentos oy suabes') body, and it addresses the spectator come to view the catafalque, either in the plural or in the respectful second-person plural ('que admirays'):

> En esta, que admirays de piedras graues
> Labor no Egypcia, aunque à la llama imita,
> Vnguentos preuilegian oy suaves
> La muerta humanidad de Margarita;
> Si de quantos la pompa de las aues,
> Ni su funeral leños solicita
> Ay quien destile aromas tal, en vano
> Resistiendo sus troncos al gusano.[28]

---

[27] Cipiljauskaité (ed.), *Sonetos completos*, p. 215.
[28] See Anon., *Relación de las honras que se hizieron en la Ciudad de Cordouá*, ff. 15v–16r for the *estancia* and the *décimas*.

The congregation gathered round the facsimile coffin ('de piedras graues') is reminded that the body is mummified in the Egyptian tradition, though not by Egyptians ('labor no Egypcia'), encased in a pyre in the Classical manner though one not for burning ('à la llama imita/ ni su funeral leños solicita') though her status, depicted by 'la pompa de las aues', represented heraldically on the king's coat of arms draped above the casket by the red (gules) eagle of Tyrol and the black (sable) eagle of Aragon–Sicily, is of the highest.[29] As Margarita was the granddaughter of the Holy Roman Emperor, Ferdinand I, Charles V's brother and successor, the 'pompa de las aues' must be assumed to summon doubly the imperial Holy Roman eagle, overshadowing his lesser Tyrolese and Sicilian brethren. In the rhyming couplet, however, the spectator is then led from earthly majesty to contemplation of the gross reality of the decomposition of the body in Christian burial, the wood of the coffin giving way to the encroachments of the maggot: 'en vano/ resistiendo sus tronco al gusano'.

The two *décimas* are printed in the *Relación* without a break between the first and the second and they offer a gentle and elegiac farewell to the young queen. The first *décima* invokes, yet again, the spectator. As this spectator is attending a religious and valedictory event, the appelation *peregrino* serves a dual purpose here: recognising that the mourners have all to some extent displaced themselves in order to attend the ceremony, but also implying that the recognised sanctity of Margarita's life has turned the simulacrum of her coffin into a relic, a site of pilgrimage in itself.

> La Perla que esplendor fue
> De España, y de su corona
> Yaze aquí, y si la perdona
> (O peregrino) tu pie;
> A este duro mármol, que
> Oy en poluos la merece,
> Compungido lo agradeze;
> Si no lo estas, yo asseguro
> Ser menos el mármol duro
> Que entre ella, y tu piè se ofreze.

A salutary and conventional warning is issued to any visitor to the catafalque not prepared to pardon the coffin its appropriation of the queen's remains ('perdonar

---

[29]   The coat of arms of the Catholic kings was borne by the sable eagle of St John, which would be revived in the twentieth century under General Franco. When he became Holy Roman Emperor, Charles V hung his coat of arms on the two-headed Germanic Imperial Eagle. Philip II created a coat of arms divested of supporting eagles, with an open crown. The only avian symbol remaining was the sable eagle of Aragon–Sicily. See *Herádica hispánica*.

al duro mármol') and reflect the proper sense of compunction as demonstrated by the casket itself ('compungido lo agradeze'): the barrier between life and death ('ser menos el mármol duro/ que entre ella, y tu pie') is far thinner than the spectator standing there may suspect. The *double entendre* here, since the spectator is aware that the coffin is a relatively flimsy simulacrum, enhances rather than undermines the *memento mori* impact of the warning.

The second *décima* shows the queen now asleep in her coffin, leaving virtue at leisure ('ociosa'), the exercise of it having also died with its chief proponent, Margarita:

> Ociosa toda virtud
> Muerto su exercicio llora
> La perla que engasta aora
> El plomo deste ataúd
> Reyna que en muda quietud
> Duerme, y en silencio santo
> A dos mundos: y aunque es tāto.
> Es mucho que no le rompa
> O de su fama la trompa,
> O de sus Reynos el llanto.

The poem concludes Góngora's contribution with the hope that her fame will not be forgotten ('que no le rompa/ o de su fama la trompa') nor her subjects in two worlds, the new and the old, cease to lament her ('o de sus Reynos el llanto'), a gentle and loving final commendation for a queen who was herself much loved, and one which would no doubt have had the desired effect of prompting the tears of the late queen's subjects perusing and walking past the finely-cut card on which it was written, on 1 and 2 January 1612, in Córdoba in the course of this magnificent and moving royal commemoration.

9

Jealousy in María de Zayas's Intercalated Poetry: Lyric Illness and Narrative Cure

Dana Bultman

María de Zayas's dynamic use of intercalated poetry in her *Novelas amorosas y ejemplares* (1637) and *Parte segunda del Sarao y entretenimiento honesto* (1647) provides us with a sustained example of 'poetry in motion' across hundreds of narrative pages. Over the course of these works, Zayas intersperses lyric forms in her narrative, creating generic contrasts that are integral to the structure of both books and offering evidence for the gradual transformation of her central character, Lisis.

As readers progress through the frame that enfolds and interconnects the twenty novellas of Zayas's two books, they follow the thread of the story of Lisis, the frame narrative's protagonist and, as some critics have suggested, Zayas's alter ego.[1] Lisis first appears at the opening of the *Novelas amorosas* as a poet, weakened in body and mind because Don Juan has spurned her. As the *sarao* begins she is lying on her couch, sickened by the sort of early modern 'amorous jealousy' Steven Wagschal has defined as 'a group of emotions, feelings, thoughts, bodily changes, and attitudes that are experienced in relation to guarding the exclusivity of a relationship that one possesses from a rival and/or avenging the loss of that which was possessed'.[2] Through the course of the works as a whole, Lisis makes a systematic conversion from poet to narrator as well as from illness

---

[1]   This opinion is expressed by Nina Cox Davis, 'Re-Framing Discourse: Women Before Their Public in María de Zayas', *Hispanic Review*, 71 (2003), 3, pp. 325–44, p. 326; Ruth El Saffar, 'Ana/Lisis/Zayas: Reflections on Courtship and Literary Women in María de Zayas's *Novelas amorosas y ejemplares*', in *María de Zayas: The Dynamics of Discourse*, ed. Amy R. Williamsen and Judith A. Whitenack (Teaneck, NJ: Fairleigh Dickinson University Press, 1995), pp. 192–216, p. 203; and Elizabeth Rhodes, *Dressed to Kill: Death and Meaning in Zayas's Desengaños* (Toronto: University of Toronto Press, 2011), p. 11.

[2]   Steven Wagschal, *The Literature of Jealousy in the Age of Cervantes* (Columbia, MO: University of Missouri Press, 2006), p. 17.

to health. She undergoes these changes in her mental and physical state as she overcomes Don Juan's rejection. Meanwhile, her lyric preferences also shift.

Zayas's many narrative voices, including that of Lisis, often reflect upon and critique the lyric poems and poets that appear in the tales, demonstrating that amorous poetry, even when produced in a register of apparent sincerity, can make inexperienced women and men prey to their own emotions. Love poetry's least harmful effect is to perpetuate a mistaken overestimation of jealousy's value and importance. At its worst it persuades, deceives, seduces and awakens desires in characters who, after listening to or reading a poem, tend to lose their self-control and make destructive judgements. Why then does Zayas remain tenaciously engaged with amorous poetic discourse until the very end of the *Parte segunda*, even while building a case against it? I believe a plausible interpretation of Lisis's retreat from the role of poet and her recovery from lovesickness in the *Novelas amorosas* and the *Parte segunda* begins with the premise that all the intercalated poetry of Zayas's two books serves both an important overarching structural purpose and a philosophical one. To use Rita Felski's categories of aesthetic response, Zayas's generic contrasts offer the reader absorbing and enthralling 'enchantments' of the mind and senses that alternate with analytical 'recognitions', or cognitive insights into the self, that are meant to break the pleasurable spells of love poetry and restore a healthy rationality.[3] This movement correlates with the necessary steps for recovery from lovesickness by Lisis, accompanying her deepening understanding of her own self-destructive jealousy and attempts to distance herself virtuously from it.

Studies by Ruth El Saffar, Lia Schwartz and most recently Anna-Sophia Buck have all noted the key role Zayas's intercalated poetry plays in the striking *mise en abîme* effect of structural embedment in the two books.[4] In the frame narrative, the principal poetic performers are the talented Lisis, her disloyal suitor Don Juan and later, in the *Parte segunda*, Lisis's intimate friend, Isabel. Each of these characters takes a turn, along with other frame characters, as a narrator of one of the twenty novellas. As poets, the poems they perform in the frame create indirect dialogue between Lisis, Don Juan and the other frame characters. Meanwhile, within the novellas they narrate, the intercalated

---

[3]   Rita Felski, *Uses of Literature* (Malden, MA: Blackwell Publishing, 2008), pp. 23–76.

[4]   See Ruth El Saffar, 'Ana/Lisis/Zayas', p. 203; Lía Schwartz, 'Discursos dominantes y discursos dominados en textos satíricos de María de Zayas', in *La creatividad femenina en el mundo barroco hispánico*, ed. Monika Bosse, Barbara Potthast and André Stoll, vol. 1 (Kassel: Reichenberger, 1999), pp. 301–21, p. 308; and Anna-Sophia Buck, '"Triste estáis, dueño querido …"'. Presencia y función del discurso melancólico en las *Novelas amorosas y ejemplares* y en los *Desengaños amorosos* de María de Zayas y Sotomayor', in *Escenas de transgresión: María de Zayas en su contexto literario-cultural*, ed. Irene Albers, Uta Felten and Hans Ulrich Gumbrecht (Madrid / Frankfurt: Iberoamericana / Vervuert, 2009), pp. 177–88, p. 184.

poems by characters in the tales resonate thematically with the jealousy-based conflict of Lisis's story in the frame. This complex web of characters' feelings, rationales and performances at various levels of Zayas's literary construction produces a dazzling play of reflections and ironies. This play has the effect of contrasting amorous poetry's persuasive power with the didactic potential of the novella, a comparison that may be the *raison d'être* for all the poetry Zayas included in her prose work.

In her *Novelas amorosas* and *Parte segunda* Zayas includes seventy-five varied forms of lyric composition, not all of which can be traced to her own pen.[5] She embeds *sonetos*, sometimes with *estrambote*, as well as *décimas*, *endechas*, *madrigales* and *romances* relatively equally across the ten novellas in each book and the narrative frame.[6] The critical consensus on Zayas's inclusion of lyric compositions – her own and those of others – is that they serve multiple and diverse purposes. Zayas includes the poems in her narrative work not simply as a decorative nod to the convention of variety but, as Julian Olivares observes, to establish the thematics of the novellas, put amorous conflicts in place, provide omens, prefigure, be rhetorically persuasive, advance plots, create irony, project mental states and produce musical effects.[7] Shifra Armon has shown that Zayas employs poetry to provide a braking effect in the novellas to increase narrative tension while also using the content of individual poems and the quality of a particular speaker's poetic voice to depict a character's 'verbal capacity' and 'social position'.[8] Elías Rivers was first to note the primacy of the theme of *celos*, or jealousy, in Zayas's intercalated poetry.[9]

Building upon these observations I propose that the characters Zayas portrays, both in the frame and in the novellas, never find a remedy for their internal conflicts in the abundant love poetry she inserts there, but rather a poison that aggravates their sufferings and contributes to the illness of passion.[10] With the work's structure Zayas achieves a marvellous aesthetic effect – in the Baroque sense of 'marvellous' as extraordinary and surprising – which estranges read-

---

[5]   Anna-Sophia Buck counts seventy-five poems in her essay '"Triste estáis, dueño querido ...", p. 178, note 2. For which poems are not authored by Zayas, see Julián Olivares (ed.), 'Introducción', in *Novelas amorosas y ejemplares*, by María de Zayas y Sotomayor (Madrid: Cátedra, 2000), pp. 9–135, p. 99, note 112.

[6]   *El jardín engañoso*, the last tale of the *Novelas amorosas*, is an exception. The possible reasons for the lack of intercalated poetry in this novella are discussed below (pp. 153–4).

[7]   Olivares, 'Introducción', pp. 100–9.

[8]   Shifra Armon, 'Rhymes and Reasons: Verse Interpolation in Golden Age Fiction', *Calíope*, 7 (2001), 1, pp. 93–109, p. 99.

[9]   Elías L. Rivers, 'María de Zayas como poeta de los celos', in *La creatividad femenina*, pp. 323–33.

[10]   For how ignorance brings about the 'illness' of passion in Neo-Stoic poetry, see Amanda Powell's essay in this volume.

ers from the pleasures of familiar amorous poetry, and above all from indulging in poetry that relies upon jealous desire for its creative impetus, in order to cure them of this passion. Considered as a whole, Zayas's two books forcefully teach a lesson about thinking rationally using what Maravall would have identified as the effects of suspense, astonishment and instability to move and convince the reader, paradoxically, of the value of non-conformism to the social norms of gendered relationships destructive to women.[11]

A reader experiences this unsettling estrangement from love poetry slowly and in intervals over the course of Zayas's novellas. While a marked change in tone does exist between the *Novelas amorosas* and the *Parte segunda*, what Elizabeth Rhodes has called the two books' 'profound difference in creative registers'; we can nevertheless see a clear aspect of the work's continuity in Zayas's consistent use of intercalated poetry.[12] At no point does Zayas abandon the layers of narrative and lyric that she utilizes to build the rhetorical complexity of these books, even when she shifts to the dark themes of torture and murder that characterize the *Parte segunda*. This continuity of structure is accompanied by a similar continuity in Zayas's portrayal of the potent rhetoric and negative impacts of conventional amorous poetry, in which she explores lyric speakers' differing moral stances, abilities to use reason and varying degrees of self-control over their own appetites and desires.

To find evidence for the relationship between Lisis's recovery, her retreat from poetry and her eventual performance as narrator it is necessary to trace how Zayas develops this contrast between poetry and narrative prose in her *Novelas amorosas* and *Parte segunda*. So, rather than extract the lyric corpus from its embedded context, or examine the dynamics of lyric and narrative within a single novella, it seems most productive as an initial step to evaluate – admittedly barely skimming the surface in this short study – the stages of Zayas's conceptual treatment of jealousy with a wide lens as it unfolds in the poetry across the work as a whole. In what follows, I first focus on changes in Lisis's poetic voice and then turn to the issue of her lovesickness and recovery. Using Michael Solomon's study of medical discourse, particularly his analysis of the ways texts were employed as 'discursive instruments' with healing powers,[13] my objective is to shed light on how Zayas casts conventional amorous poetry as a carrier of the illness of erotic appetite that, for the sake of readers' health, is best engaged in a mode of parody.

---

[11]   José Antonio Maravall, *Culture of the Baroque: Analysis of a Historical Structure*, trans. Terry Cochran (Minneapolis: University of Minnesota Press, 1986), pp. 207–24.

[12]   Rhodes, *Dressed to Kill*, p. 8.

[13]   Michael Solomon, *The Literature of Misogyny in Medieval Spain: The Arcipreste de Talavera and the Spill* (Cambridge: Cambridge University Press, 1997), p. 60.

Novelas amorosas y ejemplares

The frame story of Zayas's *Novelas amorosas* takes place over five nights of fes-
tive tale-telling. Lisis tries, but fails, to fully overcome her paralysing emotions
for her former suitor, Don Juan, who has lost interest in her to pursue a potential
marriage with her cousin instead. Readers initially encounter Lisis expressing
her *celos* over Don Juan's capriciousness with a naively direct and sincere lyric
voice which would have been, for Zayas's public, recognizable as belonging to
the conventional poetic and musical tradition of pastoral romance now integrated
into the courtly novella.[14] Lisis, introduced in the frame as 'hermoso milagro de
la naturaleza y prodigioso asombro de esta Corte' for her exceptional ability as
a poet, sings the first *romance* of the work to the audience of frame characters,
accompanied by a duo of musicians.[15] Its opening verses display Lisis's disap-
pointment with Don Juan, 'la causa de sus celos' (p. 168):

> Escuchad, selvas, mi llanto,
> oíd, que a quejarme vuelvo,
> que nunca a los desdichados
> les dura más el contento.
> Otra vez hice testigos
> a vuestros olmos y fresnos,
> y a vuestros puros cristales
> de la ingratitud de Celio. (p. 171)

This traditional introspective mode was familiarly worn, and ripe for critique,
by 1637. It belonged to the type Cervantes had parodied decades before in the
Marcela and Grisóstomo episode of the *Quijote*. The conflation of Lisis's desired
love object with *celos* itself, evident in the choice of the name Celio for the
beloved, is an error in reason that Zayas's text points to and then begins to address. The opening night of tale-telling also includes a questioning of the
sources of a lover's *firmeza*, or resolve, raising more doubts about the qualities
of true love and jealousy's role in it.

In the first novela, *Aventurarse perdiendo*, the character Jacinta's *firmeza*
in her love for Felix, her source of happiness, appears to be a positive trait. But
the virtue of Jacinta's resolve is undercut in the narrative when the reader sees
that, upon Felix's death, Jacinta's strong desire arises anew for a less deserving
beloved, named, as in Lisis's opening *romance*, Celio. The novela demonstrates

---

14   Buck, '"Triste estáis, dueño querido ..."', p. 178.
15   María de Zayas y Sotomayor, *Novelas amorosas y ejemplares*, ed. Julián Olivares (Madrid: Cátedra, 2000), p. 167.

that Jacinta's desire is cyclical, permeated with jealousy and independent of the worth of the object of her love. This is the case as well for an analogous male character in the second novella, Jacinto, who confuses his own lust with a more exalted *firmeza* in a sonnet he composes (pp. 217–18). With the two novellas of the first night, Zayas establishes that pastoral declarations of ever-lasting love are often deceptive and even self-deceiving products of erotic appetite. She highlights the rhetorical uses of *celos* in poems intended to seduce while also beginning to examine the differences between love and appetite. The inevitable negative effects of *celos* are shown to be particularly disastrous for women, who are more vulnerable than men to the inconsistencies between courtly love and the honour code.

On the second night in *El castigo de la miseria* the tale's main character, Marcela, sings that men do not know how to love, 'Murmurad a Narciso que no sabe amar' (p. 258). Within this novella the figure of the miserly Don Marcos proves Marcela's perception when he demonstrates that not only is lustful appetite often the basis of desire mistaken for love, but this appetite can often be accompanied by the immoral goal of obtaining wealth at the expense of women's honour and happiness. The following novella of the second evening, *El prevenido engañado*, then argues that virtue and knowledge are not mutu-ally exclusive, but instead closely related: 'donde hay falta de entendimiento, no puede sobrar la virtud' (p. 340), suggesting that to be capable of virtuous love and deserving of honour one must possess the understanding and refine-ment provided by knowledge and education. The events of the frame narrative immediately mirror this emphasis on learning and experience when, during this second evening, Lisis resolves to accept an alternative suitor, Don Diego, who is also attending the *sarao*. Lisis's reason prevails as she comes to view her former suitor Don Juan as a 'falso amante' who enjoys publicly displaying his preference for her cousin, Lisarda, while still engaging Lisis in a continual battle of 'desengaños y sinrazones' for sport (p. 292).

So, while Don Juan exchanges meaningful looks with Lisarda in front of the guests gathered at Lisis's home, and sings a comic *romance* that mockingly includes a defence of the prudence of *celos* in an attempt to sting Lisis's emo-tions, 'Necios llaman a los celos,/ mal los conocen, pardiez,/ que antes el ce-loso peca/ de advertido y bachiller' (p. 291), the narrator of the frame reveals that Lisis has decided, with new insight gained perhaps from the examples in the novellas, to abandon her jealousy towards him. The wisdom of this decision is reflected in the fact that at the end of the close of the second night Lisis recov-ers sufficiently from her lovesickness to rise to her feet and dance: 'y danzó tan divinamente que a todos dio notable contento' (p. 341).

When the guests reconvene on the third night of the *sarao* Lisis's return to physical health is accompanied by a shift in her poetic voice. She changes her choice of poetic form, prefacing the recommencement of the tale-telling with a sonnet praising the king, and punctuating the evening with a burlesque *madrigal* about fleas. Lisis's choices deflate the value of erotic appetite and add dimensions of irony and derision to her voice, which is no longer naively direct. She compares love both to King Felipe IV, figured as the sun, and to the trivial annoyance of a biting flea. As El Saffar has observed in her incisive reading of these two poems, they 'contextualize the love politics being enacted among her fellow noble men and women' as a negotiation between the interests of wealth, prestige and common 'fleshly hunger' (p. 194). The following novella, *La fuerza del amor*, parallels this devaluation of erotic love, showing it to be often no more than conventional appetite mistaken for something of greater value, and instructing the reader on how to escape its deceptive power. The next novella, *El desengaño amando y premio de la virtud*, argues clearly, and in spite of Don Juan's earlier comic defence of *celos* as the wise reaction of a true lover (p. 291), that *celos* do not signify the presence of true love (p. 377).

By the fourth night of the *Novelas amorosas*, Lisis's poetry no longer openly expresses the suffering of amorous desire but instead has become a vehicle for reasoned critique. Her critical *décimas* at the beginning of the fourth evening, 'Quien oye a un hombre decir/ a una mujer que es mudable,/ siendo su amor variable,/ ¿podrá dejar de reír?' wound Don Juan enough that he retreats from engaging her in further poetic battles (p. 410). And, on night five, the last evening of the *Novelas amorosas*, Lisis again sings a pastoral *romance* but explains to her listeners that these verses 'eran agenos', so no one confuses them with her previous verses about her feelings for Don Juan, which she publicly claims to have overcome (p. 484).

On the final night of the *Novelas amorosas* the narrators are Don Juan and Lisis's mother, Laura. Both of their tales cause the reader to reflect upon the contrasts between the world of literary fiction portrayed in the novellas and the 'real' world of the frame. Don Juan's novella, *El juez de su causa*, gives his main character – the extraordinarily beautiful and virtuous Estela – fantastic power when, disguised as Don Fernando, she is named Viceroy of Valencia. She is able to choose her own spouse, but also tests his motives rigorously in public before revealing her identity and agreeing to marry him. Don Juan's idealization of the character Estela, whom, as narrator, he calls not 'mujer sino ángel', and his tale of her improbable power, underscore how the fantasy of romance can lead readers to believe, erroneously, that women have a degree of control over their lives proportionate to their virtue (p. 510). As a corrective to Don Juan's tale, Zayas gives Lisis's mother Laura the final word on how best to employ narrative.

As Laura begins to narrate *El jardín engañoso*, the last novella of Zayas's first book, she explains that she will not make an attempt at a realistic story, but rather teach something surprising regarding the devil, which is, 'Lo que más es de admirar que haya en él ninguna obra buena' (p. 512). In Laura's novella the figure of the devil is surprisingly capable of performing an act of good. The devil's garden of the tale's title is an enchanting fiction made on behalf of a jealous lover, Jorge. As a place of beauty, amazement, sensorial delights, labyrinths, harmony and birdsong, it is much like the ideal world of pastoral romance and amorous poetry. The devil's improbable 'obra buena' consists of freeing Jorge from a contract for his soul when Jorge, in a tardy attack of ethical consciousness, renounces his adulterous claim to the already happily married Constanza. The devil then makes the deceptive garden he created as a trick to force the virtuous Constanza to accept Jorge disappear in a malodorous puff of smoke (p. 532).

Both El Saffar and Edward Friedman have seen in Zayas's work, and in this novella in particular, evidence of a push on her part for generic transformation. El Saffar offers the salient observation that Zayas's 'characters are figures trapped in the fiction of romance. Echoing the early work of René Girard, one could say of the whole collection that it constitutes, through the characters of Lisis and her mother, Laura, a search for a haven beyond the "mésonge romantique", a place of self-dominion where the devil himself is defeated'.[16] Friedman sees in El jardín engañoso a discomfort with incongruities between abstract ideals and lived experiences, which leads to his evaluation of Zayas's work as 'a literary idealism headed toward realism' that moves in the direction of more sophisticated representations of characters' psychologies.[17] Significantly, intercalated poetry is completely absent from this novella alone among all the novellas of Zayas's two narrative books. Neither are there any more poems in the final part of the frame narrative that ends the Novelas amorosas. This unique absence of poetry in Zayas's two narrative books suggests that at the close of the Novelas amorosas, the devil's garden and its power to enchant corresponds with the persuasive power of amorous poetry. At the end of her first book, Zayas makes both the garden and poetry disappear, clearing the way for the shift from romance to realism and for Lisis's passing of her poet's wreath to her friend Isabel in the Parte segunda.

Considering that Zayas's narrative models, Boccaccio and Marguerite de Navarre, did not use intercalated poetry, and that Cervantes did so not nearly as frequently or consistently in his Novelas ejemplares, why do lyric poems

[16]   See El Saffar, 'Ana/Lisis/Zayas', p. 212, note 3.
[17]   Edward H. Friedman, 'Constructing Romance: The Deceptive Idealism of María de Zayas's El jardín engañoso', in Zayas and Her Sisters, 2: Essays on Novelas by 17th-Century Spanish Women, ed. Gwyn Elizabeth Campbell and Judith A. Whitenack (Binghamton, NY: Global Publications, 2001), pp. 45–61, p. 58.

appear (or disappear) at decisive points in her work? I propose that Zayas repeatedly demonstrates the widespread acceptance conventional amorous poetry had with her contemporaries. Through the experiences of the characters in the tales she shows that such love poetry, despite its sensorial appeal, is no longer worthy of literary or social prestige. While Zayas richly exploits conventional amorous poetry in her narrative work – one might speculate that her parodies of bad love poems were amusing to write – she also demotes it, making it unlikely that she was attempting merely to display her poetic ability with the intercalated poetry she includes. A philosophical argument accompanies its presence.

Within the frame narrative of the first book, Zayas shows the systematic steps Lisis takes to develop a sophisticated poetic voice with critical distance from her own emotions. The reader witnesses Lisis's shift towards a preference for burlesque and irony, accompanied by the moral affirmation that in order to love virtuously one must be 'un amante firme y no fundado en el apetito' (p. 406). To have the rational self-control to abide in love without the satisfaction of appetite is the honourable, and difficult, stance of the Platonism espoused by Zayas's work. In Yolanda Gamboa's essay on Zayas's education and public life, she writes that Zayas's texts provide a 'memory chain … that connects us to the discussions held in the academies'.[18] Citing Monika Bosse, Gamboa explains, 'The *sarao* would be not only a place of creativity but equally as important a place for debate about moral and aesthetic codes from a female perspective' (p. 221).[19] Zayas's books of novellas use the logic of narrative cause and effect to reveal the fallacies inherent in idealistic amorous discourse, strategically deploying the moralizing and didactic qualities of prose as a contrast to the sort of amorous lyric used to persuade and seduce, thus calling into question what 'good' poetry is as well as suggesting a need for generic renewal.

Parte segunda del Sarao

Zayas's readers, upon opening the more terrifying assembly of novellas in the *Parte segunda* published ten years after the first book, discover that in the shorter, fictional interval of a little over a year since the close of the *Novelas amorosas*, Lisis was overtaken by a longer bout of serious illness. As Lisis

---

[18]   Yolanda Gamboa-Tusquets, 'María de Zayas, or Memory Chains and the Education of a Learned Woman', in *Women's Literacy in Early Modern Spain and the New World*, ed. Anne J. Cruz and Rosilie Hernández (Farnham: Ashgate, 2011), pp. 209–24, p. 222.

[19]   See Monika Bosse, 'El sarao de María de Zayas y Sotomayor: Una razón (femenina) de contar el amor', in *La creatividad femenina*, p. 297.

contemplated her pending marriage to her replacement suitor Don Diego she sickened, and, in danger of losing her life, only revived and returned to health due to her friendship with a new character, Isabel.[20] Readers are told that Lisis, apparently moved by Isabel's considerable literary talents and her own curiosity for Isabel's mysterious life story, recovers and generates a renewed resolve to orchestrate a second *sarao*. These second festivities will consist of three evenings of unprecedented all-female tale-telling, with no male narrators. The speakers will perform for a mixed public of apprehensive women and sceptical men, including Don Juan and Don Diego. The narrators are instructed by Lisis to relate only true stories of betrayal and to call them disenchantments, 'casos verdaderos, y que tuviesen nombre de desengaños' (p. 118).

Zayas's work reaffirms the reality of the problem of lovesickness from Lisis's first illness in the *Novelas amorosas* until the very last novella of the *Parte segunda*, in which the character Florentina suffers from her own 'frenesí celoso' and explains her downfall, 'dejéme perder sin remedio, con tal precipicio, que vine a perder la salud, donde conozco que acierta quien dice que el amor es enfermedad ...' (p. 487). By demonstrating women's commonality of experience, Zayas's text makes the case that women need a remedy which can be gained by sharing their experiential insights.

In the medical discourse Zayas and her contemporaries inherited from the Middle Ages, lovesickness, or obsession with the beloved, was considered a mental and physical disorder. Michael Solomon offers us a valuable way of understanding how jealousy, illness and literary texts interrelate with his study of medical treatises, *Literature of Misogyny in Medieval Spain*. Those affected, overwhelmingly portrayed to be men in the treatises he discusses, displayed the following standard symptoms: 'rapid mood swings, bursting out in laughter one moment, languishing in sorrow the next; they fell into deep depression, their pulse was quick and unsteady, and they suffered from insomnia. If left uncured, the disease led to madness and an untimely death.'[21] These treatises' remedies for lovesickness focused on the male patient, a notable difference from Zayas's concern with Lisis's, Isabel's, and other female characters' complaints. One widespread traditional cure was, according to Solomon, three levels of talking therapy based on the practice of *confabulatio*, or 'tempering of the body by discursively countering the accidents of the mind' (p. 60). 'In general the confabulator has to be a good teller of stories (*recitator fabularum*) who could appropriate, alter, and employ the discursive instrument that would most effectively heal the patient' (p. 60). The three levels of healing therapy based on

---

[20] Isabel is disguised as the *morisca* slave Zelima until the end of the first novella of the *Parte segunda*, an autobiographical tale Isabel narrates, after which she reveals her identity.
[21] Solomon, *The Literature of Misogyny*, p. 58.

'discursive instruments' increased in potency from the gentlest type of distraction to actually causing the patient pain and fear in order to shock him out of the pathology of desire and sadness (p. 60).

The first therapy, simple distraction, was similar to Lisis's mother's intention at the opening of the first *sarao* to organize an event filled with pleasant conversation to relieve Lisis of jealousy and its physical symptoms. The second therapy was a powerful provocation of fear, terrifying the patient with words and stories that would shock and disgust him or her enough to temper erotic thoughts and, in turn, cure physical symptoms (p. 61). The change in tone between the two books of novellas and the turn towards the gruesome and violent in the *Parte segunda* parallels the shift from the first to the second of these therapies.

Medieval medical literature recommended a third therapy when the first two were not effective. It consisted of 'transforming [the desired woman] from an object of desire to one of revulsion' (p. 62). This step focused on repugnant descriptions of features of women's bodies. This third therapy for lovesickness, however, is not found in Zayas's work, at least not in the most direct sense of an inversion that distorts or vilifies men's bodies or physical traits. Instead, Zayas's work counters the diagnostic perspective and longstanding discursive construct that regards women as the source and cause of lovesickness in men. To dispel this assumption Zayas places jealousy, conventionally considered a male ailment responsive to medical treatment, at the centre of female characters' experiences of desire also. She broadens her depiction of jealousy's negative effects to include women's minds and bodies as well as men's. Zayas also uses intercalated poetry and the commentary in the frame to break down the concept of jealousy analytically, differentiating it from virtuous love and linking it to other negative emotions: fear of loss, and envy of others' happiness. In Zayas's text, characters' own ignorance and appetite are the main causes of unhappiness for both women and men.

When structuring Lisis's, and later Isabel's, recoveries from lovesickness in the frame, Zayas as author takes the role of physician. Lisis, after her second illness, is finally purified of her deluded jealousy and appetite. But Zayas's text continues to work on diminishing jealousy's power over Isabel and over readers by applying further specialized 'discursive healing techniques'. In addition to distraction and fright, Zayas's *Parte segunda* teaches through redoubling, a rhetoric of intensification, rational analysis and the modelling of self-control.

At the beginning of the *Parte segunda*, Lisis relinquishes to Isabel her role as the foremost poetic performer at her own *sarao*.[22] This Lisis does in spite of

---

[22] María de Zayas y Sotomayor, *Parte segunda del Sarao y entretenimiento honesto [Desengaños amorosos]*, ed. Alicia Yllera (Madrid: Cátedra, 1983), p. 119.

her respected status as the principal poet among her noble peers. Isabel, effectively disguised from everyone – including Lisis – as the *morisca* Zelima, asks Lisis if she can take over the position of poet and if Lisis will make her the first person present at the party to lose her illusions about love. While the circle of invitees recognizes Lisis's wit and ability to demostrate a considerable poetic talent superior to that of the charming Don Juan, Lisis retreats from this role and chooses Isabel as her substitute for the rest of the work. This move effectively distances Lisis from exercising the direct lyric voice of the first book. Isabel then narrates the first novella of the *Parte segunda* (p. 119), and her own cycle of recovery is initiated through her act of narrating the story of her own lovesickness. Isabel's transformation is made explicit when, as 'Zelima', she reveals her true identity at the tale's end and shifts from being Lisis's 'slave' to being her friend. Isabel's turn at narrating the suffering of desire is a redoubling. In Isabel's process of working through her own frustrated emotions, Zayas's text revisits the flaws of the naive lyric voice Lisis has already left behind. Lisis, for her part, continues to adamantly maintain to the other characters in the frame that *celos* are not evidence of love, but rather that they are closely related to fear and envy. She debates strongly with Isabel on this point (p. 196), showing Isabel's recovery to be in progress and still incomplete.

Meanwhile, in her new role as orchestrator of the *sarao*, Lisis's voice becomes sophisticatedly layered, influential and potentially ironic as she cues Isabel throughout the *Parte segunda* with poetic selections that serve her intentions to structure the performance and its effect upon those in attendance. While clearly characters' *celos* continue to provide the conflict that drives the action of the novellas and the impetus for their composition of love poems, Zayas's text promotes a rational understanding of jealousy's negative effects. This intensifies with the enumeration of unhappy cases, all similar to one another, disarming critics with what Armon calls a rhetoric of 'sheer cumulative force'.[23] The *Parte segunda* affirms that jealousy is, like fear and envy, a base emotion unsuitable to be used as a measure or proof of true love.

In the *Parte segunda* a new motif also appears in the intercalated poetry. Zayas begins to represent appetite in male form with multiple allusions to the mythological figure of Tantalus. Tantalus initially appears on the first evening of the second *sarao* in the *décimas* Isabel includes in her opening tale of personal lovesickness and betrayal (p. 146). Through examples such as this, Zayas leads the reader to recognize the paradox of unfulfilled appetite's relationship to suffering and self-destruction, presenting the issue squarely with critical observations such as, 'que por la mayor parte se apetece lo mismo que viene a ser cuchillo de

---

[23]   Armon, 'Rhymes and Reasons', p. 104.

nuestras vidas' (p. 202). Tantalus, as a conventional figure for appetite, begins to replace *celos* as the cause of characters' sadness and repeatedly illustrates how only misery can come from worldly hungers (pp. 175, 255, 316, 503).

At the beginning of the second evening, Zayas's narrative voice in the frame remarks that after the four novellas of the previous night, the mood among the attendees of the *sarao* is not one of unified approval (p. 258). To disarm their critics in the audience, Lisis and Isabel greet them more richly dressed than the previous evening and begin night two with Isabel's performance of a prestigious *romance* (p. 259). It is now clear that Zayas's readers should be able to distinguish between poetry meant to provoke the appetite and poetry of a higher status deserving of respect. In this case Isabel's exemplary *romance* is a model of the self-discipline involved in spiritualized, monogamous love. The *romance*, written on an occasion when the Conde de Lemos was absent from his wife, celebrates married love. The poem's portrayal of the divine aspects of true love perhaps foreshadows Lisis's and Isabel's eventual retreat to convent life that comes at the end of the *Parte segunda*. Platonic love continues to be the standard of true love throughout the novellas. But even in the case of Platonic love, Zayas makes the reader aware in the *Parte segunda* of idealism's destructive potential when deployed for false purposes. For example, in the sixth novella, when the deceitful character Esteban seduces Laurela with the beautiful philosophy, 'amar sin premio es la mayor fineza', he then betrays her and sets off the chain of events leading to her death (p. 317). After this novella, on the evening of the second night, Lisis explicitly wishes to abolish the fashion of lying to women (pp. 331–4).

Poetry and song are particularly dangerous. Already in the *Novelas amorosas* poetry is considered to be a potent weapon in the hand of a foe. As Don Diego observes, 'Un poeta, si es enemigo, es terrible porque no hay navaja como una pluma' (*Novelas amorosas*, p. 341). Regarding amorous poetry in particular, the *Parte segunda* suggests it might have a positive purpose; one might use it artfully and consciously as an entertaining test of wit. This notion is introduced explicitly on night two of the *Parte segunda*, and envisions well-constructed amorous lyric positively as an 'entretenimiento de amor y prueba de entendimiento' (p. 347), or a love game to test intelligence, rather than as a means of seduction. But the accumulation of repeated examples, in the plots of the novellas, of love poetry's role in seduction and betrayal warns of poetry's power to overcome the best of wits, and shows it to be too risky a game for most.[24]

---

[24] *La fuerza del amor*, the fifth novel of the *Novelas*, provides an example of the role of conventional amorous lyric as it appears repetitively throughout the work as a whole. Diego makes his initial contact with Laura through a song about *celos* and eventually persuades her to act against her interests, causing her downfall, even though she recognizes as dishonourable the discourse with which he arms himself to seduce her (p. 350).

Alicia Yllera established the view that Zayas's work inhabits an early modern literary zone between the texts of the cultured humanists and the severe moralists, a zone filled with conceptual obstacles to valuing women's experiences.[25] By the end of the *Parte segunda* the reader can observe Zayas's handling of an artistic and philosophical *aporia*: how to represent women's subjective consciousness and moral choices with the discursive tools she has at hand (pp. 501–3). Zayas has Lisis step away from the role of poet and ultimately become the last narrator on the third evening of the *Parte segunda*, telling the culminating tale of the second *sarao*. With Lisis's performance as the narrator of the last novella the reader witnesses her final triumph over her own desire to possess Don Juan, an accomplishment dependent upon her self-control, discernment and ability to orchestrate well-timed revelations. The complexly orchestrated rhetorical performance by Lisis at the close of Zayas's text characterizes her strategy for reconciling the discursive poles of the humanists and moralists. When Lisis and Isabel finally announce their retreat to the convent, their moral decision to separate themselves from the world makes their bid for female autonomy possible. Meanwhile, leading up to their decision to retreat is a lengthy and aesthetically rich experience that Zayas's reader has shared, a detailed, humanist critical examination – via her literary work – of women's experiences of worldly 'love'.

Lisis narrates the tale of Florentina who, under the influence of her powerful desire for her sister's husband, causes the violent deaths of both. Florentina's lack of self-control is evident in her *romance*, sung on the occasion of her sister's engagement. It again echoes earlier *romances* of lovesick suffering by Lisis and Isabel, but with a more clearly self-destructive tone, 'Ya llego, Cupido, al ara;/ ponme en los ojos el lienzo;/ pues sólo por mis desdichas/ ofrezco al cuchillo el cuello' (p. 488). As a contrast to Florentina's common weakness, Zayas offers the reader an alternative model of self-discipline and restraint in the example of Lisis's carefully planned performance as narrator and orchestrator of the *sarao*. At the end of Lisis's tale, when she turns to Isabel to signal to her to sing the final lyric poem of the work, the text states that Isabel already knows her friend's intention for ending the *sarao* (p. 500). The closing poem of the *Parte segunda*, an ironic and playfully awkward *romance* in *esdrújulo* verses, reflects their shared intention of rejecting conventional models of worldly love.

The poetic voice in this *romance* is feminine and, as a speaker, Zayas chooses a *topos* familiar to the cultured reader: the lonely *tórtola*, or turtledove, mourning its absent partner.[26] The turtledove is both a natural representation

---

[25]   Alicia Yllera, 'Introducción', in *Parte segunda del Sarao*, ed. Alicia Yllera, p. 27.

[26]   The turtledove is an ancient figure that appears in the Bible, Aristotle's *History of Animals* and Isidore of Seville's *Etymologies*. It was associated with humility, rationality and fidelity for its habits of mating monogamously and of appearing not to take a new mate after the death of its part-

of the marriage partner and a sacred, allegorical figure for the human soul longing for God. The bird represents chaste matrimonial fidelity. Its lamenting call expresses yearning for an equally faithful spouse. Ending with this final lyric poem, Zayas alludes to the tradition of the humble turtledove and suggests, rather irreverently, that such an idealization of love between men and women is a fallacy. To add punch to the humorous effect, Zayas does not reveal the identity of the poetic voice until the poem's very end.

The eighty-four-line *romance*, from which I quote here only the first and last eight lines for the sake of brevity, does not evoke the familiar female bird just pining for her absent true love, but rather presents her hoarsely mocking her beloved's unwillingness to love truly:

> 'Al prado, en que espinas rústicas
> crían mis humores sálicos,
> que de ausencias melancólicas
> es fruto que da mi ánimo,
> salgo a llorar de un cruelísimo
> olvidos de un amor trágico,
> que si fuera dichosísimo,
> cantara en estilo jácaro.
> …
> Que si amara lo inteléctico,
> no le pesara ser Tántalo,
> ni olvidara facilísimo
> tiernos y dulces diálogos.'
> Esto cantaba una tórtola
> con ronco y fúnebre cántico,
> sentada en un ciprés fúnebre,
> que estaba en un seco páramo. (p. 503)

Zayas casts the 'absent' male addressee of these verses as a Tantalus figure who is as much the butt of the joke as he is privy to it. Isabel sings not in her own voice, as one might think when the *romance* begins, but parodying the humble grief of the well-worn voice of the *tórtola*, which appeared earlier in the work (in the serious *romance* for the wife of the Conde de Lemos mentioned above, where the bird represents the ideal of spiritualized monogamous fidelity).

This final intercalated poem abandons the idealization of worldly love altogether. And while the evocation of melancholy in much of the poetry of the

---

ner. San Juan de la Cruz used the figure of the turtledove, as did many other poets in early modern Spain, including Luís de Góngora and Cristobalina Fernández de Alarcón. For a discussion of the turtledove, see Dana Bultman, *Heretical Mixtures: Feminine and Poetic Opposition to Matter–Spirit Dualism in Spain 1531–1631* (Valencia: Albatros Hispanófila Siglo XXI, 2007), pp. 29–54.

novellas takes part in what Olivares has analysed as a 'poetics of women's loss,' Isabel's guitar accompaniment and the tone of this final *romance* gives 'loss' an unusual twist.[27] In keeping with the poem's ending, the shift from this song's parody of lovesick melancholy to the affirmation of a happy ending, at least for Lisis and Isabel, is swift and stunning. At the intersection between Zayas's ideal of Platonic love and her tendency for moralistic judgement is this final bit of ironic humour which prefaces the abrupt completion of the frame's narrative action. Zayas creates an ending that withdraws from literary play even while showing herself to be a consummate participant in the game.

The full aesthetic impact of this on the reader is held at bay, just until the end, by layers of prose and poetry poised in dialogic tension. Zayas's structural technique, in which the intercalated poetry plays a central role and ends on a parodic note, compels the reader to give up naive desires. This startling effect can be seen in Zayas's work, as Buck has shown us, to both evoke melancholy and to parody melancholy at the same time (p. 182). Perhaps in this way Zayas effectively relates *melancholia* more closely to the immaturity of *acedia*, or sadness, pushing melancholy conceptually from its pedestal as an intellectualized fountain of masculine productivity towards a morally negative state of wilful sickness.[28]

At the close of the *Parte segunda* Lisis is empowered by a reflective critical distance from conventional amorous poetry. She is healthy and reportedly happy in her convent retreat among friends, principal among whom is the literary talent Isabel, adept at engaging Lisis in wholesome distractions. Meanwhile Don Juan, acknowledging and regretting his betrayal of Lisis when her cousin pays him in kind by marrying a richer suitor, falls ill, slips into a delirium and dies. The disappointed Don Diego goes off to war and also dies. In contrast, the recovery of Lisis from lovesickness is complete, as is the identification of the source of the illness. The source is ultimately recognized to be not women, not love or overrated melancholy, but lowly, erotic appetite and frustrations over disappointed aspirations to wealth and prestige – common passions experienced by men and women alike.

Over the course of Zayas's two books of novellas she develops a critique of conventional amorous poetry's destructive rhetorical power of such cumulative strength that, by the end of the *Parte segunda*, the rational reader must accompany Lisis in abandoning the combined discourses of Petrarchan and pastoral convention, or at the very least recognize that these discourses per-

---

[27] Julián Olivares, 'Towards a Poetics of Women's Loss', in *Studies on Women's Poetry of the Golden Age*, ed. Julián Olivares (Woodbridge: Tamesis, 2009), pp. 19–50, p. 21.

[28] Buck affirms in her reading that Zayas's text shows that the reverse of baroque sensuality is melancholy, see "'Triste estáis, dueño querido …'", p. 187.

petuate an amoral form of persuasion that encourages naivety and unjustifi-
ably elevates jealous emotion and melancholy. The text's interplay of lyric and
narrative prose provides the following insight: desire arises cyclically in amorous subjects and does not necessarily correspond to how worthy or unworthy
the object of one's love is. Zealousness, the kind that gives up this desire in
order to guard virtue, knowledge and honour, may not be humble but it is
admirable. Zayas's structural and philosophical use of intercalated poetry tells
the reader that if the conundrum of cyclical desire cannot be completely overcome, then to have the self-control to recognize desire without attempting to
satisfy one's appetite is not only honourable behaviour, it is as intelligent and
rational as choosing health over death.

10

Hacia otra lectura del petrarquismo en Sor Juana Inés de la Cruz

VERÓNICA GROSSI

En este ensayo busco esbozar una nueva lectura del petrarquismo en la lírica de Sor Juana Inés de la Cruz. Ofrezco por lo tanto, una serie de planteamientos generales sobre posibles modos de aproximación a la lírica, de temática amorosa, de la monja novohispana. Este acercamiento parte de trabajos anteriores sobre el petrarquismo en Sor Juana así como de nuevas reflexiones sobre el papel del entorno urbano, conventual y cortesano, tanto colonial como europeo, en las redes de significados, códigos de lectura y circulación de textos manuscritos e impresos de la temprana modernidad.[1]

Apoyo fundamental para mi análisis, concentrado en resaltar, a través de una lente intertextual, la dimensión gnoseológica en los escritos sorjuaninos, ha sido también la restitución de la complejidad retórica y simbólica en la obra de Sor Juana, centrada en el signo de lo femenino, por parte de destacados estudiosos de su obra, restitución que ha permitido cuestionar las lecturas patriarcales que establecen una relación unívoca y simplificadora entre escritura femenina y biografía. La interpretación patriarcal de Sor Juana, desde el siglo XVII hasta nuestros días, concibe a la escritora como una *rara avis* y a su escritura como un calco transparente de un cuerpo femenino martirizado por el seguimiento de

---

[1] Sobre el petrarquismo en la obra de Sor Juana, véanse: Georgina Sabat de Rivers, 'Sor Juana y sus retratos poéticos', en *En Busca de Sor Juana* (México, DF: UNAM, 1998), pp. 57–78; 'Veintiún sonetos de Sor Juana y su casuística de amor', en *Sor Juana y su mundo. Una mirada actual*, ed. Sara Poot-Herrera (México, DF: Universidad del Claustro de Sor Juana, 1995), pp. 397–445; Lisa M. Rabin, 'Sor Juana's Petrarchan Poetics', en *Approaches to Teaching the Works of Sor Juana Inés de la Cruz*, ed. Emilie L. Bergmann and Stacey Schlau (New York: MLA, 2007), pp. 170–7; 'Speaking to Silent Ladies: Images of Beauty and Politics in Poetic Portraits of Women from Petrarch to Sor Juana Inés de la Cruz', *Modern Language Notes*, 112 (1997), 2, 147–65; Gordon Braden, 'Plus Ultra', in *Petrarchan Love and the Continental Renaissance* (London and New Haven CT: Yale University Press, 1999), pp. 129–61.

una vocación intelectual y literaria *contra natura*, que violenta o reprime el destino biológico de la mujer al matrimonio y a la maternidad.

Las sagaces observaciones de Alatorre en su edición conmemorativa del volumen 1 de las *Obras completas de Sor Juana*, titulado *Lírica personal*, de la serie *Biblioteca Americana*, del Fondo de Cultura Económica (2009), me han confirmado la riqueza del acercamiento intertextual a la obra de Sor Juana, desde un contexto literario, cultural y lingüístico precisos, así como la importancia del signo de lo vivencial o personal, signo que forma parte de la complejidad, polisemia y ambigüedad del significante barroco. Esta restitución de lo biográfico, pero desde una perspectiva fundamentada en una noción simbólica de la representación, nunca transparente ni directa, abre un rico panorama de lecturas.[2]

A continuación haré un breve repaso de la llegada del discurso petrarquista a la Nueva España para pasar a señalar nuevos acercamientos a la lírica amorosa de Sor Juana, a partir del análisis intertextual de un romance. Es importante tomar en cuenta el temprano inicio de la retórica petrarquista en América Hispana para apreciar la imitación creadora que lleva a cabo la monja novo-hispana un siglo después.

La amplia corriente cultural del petrarquismo, y de su influyente código retórico amoroso que inaugura el *Canzionere* de Petrarca (1304–74) llega pocas décadas después que Juan Boscán y Garcilaso de la Vega abrazaran en su poesía el itálico modo a partir del año de 1526, fecha del histórico diálogo entre Boscán y el embajador y humanista veneciano Andrea Navagiero, en los jardines del

---

[2]   Antonio Alatorre (ed.), *Obras completas de Sor Juana Inés de la Cruz, I, Lírica personal* (México, DF: Fondo de Cultura Económica, 2009). Alatorre también rescata la dimensión personal y homoerótica de la lírica de Sor Juana en 'Sueño e imaginación', en *El sueño erótico en la poesía española de los Siglos de Oro* (México, DF: Fondo de Cultura Económica, 2003), pp. 137–52. Emilie Bergmann ya había explorado este vital sentido homoerótico de su escritura en 'Abjection and Ambiguity: Lesbian Desire in Bemberg's *Yo, la peor de todas*', in *Hispanisms and Homosexualities: Plural Perspectives*, ed. Sylvia Molloy and Robery McKee Irwin (Durham, NC: Duke University Press, 1998), pp. 229–47; 'Ficciones de Sor Juana', en '*Y diversa de mí misma, entre vuestras plumas ando': Homenaje internacional a Sor Juana Inés de la Cruz*, ed. Sara Poot-Herrera, coord. Sara Poot-Herrera y Elena Urrutia (México, DF: Colegio de México, 1993), pp. 171–83; 'Sor Juana Inés de la Cruz: Dreaming in a Double Voice', in *Women, Culture and Politics in Latin America*, ed. Seminar on Women and Feminism in Latin America (Berkeley: University of California Press, 1992), pp. 151–72. Amanda Powell ha explorado a fondo el sentido homoeróti-co del petrarquismo sorjuanino, trastocador de la heteronormatividad de su época, desde un acercamiento teórico feminista *queer*, a la vez que historicista: 'Baroque Flair: Seventeenth-century European Sapphic Poetry', *Humanist Studies & the Digital Age*, 1 (e-journal, February 2011); 'Sor Juana's Love Poems to Women', en *Approaches to Teaching the Works of Sor Juana Inés de la Cruz*, ed. Emilie L. Bergmann and Stacey Schlau (New York: MLA, 2007), pp. 209–19. Véase también Dianne Dugaw y Amanda Powell, 'A Feminist Road Not Taken: Baroque Sapphist Poetry', en *Reason and Its Others in Early Modernity: Spain/Italy 1500s–1700s*, ed. David Castillo and Massimo Lollini (Nashville, TS: Vanderbilt University Press, 2006), pp. 123–42.

Generalife, en Granada. Ya en 1577, cincuenta y seis años después de la conquista y veinticuatro de la fundación de la Real y Pontificia Universidad de México, se compila en Nueva España *Flores de baria poesía*, el primer cancionero de temática y estilo petrarquista en el Nuevo Mundo, una de las colecciones de poesía amatoria en español más abarcadoras, que incluye 359 composiciones de métrica italiana, la mayoría sonetos, de conocidos autores españoles como Gutierre de Cetina, Juan de la Cueva, Juan Luis de Ribera (tres poetas que viajaron a Nueva España), Diego Hurtado de Mendoza, Hernán González de Eslava (avecindado en México), Baltasar de Alcázar, Francisco de Figueroa, Hernando de Acuña y Fernando de Herrera, de tres poetas criollos novohispanos, Francisco de Terrazas, Martín Cortés y Carlos de Samano, de Francesco Petrarca, en traducción al español y de autoría anónima algunos. En el mismo siglo XVI, el cancionero es llevado a Sevilla, posiblemente por Juan de la Cueva, donde comienza a circular profusamente.[3]

Esta importante antología, poco estudiada todavía, es prueba del intenso intercambio literario y cultural en la época entre los dos continentes, el americano y el europeo. Ya desde el siglo XVI, a pesar de las prohibiciones del Tribunal de la Santa Inquisición, instituido en 1571, se lee en Nueva España, al igual que en el Perú y Santo Domingo, una gran variedad de literatura renacentista, incluyendo la poesía de Petrarca, en italiano y en traducción.[4]

A partir del siglo XVI, tanto en Europa como en América, el petrarquismo se convierte en el modo privilegiado de expresión poética, abarcando un extenso espectro de estilos y derivaciones que no reproducen siempre la estructura temporal del *Cancionero*. Se puede afirmar que entre el modelo petrarquista y sus seguidores hay muchas veces un abismo. Es decir, a partir del modelo petrarquista surge una pléyade de poetas que si bien adoptan los tópicos y la métrica italianizante, se alejan por lo general de la complejidad sintáctica y conceptual de la lírica de Petrarca. Los poetas novohispanos Francisco de Terrazas y Sor Juana Inés de la Cruz forman parte de la nómina de poetas americanos que llegan a emular a Petrarca, a partir de un modelo de imitación inventivo.

---

[3]   Margarita Peña (pról. y ed. crítica), *Flores de baria poesía. Cancionero novohispano del Siglo XVI* (México: Fondo de Cultura Económica, 2004), *passim*, citado en Verónica Grossi, 'Diálogos transatlánticos en un soneto petrarquista de Francisco de Terrazas', *Calíope*, 16 (2010), 1, 97–9.

[4]   Antonio Peconi, 'La presencia de Italia en México en los siglos XVI y XVII', en *Estudios sobre el mundo latinoamericano / Studi sul mondo latinoamericano*, ed. Gaetano Massa (Roma: Centro di Studi Americani, 1981), p. 101. Sobre el petrarquismo peruano, véase Alicia de Colombí-Monguió, *Petrarquismo peruano: Diego Dávalos y Figueroa y la poesía de la 'Miscelánea austral'* (London: Tamesis, 1985); sobre el temprano petrarquismo dominicano, Pedro Henríquez Ureña, 'Nuevas poesías atribuidas a Terrazas', *Revista de Filología Española*, 5 (1918), 49–56.

Como bien ha explicado Anne Cruz, el proceso de imitación o *imitatio* se concibe en la época como una fuerza dinámica que exige del poeta una relación de colaboración con sus predecesores.[5] Juan Boscán y Garcilaso de la Vega, iniciadores de una nueva poética basada en el *Canzoniere* de Petrarca, entablan una práctica poética de imitación del modelo petrarquista a partir de los modos de la *imitatio* disponibles en su época, modos que fueron objeto de intensos debates en el contexto italiano de los siglos XV y XVI y que estos dos poetas retoman para seguir dinámicas de apropiación distintas, la imitación ciceroniana del modelo óptimo, centrado en la semejanza formal, propugnada por Pietro Bembo y seguida por Boscán, y la del acercamiento ecléctico de *omnes bonos* que recomienda Pico della Mirandola, en la que el poeta tiene la libertad de seleccionar una pluralidad de fuentes, acercamiento al que se adhiere Garcilaso. El método de imitación ecléctico que sigue Garcilaso, a diferencia del óptimo que adopta Boscán, se apropia de una multiplicidad de fuentes lo que le permite al poeta distanciarse del modelo para crear un estilo propio, dinámico e inventivo, paradójicamente más cercano en espíritu al original.[6]

Francisco de Terrazas, el primer poeta nacido en México, 'conocido y celebrado en México y en España',[7] sigue, al igual que Garcilaso, el modo de imitación ecléctico, cuyo máximo valor es la *inventio*. Su soneto 'Dexad las hebras de oro', una joya poética del petrarquismo, incluido en el mencionado florilegio misceláneo *Flores de baria poesía* (1577), forma parte de una espaciosa red de fuentes renacentistas: un soneto portugués, un soneto anónimo español y dos sonetos italianos, todos ellos reescrituras del soneto CCXX de Francesco Petrarca. En un estudio reciente, agrego a esta serie dos intertextos: un soneto de Joachim Du Bellay, y otro de Olivier de Magny, integrantes del grupo de la Pléyade.[8] El soneto de Terrazas, despojado de referencias mitológicas y de vocablos blandos o emotivos, brilla en esta serie por su matizada fuerza expresiva, sus geométricos contrastes, su concisión y tensión poéticas, graduadas con contenida maestría hasta alcanzar la culminante sorpresa o revelación del último verso.

La emulación de la retórica petrarquista, a través de la *inventio* americana, se manifiesta en otro soneto de Terrazas, también recopilado en *Flores de baria poesía*, '¡Ay, basas de marfil, vivo edificio!', que se excluyó de muchas antologías del siglo XIX y del XX, como señala Íñigo Madrigal, por su inédito tratamiento

---

[5]   Anne J. Cruz, 'Spanish Petrarchism and the Poetics of Appropriation: Boscán and Garcilaso de la Vega', en *Renaissance Rereadings. Intertext and Context*, ed. Maryanne Cline Horowitz, Anne J. Cruz y Wendy A. Furman (Urbana and Chicago: University of Illinois Press, 1988), p. 81.

[6]   Cruz, 'Spanish Petrarchism', pp. 80–93.

[7]   Joaquín García Icazbalceta, *Francisco de Terrazas y otros poetas del siglo XVI* (Madrid: José Porrúa Turanzas, 1962), p. 12.

[8]   Verónica Grossi, 'Diálogos Transatlánticos', pp. 111–14.

erótico que 'cant[a] a las piernas femeninas como columnas que sostienen un objeto al que se desea apasionadamente acceder', cuando las 'piernas' son 'materia vedada por el decoro a la lírica amorosa'.[9] Otro modo de censura, insinúa Íñigo Madrigal, es la falta de atención que han recibido los magistrales sonetos del poeta novohispano. Con gran erudición, Íñigo Madrigal rastrea el rico diapasón de antecedentes del poema de Terrazas en la lírica medieval, petrarquista, y cortesana renacentista para resaltar su originalidad, producto de la fusión transformadora. El soneto del poeta novohispano, explica el mismo estudioso, da inicio, a su llegada a la península entre 1577 y 1578, a una serie de imitaciones que iluminan la vasta circulación y resultante impacto de la temprana lírica petrarquista americana en el continente europeo.

El rico tejido de intercambios que enmarcan los dos sonetos hermosamente logrados de Terrazas pone en evidencia la necesidad de estudiar la lírica petrarquista colonial desde un extenso panorama continental y transatlántico. La novedad del discurso petrarquista en la lírica de Sor Juana reside igualmente en su inventiva, que transforma y subvierte una multiplicidad ecléctica de fuentes al incorporarlas, a través de un dinámico proceso de composición, que resulta en una obra con un amplio registro expresivo y formal. Aún más, la interrelación entre discurso amoroso y conocimiento, propia del universo poético de Francesco Petrarca, está asimismo presente en la lírica sorjuanina, confirmando la cercanía en espíritu entre modelo, históricamente distante, y la reescritura transformadora de la monja novohispana.

Salvando las debidas diferencias históricas y culturales, la transformación creativa de la retórica petrarquista que lleva a cabo Sor Juana es afín al proceso mimético, auto-generador que Anne Cruz elucida en las *Églogas* de Garcilaso: la reelaboración de una multiplicidad de fuentes y de discursos poéticos, la conciencia poética y la auto-referencialidad, el desvanecimiento de las fronteras entre personajes ficticios, míticos o alegóricos y personajes de la vida real, entre ficción o mito y posibles referencias autobiográficas, la metáfora de las lágrimas como discurso poético,[10] y la internalización del paisaje, producto de la descripción del mismo desde un prisma subjetivo,[11] prisma que en el caso de la monja novohispana es primordialmente mental pues se origina y proyecta desde las facultades interiores del entendimiento y de la fantasía, tamizadoras del conocimiento.

En este ensayo, quisiera exponer a grandes rasgos los aspectos de su lírica que son innovadores y que la acercan paradójicamente en espíritu a la compleja

---

[9]   Luis Íñigo Madrigal, 'Sobre el soneto de Terrazas "¡Ay, basas de marfil, vivo edificio!"', *Anales de Literatura Hispanoamericana*, 25 (1996), 105–124, p. 106, p. 110.

[10]   Sobre el discurso retórico de las lágrimas en Sor Juana, véase Aurora González Roldán, *La poética del llanto en Sor Juana Inés de la Cruz* (Zaragoza: Prensas Universitarias de Zaragoza, 2009).

[11]   Cruz, 'Spanish Petrarchism', pp. 87–93.

dimensión epistemológica de la poesía amorosa de Petrarca, más que al modelo petrarquista de otros escritores contemporáneos y del pasado. La poesía de Petrarca, como explica Giuseppe Mazzotta, pondera la instigación de pensamiento por parte del amor. El pensamiento, que depende de la memoria, se enraíza en el amor, es decir, uno piensa bajo la compulsión del amor.[12] Sor Juana amplía la semántica del discurso amoroso, centrándola, al igual que Petrarca, en la dimensión cognoscitiva pero a la vez agregando otros sentidos. Nos aventuramos a afirmar que el amor a las letras es la clave del discurso amoroso sorjuanino.

Al aproximarnos al discurso amoroso en la lírica de Sor Juana desde una perspectiva dialógica, que toma en cuenta los núcleos simbólicos que teje su obra en prosa y en verso, podemos discernir como parte de su ensanchado campo semántico, además de sentidos epistemológicos, otros asociados a la jerarquía de poder y al deseo amoroso, sentidos que se condensan en el poema largo, culmen de su vida literaria, *Primero sueño*. Este acercamiento, por lo tanto, nos permite desvelar circunspectas relaciones entre la literatura de encargo, como el *Neptuno alegórico* y aquellos poemas de ocasión que expresan fidelidad amorosa ante las jerarquías protectoras, y los escritos más personales de la monja, en los que la expresión en torno a ciertas imágenes o temas privilegiados queda igualmente cifrada bajo el ropaje simbólico o alegórico.[13] Resumo a continuación algunas de las figuras que amplían el registro de significados de su lírica petrarquista: el valor del riesgo, la osadía, el ascenso, la desobediencia, el castigo, la caída, el repetido vuelo transgresor, la envidia, la persecución y la censura, las discusiones jurídico-teológicas sobre las finezas, las referencias científicas, médicas, astronómicas y financieras, la exaltación de la mujer y de su capacidad intelectual, el poder de la fantasía femenina, la glorificación de la virgen y de su poder divino, las expresiones eróticas, de marcada sensualidad o temperatura emotiva así como de sumisión feudal ante la figura amada de la virreina. Esta dilatada gama de sentidos posibles son la inédita aportación de Sor Juana al discurso amoroso de la temprana modernidad.

Por medio del análisis de uno de los poemas de tratamiento amoroso-cortesano de Sor Juana, el romance 19, señalaré a continuación la presencia de algunas de las figuras que acabamos de mencionar como original contribución a la retórica petrarquista, demostrando la relevancia de la lectura intertextual en el reconocimiento e interpretación de los núcleos simbólicos de su universo poético. Ya en su mencionada edición conmemorativa, Antonio Alatorre apunta novedosas

---

[12]   Giuseppe Mazzotta, 'Petrarch's Thought', in *Mimesis in Contemporary Theory, an Interdisciplinary Approach*, ed. Mihai Spariosu, vol. 2 (Philadelphia, PA: J. Benjamins, 1984), pp. 38–40.

[13]   En mi libro *Sigilosos v(u)elos epistemológicos en Sor Juana Inés de la Cruz* (Madrid: Vervuert-Iberoamericana, 2007) desarrollo una lectura intertextual del *Neptuno, el Divino Narciso y el Primero Sueño* de Sor Juana Inés de la Cruz.

correspondencias dentro de la lírica de Sor Juana y entre ésta y otros poemas de los siglos de oro.[14] En una nota al verso 4 del romance 19, Alatorre convalida la corrección que realiza Méndez Plancarte de una palabra que aparece en todas las versiones antiguas, basándose en la presencia de la misma en un pasaje medular del *Primero Sueño*: '*ánimo*: en todas las ediciones antiguas se lee "más causa *corrió* que miedo", lo cual no tiene sentido; la palabra *ánimo* es corrección de MP; valga, en su apoyo, el largo pasaje del *Primero sueño* (vv. 781–826) en que sor Juana evoca el glorioso fracaso de Faetonte que, en vez de arredrar al "*ánimo* ambicioso", le da alas para intentar un "segundo vuelo"' (p. 77, nota al v. 4). Nuestra lectura busca amplificar, en el reducido espacio de este ensayo, la centralidad del concepto de ánimo o audacia cognoscitiva en este romance amoroso 19, concepto cardinal de las edificaciones simbólicas del *Sueño*.

Desde la primera estrofa, se espesa en el romance una red de asociaciones semánticas en torno al riesgo o ambición que significa la escritura poética. El retratar a la virreina por medio del pincel es el inaugural acto de atrevimiento, una imitación artística que desemboca en fracaso pero que paradójicamente se vuelve ejemplar. Al igual que en el *Sueño*, el fracaso es una 'gloriosa desgracia' (v. 3) que en lugar de causar miedo, acicatea a ánimos ambiciosos, como el de Sor Juana,[15] a emprender por medio de la pluma nuevos vuelos verbales hacia la belleza inalcanzable de la virreina. El 'riesgo apreciable' (v. 7) que implica esta gigante empresa poética hacia la 'causa' (v. 5), concepto filosófico identificado con la belleza ideal de la virreina, es lo que mueve al ánimo ambicioso. Por lo mismo, el valor del riesgo es mayor que el del acierto y los yerros son consecuentemente logros admirables, dignos de imitación y competencia. El verbo 'errar' (v. 5), y su sustantivo 'yerro' (v. 90), nos dirigen al campo del conocimiento, pues uno de sus significados es 'Obrar con error o equivocación, teniendo y reputando por verdadero lo falso, lo incierto por cierto; y al contrario lo falso por verdadero, y lo cierto por incierto' (*Diccionario de autoridades*, vol. 2, p. 545). Otro significado es 'no acertar, no lograr bien y cumplidamente lo que se dice o hace' o bien 'andar vagando sin saber el camino' (p. 545), el deambular verbal de la silva sorjuanina. Por otro lado, la 'causa' que significa la altura de la virreina en el verso 5 del romance nos remite a dos pasajes del

---

[14]   Todas las citas de la lírica de Sor Juana provienen de la edición conmemorativa de Alatorre, ya citada. Las citas de su obra en prosa provienen de *Obras completas, IV, Comedias, sainetes y prosa*, ed., intro. y notas de Alberto G. Salceda y Alfonso Méndez Plancarte (México, DF: Instituto Mexiquense de Cultura-Fondo de Cultura Económica, 1994 [1957]).

[15]   En un poema encomiástico que se incluye en los preliminares de *Inundación Castálida*, el célebre poeta valenciano José Pérez de Montoro, amigo de Sor Juana, coloca a Sor Juana por encima de los 'Homeros y Virgilios,/ Persios, Lucanos, Sénecas y Tulios', cuyo ingenio poético 'enmendando el error de Prometeo,/ repite el riesgo, pero logra el hurto' (citado en Glantz, 'Materiales afectos', 683).

Sueño donde aparece la palabra, asociada primero a los onerosos cuidados y continua vigilancia del poder de la corona (vv. 141–6) y más adelante al círculo del conocimiento universal, hacia el que apuntan los repetidos vuelos del entendimiento. En la cúspide de la pirámide alegórica del *Sueño*, en las regiones supralunares, está la 'Causa Primera' (v. 408) 'que contiene, infinita, toda esencia' (v. 411), más allá del círculo de poder real y de los más inmensos monumentos humanos y naturales. Esta lectura intertextual de la palabra 'causa' desplaza la semántica amorosa del romance hacia la del poder y del conocimiento.

En la tercera estrofa, la voz poética se dirige a la virreina para pedirle permiso de realizar un 'segundo arriesgado vuelo' (v. 10), pues el 'delito' (v. 11) inicial de retratar su belleza por medio del pincel, es perdonable por ser un acto transgresor digno de imitación que abre 'sendas al atrevimiento' (*Sueño*, v. 791–2). La escritura del romance, el retrato poético de Sor Juana, un delito, es a su vez modelo de otros actos transgresores. El 'delito', que se repite en dos versos del romance (v. 11, v. 37), de no copiar o retratar con fidelidad, por medio del pincel o de la pluma, la belleza solar de la virreina, o de querer mirar de frente sus rayos, nos reenvía, en nuestra lectura intertextual, al pasaje del *Sueño* donde se representa el carácter ejemplar del delito de la 'empresa/ de investigar a la naturaleza' (vv. 779–80) y el cosmos, en las figuras de Ícaro y Faetón (vv. 781–826). Resumiendo estos versos del *Sueño*: sería mejor que se mantuviera un 'político silencio' durante 'los autos del proceso' (vv. 813–14) en contra de estos actos osados y desobedientes o que se les castigara con una pena secreta ya que 'del mayor delito la malicia/ peligra en la noticia' (vv. 821–2). Es decir, a mayor castigo ante 'popular vista' (v. 819), mayor difusión cobra el 'delito' (vv. 812, 821), volviéndolo digno de imitación: 'alas engendra a repetido vuelo' (v. 805).

En otra estrofa del romance, aparecen los términos 'fueros' (v. 114) y 'natural orden' (v. 113), que al igual que 'delito', forman parte del léxico jurídico intercalado en su poesía, incluyendo el *Sueño*, y su prosa. Se podría aventurar que las argumentaciones en torno a las finezas amorosas, tópico privilegiado en su obra, en las que se entremezcla el vocabulario financiero, forman parte del discurso jurídico, lo que revela la presencia del signo de lo personal en su obra ya que Sor Juana por un lado tuvo enfrentamientos con las autoridades, entre ellas su confesor, como comentaremos a continuación, y fungió como tesorera de su convento por muchos años. En sus últimos años la monja sufrió un proceso secreto en su contra, llevado a cabo por el Arzobispo Francisco de Aguiar y Seijas.[16]

---

[16]   Sobre el proceso secreto en contra de Sor Juana, véanse Elías Trabulse, *Los años finales de Sor Juana: Una interpretación (1688–1695)* (México, DF: CONDUMEX, 1995), y *La muerte de Sor Juana* (México, DF: CONDUMEX, 1999). Trabulse también estudia la relación de Sor Juana con las finanzas en 'Sor Juana Inés de la Cruz: Contadora y archivista', en *Sor Juana Inés de la Cruz y las vicisitudes de la crítica*, ed. José Pascual Buxó (México: UNAM, 1998), pp. 77–86.

En un pasaje de la *Respuesta*, Sor Juana alude a un delito del que la acusan injustamente, para sostener a modo de defensa que sus actividades en torno al estudio y la escritura 'en lo secreto', son lícitas pues siguen los preceptos de la Iglesia sin traspasar el ámbito público del púlpito y de la cátedra, reservado a los hombres. Además no ha cometido ningún crimen al contradecir las tesis del Padre Vieyra, de por sí contrarias a las de los tres Padres de la Iglesia, ya que su entendimiento es tan libre como el de él y la fe no excluye el uso de la razón. Para afirmar su derecho a la disensión, Sor Juana distingue en esta carta las prescripciones de la Santa Iglesia de los dictámenes arbitrarios de otros hombres necios (p. 468).

Sor Juana también usa la palabra 'delito' en la *Carta al Padre Núñez*, en la que apela al discurso amoroso entre confesor e hija espiritual para desenmascarar y anular la opresora relación jerárquica patriarcal que fundamenta sus resortes retóricos y sociales. Se defiende de las envidias, acusaciones y persecuciones de otros hombres y mujeres, incluyendo al confesor, a causa de la fama que le han traído obras públicas como el *Neptuno Alegórico* y otras de ocasión, que ha escrito no por voluntad propia sino por encargo, debido a su innata facilidad de hacer versos. Como sabemos, en esta carta Sor Juana termina despidiendo al P. Antonio Núñez de su cargo de confesor. Como hemos podido apreciar, la coincidencia de la palabra 'delito' en estos textos abre un horizonte de sentidos alternos que enriquecen la semántica amorosa.

Volviendo al romance 19, notamos en la cuarta estrofa el uso del verbo 'escalar' para representar la escritura del poema como un ascenso hacia la esfera celeste o fortaleza de la virreina, más allá del monte de Sicilia Lilibeo, en las esferas de carácter *brumoso*, que son también *abrumantes* por su colosal altura (anfibología de 'bruma', v. 15) y que nosotros a la vez asociamos a las regiones supralunares del largo poema sorjuanino:

> Permite escale tu alcázar
> mi gigante atrevimiento
> (que a quien tanta esfera bruma,
> no extrañará el Lilibeo),
>   pues ya al pincel permitiste
> querer trasladar tu cielo,
> en el que, siendo borrón,
> quiere pasar por bosquejo. (vv. 13–20)

El verbo 'escalar' aparece en la primera estrofa del *Sueño*, cifra de la arquitectura alegórica del largo poema en el que la sombra o borrón de la escritura asciende hacia las esferas celestes y sus luces de conocimiento (vv. 1–4). En otro pasaje del *Sueño*, el alma 'juzgándose casi dividida' (v. 297) del cuerpo que le impide 'el vuelo intelectual con que ya mide/ la cuantidad inmensa de la esfera,/ ya el curso considera/ regular, con que giran desiguales/ los cuerpos celestiales' (vv. 301–5), se imagina entonces alcanzar la cumbre del más alto monte, un monte soñado, cuya inconmensurable elevación se representa por medio de una serie de imágenes de gigantescos montes y edificaciones, que se quedan enanos frente a este monstruo de las alturas, una sombra verbal, producto de la fantasía y del sueño. En particular nos interesa resaltar la imagen del 'veloz vuelo/ del águila' (vv. 330–1) que a pesar de su audaz y vertiginoso impulso por 'escalas' aéreas, tejidas de 'átomos' (v. 338), hacia el fuego del sol de las alturas celestes, no pasa de la 'región primera' (v. 327) de este monte imaginario:

> A la región primera de su altura
> (ínfima parte, digo, dividiendo
> en tres su continuado cuerpo horrendo),
> el rápido no pudo, el veloz vuelo
> del águila que puntas hace al cielo
> y al sol bebe los rayos (pretendiendo
> entre sus luces colocar su nido)
> llegar; bien, que esforzando
> más que nunca el impulso, ya batiendo
> las dos plumadas velas, ya peinando
> con las garras el aire, ha pretendido,
> tejiendo de los átomos escalas,
> que su inmunidad rompan sus dos alas. (*Sueño*, vv. 327–39)

Las imágenes marítimas y aéreas se funden en éste y otros pasajes del *Sueño*. Más adelante, en otro pasaje del poema largo, el 'pequeño vaso' (v. 558) del entendimiento naufraga ante la imposibilidad de contemplar de un sólo golpe de vista, o de cifrar en un concepto, la inmensa diversidad del universo. Desde la 'mental orilla' (v. 566), la fantasía recoge sus rotas 'velas' (v. 560) para emprender otro viaje de exploración hacia el conocimiento del cosmos, esta vez 'haciendo escala, de un concepto/ en otro […] ascendiendo grado a grado' (vv. 593–4) por las categorías universales aristotélicas (vv. 560–616).

En otro vuelo osado, esta vez el del romance, están implícitos los mitos de Ícaro y Faetón, hacia el sol cegador o castigador, círculo de poder diurno en el *Sueño*, o la circunferencia divina, 'de donde salen y donde paran todas las líneas criadas' de la *Respuesta* (p. 450), sol asociado en este romance amoroso al encumbrado personaje cortesano de la virreina:

> ¡Oh temeridad humana!
> ¿Por qué los rayos de Febo,
> que aun se niegan a la vista,

quieres trasladar al lienzo?
        ¿De qué le sirve al Sol mismo
tanta prevención de fuego,
si a refrenar osadías
aun no bastan sus consejos? (romance 19, p. 77, vv. 21–8)

La vista es el sentido privilegiado en la retórica amorosa petrarquista, sentido
que resalta en este romance, mientras que el oído, como bien nos ha explicado
Dolores Bravo Arriaga, predomina en el espacio nocturno del *Sueño*,[17] donde la
vista no llega a mirar 'la sutil punta/ que al primer orbe finge que se junta' (p.
507, vv. 360–1), por lo que cae despeñada por su 'visüal alado atrevimiento' (p.
507, v. 368). En el romance, en cambio, el fuego castigador del sol no previene
las osadías de Ícaro y Faetón, al igual que los severos rayos solares de la belleza
de la virreina no impiden la búsqueda del goce de la vista, aun a costa del llanto
que cause el reflejo de su lumbre, ya que ver directamente al sol es imposible.
Todo esto para decir, por medio de la anáfora de la pregunta '¿De qué (le) sirve?'
(v. 25, v. 29), que intensifica la gravedad de la osadía, que nada de estos grandes
obstáculos previenen la osadía o atrevimiento mayor de copiar o imitar 'la luciente
forma' (v. 35), compuesta de 'átomos bellos' (v. 36), de la virreina, acción osada
que se realiza por medio de la escritura del romance, cifra a su vez del lema de
sapere aude, englobador del proyecto literario e intelectual de Sor Juana.

Si tomamos en cuenta un posible sentimiento homo-erótico, cifrado en los
ropajes circunstanciales del romance, adquiere vehemencia el sentido de la osadía.
Aún más, el acto de imitación también se transfiere al espacio propio también del
Sueño, el poema personal 'más extenso y ambicioso' de Sor Juana,[18] donde rige la
mirada interior del pensamiento. Es decir, en el romance es el 'atrevido ...
pensamiento' (v. 34) el que copia la 'luciente forma' compuesta de 'átomos bellos'
(vv. 35–6). El énfasis está en la forma, concepto platónico relacionado con el
universo trascendente de las Ideas. El atrevimiento del pincel que busca retratar
por medio de una pintura la belleza inalcanzable de la virreina provoca la osadía
mayor de Sor Juana al usar su pluma. Sin embargo, la alusión al pincel en el romance
que muchos críticos toman como referencia a una posible afición artística de Sor
Juana, nos dirige en cambio, a partir de nuestra lectura intertextual, al espacio
interior de la fantasía del *Primero sueño*, cuyo 'pincel invisible' (p. 502, v. 282)
busca retratar las formas o esencias de las cosas, a partir de los fantasmas o
simulacros, vueltos aún más transparentes por una bruma atemperada de humores
corporales, que los sentidos exteriores copian de las sensaciones diurnas, desde

---

[17] Dolores Bravo Arriaga, 'Significación y protagonismo del "oír" y el "ver" en el *sueño*',
Colonial Latin American Review, 4 (1995), 2, 63–71.
[18] Octavio Paz, *Sor Juana Inés de la Cruz o las trampas de la fe* (Barcelona: Seix Barral,
1982), p. 472.

su impresión material en el espejo acuoso del ojo,[19] para enviárselos ya depurados al alma, en formas de mayor abstracción, visibles únicamente ante los ojos del pensamiento, donde no rige la luz sino la sombra (pp. 500–4, vv. 252–305). En el romance, el alma, donde 'arde sacrificio puro/ de adoración y silencio' (p. 79, vv. 55–6), situada lejos pero a la vez nutriéndose de los 'materiales afectos' (v. 52) del corazón y del cuerpo, es el interlocutor o espectador privilegiado de las pinturas abstractas o simulacros que lleva a cabo la fantasía interior de la poeta.

Tanto en el romance como en el poema largo notamos una interdependencia entre cuerpo y alma, ponderación o especulación y deseo, distancia y exaltación. En el *Sueño*, la fisiología corporal posibilita el viaje temporal de la fantasía por el imaginario vuelo hacia los espacios siderales del conocimiento universal; en el romance y otros poemas amorosos de Sor Juana, el deseo erótico-corporal es fuente de la forma poética, cuyo entramado material y simbólico, compuesto de conceptos contradictorios y a la vez interdependientes, se constituye a partir de la graduada intensidad sonora y expresiva de la pasión.

En el romance, al igual que en el *Sueño*, están presentes los cuatro elementos clásicos, principios presocráticos de la antigua cosmogonía griega: el agua (en forma de llanto, v. 31), el aire, la tierra y el fuego, además de otros conceptos abstractos de origen filosófico. En la teoría de Empédocles, todos estos elementos se cohesionan por medio del amor:[20]

> como a lo cóncavo el aire,
> como a la materia el fuego,
> como a su centro las peñas,
> como a su fin los intentos; (vv. 97–100)

Además de la palabra 'esfera' (v. 15) y 'círculos' (v. 175), pertenecientes al vocabulario de la cosmología aristotélica y de la geometría, en un verso ya citado encontramos 'átomos' (v. 36), palabra de origen griego 'que significa sin división' y que aparece en Demócrito y Epicuro, al igual que en dos versos del *Sueño* (v. 119, v. 338). En la época de Sor Juana se refiere también a 'las moticas que andan por el aire tan imperceptibles que solo las vemos al rayo del Sol cuando entra por los resquicios de las ventanas, y las llaman átomos del Sol':[21]

---

[19]   Según Giorgio Agamben, 'Aristóteles concibe el mecanismo de la visión en contra de quienes la explicaban como un flujo que iba del ojo al objeto, como una pasión impresa en el aire por el color y desde el aire transmitida al ojo cuyo elemento acuoso la refleja como en un espejo' (citado en Glantz, 'Materiales afectos', p. 677).

[20]   Adán Aragón, conversación personal, 14 de abril del 2013.

[21]   *Diccionario de autoridades*, ed. facsímil, vol. 1 (Madrid: Gredos, 1990), p. 471. Sobre la presencia de conceptos filosóficos en la obra de Sor Juana, véase Mauricio Beuchot, *Sor Juana, una filosofía barroca* (Toluca, Estado de México: Universidad Autónoma del Estado de México, 2001).

> ¿De qué sirve que, a la vista
> hermosamente severo,
> ni aun con la costa del llanto
> deje gozar sus reflejos.
> si locamente la mano,
> si atrevido el pensamiento,
> copia la luciente forma,
> cuenta los átomos bellos? (vv. 29–36).

Una estrofa muy citada del romance establece una separación entre el ente metafísico y espiritual llamado alma, del sexo corporal, objeto de supervisión y prohibiciones, entre ellas la unión de las amantes. Sin embargo, los borrones de la escritura, y sus simulacros simbólicos o alegóricos, nacidos de la fantasía, pueden superar toda distancia:

> Ser mujer, ni estar ausente,
> no es de amarte impedimento,
> pues sabes tú que las almas
> distancia ignoran y sexo. (vv. 109–12)

Las expresiones de fidelidad y vasallaje amoroso, en este romance, se alejan de los códigos feudales y cortesanos que participan de los circuitos simbólicos de poder patriarcal, imperial, para trasladarse al ámbito del conocimiento. En lugar de sojuzgar cuerpos, el imperial privilegio del que goza la prodigiosa hermosura de la virreina es el de domeñar almas. El 'estudioso desvelo' (v. 126), fuente del viaje nocturno hacia el conocimiento en el *Sueño*, emblema retratado en el séptimo lienzo del *Neptuno alegórico*, asociado a la sabiduría de Minerva, es también en el romance la actividad que nutre el imperio amoroso de la virreina, imperio que aumenta con el crecimiento o elevación del alma de la amante por medio del solitario estudio, lejos del ruido conventual, y posiblemente también por medio de la lectura compartida, que hermana almas, sin los impedimentos que nacen de distinciones sexuales jerárquicas:

> Recibe un alma rendida,
> cuyo estudioso desvelo
> quisiera multiplicarla
> por sólo aumentar tu imperio.
> Que no es fineza, conozco,
> darte lo que es de derecho
> tuyo; mas llámola mía
> para dártela de nuevo. (vv. 125–32)

No es merecida fineza o correspondencia ofrecer el alma suya a la virreina que ya de por sí le pertenece, ni tampoco 'materiales tesoros' (v. 139), como 'las riquezas de Creso' (v. 138) – o como aquellos extraídos de tierras americanas – sino otras almas libres congregadas en torno al amor a las letras. El acto de fidelidad amorosa hacia la virreina es la celebración de una amistad, un pacto por el saber. Ya en la *Respuesta*, Sor Juana explica que por 'amor a las letras' sufre gustosa el duro sacrificio de 'leer y más leer, de estudiar y más estudiar [...] en aquellos caracteres sin alma, careciendo de la voz viva y explicación del maestro [...] sin más maestro que los mismos libros' (p. 447). El duro sacrificio de estudiar a solas y sin maestro, siguiendo su 'negra inclinación' (p. 451) por la escritura y el conocimiento, es aquí, en el espacio del romance amoroso, el supremo goce del diálogo intelectual entre dos almas libres:

> ¡Oh, quién pudiera rendirte,
> no las riquezas de Creso
> (que materiales tesoros
> son indignos de tal dueño),
>   sino cuantas almas libres,
> cuantos arrogantes pechos,
> en fe de no conocerte
> viven de tu yugo exentos!;
>   que quiso próvido Amor
> el daño evitar, discreto,
> de que en cenizas tus ojos
> resuelvan el universo. (vv. 137–48)

El poder universal del amor, prevenido y agudo, originado en los soles de la virreina, es el de recoger y transformar a todas las almas del universo en una sola Ave Fénix, en perpetuo renacimiento. Su fuego purificador disemina cenizas por el aire, inmortalizadas en forma de ave: en 'aves sin pluma aladas' (*Sueño*, v. 46), monstruosas como las del *Sueño*. Bajo los ojos-soles de la virreina, Sor Juana purifica o redime su propio reflejo, impuesto por la sociedad, como *rara avis*, Monstruo de la Naturaleza y Fénix de los Ingenios del Nuevo Mundo.[22] Los 'milagros' (v. 153) de la virreina contravienen 'el orden' (v. 154): su extraordinaria hermosura le permite gozar de 'imperiales privilegios' (v. 118) sin tener que seguir los 'fueros' (v. 114) del 'natural orden' (v. 113) que en cambio sí guardan 'las comunes hermosuras' (v. 115). Otra mención del romance nos

---

[22] Cito una estrofa del romance 49 en el que se parodia la mitificación de Sor Juana en sus días: 'Lo mejor es que es a mí/ a quien quiere encenizarme,/ o enfenizarme, supuesto/ que allá uno y otro se sale;/ dice que yo soy la Fénix/ que, burlando las edades,/ ya se vive, ya se muere,/ ya se entierra, ya se nace' (p. 204, vv. 49–56).

conduce al espacio del conocimiento, a contracorriente de los códigos oficiales. El filósofo griego Diógenes (v. 157), modelo de sabiduría y rectitud moral que despreció los usos y costumbres de la sociedad, se relaciona con la figura de Apolo y su luz, pues el pensador se atrevió a decirle a Alejandro Magno, emblema de poder político imperial, que se apartara porque le tapaba el sol, el 'señor de Delo' (v. 158). Las bellezas extremas de la virreina son 'portentos' (v. 162) que se apartan de la norma o de la convención, afines a los de una *rara avis*. En otra exaltada a la vez que atrevida expresión de devoción amorosa, Sor Juana dice que pagaría por ver esos portentos suyos, transfiriendo a la virreina, en un lúdico gesto de hermandad, su propia condición monstruosa o excepcional, puesta en exhibición por la fama internacional que alcanzó en su tiempo:

> ¡con cuánta más razón yo
> pagara el ver tus portentos,
> no sólo a afanes de vida,
> pero de la muerte a precio! (vv. 161–4)

Por otro lado, la palabra 'necios' del verso 150 del romance se asocia con aquellos 'libres desdichados' (v. 149) que 'ignoran' (v. 150) ¿o desatienden? 'el saludable veneno' de los 'divinos hechizos' (vv. 151–2) de la virreina. ¿Cifrada alusión a los posibles descuidos del virrey, que María Luisa compartiera con su amiga a través de la rejilla del locutorio del convento?

En dos estrofas anteriores del romance se entremezclan el discurso jurídico–amoroso de las correspondencias, el financiero y el político, con su sistema de premios y castigos. Las resultantes imágenes, una comercial de una relación divina y otra amorosa, enardecida, son insólitas por su carácter arriesgado, rayanas en lo herético. El premio al que se aspira es innombrable:[23]

> Mal se acreditan deidades
> con la paga; pues es cierto
> que a quien el servicio paga,
> no se debió el rendimiento.
> ¡Qué distinta adoración
> se debe a ti, pues siendo
> indignos aun del castigo,
> mal aspiraran al premio! (vv. 69–76)

---

[23]   Cito la nota de Alatorre al verso 70 del romance: '*la paga*: MP, después de manifestar cierta preocupación por el tono cada vez más exaltado de este romance ("apasionada amistad" que "linda con lo erótico"), al llegar a esta *paga* no puede contenerse y dice que es uno de los pasajes "por los que la Inquisición habría podido buscarle ruido a sor Juana": es falso (es herético) decir que una deidad "se desacredita" cuando remunera a sus servidores' (p. 79, énfasis en el original).

Hacia el final del romance, la casuística amorosa se desplaza del campo financiero al filosófico, concediéndole un cariz lógico-racional universal no solamente a la virreina, centro y causa de sus atributos de belleza, sino a la amante que de esta manera pasa a ser objeto del origen o fundamento divino. Dentro del orden del cosmos, su amor hacia ella, principio de belleza absoluto, es una pasión ineludible, necesaria:

> Si crédito no me das,
> dalo a tus merecimientos;
> que es, si registras la causa,
> preciso hallar el efecto.
>   ¿Puedo yo dejar de amarte,
> si tan divina te advierto?
> ¿Hay causa sin producir?
> ¿Hay potencia sin objeto? (vv. 165–72)

El romance culmina con gran efusividad expresando, con un tono de cercanía y afecto, por medio del uso de la segunda persona, un deslumbramiento amoroso hacia cada una de las superlativas prendas o dones de la virreina:

> Pues siendo tú el más hermoso,
> grande, soberano exceso
> que ha visto en círculos tantos
> el verde torno del Tiempo.
>   ¿para qué mi amor te vio?
> ¿Por qué mi fe te encarezco,
> cuando es cada prenda tuya
> firma de mi cautiverio?
>   Vuelve a ti misma los ojos
> y hallarás, en ti y en ellos,
> no sólo el amor posible,
> mas preciso el rendimiento,
>   entre tanto que el cuidado,
> en contemplarte suspenso,
> que vivo asegura, sólo
> en fe de que por ti muero. (vv. 173–88)

Dentro de los tópicos propiamente petrarquistas, y el eco místico-amoroso de la última estrofa, resalta una imagen abstracta, 'círculos' (v. 175), para representar con una hipérbole el 'soberano exceso' (v. 174) de la belleza de la virreina, la mayor hermosura de todos los tiempos, y la actividad rectora gnoseológica de la contemplación que suspende el 'cuidado' (v. 185) de la pasión amorosa. El vocablo 'cuidado' aparece en el *Sueño* con un sentido político: el infatigable 'regio pastoral cuidado' del águila (*Sueño*, v. 140), cuyo emblema es un círculo. Por otro lado 'suspender', según el *Diccionario de autoridades*, significa 'arrebatar el ánimo, y detenerlo con la admiración de lo extraño, o lo inopinado de algún objeto o suceso', o bien 'detener, o parar por algún tiempo o hacer pausa' (vol. 3, p. 192). Este último sentido lo encontramos en el *Sueño*, cuando el alma, sin separarse del todo del cuerpo dormido, suspende temporalmente sus actividades externas para imaginar, por medio de una serie de retratos pintados por la fantasía, un viaje epistemológico por los espacios siderales (vv. 192–209).

A partir del nuestro análisis, hemos podido resaltar cómo el vocabulario del conocimiento impregna el discurso amoroso en la lírica de Sor Juana, ofreciendo así un retrato inverso de la retórica petrarquista asociada a la corte y sus jerarquías de poder patriarcal e imperial. La lectura intertextual nos permite entrever e imaginar otros posibles sentidos de los términos inscritos en la cortesanía amorosa del romance que muchas veces destacan por su diferencia o distancia del campo semántico-retórico convencional, desplazando la centralidad de la figura político-jerárquica de la virreina como receptora privilegiada del discurso amoroso. La osadía es entonces también el reescribir la retórica petrarquista a partir de una concepción gnoseológica de la escritura: convertir el acto de imitación, que a fin de cuentas es una expresión de dependencia feudal y colonial ante las jerarquías cortesanas por parte del poeta, en una demostración de la fuerza creadora de su pluma, que transforma los códigos de vasallaje político en una epistemología propia que la sitúa en el espacio de dominio y transformación simbólica de los códigos culturales. Quiero proponer que los sentidos alegóricos del *Sueño*, que abarcan significados filosóficos, científicos y políticos, además de jurídicos y financieros, nos permiten reinterpretar, a partir de ciertas figuras y alusiones coincidentes, la lírica amorosa sorjuanina para así recuperar en ella esta rica dimensión epistemológica que comparte con la de Petrarca.

Part 2

Poetry in Conversation

11

El conde de Salinas y Leonor Pimentel:
cuando se juntan el amor y la poesía

TREVOR J. DADSON

Jueves Santo, 30 de marzo de 1600, a las diez de la mañana murió de sobreparto Marina Sarmiento de Villandrando y de la Cerda, VI condesa de Salinas y Ribadeo. Por segunda vez en cinco años Diego de Silva y Mendoza se encontró viudo y con un niño varón recién nacido para cuidar y criar, de cuya frágil salud dependía el futuro de la Casa de Salinas y Ribadeo. El comentario del cronista de corte, Luis Cabrera de Córdoba, en su aviso del 8 de abril, no fue, desde luego, muy esperanzador: 'Se cree no vivirá.'[1] Afortunadamente, Cabrera de Córdoba se equivocó y Rodrigo sí que vivió, llegando a ser un niño fuerte, pero eso, por supuesto, no lo sabía su padre Diego en 1600. Es probable que en los meses siguientes se volcara en la crianza y protección de su único hijo, ayudado por su suegra Antonia de Ulloa, por unas tías abuelas solteras, y, sin duda, por su cuñada Madalena Sarmiento, que tenía mucho interés en que el pequeño sobreviviera. Habiendo visto el triste desenlace del matrimonio de sus dos hermanas mayores, Ana y Marina, con el hijo favorito de la princesa de Éboli, ella no estaba dispuesta a recorrer el mismo camino y dejó muy claro a quien quisiera escucharla que no pensaba casarse con su cuñado, fueran las que fueran las circunstancias de la familia.

En esos momentos la familia vivía en Madrid, en una casa alquilada, ya que hasta entonces ningún conde de Salinas había visto la necesidad de comprar una propia. Allí Diego guardaría el luto riguroso de la época, se preocuparía por la salud de su hijo, y buscaría la manera de abrirse camino en la Corte. Con 35 años cumplidos (había nacido en diciembre de 1564), ya iba siendo hora de que encontrara un puesto en la Corte digno de su rango – conde de Salinas y Ribadeo y duque de Francavila – y su ascendencia – descendía por vía materna del Gran

---

[1]   Luis Cabrera de Córdoba, *Relaciones de cosas sucedidas en la Corte de España desde 1599 hasta 1614* (Madrid: Imprenta J. Martín Alegría, 1857), p. 64.

Cardenal Pedro González de Mendoza, y entre sus antepasados se contaban el marqués de Santillana, Jorge y Gómez Manrique, Garcilaso de la Vega, y el poeta y embajador Diego Hurtado de Mendoza. En su ayuda vino un suceso más que inesperado: la mudanza de la Corte de Madrid a Valladolid. El 10 de enero de 1601 la Cámara del Rey anunció la mudanza de la Corte a Valladolid, donde hizo la entrada oficial el 9 de febrero.[2] El capricho del duque de Lerma, de mantener al rey cerca de sus estados en el norte del país, tuvo el efecto de dislocar la vida de miles de personas que no tuvieron más remedio que seguir la marcha del rey hacia la meseta del norte: funcionarios, diplomáticos, cortesanos, pretendientes, criados de los nobles, artistas y escritores, impresores y libreros, todos tuvieron que embalar sus cosas y buscar alojamiento en la ciudad del Pisuerga, alojamiento que no abundaba y, por lo tanto, no era barato.[3] Sin embargo, la familia Sarmiento de Villandrando era de las afortunadas que disfrutaban de un palacio en Valladolid y no tuvieron que alquilar uno (como habían hecho en Madrid durante muchos años). Poseían un palacio ubicado en un sitio inmejorable, entre el Palacio Real y el imponente palacio fortaleza de los condes de Benavente. Además, tenían una quinta o casa de recreo fuera de los límites de la ciudad, a orillas del Duero en el pueblo de Fuentes. Para el conde de Salinas, la mudanza de la corte a Valladolid iba a cambiar su vida de manera radical, pero no exactamente como podía haber imaginado.

Es seguro que, poco después de llegar, Salinas fuese a hacer una visita de cortesía a la casa de su amigo Diego Sarmiento de Acuña. Llevaban varios años sin verse, Sarmiento de Acuña con el puesto de corregidor en Toro y luego en Valladolid, Salinas en Madrid, intentando meterse en el mundo de la corte, aunque se carteaban con cierta frecuencia, manteniéndose a cada uno al día de las noticias personales, familiares y de interés general.[4] Pero tendrían ganas de verse en persona. Por tanto, podemos imaginar una visita de Salinas a la casa de Diego Sarmiento. Allí volvería a ver a la mujer de éste, doña Constanza de Acuña, y a sus varios hijos. Y conocería a la joven pupila del futuro conde de Gondomar que ahora vivía con ellos: doña Leonor Pimentel, hija huérfana de los marqueses de Távara. Su madre, doña Juana de Toledo y Colonna, había

---

2   Véase Cabrera de Córdoba: 'Miércoles a 10 del mes pasado [= *enero*], a la noche, se publicó en la Cámara de S.M. la mudanza de la Corte para Valladolid' (*Relaciones de cosas sucedidas en la Corte de España*, p. 93).

3   Para el impacto de esta mudanza sobre el comercio de libros, véase Trevor J. Dadson, 'El Mercado del Libro en Madrid durante el primer tercio del siglo XVII: Algunos apuntes y un inventario', en *Edición y literatura en España (siglos XVI y XVII)*, ed. de Anne Cayuela (Zaragoza: Prensas Universitarias de Zaragoza, 2012), pp. 239–68.

4   Para la correspondencia entre Salinas y Sarmiento de Acuña, véase Trevor J. Dadson, *Diego de Silva y Mendoza, Conde de Salinas y Marqués de Alenquer. Cartas y memoriales (1584–1630)* (Madrid: CEEH-Marcial Pons Historia, 2014 [en prensa]).

muerto en 1593, cuando Leonor era bastante joven; luego, su padre, Enrique Pimentel y Enríquez, murió en 1600, y el título pasó al hijo mayor Antonio Pimentel y Toledo. Como Leonor era menor de edad y necesitaba un tutor y curador, Diego Sarmiento de Acuña asumió el papel, probablemente porque el III marqués lo había dispuesto así en su testamento.[5] Ella siempre lo llamaba 'mi tío y tutor'. Si era pariente de la joven, no es obvio cómo, ya que no compartían ningún apellido en común. Pero aun cuando ésta había alcanzado la mayoría de edad, seguía refiriéndose a Diego Sarmiento de esta manera y a sí misma como 'Su menor de V.s.' o 'Su menor de V.s. y no su menor amiga'.

En abril de 1600 ella había sido de los primeros en comunicar a su tutor la noticia de la muerte de la condesa de Salinas.[6] No sabemos por qué le interesaba el estado de salud de Marina Sarmiento, a no ser que estuviese muy sensibilizada ante la muerte de cualquier madre, habiendo perdido la suya tan joven, o porque acababa de morir su padre y sabía lo que significaba quedarse huérfana. El caso es que en aquella visita de Diego de Silva y Mendoza a la casa de su amigo Diego Sarmiento de Acuña, estas dos personas, que hasta este momento sólo se conocían de oídas, si es que se conocían, iban a empezar una relación amorosa que duraría casi veinte años y que causaría innumerables problemas a ambos y a todos sus amigos y parientes.

En estos momentos, Salinas acababa de cumplir 36 años. No sabemos la edad que tenía Leonor Pimentel entonces, pero a la fuerza era menor de 25 años, y probablemente no llegaba a los 20. Por tanto, el conde casi doblaba en edad a la joven, pero ella se quedó encandilada con él y rápidamente se enamoró de este hombre mayor, recién enviudado, con un hijo pequeño y que vivía en una casa dominada por mujeres. No es a primera vista el material de que se hacen las novelas románticas, o tal vez sí si uno piensa en Jane Eyre y su Mr Rochester, en Emma Woodhouse y su Mr Knightley, o en Elizabeth Bennett y su Mr Darcy. En los tres casos eran hombres bastante mayores que sus admiradoras, y, cómo no, muy ricos. Salinas no era de los nobles más ricos de su época, pero tenía a su favor una baza bastante importante: era poeta, y a Leonor Pimentel le encantaba la poesía.

---

[5]   Sobre las obligaciones de un tutor y curador, véase Grace Coolidge, *Guardianship, Gender, and the Nobility in Early Modern Spain* (Farnham: Ashgate, 2010).

[6]   Lunes 3 de abril de 1600 Alonso Sanjurjo escribió a su amo Diego Sarmiento de Acuña, comunicándole la noticia de la muerte de la condesa de Salinas: 'está en el Cielo, y es desde Jueves Santo a las diez del día que expiró'. Él no se había enterado del funesto suceso hasta el domingo, 2 de abril, pero la joven pupila de don Diego, Leonor Pimentel, lo había sabido antes y le había avisado por carta. Sanjurjo estaba preocupado porque pensaba que esta carta no le había llegado aún, tal vez por su culpa, y quería disculparse ante su señor: 'Con cuidado quedo por no saber si ha llegado la provisión de la puente a sus manos de V.m. con la carta de mi señora doña Leonor en que avisaba a V.m. de la salud de mi señora la condesa de Salinas, que está en el Cielo' (RB MS II/2.184, carta 13).

Diego de Silva y Mendoza venía practicando la poesía desde al menos mediados de la década de 1580. El 12 de diciembre de 1586 envió a su amigo Ascanio Colonna unas coplas, precedidas de esta advertencia: 'Mandaisme que os escriba unas coplas que empezaban "El remedio del castigo", y bastará la primera para que veáis que no es malo y que me valgo de él.' Dice, pues:

> El remedio del castigo,
> que da Fortuna a los dos,
> es que, como más amigo
> con ir yo siempre con vos,
> aparentéis vos conmigo.[7]

El 16 de septiembre de 1588 Diego volvió a enviarle a su amigo Ascanio un poema suyo, esta vez una copia autógrafa de su soneto 'Luego que tuvo el buen conocimiento', el primer soneto suyo que podemos fechar con total seguridad.[8]

Para 1587 era ya muy conocido como poeta. El 13 de julio de ese año Luis Gálvez de Montalvo (autor de *El pastor de Filida* (Lisboa, 1589; Madrid, 1590), y secretario de Ascanio Colonna) le mandó un soneto suyo desde Roma, 'Estos suspiros que del pecho mío', soneto que había escrito durante su viaje por mar hasta Italia, como le contó en la carta que acompañaba al poema: 'No sé si habrá llegado allá un soneto mío que hice en el mar al viento de mis suspiros que se iban a ratos abrasando a España a tomar tierra' (Doc. 63).[9] La propia madre de Diego, la princesa de Éboli, bromeaba con él sobre sus pretensiones de poeta, cuando le dijo en una carta de octubre o noviembre de 1591: 'Y por hablarte en tu lenguaje, digo lo que el Ariosto: "¿Quién subirá por ti, señor, al cielo/ por el seso que amando la has perdido?"'[10] Unos años más tarde encontramos a Salinas

---

[7]   Dadson, *Cartas y memoriales*, carta 11. Son los primeros versos que tenemos de mano de Diego de Silva y Mendoza y prueba de que ya llevaba tiempo componiendo poesía. No se encuentran en ningún otro manuscrito y es una pena que no incluyera el resto del poema en la carta a su amigo Ascanio Colonna.

[8]   Véase Dadson, *Cartas y memoriales*, carta 25. Sobre este poema y las distintas versiones de él, véase Trevor J. Dadson, '"Poesía que vive en variantes": Retorno a Antonio Rodríguez-Moñino de Mano del Conde de Salinas', en *De Re Typographica. Nueve estudios en homenaje a Jaime Moll*, ed. Víctor Infantes y Julián Martín Abad (Madrid: Calambur, 2012), pp. 73–93, pp. 81–4. El poema se publicó en Diego de Silva y Mendoza, *Antología poética de D. Diego de Silva y Mendoza, Conde de Salinas (1564–1630)*, ed. Trevor J. Dadson (Madrid: Visor, 1985), p. 41 (soneto V).

[9]   Damos el número que cada documento o poema lleva en el cartapacio de poemas inéditos de Salinas, cuya edición estamos preparando para dar a la imprenta con el título de *La poesía inédita del Conde de Salinas*.

[10] Trevor J. Dadson y Helen H. Reed (eds), *Epistolario e historia documental de Ana de Mendoza y de la Cerda, Princesa de Éboli* (Madrid: Iberoamericana-Vervuert, 2013), carta 388. La princesa cita (y ligeramente modifica) unos versos de Ludovico Ariosto, *Orlando furioso*, Canto XXXV, vv. 1–2: 'Chi salirà per me, madonna, in cielo/ a riportarne il mio perduto ingegno?'

oficiando como poeta de la corte, encargado de las diversiones palaciegas, en particular los conocidos Motes de Palacio, en cuyo ejercicio llegó a ser un reconocido experto, como veremos en seguida.

Es imposible saber a ciencia cierta cuándo ocurrió el flechazo entre Salinas y Leonor Pimentel, pero no cabe duda de que para finales de 1603 la cosa iba muy en serio. El 2 de diciembre de ese año Leonor escribió una carta a Salinas desde Olmedo adonde, muy a su pesar, había tenido que desplazarse con las damas de la reina. Por ella descubrimos que hacía poco que Leonor era dama de la reina y que Salinas había intervenido para suavizar las condiciones de su iniciación:

> Hanme dicho que habéis tomado tan a vuestro cargo el defenderme de los trabajos que las damas nuevas suelen pasar que, aunque os costara muy poco según las gracias que envía, no quiero dejar de agradecéroslo, pues la voluntad con que habláis en mí lo merece. (Doc. 17)

A continuación le cuenta algo del viaje, incómodo como era de esperar en pleno invierno: 'Vamos buenas aunque muy sin los alivios que son menester para los caminos.' Luego viene la parte más sorprendente de toda la carta:

> así mando una y dos y tres veces que a los mis cabellos hagáis un soneto, a los ojos una octava rima, y a las sombras de mi rostro unos tercetos de redondillas. Soy más amiga por lo mucho que en ella se puede decir, pues hay tanto que nuevas de acá os quiero dar: mirá si os trato como a amigo.

La carta sigue con unas noticias o más bien chismorreos de la Corte: 'Doña María de Meneses no se pone color, ni el conde de Arcos pregunta; la guarda mayor no tiene mal de madre,' y termina así: 'Todos estos milagros ha hecho la salida de Valladolid donde me vea yo volver presto y ver tan buen amigo y protector.'

El tono de la carta es de una ligereza tal que raya en el flirteo, y demuestra una confianza en sí misma por parte de la joven Leonor que deja asombrado al lector. Salinas es en distintos momentos 'amigo' y 'protector', y ella su 'más amiga'. Pero, ¿qué decir de su petición poética?

Por otra carta que le escribió el día siguiente, el 3 de diciembre, cuando había vuelto a Valladolid, parece que el Conde le mandó en seguida las octavas tan deseadas, si bien no menciona el soneto y las redondillas:

Para la procedencia de la versión que utiliza la princesa de Éboli, ver Dadson y Reed, *Epistolario e historia documental*, p. 568, n. 587.

Y cuando digan que fuera mejor raja en diciembre, las damas pueden dar leyes mucho mejor que un cojo catorce pies en un soneto, obligándole a cosa tan imposible como lo es hacer que quepan 'aguiluchos', quiero decir aguileñas, en redondillas. Y aunque es justo que se celebren octavas de tales ojos como de verdadera fiesta, no me conformo con que esto sea por ninguno de los del número triste, pues así como los alegres llaman su vida a cuanto quieren encarecer, no es mucho que estos otros hallen propiedad para llamar muerte a V.m., haciendo de las octavas octavarios. (Doc. 17)

Cuando leí estas cartas por primera vez, recorrí mi memoria a ver si recordaba algún poema de Salinas que cumpliera con estas características: un soneto a los cabellos, unas octavas rimas a los ojos, unos tercetos a las sombras del rostro. Sabía que el primero (los cabellos) y el tercero (la cara) no eran temas de su predilección, pero sobre los ojos sí que tenía varios poemas, pero ¿unas octavas? Tiene una canción 'Amadas luces puras', unas redondillas 'Ojos, cuyas luces bellas', y una letrilla 'Ojos, si ajenos enojos'. Y luego una canción 'A unos ojos': 'Miedo y seguridad del pensamiento'. Y allí, tal vez, estaba el poema que buscaba, puesto que en realidad no es una canción sino unas siete estrofas en octavas reales con un estribillo de tres versos, como se ve por la primera estrofa:

> Miedo y seguridad del pensamiento,
> viva pena de gloria guarnecida,
> donde serán mil siglos un momento
> y donde el bien y el mal es sin medida;
> arcos de amor y flechas de tormento,
> guerra llena de paz, y paz fingida,
> principio, medio y fin de mi deseo,
> el mismo atajo de él y su rodeo:
>   todo junto lo veo
> en esos tus divinos ojos bellos,
> *que todo cabe y todo vive en ellos.*[11]

Este poema aparece por primera vez en el cancionero *Poética silva*, cuyas fechas de composición y recopilación, según su editora moderna, son aproximadamente de 1595 a 1602.[12] Es decir, las fechas concuerdan, más o menos, si Salinas compuso estas octavas a raíz de la petición de Leonor Pimentel.

---

[11] Silva y Mendoza, *Antología poética*, p. 105 (poema LXIV).
[12] Véanse Inmaculada Osuna (ed.), *Poética silva. Un manuscrito granadino del Siglo de Oro*, 2 vols (Córdoba: Universidad de Córdoba, 2000), para la fecha de composición de este manuscrito, y Trevor J. Dadson, 'Gracián's *Agudeza y arte de ingenio* and the Count of Salinas: Some Reflections on the Circulation and Dating of his Poetry', *Bulletin of Hispanic Studies*, 86 (2009), 823–38, para este poema en particular.

De igual importancia y curiosidad, el estribillo termina con un verso glosado de otro poeta, de hecho de Pedro de Padilla, de su 'Canción tercera glosando este verso: *Que todo vive y todo cabe en ella*'.[13] Al igual que el poema de Salinas, el de Padilla es un continuo juego de palabras sobre los efectos de estos 'divinos ojos bellos', pero mientras que aquél puede merecer el severo juicio de Leonor Pimentel de estar 'haciendo de las octavas octavarios', éste es más positivo, casi una declaración de amor:

> De rara discreción y hermosura,
> donaire extraño, singular aseo,
> de buenas gracias y desenvoltura
> adonde haga el alma rico empleo,
> y de cuanto se halla por ventura
> lo que abraza las alas del deseo,
> y en efecto de todo el bien del suelo
> está lo más en lo que hizo el cielo,
> milagro de belleza,
> gloria de amor, infierno de crueza,
> ingrata como bella,
> *que todo vive y todo cabe en ella*.[14]

Sería muy del estilo de Salinas que utilizara el verso glosado de Padilla para dirigir la atención de Leonor Pimentel hacia sus verdaderos sentimientos amorosos, sentimientos que no se declaran en su propio poema. Sabiendo que ella es devota de la poesía, se confía en que encuentre la llave de sus sentimientos hacia ella leyendo el poema de Padilla, que circulaba desde aproximadamente 1580.

Si esto es más que hipótesis y es lo que realmente pasó entre el conde y la joven dama de la reina, tendremos que recalibrar nuestras actitudes hacia la poesía amorosa petrarquista, tenida desde sus orígenes como poesía convencional que no trata sentimientos verdaderos, de los que pasaron en la realidad, sino sentimientos imaginados, de cosas que podían haber pasado pero que no pasaron; poesía convencional donde la dama no existe sino en la imaginación febril del poeta amante. ¿Habrá otros poemas de Salinas dedicados a Leonor Pimentel que hemos ignorado por considerarlos típicos poemas de talante petrarquista?

Hay otras octavas que tal vez nos den una respuesta a esta pregunta. El primer verso del poema reza: 'Tardanzas, confusión, contradicciones', y es el típico poema petrarquista de contrarios y contradicciones, como vemos en la segunda estrofa:

---

[13]   Pedro de Padilla, *Romancero*, ed. José J. Labrador Herraiz y Ralph A. DiFranco (México: Frente de Afirmación Hispanista, A.C., 2010), pp. 464–6, poema núm. 77.

[14]   Padilla, *Romancero*, p. 464.

>Soy de puro rendido porfiado;
>doyme en precio del daño que recibo;
>persíguenme el descuido y el cuidado;
>aire no alcanzo y en el aire estribo;
>en mí un ligero bien es mal pesado;
>mil torres edifico que derribo;
>con pecho de cristal, cera y acero
>vivo de los contrarios de que muero.[15]

Una versión del poema se encuentra en el *Cancionero de Mendes Britto* (BNE MS 17.719) con el epígrafe: 'Octavas del conde de Salinas, ahora marqués de Alenquer, a propósito de no se declarar en sus pretensiones; hízolas en Valladolid, estando la Corte en él.' La Corte estuvo en Valladolid desde 1601 hasta 1606, justo cuando Salinas conoció a Leonor Pimentel y cuando floreció su amistad, y quién sabe si no más. Pero por sí solo el poema, incluso con el epígrafe del *Cancionero de Mendes Britto*, que data de 1623, no es una prueba fehaciente de unos sentimientos verdaderos y no fingidos. Ahora bien, resulta más que curioso que en una carta escrita a su tutor, Diego Sarmiento de Acuña, y fechada el 2 de abril de 1608, Leonor Pimentel diga lo siguiente:

>Un dios que sabe corazones de damas lo juzgará y el mío no se vuelve fácilmente.[16] Hasta aquí son palabras livianas. El marqués de Cuéllar las tiene más prácticas, pero creo que solas; si no, el conde de Salinas: 'Tardanzas, confusiones, contradicciones', y, a mi ver, 'sin pensamientos ni designios'. No hablo en ellas porque las sienta, sino respondiendo a V.m.[17]

O sea, ella cita el primer verso del poema de Salinas y luego añade un segundo verso suyo que imita el vocabulario de su poeta amante en los versos 2 a 4 del mismo poema: 'apariencias, designios, devaneos,/ la verdad, la razón, las sinrazones,/ pensamientos, temores y deseos'.[18] ¿Se refiere doña Leonor a estas octavas precisamente porque representan los sentimientos de su amante, don Diego, el que no quería 'declararse en sus pretensiones'? El contexto de su carta es desde luego muy revelador: contesta a una carta de Diego Sarmiento en la que éste hablaba de un futuro matrimonio de su pupila, o más bien de la necesidad de que ella se casase pronto y que no tardase más. Ella responde con mucha ironía a estas sugerencias:

---

[15]   Silva y Mendoza, *Antología poética*, p. 108 (poema LXV).

[16]   Se refiere al dios del Amor, Cupido.

[17]   RAH, Salazar, A-81, fols. 16r–17r. Esta última frase es una nota al margen, muy reveladora ya que doña Leonor no quiere que su tutor piense que ella haya sentido estas emociones.

[18]   Silva y Mendoza, *Antología poética*, p. 108 (poema LXV, vv. 2–4).

Y pues V.m. se declara conmigo en que es esto lo que V.m. más desea, quiérole decir que siempre he aprobado lo que más había de tardar en ser, por si la dilación me valiese de quedarme sin estado, que el que tiene hoy el conocimiento de los hombres no es para echar menos a ninguno. Mis primos me han propuesto uno de doce años con gran ansia de que le apruebe. He visto lo que les debo y por pagarles esta voluntad no he querido ser servidora de su casa. También la tenía en Valladolid y V.m. no ha de venirse a él ni le han de dejar que se creyera esto. Echárale a este niño 7 años más y sin reparar en los pocos suyos me quedara en Castilla la Vieja otros 2. De fuera de ella me han propuesto un segundo rico y de 34 años y un grande de 60. Todos parecen extremos, que en ruin dicha siempre los hay, y por oír de parecer que lo son en mi condición no digo que me huelgo que lo sean ellos.

Citar los versos de Salinas precisamente en este contexto de propuestas de matrimonio resulta al menos llamativo. También abre la puerta a otras consideraciones. He encontrado al menos cuatro poemas de Salinas cuyo protagonista es una tal Leonor: 'En la fuente está Leonor', 'Mal conocéis al Amor, Leonor,/ mal conocéis al Amor', '¡Oh qué ciego está el Amor!' y 'Para su mayor rigor'. El primero es una glosa de un cantarcillo popular también glosado por Luis de Camões: 'Na fonte está Leonor', pero los otros tres son originales de Salinas (con correcciones autógrafas). El segundo reza así:

> Los imposibles allana
> y lo fácil dificulta;
> en la tierra más inculta
> halla la fruta temprana.
>   Para él nunca hay mañana,
> si hoy le parece mejor,
> *mal conocéis al Amor.*
>
> Él es un ciego que guía
> y que para guiar ciega;
> de la parte donde llega,
> tarde o nunca se desvía.
>   Si su amada tiranía
> queréis estorbar, Leonor,
> *mal conocéis al Amor.* (Doc. 102)

¿Se dirige a Leonor Pimentel? Parece demasiado obvio para uno del talante de Salinas, aunque no se puede ni debe ignorar la posibilidad. Los otros dos son glosas propias, el primero de ellos sobre el verso 'Diez flechas tiró y jamás':

> ¡Oh, qué ciego está el Amor
> si piensa que todo es uno!,
> cuando reparte rigor,
> tirar con arco importuno
> a Leonor o con Leonor.
>   Vuelva de su empresa atrás,
> su mismo tirar le advierta,

> que acertarla es por demás,
> de las con que más acierta
> diez flechas tiró y jamás. (Doc. 168)[19]

'Para su mayor rigor' glosa el verso 'Arcos, cuerda, flechas, fuego':

> Para su mayor rigor,
> cejas, pestañas, sosiego,
> niñas y cuerda Leonor
> resucitan en Amor
> arcos, cuerda, flechas, fuego. (Doc. 168bis)

Ya son muchas Leonoras para no pensar que se podía tratar de Leonor Pimentel. En cuanto al conocido poema 'En la fuente está Leonor', está el hecho de que Salinas escogiera precisamente este poema de Camões para glosar, con su protagonista Leonor. Tal vez lo escogiera a propósito, para dar gusto a su joven admiradora. En todo caso, el poema de Salinas (en coplas castellanas) se aparta bastante del original, que realmente sólo utiliza como punto de partida. Además, hay unas correcciones muy interesantes, como ésta en la primera redondilla de la tercera estrofa:

> Si el llanto lo permitiera,
> la fuente no se enturbiara,
> ni tampoco se ausentara
> si tan hermosa se viera. (Doc. 79)

Ésta es la versión original, que Salinas luego corrigió:

> Si el llanto lo permitiera,
> la fuente no se enturbiara,
> y Leonor no se ausentara
> si tan hermosa se viera.

El cambio es mínimo pero muy acertado ya que resalta el papel de Leonor y junta sintácticamente el sustantivo 'Leonor' con el adjetivo 'hermosa', que si fue pensado para la joven Leonor Pimentel, sin duda le gustara.

---

[19]   Este poema se encuentra en BNE MS 3.657, un manuscrito preparado en la casa del conde de Salinas; véase Claude Gaillard, 'Un inventario de las poesías atribuidas al Conde de Salinas', *Criticón*, 41 (1988), 5–66, y Dadson, 'Editing the Poetry of don Diego de Silva y Mendoza, Count of Salinas and Marquis of Alenquer', *Bulletin of Hispanic Studies*, 85 (2008), 285–331. Como sólo existía esta versión del poema, o sea, que sólo había un testimonio de él, lo incluí entonces entre los de dudosa autenticidad (p. 326). Ahora, está claro que es auténtico.

También vemos con el autógrafo original delante los problemas que Salinas tenía con la cuarta estrofa. La primera redondilla de ella no le presentó ninguna dificultad, aunque es una versión un poco distinta a la que encontramos en otros manuscritos:

> '¿Dónde estáis o está, decid,
> vos o el que andáis a buscar,
> y dónde os podréis hallar
> si ninguno no está en sí?'

Pero le costó mucho encontrar una solución a la segunda redondilla de la estrofa y tenemos cuatro intentos suyos de resolverla:

1. Vencida de esto Leonor
   las satisface llorando,
   y responde preguntando:
   '¿Vistes por allá a mi amor?'

2. Llorando hablaba Leonor,
   para sí su mal guardando,
   mas ya responde brotando:
   '¿Vistes por allá mi amor?'

3. No las entendió Leonor,
   y como el mal va apretando,
   respondioles preguntando:
   '¿Vistes por allá mi amor?'

4. 'Amigas', dijo Leonor,
   'perdime de mí en un punto.
   Para hallarme, os lo pregunto:
   ¿Vistes por allá mi amor?'

La versión que se encuentra en los mejores manuscritos se acerca a esta última y representa probablemente la última decisión de Salinas:

> 'Amigas', dijo Leonor,
> 'fue el verle y perderme junto;
> por hallarme, os lo pregunto:
> ¿Visteis por allá mi amor?'[20]

---

[20]   Silva y Mendoza, *Antología poética*, p. 163 (poema LXXXVIII).

Ahora bien, tanto esfuerzo por encontrar la estrofa ideal sugiere que 'En la fuente está Leonor' no era una glosa cualquiera sobre un poema ya existente, sino que representaba algo muy personal para Salinas por tener como protagonista a una dama llamada Leonor. También es curioso, y tal vez determinante, observar que se encuentra justo al lado de un poema de la misma Leonor Pimentel, que comentaremos en seguida, y que ambos estaban destinados para los folios 155 y 156 del cartapacio que Salinas iba formando de sus poemas inéditos.

Si pensamos que puede haber en la poesía de Salinas referencias en clave a su amor o poemas dirigidos secretamente a Leonor Pimentel y que sólo ella lo sabía, el campo más fértil me parece serán los Motes de Palacio, de que Salinas nos ha dejado más de cuarenta. Los Motes de Palacio tenían su origen en las cortes de finales del siglo XV, en las que caballeros y damas participaban en unos entretenimientos que se caracterizaban por el juego verbal, la gracia, y la agudeza. Tuvieron su apogeo en la Corte valenciana de Germana de Foix de principios del siglo XVI, momento preservado para la posteridad en la conocida obra de Luis Milán, *Libro de motes de damas y caballeros: Intitulado el juego de mandar* (Valencia: Francisco Díaz Romano, 1535). Esencialmente, los Motes de Palacio consisten en dos partes, o así al menos es como nos han llegado de manos del conde de Salinas. La primera parte, en prosa, es el contexto o situación en la que se va a desarrollar la diversión. Salinas la llama 'cabeza de mote'. La segunda parte, o 'pie de mote', son los motes o versos distribuidos a los distintos participantes, y, siguiendo las pautas del *Libro de motes*, en todos es la dama quien manda al caballero.[21] Salinas describe el procedimiento así: 'Llámase cabeza de motes lo que parece prosa y motes al propósito de la cabeza, los que se siguen' (Doc. 54).[22] Salinas proporcionaba la 'cabeza' o contexto para el juego y daba a cada participante su mote inicial. Ellos luego tenían que contestar al mote dado con uno de su propia invención, pero siguiendo el orden dado y siempre en la secuencia caballero–dama. Los primeros Motes de Palacio fechados de Salinas vienen de 1596 y 1598, es decir, cuando vivía en Madrid y aún no conocía a Leonor Pimentel. Los primeros en que figura ella son de 1604, o sea, pocos meses después de que empezara sus deberes como dama de la reina.

---

[21] Luis Milán describe así el juego: 'Teniendo un caballero el libro cerrado, entre sus manos, suplicará a una dama que lo abra, y, una vez abierto, hallarán una dama y un caballero pintados cada uno con un mote ante sí. El de la dama será para mandar al caballero; éste deberá ser muy obediente, pues por su obediencia en hacer lo que le mandara la dama tiene mote a su propósito en el libro; y el caballero que no sea obediente será condenado por las damas a lo que les pareciere y echado de la sala. Después, otro caballero y otra dama harán lo mismo que han hecho los primeros, y todos los otros después, por su orden, hasta que las damas manden cesar el juego' (*Libro de motes de damas y caballeros*, fols. A7v–A8r).

[22] En 1624 Salinas dejó escrita una larga y muy interesante descripción de los Motes de Palacio (Doc. 64).

Un buen ejemplo es el mote que empieza: 'Señoras: Quítannos comidas públicas, también nos quitan las cenas. Vuestras mercedes nos digan si pueden buenos propósitos tomados por colación dar méritos al ayuno' (Doc. 51). Salinas proporciona esta cabeza de mote y los pies y cada participante escribe de su puño y letra su respuesta a la derecha. La primera dama en hablar es doña Leonor Pimentel, a pesar de ser la más joven y recién nombrada. Salinas le pone este pie: 'No me respondan acaso,/ qué esperaré de propósito' y ella contesta: 'Lo que fuere más a él'. Firma: Doña Leonor. Cuatro damas más siguen el juego y luego vuelve a aparecer Leonor Pimentel. Esta vez el que le dice el pie es el mismísimo conde de Salinas: 'Sintiera vivir acaso/ más que morir de propósito.' La respuesta de la joven no podía ser más directa e irónica: 'Lo que se siente es morir;/ pero ya no muere nadie.' Pasan tres damas y vuelve Leonor Pimentel, pero esta vez tiene que contestar el pie de don Fernando de Borja: 'Ayuno de colaciones/ espero comida y cena.' A lo que responde la dama: 'No es rústica la esperanza/ que se acomoda a vivir'. Sin que intervenga otra dama, Leonor Pimentel sale de nuevo y contesta el pie del adelantado mayor de Castilla: 'Mi propósito es la muerte/ y mi esperanza lo mismo.' Con la ironía que ahora vemos que la caracteriza, responde: 'Propósitos de fingir/ nunca fueron muy mortales.'

Otro Mote de Palacio de 1604 es el que empieza: 'Señoras: Los que en el bando de esclavos son tan bien comprendidos, desean mucho saber si se quejarán ausentes del olvido y del rigor con que los tratan sus dueños' (Doc. 52). De nuevo, la primera dama en hablar es Leonor Pimentel. Ha de contestar al pie: 'Esto y más sufre un esclavo/ que se ha entregado a tal dueño.' Ella contesta muy ambiguamente: 'Poco es todo, aunque sea más.' En este Mote de Palacio también tiene más de una intervención. En la mayoría de los Motes de Palacio que nos han llegado de mano de Salinas, Leonor Pimentel ocupa un papel muy destacado y, además, casi siempre sale, en términos de la Fórmula 1, en 'pole position'.

Si revelador ha resultado el papel tan central desempeñado por Leonor Pimentel en estas fiestas palaciegas, dirigidas por su poeta amante, más asombroso aún ha sido constatar su participación directa y explícita en la confección de ellas. Tenemos ejemplos de motes donde Salinas escribe la cabeza y los pies de los participantes y donde Leonor Pimentel rellena los huecos al lado con las respuestas a estos que ha compuesto el conde. Pero esta cooperación va más allá de la mera transcripción o copia de respuestas. Hay unos cuantos ejemplos en los que Leonor Pimentel toma la iniciativa y proporciona sus propias respuestas; en otros, ella hace unos comentarios sobre los pies que ha escrito Salinas, comentarios donde apreciamos su sentido de humor más bien negro, un humor que a veces raya en el puro cinismo, como vemos en los siguientes ejemplos.

En 1610 Salinas preparó el Mote de Palacio 'Donde no hay verdad desnuda y hay amistades vestidas, que se quitan y se ponen, vuestras mercedes nos digan si es amor o habilidad el conservar amistades, o si es traza detenerlas el deshacerlas con traza' (Doc. 54). Él escogió a las damas y seleccionó para cada una el pie que el correspondiente caballero le iba a proponer. Luego, lo pasó todo a su amante para que ella opinara. Como el mote dirigido por un tal Escarramán a la primera dama, doña Catalina de la Cerda, contenía el verso 'acabose la amistad', Leonor Pimentel apuntó al lado: 'A esto responda la Méndez', refiriéndose a una conocida jácara de Quevedo titulada 'Carta de Escarramán a la Méndez', donde, por supuesto, aparece ese verso. Luego vienen sus comentarios. Al pie: 'Vestir verdades desnudas/ en invierno es amistad,' ella contesta: 'Harto desnudas se han visto.' Al pie: 'Amor sin habilidad/ siempre fue mayor amor,' ella dice: 'Dios sabe cuál es mayor,' y al siguiente pie 'Habilidad no es amor,/ ni puede ser amistad,' dice con un sarcasmo a flor de piel: 'Ahora acabo de entender/ por qué he sido tan inhábil.'

El Mote de Palacio que Salinas preparó el 19 de julio de 1613 se titula 'Secretos descerrajados, dolor de nuestra cabeza han sido y la causa de ella. Vuestras mercedes nos digan si es suficiente venganza del que ofende, sospechando, que vea lo que sospecha' (Doc. 54bis). Esta vez él ha compuesto todo: cabeza, pies y respuestas, pero una copia llega a manos de Leonor Pimentel y ella se divierte escribiendo sus comentarios:

Pie	*Comentario*
Siempre fue el mayor engaño averiguar desengaños.	No muy siempre.
Pesadísima venganza es ver lo que se sospecha.	Si hay ánimo de tomarlas, no es el caso tan perdido.
Duélenos nuestra cabeza, y más por la causa della.	Muy sana queda la mía, y con llave los secretos.

Con el Mote de Palacio 'Si puede fuerza de trato hacer trocar de costumbre, bien quedará el hospital, pues ni curará dolientes, ni admitirá confesados, ni consentirá remedios, mas si quien enseña aprende, y si la piedad se pega, vuestras mercedes nos digan si tendrán cura unos muertos, muertos por morir de nuevo' (Doc. 196), vemos una colaboración muy interesante, donde Leonor Pimentel sugiere cambios a algunos de los pies de mote que Salinas ha confeccionado, antes de proponer sus propias respuestas divertidas, como éstas: al pie 'Si han de matarme remedio/ más quiero morir del mal,' ella responde: 'De nada queréis morir'; al pie 'Para dejar de haber muerto/ no quiero morir de nuevo,' ella sugiere: 'No querer morir no es nuevo'; al pie 'Justo es no oír confesados/ tan sin arrepentimiento,' ella dice: 'O no conocen sus culpas,/ o no las deben tener.' Para su propio pie 'Nunca la piedad se pega,/ ni aprende quien sabe más,' ella ensaya diversas respuestas, como 'Bien sé yo quien sabe más,' y termina su trabajo con un billete o nota para Salinas:

Téngala V.s. y envíeme una respuesta para sí, que en estas no hay ninguna buena a mi parecer y con V.s. ya tendrán las mías perdida la opinión que tenía antes de oíllas; pero el pueblo, que se atiene a lo que es voz de él, es menester que no infame los retruécanos, y a V.s. le toca volver por ellos. (Doc. 188)

En este y otros billetes sobre el tema de los motes, vemos que Leonor Pimentel era muy sensible a la opinión de Salinas sobre su talento poético; ella no quería defraudar la confianza que su amante poeta había depositado en ella.

Para el Mote de Palacio 'Cómo tan sin almas viven feligreses de Palacio', escrito el 3 de abril de 1614, Leonor Pimentel tuvo una colaboración muy estrecha con Salinas. Primero, sugirió tanto los pies como las respuestas para buena parte de las damas y los caballeros (entre los cuales se encontraba el Rector de Villahermosa, Bartolomé Leonardo de Argensola), añadiendo la siguiente nota:

Desperté y halleme cercada de locuras de almas. Entre tanto que estas señoras se juntan, quiero enviar estas respuestas. No lo sepa el conde de Salinas, que no son tan perfiladas como era justo para ir a mano de su señoría. Las otras irán y paréceme que hacemos lo que en la mar los diestros marineros, que hacen que haya música y entretenimientos mientras dura la tempestad, para que no se sienta tanto. Pasará con ayuda del Señor. (Doc. 57)

Luego, ella intentó encontrar la respuesta perfecta para su propio pie: '¿Cómo llamaré mi cura/ a mi misma enfermedad?', ensayando los siguientes:

Cura de la enfermedad.
Como hay males que son bienes.
Si libro de otra mayor / fue cura y enfermedad.
Eso bien lo sabe el cura.
Como bien lo sabe el cura.
Es cura de los extremos / enfermedad que los junta.
Como esos extremos junta / un cura que vence extremos.
Como esos extremos junta / un alma que busca cura.
Como son locuras de almas.
Si solo el nombre se duda / no está lejos el remedio.
Si solo el nombre se duda / no se errará el remedio.
No se errará la cura / si solo se duda el nombre.

Al fin, escribió una nota para Salinas, que decía: 'Escoja V.s. la menos mala y envíemela señalada, y pondrela con estas otras. Doña L.'

En cuanto al Mote de Palacio 'Sin que les valga ser ríos a nuestros ojos ausentes' preparado para el 5 de diciembre de 1609, es más complicado desentrañar la participación de cada uno. Tenemos una versión o copia en limpio, hecha por un secretario de Salinas (seguramente Domingo de Sagastiberria), que consiste en la cabeza y los pies para las damas (en el margen izquierdo de la página), pero a la que le faltan las respuestas (que irían en el margen derecho). Le sigue una versión enteramente de mano de Leonor Pimentel: cabeza, pies y respuestas. ¿Ella copió lo que le envió Salinas y luego añadió las respuestas, o es que todo el mote es de ella? Por algún comentario que hace la joven, me inclino a la primera opción, o sea, que recibió de Salinas la cabeza y los pies, y lo copió todo de nuevo, antes de añadir las respuestas. Para este mote los caballeros llevan todos nombres de ríos – Duero, Nilo, Guadalquivir, Ebro, Danubio, etc. El que le toca a la propia Leonor es nada menos que 'La Sosa', ¡nombre de río escogido por su amante! La respuesta que ella confecciona para el pie: 'Quien ha de parar en lágrimas/ para correr se detiene', es: 'No llora quien se detiene;/ quien sabe correr no para.' Primero había puesto: 'Es pena de detenida/ quedar corrido después,' pero lo tachó, puso la nueva, y añadió al lado: 'Ésta me parece más dama.'

Todo esto significa un grado de cooperación y complicidad digno de una pareja que lleva tiempo juntos y que se lleva muy bien. Salinas delega en ella parte – una parte importante, que son las respuestas – del proceso de preparación de estos Motes de Palacio, y ella demuestra con su contribución que es su igual. Es una empresa en común, en la que los dos amantes entretienen en el Palacio a los cortesanos, todos conocidos y amigos de ellos. Y el grado de complicidad se ve en comentarios como éste, de Leonor: 'Excelentes son los motes […] hanles contentado mucho y pueden ser públicos y muy solemnizados justamente' (Doc. 125).

Pero si todo esto es una revelación en cuanto a la poesía de Salinas y el papel en ella de Leonor Pimentel, ¿qué decir del siguiente poema en quintillas, autógrafo de Salinas?:

> Tinieblas de encerramiento
> no ciegan mi devaneo;
> vista me da mi tormento,
> pues que con mi sentimiento
> bien veo lo que no veo.
>   Es la paciencia un furor
> no cuerdo y acreditado;
> fortifica lo exterior,
> piensa que nos ha sanado
> metiendo adentro el dolor. (Doc. 49)

Si fuéramos a encontrar en algún manuscrito de la BNE este poema atribuido a Salinas, diríamos que era el típico poema del conde, mezcla de tópicos cancioneriles y petrarquistas, sobre el dolor y el tormento del amante abandonado por la dama querida. Pero ¿qué diríamos si lo fuéramos a encontrar de la siguiente manera, con los comentarios irónicos y bromistas de Leonor Pimentel en el margen derecho?:

Autógrafo de Salinas	*Autógrafo de Leonor Pimentel*
Tinieblas de encerramiento	V.s. las padece ahora.
no ciegan mi devaneo;	Ni hay para que le cieguen.
vista me da mi tormento,	Debe haber sido grande el de las tercianas.
pues que con mi sentimiento	Mejor sería ver sin sentimiento de no ver;
bien veo lo que no veo.	basta el de haber visto.
Es la paciencia un furor	¿Quién ha de acreditar furor sino quien
no cuerdo y acreditado;	lo padece?
fortifica lo exterior,	Eso basta.
piensa que nos ha sanado	Eso debe de pensar el doctor Álvarez.
metiendo adentro el dolor.	

Es decir, el tema del poema no tiene nada que ver con el amor ni el rechazo, sino con unas tercianas que han obligado al poeta, siguiendo los consejos de su médico de cabecera el doctor Álvarez,[23] a encerrarse en una habitación a oscuras para aliviar su gran dolor de cabeza. Debajo del poema, encontramos la siguiente nota del enfermo, en verso:

> Dirán que he dicho más que me mandaron,
> y yo que mucho menos que pensé.
> No me pregunten más, que lo diré.[24]

A la cual contesta su cuñada Madalena Sarmiento de Ulloa, que estaba presente:

> Dígalo a doña Leonor,
> que es quien desea sabello.

Y a su lado, esta respuesta autógrafa de Leonor Pimentel:

---

23 El doctor Álvarez era médico del rey. En una carta a Ascanio Colonna fechada el 30 de enero de 1586, Salinas dice lo siguiente de él: 'ha veinte años que nos cura con tan grandísimo cuidado y amor [...]. Fue condiscípulo y camarada del doctor Juan Gómez' (Dadson, *Cartas y memoriales*, carta 10).

24 Aquí Salinas cita (y reformula) los últimos versos de la Canción II de Garcilaso: 'Canción, yo he dicho más que me mandaron/ y menos que pensé;/ no me pregunten más, que lo diré'. Obviamente, Salinas esperaba que Leonor conociese el resto del poema y sacase las debidas conclusiones: 'Mas ¿qué haré, señora,/ en tanta desventura?/ ¿A dónde iré si a vos no voy con ella?/ ¿De quién podré yo ahora/ valerme en mi tristura/ si en vos no halla abrigo mi querella?' (vv. 14–19).

Yo ya lo sabía, pero, pues a V.s. le dan licencia, no deje de tomarla tan larga como nosotras para responder mal y tarde; mas, pues algunas respuestas se tienen en tres pies, deles V.s. la mano amiga y paraceralo más cuanto menos dilatare entregarlos al fuego enemigo.[25]

Una pregunta obligada es: ¿cuánto sabían de esta relación tan íntima y tan especial los amigos y allegados de la pareja? Parecería imposible mantenerla en secreto en un mundo tan lleno de chismorreo y rumores como la Corte y el Palacio, y es inconcebible que los participantes en los Motes de Palacio escritos por los dos nada supieran del papel de Leonor Pimentel. Y por supuesto, no fue posible mantener su relación en secreto. El 29 de diciembre de 1605 el marqués de Astorga escribió a Diego Sarmiento de Acuña deseando que se arreglaran las diferencias entre doña Leonor y el conde de Salinas: 'Mucho me pesa que mi señora doña Leonor y el conde de Salinas estén tan quebrados como V.m. dice, mas espero que V.m. sabrá componer esta y otras mayores diferencias'.[26] Como toda relación amorosa la suya no estuvo exenta de problemas, según nos revela una carta de la condesa de Villalonso, Teresa de Saavedra y Zúñiga, a Diego Sarmiento en junio de 1608:

El deseo que tengo de que el conde de Salinas y mi señora doña Leonor se concuerden me hace ser importuna y decir a V.m. como ya doña Leonor ha enviado los papeles al Conde, y pues V.m. ha tomado la mano en esto, le suplico lo acabe que por lo que quiero a ambas partes.[27]

Dada la situación tan irregular de esta relación, sorprende la aparente aceptación de ella por parte de los demás nobles y amigos o conocidos de los dos amantes. Los trataban como a una pareja de hecho, como vemos de una carta que escribió el duque de Cea a Diego Sarmiento en septiembre de 1609, en la que le preguntaba si se acordaba de lo que habían tratado con el conde de Salinas y Leonor Pimentel.[28] Doña Leonor se portaba también como una parte firme de la vida de Salinas, interviniendo en alguna ocasión para intentar reconciliar a su pareja con Rodrigo Calderón, conde de la Oliva, con quien Salinas tenía bastantes diferencias. En carta a su tío y tutor, decía ella:

25   Ella dice aquí 'nosotras' porque se refiere a sí misma y a Madalena Sarmiento, cuñada de Salinas. El poema que acabamos de comentar se encuentra junto a unos Motes de Palacio ideados por Salinas para solamente los tres (él, Leonor y Madalena). Lo más probable es que las dos damas fuesen a cuidarle en su enfermedad y él escribiese los motes y el poema para entretenerlas y hacer pasar el tiempo de su convalecencia. Todo esto pasó en 1606, tal vez en su quinta de Fuentes de Duero.
26   RB MS II/2.127, carta 62.
27   RB MS II/2.133, carta 231.
28   RB MS II/2.129, carta 21.

Acuérdaseme, estando enfadada un día, me dijo V.s. que los amigos no habían de cansarse de parecerle, y así tomé la lección y quiero que V.s. me ayude por su parte y tomar yo a mi cuenta la más difícil cosa y hacerla fácil. Pienso que lo será acabar con el conde de la Oliva lo que le será tan bien como tener nombre de amigo del de Salinas, y quería yo que V.s., pues lo es de entrambos, hable al de la Oliva y le diga todo lo que sabrá y le disponga a que lo desee, que yo me ofrezco a que el conde de Salinas hará lo que le dijere yo, y mire V.s. que es menester brevedad en tomar el pulso: al de la Oliva, porque mañana, que yo veré a V.s., quería que me trajese entendido como viene ése en esto, y al de Salinas no le hable V.s. en que le he escrito esto ni en nada acerca de ello, porque esta victoria de reducirle quiero que me la deje V.s. a mí.[29]

Notamos cómo le dice a Diego Sarmiento que 'el conde de Salinas hará lo que le dijere yo' y que ella reclama la victoria de una reconciliación para sí: 'porque esta victoria de reducirle quiero que me la deje V.s. a mí'. Confianza en sus propias habilidades, desde luego, no le faltaba.

Pero, ¿se sabía algo de la relación poética entre ambos, algo de la parte desempeñada por Leonor Pimentel en la composición, por ejemplo, de los Motes de Palacio? Es difícil imaginar que los demás participantes no supieran nada del papel tan central de su colega, y Lope de Vega evidentemente sabía que Leonor Pimentel era más que una mera dama de la reina porque si no, ¿por qué ofreció en 1621 su volumen La Filomela a ella, con una dedicatoria y diversos poemas alabando su persona y su talento?[30]

Estando así las cosas, ¿cómo es que no se casaron? No hay duda alguna de que Leonor Pimentel quería mucho a Salinas y que deseaba casarse con él. Pero en el camino había unos cuantos obstáculos: primero, la salud del pequeño conde don Rodrigo, de quien dependía el futuro de la Casa de Salinas y Ribadeo. Llegó a crecer fuerte y sano, pero no sin sustos, como en noviembre de 1611 cuando cogió la viruela. Segundo, la formidable persona de Antonia de Ulloa, abuela del pequeño y suegra de Salinas: había urdido su tercer matrimonio con su segunda hija Marina, y era más que capaz, si llegaran el momento y la necesidad, de casarlo con su tercera hija Madalena. Tercero, los miembros de la propia familia de Salinas, como su hermano menor fray Pedro González de Mendoza: no sabemos lo que pensaban de esta relación escandalosa, pero podemos imaginar que no les agradaba demasiado, y menos a un fraile franciscano con ambiciones de subir en la iglesia (con el tiempo llegó a ser arzobispo de Granada, arzobispo de Zaragoza, y obispo de Sigüenza). Ahora bien, a su lado

---

[29] RB MS II/2.125, carta 118.
[30] Véase Ignacio García Aguilar, *Poesía y edición en el Siglo de Oro* (Madrid: Calambur, 2009), p. 166.

Leonor tenía a Madalena Sarmiento de Ulloa, que, habiendo visto el destino
de sus hermanas mayores, no tenía ninguna intención de casarse con su cuñado
y seguramente favorecía las pretensiones de la joven dama de la reina. Diego
Sarmiento de Acuña, como su tutor, tenía motivos legales además de sentimentales
de verla casada, y buscar un buen matrimonio para Leonor Pimentel era una
preocupación de toda su vida, como vemos por un billete de ella escrito en 1610:
'Digo que doy poder al señor don Diego Sarmiento, mi tutor y mi tío, para que
en su vida trate de casarme, que esto es lo que ha deseado toda la suya'.[31] Y
¿qué del conde de Salinas? ¿Quería él casarse por cuarta vez? Ahí es donde
radicaba el verdadero problema.

Uno por uno, los obstáculos fueron cayendo: doña Antonia de Ulloa murió en
septiembre de 1605; el conde don Rodrigo no moría sino que crecía sano y fuerte;
y, para gran alegría de doña Leonor, el 11 de noviembre de 1608 Diego de Ulloa
y Saavedra, II conde de Villalonso, escribió a Diego Sarmiento de Acuña para
informarle que se iba a casar con su prima Madalena Sarmiento (cuñada del conde
de Salinas). Se casaron a finales de febrero de 1609.[32] Con Madalena casada, ya
no quedaba ningún obstáculo ni razón por qué Salinas no se podía casar con Leonor
Pimentel, o así lo creía ella. Muy significativamente, solamente dos días después
del anuncio de la boda, el 13 de noviembre de 1608, tenemos un fascinante
intercambio (si es lo que es) de poemas y cartas entre Salinas y Leonor Pimentel:

> Socorro de casamiento
> envío a Vueseñoría,
> porque cierto no quería
> verle sin mucho contento.
>
> Ya que fue romper el daño
> de una rabia en que no yerro,
> vuestro socorro no extraño:
> pelos son del mismo perro,
> remiendo del mismo paño.
>
> Ya me supo acontecer,
> viendo un sarmiento podar,
> qué es cuánto pude perder
> descubrir en su llorar
> prendas del reverdecer.
>
> Probé mejores venturas,
> guerras pruebo, probé paces,
> y amistades más siguras

[31]   RB MS II/2.143, carta 116.
[32]   Las capitulaciones matrimoniales se firmaron el 5 de febrero de 1609 (AHPZ: Híjar,
1ª-121–7).

diéronme uvas tan maduras
como agora, como agraces.
    Es agraz, no hay qué dudar;
pareciendo uvas, empieza
la que hoy gobierna el lagar;
sábese dejar pisar
por subirse a la cabeza.
    Concertáis nuestros intentos,
todo el tiempo lo mejora,
las penas vuelve en contentos;
vengan pámpanos agora,
que a la vejez sean sarmientos. (Doc. 80)

Al final de la hoja leemos: 'Vuelva V.s. la hoja, que por todo lo digo.' Y, efectivamente, dando la vuelta a la hoja encontramos una respuesta – dos poemas y una carta:

A la novia aposentada
tienen en ese lugar,
donde posó el de Aguilar
y el de Este tiene posada.
No me pudieran matar
sino en casa señalada.
        'Respondo al Socorro de casamiento'
    Yo tuve hermano y al cuidado dado,
y esta mi fe por afamada amada,
y sentí ver, de aquel prestado estado,
que fuese el fin de la jornada nada.
    Mas, viendo agora el mejorado hado,
dejo mi dicha desechada echada,
y aunque el nuevo placer consiento, siento
que por doña Leonor Sarmiento, miento.

'He escogido este modo de declararme, porque los ecos declaran soledades o en ellas responden más ordinariamente, y palabras rompidas sábelas dar una rabia o una despedida. Si todo esto no le parece a V.s. a nuestro propósito, a lo demás respondo lo que a V.s. y a mi señora la condesa y al padre fray Pedro González les pareciere, a quien guarde Dios como deseo, en Madrid, con el poco tiempo que muestra el haber respondido tan tarde. 13 de noviembre 1608.'

El problema para nosotros radica en saber quién mandó qué poema, ya que lo que nos ha llegado es todo de letra de Domingo de Sagastiberria, lo que dificulta bastante la determinación de la autoría de cada poema. Es decir, ¿es

'Socorro de casamiento' de Salinas o de Leonor Pimentel?, pues obviamente, la respuesta ha de ser del otro, y ¿de cuál de los dos es 'A la novia aposentada'? A primera vista, un poema con el título tan sugerente de 'Socorro de casamiento' parece que tiene que ser forzosamente de Leonor, ya que ella es la que quería casarse, y no él. Entonces, si es así, la secuencia de envíos y respuestas ha de ser la siguiente: Leonor le manda a Diego el poema 'Socorro de casamiento' (con sus múltiples e irónicas referencias a sarmientos y todo lo asociado con la uva, como podar, reverdecer, uvas maduras, uvas agraces, lagar, pisar [uvas], pámpanos), más el poema 'A la novia aposentada' (igualmente irónico sobre la primera mujer de Salinas, Luisa Carrillo de Albornoz y Cárdenas),[33] y la nota al final del primer poema 'Vuelva V.s. la hoja, que por todo lo digo.' Como esta es realmente una declaración de amor, el autor (o, más bien, la autora) del poema no quiere que caiga en manos ajenas, por su contenido tan personal. Salinas le devolvió la hoja, después de haberle hecho una copia, y añadió, en el revés de la hoja, su respuesta a 'Socorro de casamiento'. Este poema, un tipo de ovillejo,[34] basado en el conocido soneto 'Mucho a la majestad sagrada agrada', acaba con una referencia muy significativa: 'Y, aunque el nuevo placer consiento, siento/ que por doña Leonor Sarmiento, miento.' Como ella no se llama doña Leonor Sarmiento sino Leonor Pimentel, está claro que mentiría, pero como, si se fuera a casar con Diego de Silva, entraría en la familia Sarmiento-Salinas, el llamarse Leonor Sarmiento no sería tan absurdo. También declara sus propios sentimientos, hablando de 'dicha' y 'nuevo placer' que consiente.

La carta que acompaña los dos poemas también es una abierta declaración de amor de alguien que está dispuesto a defender su casamiento ante los posibles argumentos en contra de la condesa Madalena Sarmiento de Ulloa (su cuñada) y fray Pedro González de Mendoza (su hermano menor). Está claro que antes de devolver la hoja original de Leonor Pimentel con la inclusión del poema y la carta de Salinas, Domingo de Sagastiberria hizo copia de todo, que es la que tenemos.

Pero a pesar de tan buenos augurios, no hubo boda. Esto pasó en 1608. En 1610–11 también estuvieron a punto de casarse, empujados por la reina Margarita de Austria que estaba escandalizada por esta relación tan pecaminosa entre una

---

[33] Después de divorciarse de Diego en 1590, Luisa se casó con el Conde de Aguilar y luego con el Marqués de Este. En la época corría este dicho gracioso sobre sus tres matrimonios: 'Había sido marquesa de Este, condesa de Aquél y duquesa del Otro' (citado en Claude Gaillard, *Le Portugal sous Philippe III d'Espagne. L'action de Diego de Silva y Mendoza* (Grenoble: Université de Grenoble, 1983), p. 40). Diego de Silva y Mendoza había tenido el título de duquesa de Francavila.

[34] El ovillejo es una estrofa de diez versos que popularizó Miguel de Cervantes. En los seis primeros versos se forman 'pareados'; con los 'octosílabos' se pregunta. Y con el 'quebrado' se responde. Algo así como formando un 'eco'.

de sus damas y un noble mucho mayor que ella. Por una carta de Leonor Pimentel a Diego Sarmiento escrita el 2 de mayo de 1611 parece que Salinas había acordado casarse con ella después de que pasaran dos años.[35] Por tanto, en 1613 Leonor Pimentel creía que por fin había llegado el día tan deseado por ella, e incluso empezó a organizar a algunos de sus parientes (los condes de Gelves, Nieva y Alba de Liste) para que le dieran una buena dote.[36] Además, su tía, doña María de Toledo, duquesa de Alba, le había dejado 8.000 ducados en su testamento, cuando murió en 1612, 'para ayuda de su dote'.[37] En 1614 reclamó a su hermano la parte que le tocaba de la legítima de su madre, unos 27.000 ducados, también con vistas a su matrimonio.[38] Finalmente, su relación se vio envuelta en las discusiones entre Salinas, el duque de Lerma y el rey sobre el envío del conde a Portugal como virrey y capitán general. Salinas complicó todo utilizando a Leonor Pimentel como pieza de regateo para mejorar las condiciones de su nombramiento, en especial la concesión del título y rentas del marquesado de Alenquer, en Portugal,[39] pero para Leonor Pimentel tuvieron cierto éxito ya que el 1 de febrero de 1617 el rey despachó una real cédula por el Consejo Real mandando que se le pagaran 30.000 ducados 'de los bienes del marqués de Távara, su hermano', más 800 ducados por año de los intereses que se le debían durante 24 años (19.200 ducados), a contar a partir de 1593, año de la muerte de su madre.[40] El 11 de febrero de 1617, concluidas las negociaciones y con Salinas a punto de trasladarse a Lisboa, el Concejo de su pueblo señorial de Villarrubia le mandó una carta de felicitación:

> De acuerdo y determinación como la que Vuestra Excelencia ha hecho en la conclusión del casamiento con mi señora la marquesa tenemos la alegría que se debe por los muchos y buenos sucesos que se pueden esperar de ello con mucha prosperidad. V.e. goce largos años de este contento, pues en esta su villa como es justo le hay …[41]

---

35 Véase RB MS II/2.182, carta 181.

36 Véase su carta en RAH, Salazar, A-83, fols. 312r–13v, escrita en 1612.

37 Véase AHN, Toledo, Nobleza, Osuna, C. 431, D. 25. Según reza el legado: 'y le consignó la paga en la deuda que el señor almirante de Castilla debía conforme a una cédula de la dicha duquesa de 27 de septiembre de 1610'.

38 Véase RB MS II/2.125, carta 115.

39 Sobre estas negociaciones, véase Trevor J. Dadson, *Diego de Silva y Mendoza. Poeta y político en la Corte de Felipe III* (Granada: Editorial Universidad de Granada, 2011), pp. 102–11.

40 Detalles en AHN, Toledo, Nobleza, Osuna, C. 431, D. 25. Por supuesto, jamás recibió los 30.000 ducados debidos de la herencia de sus padres. Cuando por fin se casó, en 1622, con el Conde de Benavente, su dote se estimó en 11.000 ducados 'con la legítima de su madre y mercedes' (Andrés de Almanza y Mendoza, *Obra Periodística*, ed. Henry Ettinghausen y Manuel Borrego [Madrid: Castalia, 2002], p. 244, Carta 9).

41 AHPZ: Híjar, 4ª-115–10.

Salinas respondió el 17 del mismo:

> La enhorabuena que me dais y la demostración que habéis hecho con ocasión
> de haber entendido que yo trato de tomar estado, he estimado como es razón,
> y os aseguro que ha sido muy conforme a lo que mi voluntad os ha merecido
> y ha de merecer y a lo que siempre he esperado de vuestro buen ánimo...[42]

No hay nada en su carta que diera a entender que no se iba a casar con la que
llamaban en el pueblo 'la marquesa', es decir doña Leonor, mujer ahora con
una dote potencial de casi 60.000 ducados (en el muy raro supuesto de que
se le pagara todo). Pero también se frustró la boda, tal vez por la inminente
marcha de Salinas a Lisboa. Aún en 1619 se hablaba de una boda segura,
como vemos por una carta que Francisco Bravo dirigió el 21 de diciembre a
Diego Sarmiento de Acuña, ahora conde de Gondomar: 'Dicen se casa por
fuerza el marqués de Alenquer con su menor de V.m.'[43] Y unos meses antes,
el 13 de junio, el mismo confesor del rey, fray Luis de Aliaga, hablaba a
Diego Sarmiento de las mercedes hechas por el rey a su pupila (cuando éste
se encontraba de viaje real en Portugal, y por tanto al lado del Virrey, conde
de Salinas):

> Tiene V.s. razón de holgarse de la merced que su Majestad ha hecho a la
> señora doña Leonor Pimentel, porque por quién es y otras mil razones le es
> debido que todos nos alegramos de sus buenos sucesos, y yo particularmente
> por los deseos que tengo y voluntad a su servicio.[44]

Pero para entonces incluso Leonor Pimentel sabía que no se iba a casar con el
amor de su vida, con el hombre con quien había compartido todo durante casi
veinte años, en especial la poesía. Para salvar algo del naufragio, al menos su
reputación, la casaron en octubre de 1622 con el recién enviudado conde de
Benavente, casi al mismo tiempo que Salinas, de vuelta a Madrid desde su
estancia en Portugal, asistía en Zaragoza a la boda de su hijo Rodrigo con la
rica heredera Isabel Margarita Fernández de Híjar, duquesa de Híjar. Ahora
bien, el soneto que según el *Cancionero de Mendes Britto* trata de Leonor
Pimentel 'cuando se casó' no auguraba nada bueno para su nueva situación:

> Rendir la libertad a ajeno gusto,
> cerrar los ojos del entendimiento,
> abrir caminos nuevos al tormento,

---

42   Dadson, *Cartas y memoriales*, carta 382.
43   RB MS II/2.132, carta 261.
44   RB MS II/2.140, carta 21.

andar el alma de uno en otro susto;
conocer la razón, sufrir lo injusto,
no ser dueño del mismo pensamiento,
morir a manos de arrepentimiento,
fingir alegre en el mayor disgusto;
traer la honra puesta en la balanza,
pleito que ha de juzgar el enemigo,
prisión do por la muerte es la salida;
mortal engaño, dorada confianza,
es cada exprimentado buen testigo[45]
quien al casarse llama tomar vida.[46]

Si este soneto representa sus pensamientos relativos a los hombres, el amor y el matrimonio, el pobre Antonio Alonso Pimentel podía estar bien prevenido.

Después de 1622 y el matrimonio de Leonor Pimentel con el conde de Benavente, tenemos pocas noticias de ella, aunque la imaginamos muy volcada en su nueva vida de condesa y aprovechando todas las oportunidades que la gran fortuna de la Casa de Benavente le proporcionaba. Durante la década de 1620 se involucró de lleno en la planificación y posterior edificación de un nuevo palacio en Madrid, en la Cuesta de la Vega, no muy lejos del Alcázar Real.[47] Aún no se había construido cuando llegó el cardenal Barberini de visita a Madrid en 1626. El 2 de julio la condesa le envió al cardenal un regalo, que consistía en

una cajita incrustada de [concha de] tortuga con ribetes de oro [y] con algunas pequeñas piezas [también] de oro esmaltadas en varios colores, así como una casulla recamada [con motivos decorativos de] abejas. El señor Cardenal aceptó la cajita en la cual había diversas cosas de olor, como pastillas para quemar [y] otras para meter en agua olorosa, *pivette*, guantes, pastillas de boca, vasitos y bolsas de ámbar. La casulla no la aceptó y dicen que esto molestó a aquella señora.[48]

Está claro que Leonor Pimentel no había perdido nada de su fuerte carácter con el paso de los años. Tal vez con la intención de reparar este malentendido, el 17

---

[45] Curioso lusismo: 'exprimentado', utilizado un par de veces por Salinas, y bastantes por Camões.

[46] BNE MS 17.719, *Cancionero de Mendes Britto*, fol. 247r.

[47] Sobre el palacio, véase Mercedes Simal López, *Los Condes-duques de Benavente en el siglo XVII. Patronos y coleccionistas en su Villa Solariega* (Benavente: Centro de Estudios Benaventanos 'Ledo del Pozo', 2002), pp. 56–7.

[48] Cassiano del Pozzo, *El diario del viaje a España del Cardenal Francesco Barberini*, ed. Alessandra Anselmi (Madrid: Fundación Carolina, 2004), p. 243.

de julio el cardenal fue a visitar 'privadamente' a la condesa, 'a la que se encontró en compañía de su hijastra [la] condesa de Cabra'.[49]

Después de los casi 20 años de amores frustrados, es fácil imaginar que Diego y Leonor harían lo posible por no verse, por no tener contacto diario. Sin embargo, compartían intereses económicos en el marquesado de Alenquer, en Portugal, y en ese terreno tenía que haber algún contacto, aunque fuese indirecto. Sobre estos asuntos tenemos una carta que Salinas escribió el 8 de febrero de 1623 al licenciado Cosmo Pires de Goes, oidor de Alenquer:

> A senhora Condesa de Benavente há sentido que hajais inovado no que de sua parte se vos representara pelo almoxarife. Meu propósito não só não é de que receba agravo senão de que receba todo serviço que eu por vossa mão lhe puder fazer. E assim tudo o que houverdes feito em agravo seu tocante à novedade do novo almoxarife, o desfareis logo, e se houver algum perjuízo considerável me avisareis para que, dando dele conta à senhora Condesa, ela saiba que o remediei. Entretanto, saiba que todos a havemos de servir e vos o primeiro pela dependência que tendes de mim.[50]

Destaca el interés de Salinas en no molestar innecesariamente a la condesa – 'que não receba agravo' –, en que ella sepa que fue él quien remedió el problema, y que 'todos a havemos de servir'. Se nota que la quiere proteger en todo lo que pueda. Pero Alenquer quedaba lejos, y ninguno de los dos lo visitó en estos años. Donde era poco menos que imposible no coincidir era en el estrecho mundo de la corte española, aunque no imaginaríamos a los dos juntos en los juegos o diversiones palaciegos; pero allí es precisamente donde los encontramos, y, para mayor sorpresa, en unos Motes de Palacio, de nuevo inventados por el conde de Salinas. El 3 de junio de 1629 (justo un año antes de su muerte) Diego de Silva y Mendoza preparó el Mote de Palacio 'Son pensamientos dolientes', cuya cabeza reza: 'Son pensamientos dolientes, vapores de su pasión. Vuestras mercedes nos digan si dañarán como locos, estando a su causa atados, o si donde no hay materia, como en lo desvanecido, puede haber sombra de culpa cuando lo que en él se queda no pasa por pensamiento' (Doc. 78).[51] Leonor Pimentel salió dos veces, con estos motes y su respuesta:

A la señora doña Leonor Pimentel	*Respuesta*
Nunca daña como loco	Quien vive de cuerdo, nunca
furor que vive de cuerdo.	padeció daños de loco.
Martín de Guzmán	

---

[49]   Pozzo, *El Diario del viaje a España*, p. 268.
[50]   Dadson, *Cartas y memoriales*, carta 446.
[51]   En los Motes de Palacio 'Si a las que tienen su asiento', preparados por Salinas para el 8 de septiembre de 1628, Leonor Pimentel no tomó parte.

A la señora doña Leonor Pimentel
  Si dañan por lo dudoso,
  deleiten por dueño hermoso.
      Franquenburg[52]

Respuesta
Cualquier duda satisface
lo lucido de esa fe.

Salinas se cuidó mucho de no ser el caballero en estas dos ocasiones, seguramente para no comprometer o poner en apuros a la condesa de Benavente, aunque tomó parte respondiendo a los motes de otra dama, doña Inés María de Arellano. Quizás encontremos sus verdaderos sentimientos hacia su antiguo amor durante estos años en el Mote de Palacio 'Perpetuo aborrecimiento' que tuvo lugar en 1624. Allí se adjudicó el mote 'Seguro de aborrecido/ vive el que se halla olvidado' (Doc. 318).

Leonor Pimentel sobrevivió a todos los protagonistas masculinos de este relato: el conde de Gondomar murió en 1626; el conde de Salinas en junio de 1630; su marido, el IX conde de Benavente, Antonio Alonso Pimentel, en septiembre de 1633.[53] Ella vivió hasta finales de enero de 1656. El último codicilo de su testamento está fechado el 31 de enero de 1656, 'estando achacosa y enferma del cuerpo pero en su entero y sano juicio'.[54] Muy sensatamente, pide que 'no se la enterrare hasta pasados tres días, pues que tanto había estado otra vez sin sentido', lo que indica que había sufrido antes algún tipo de catalepsia y temía que la enterraran viva. Mandó ser enterrada 'sin pompa alguna' en la iglesia de Trinitarios Descalzos de la Villa de Madrid, convento que había ayudado a fundar.[55] Murió lunes 31 de enero y fue enterrada 'a la una de la noche para amanecer, martes 1 de febrero'.[56] No tuvo hijos y dejó

---

52   Hans Khevenhüller, Conde de Franquenburg, embajador de Alemania en Madrid.

53   Aunque siempre se ha pensado (y escrito) que Leonor Pimentel solamente se casó una vez, con el IX Conde de Benavente, hace poco encontré una referencia más que sugerente a un posible segundo matrimonio con el Duque de Salmoneta, noble italiano. El texto reza: 'En cuanto a los efectos que pertenecen a mi señora doña Ana María, marquesa de Távara, por muerte de mi señora doña Leonor Pimentel, así por de mayorazgo como por bienes libres, se presupone que, para poderlos pedir y que conste le pertenecen como heredera única, así en lo uno como en lo otro, es preciso traer de Roma el testamento que otorgó dicha señora doña Leonor, duquesa de Salmoneta, por el cual se dice deja por su heredera a dicha señora doña Ana María Pimentel, marquesa de Távara, su sobrina, o por lo menos testimonio del dicho testamento con pie y cabeza de él inserta a la letra la cláusula de heredera, pues de otra forma no se puede pasar a cobrar ni percibir nada de bienes libres de réditos corridos pertenecientes a dicha señora duquesa hasta el día de su muerte' (BZ, Altamira, 460–143). No hay referencia alguna a este matrimonio en su testamento de octubre de 1654, ni en los posteriores codicilos. Ana María Pimentel de Córdoba era su sobrina nieta, puesto que era hija de su sobrino Enrique Enríquez de Guzmán Pimentel, a quien sucedió en el marquesado de Távara, entre 1663 y 1686.

54   El testamento propiamente dicho fue firmado y fechado el 21 de octubre de 1654, con un codicilo fechado el 24 de enero de 1656 y otro el día 31.

55   Su testamento en AHN, Toledo, Nobleza, Osuna, C. 433, D. 85.

56   Detalles del entierro en AHN, Toledo, Nobleza, Osuna, C. 433, D. 62.

como heredero a su sobrino Enrique Enríquez, conde de Alba de Liste y marqués de Távara, legándole una buena colección de pinturas, en su mayoría retratos y pintura religiosa, joyas y vestidos valorados en 12.000 ducados, y el nuevo palacio que había hecho construir en la Cuesta de la Vega en Madrid, en las inmediaciones del Alcázar Real.

Y, para terminar, unas preguntas que inevitablemente suscitan los ejemplos traídos aquí y esta curiosa historia de amor: ¿era la relación y colaboración poética entre el conde de Salinas y Leonor Pimentel un caso aislado y único en la poesía del Siglo de Oro español, o es una revelación tan importante que nos obligará a repensar nuestras actitudes hacia la poesía petrarquista y dejar de verla como algo tan convencional y trillado? ¿Hay otros casos como éste en la literatura áurea española? ¿Hay otros poetas que tienen por detrás una Leonor Pimentel que les corrige y enmienda su poesía, y que contribuye con adiciones propias? Quién sabe, pero ahora, gracias al tesoro que representa el hallazgo de los originales autógrafos del conde de Salinas, sabemos que existe la posibilidad.

Abreviaturas:

AHPZ	Archivo Histórico Provincial, Zaragoza
BNE	Biblioteca Nacional de España, Madrid
BZ	Biblioteca Zabálburu, Madrid
RAH	Real Academia de la Historia, Madrid
RB	Real Biblioteca, Palacio Real, Madrid

12

Poesía popular en movimiento: los jeroglíficos 'muy propios al intento y muy de su profesión' en las celebraciones de la Valencia barroca

Carmen Peraita

Tal vez ha sido necesario que el hombre haya sentido declinar en alguna medida
su respeto ante la palabra, antes de atreverse a distender la relación,
aparentemente tan sólida, entre el sonido y el sentido,
para invitarlos a jugar juntos.

Walter Benjamin,
Cosas con las que nuestros abuelos se rompían la cabeza

A mediados del siglo XVII, al igual que varias otras ciudades de la península, Valencia destaca por una producción ingente de poesía exhibida en celebraciones excéntricas y dispendiosas. En efecto, los acontecimientos festivos de índole variada son ocasiones que estimulan la escritura de poesía a la que es tan propensa la cultura de la edad moderna. Para momentos diversos de una celebración se escribe, pone en movimiento y hace circular géneros de poesía característicamente diferentes del poema pensado para un certamen poético. En efecto, la fiesta empapela la ciudad con una poesía de circunstancia, *muy propia al intento*, de carácter popular, por lo general sin nombre de autor, y que da una voz celebrativa a determinados grupos profesionales urbanos y comunidades religiosas.

Este trabajo analiza una vertiente de ese género diverso, popular, y colectivo de poesía celebrativa; poesía que no se escribe para un certamen, que presenta características distintas y finalidades diferenciadas de ese género de poema, más formal y académico. Me centro aquí en la producción poética de la celebración valenciana, que en 1662 tiene lugar en honor a la Inmaculada Concepción con motivo del breve concedido por Alejandro VII, y que relata Juan Bautista Valda en *Solemnes fiestas que celebró Valencia a la Inmaculada Concepción de la*

Virgen María.[1] Examino aspectos de la morfología de un corpus poético significativo, compuesto por una gama de poetas ocasionales y anónimos, para festividades específicas de aquellas celebraciones que tuvieron lugar a lo largo de varios meses. Presto atención asimismo a la materialidad de dicha poesía, y a la importancia que la celebración adjudica a tal dimensión; el soporte, tamaño y modo de inscripción del poema; la forma de combinarse, armonizarse en el espacio celebrativo, disponerse y exhibirse ante la mirada de un espectador que con frecuencia no sabe leer; y a las pautas de difusión, de qué modo durante la celebración se espera que sea contemplado, leído e interpretado tal tipo de poema. Asimismo, me ocupo someramente de una vertiente distinta pero crucial, de la circunstancia en que se trasmite tal poesía, destinada a ser efímera; cómo se imprime, es decir, cómo se trascribe y describe un poema iconográfico concebido para ser visto espacialmente, en un lugar revestido de un simbolismo determinado. Finalmente, mi trabajo subraya algún aspecto relevante del significado de esa producción poética, que merecería estudiarse en detalle; su auge frente a la poesía de certamen, y su contribución a cómo la 'Civdad' – como gustan los *jurats* de referirse a Valencia representada en ellos mismos – configura una imagen de sí misma, proporcionando a ciertos grupos no aristocráticos visibilidad en los acontecimientos celebrativos. Sin duda, un conocimiento mejor de la economía de la exhibición de la poesía celebrativa elaborada por comunidades urbanas contribuirá, en el contexto de la forja de las identidades urbanas, a comprender más cabalmente una configuración central tanto de la fiesta barroca valenciana, como de la morfología de la crónica impresa que la registra.

Hacia la segunda mitad del siglo XVII en Valencia se consolida el género editorial de la crónica de celebraciones organizadas por los *jurats*. El protagonismo que empieza a destacar en las crónicas, de determinados grupos urbanos – correlato de su actuación en la celebración –, es un elemento diferenciador de ese género de crónica de la Valencia barroca. Los textos recogen la cada vez más extensa producción poética efímera a la que nos referimos, que figuraba de modo preeminente en la celebración, y cuya función primordial no era circular impresa como texto, sino ser admirada como artefacto por el gentío que acudía a la fiesta.[2] Crónicas como las tres compuestas por el secretario de la ciudad Marco Antonio Ortí (1640, 1556, 1558), y la del cronista Valda de la que nos ocupamos, bosquejan una norma de cómo transcribir,

---

[1]   Véase Pilar Pedraza, *Barroco efímero en Valencia* (Valencia: Municipal, 1982), para un estudio de dicha crónica.

[2]   Los espectadores naturales y forasteros llegados para la celebración, que contemplan – quizá escuchan – el poema en el contexto espacial donde se muestra, constituyen un número más elevado de *lectores* que los que posteriormente lo leen en la crónica impresa; véase Antonio Castillo para las escrituras expuestas en el espacio urbano; 'Escrituras Urbanas', *Entre la pluma y la pared. Una historia social de la escritura en los Siglos de Oro* (Madrid: Akal, 2006), pp. 203–52.

reescribir, registrar e imprimir ese género iconográfico de poesía popular, acumulativa, anónima, *de profesión*, que representa a los oficios y otros grupos urbanos no aristocráticos.

En la Valencia de la segunda mitad del siglo XVII, ninguna celebración organizada por los *jurats* de la que se imprima una crónica, convoca un certamen poético.[3] Ello no es óbice para que las celebraciones excepcionales produzcan un corpus abultado de poesía festiva, que con frecuencia adquiere protagonismo notable por motivos escasamente literarios. Ciertamente, esa ausencia casi sistemática de certámenes poéticos en celebraciones de carácter no aristocrático, donde no hay protagonismo cortesano, ni la presencia egregia del virrey o algún mecenas noble, no debe hacer subestimar la producción y consumo de otro género de poesía, menos dignificada a los ojos de los grupos literatos.[4] Se trata de una poesía ingeniosa y jocosa, efímera, *visual* y *visible*, de carácter popular, con una configuración específica de la autoría, y colectiva por *pertenecer* a grupos urbanos, que no solían gozar de especial prestigio cultural.

Podemos considerar que ese género de poesía es poesía *visual* y *visible*. Es *visual* en el sentido de ser iconográfica. El jeroglífico es la composición más frecuente de la celebración urbana barroca, algo que no ocurre en el poema de certamen, donde los géneros que compiten son otros. Es *visible* en el sentido de mostrarse expuesto a la mirada en un espacio significativo. No se trata de poesía de pliego impreso, poema de papel, que puede reproducirse mecánicamente en una prensa. El jeroglífico celebrativo se compone para ser contemplado en el espacio, no para ser leído en la página de un libro, al contrario de lo que ocurre, por ejemplo, con un género editorial exitoso en la época, las colecciones impresas de emblemas. En cierta forma, aquella producción emblemática suscitaba una lectura integrada de un conjunto variado de elementos contextuales del poema, en una suerte de 'lectura radial' de las series poéticas.[5]

---

[3]   A pesar de que el certamen poético era un componente frecuente de la fiesta urbana en la España moderna, la abundante producción poética compuesta para los festejos de una Valencia barroca y celebradora no se circunscribe, sin embargo, a tales certámenes celebrativos, que incluso parecen haber sido evitados en ciertas ocasiones.

[4]   Sin establecer una relación directa de causa y efecto, notamos que en casi todas esas celebraciones donde no hay certamen poético, el monarca o el virrey no tuvieron protagonismo en la fiesta. Éste recae en la ciudad, emblematizada en los *jurats*. Así, entre otras, la celebración del cuarto centenario de la conquista de Valencia (1640); la celebración del segundo centenario de San Vicente Ferrer (1656); la de la canonización de Tomás de Villanueva (1558), no convocan certamen poético. Por el contrario, en otras celebraciones como la fiesta de traslación de la Virgen de los Desamparados (1668), que tiene una dimensión cortesana llamativa, el certamen poético es componente central del acontecimiento.

[5]   Elaboro la expresión lectura radial a partir de la idea de *radiant textuality* desarrollada por Jerome McGann en *Radiant Textuality. Literature after the World Wide Web* (Nueva York: Palgrave, 2001).

El poema está aderezado para contemplarse como artefacto que suscita sorpresa y admiración. El soporte en que se inscribe, el tamaño, el color y trazo de la letra, son elementos destacados de su morfología. Un número notable de jeroglíficos se pintan sobre lienzo de dimensión considerable. En ocasiones se usa el color para la imagen del jeroglífico, y el dorado para la caligrafía cuidadosamente elaborada del lema y la subscriptio o epigrama. Todo ello es decisivo para lograr un efecto determinado, una eficacia visual; para proyectar una dignidad, el prestigio que esa *visibilidad* opulenta del poema atrae sobre quienes lo exhiben.

El poema encaja en un todo abigarrado, una ornamentación portentosa a la vista, que traza una admirable correspondencia entre los objetos mostrados. Los jeroglíficos se disponen en un orden visual armonioso, exhibidos en un espacio ornamentado pleno de significación, donde destaca la acumulación de poemas y la simetría de su colocación. Ese ornato exuberante puede contener también artefactos diversos como colgaduras, tapices, terciopelos, brocados, relicarios, mascarones, piezas de plata, candelabros, tafetanes de colores para 'imitar la primavera', cuadros 'valientes', multitud de espejos que reflejan los artefactos expuestos.

Pocas veces el jeroglífico aparece aislado, por sí mismo, sino que se integra en una ornamentación en la que figura abundancia de versos. Es definitorio aquí no tanto la calidad del poema individual, la vertiente lingüística del jeroglífico, sino la cantidad, el exceso de composiciones. Parte de un ornato hiperbólico, lo llamativo de cómo se exponen los jeroglíficos, llama la atención del espectador tanto como el contenido poético. Ese género poético inspirado en *el arte que profesa* el grupo que lo exhibe no plasma impulsos líricos, no expresa sentimientos individuales, sino que tiende a indicar con frecuencia a través de retruécanos o dilogías de mayor o menor ingenio, vínculos de una comunidad con el motivo celebrado.

En efecto, una parte considerable de la producción poética celebrativa es representativa de algún oficio. Las series poéticas de jeroglíficos se rigen por un motivo temático, que suele conectar la ocasión celebrativa con una actividad profesional, un rasgo distintivo del grupo que lo exhibe. Los jeroglíficos ponen ante los ojos una historia, las facetas características de una ocupación profesional. En ese sentido, las series poéticas y el entorno en que se muestran constituyen una seña de identidad de una comunidad o grupo urbano: miembros de una orden religiosa, eclesiásticos de una parroquia, devotos de una cofradía, oficiales o maestros de un gremio.

Visible en lugares determinados, el jeroglífico se integra en una disposición espacial, acomodado al lugar celebrativo para el que se ha concebido y donde se inscribe. Es parte de la ornamentación de un espacio urbano que es significativo, entre otras razones, por la capacidad de identificar y realzar al grupo que exhibe la decoración efímera.

En efecto, gremios y oficios señalados de Valencia producen un corpus notable de poesía celebrativa de la Inmaculada, que se exhibe en algún espacio de importancia simbólica para el grupo. El entramado ornamental se propone comunicar un ímpetu, un deseo de significarse de la comunidad que lo presenta. Adorna lugares que identifican a la comunidad a la que representa, que supuestamente inventa y traza el conjunto ornamental constituido, como hemos mencionado, de esas composiciones poéticas y artefactos armoniosamente dispuestos. Cubre fachadas de palacios o la casa de un artesano notable. Adorna artefactos efímeros, jalona carros triunfales, corona un altar, un arco erigido para la ocasión. A veces vuela por la calle impreso en cedulillas. Puede ser pieza considerable en la decoración de la capilla de una cofradía o la portería de un convento. Se exhibe en espacios señeros para la expresión del orgullo local de Valencia, como por ejemplo, el claustro de la Seo.

El lugar que adorna señala al grupo que exhibe el conjunto poético. Son 'geroglificos, muy agudos, muy propios al intento, y *muy de su profesión*' (Valda, p. 130). Constituyen marcas públicas de devoción local. Hacen visible y en cierto modo palpable, el arraigo de comunidades profesionales o religiosas poderosas. Realzan la presencia de los gremios de peso en Valencia: notarios, cirujanos, albañiles, etc.; también de instituciones como la Universidad. Ratifican el celo celebrador de órdenes religiosas que hacen patente su presencia en la ciudad festiva. Además de provocar regocijo, dan fe del ardor de su devoción, de la capacidad de invención, la intensidad de su orgullo local, y su deseo de emular.

¿Quiénes son los autores de los versos exhibidos? En la elaboración de las series poéticas de un grupo determinado, en su invención y manufactura, supuestamente todos sus miembros colaboran. Tal producción poética se percibe en un ámbito idiosincrático de autoría, configurada en una particular estrategia. El conjunto poético, al igual que la ornamentación de la que forma parte, está atribuido a quiénes lo exhiben. El poema *pertenece* a alguien que en rigor no es necesariamente su autor de hecho. Anónimo y colectivo, fruto de un esfuerzo colaborativo – la parte textual y la iconográfica exigían manos diferentes –, el poema articula la voz de la comunidad que lo despliega. Se bosqueja así una *civitas* festiva integrada por grupos, y no tanto por individuos, perfilándose el entramado urbano supuestamente armonioso que constituye la ciudad de Valencia.[6]

En efecto, las celebraciones que organizan los *jurats* no resaltan la voz de individuos, ni el prestigio de miembros de una élite letrada, sino que intensifican una atmósfera colectiva donde destaca la participación de comunidades diversas que integran la vida comercial, espiritual y administrativa de Valencia. La celebración es celebración de la ciudad en su conjunto, concertada en gremios,

---

[6] La realidad de una Valencia plagada de conflictos puede percibirse en el diario coetáneo de Joaquim Aierdi.

oficios, parroquias, cofradías, aunque también figuren en ciertos eventos grupos como el brazo militar, es decir, el estamento noble.

Una mayoría de las crónicas de celebraciones organizadas por la Civdad no reproducen la iconografía del jeroglífico, que se registra exclusivamente con palabras. Sólo en ocasiones las crónicas ilustran calcográficamente – no ya con grabados en madera – algún jeroglífico, que es por otra parte, como vemos, artefacto predominante y representativo de una mayoría de celebraciones valencianas.[7] En ese súbdito silencio visual de las crónicas respecto a la iconografía de los poemas influye, entre otros, el cambio de técnica del grabado xilográfico – que se podía imprimir en la prensa al tiempo que el texto – al calcográfico, que debía tirarse por separado en un tórculo y que, más bello pero caro y complejo de producir, empieza a generalizarse en el libro valenciano a mediados del XVII.[8] En cambio, las crónicas describen en detalle el espacio ornamentado donde se exhibe el jeroglífico y mencionan el tamaño del soporte en que se inscribe. Al contrario de lo que ocurre en crónicas anteriores, el componente iconográfico se detalla sin ilustrarse con estampas. La crónica, no obstante, explica las condiciones materiales en que se mostró originalmente el texto que lee impreso el lector del volumen.

En suma, en la versión tipográfica del espectáculo ese artefacto poético que es el jeroglífico pierde su componente iconográfico, y también su abigarramiento y calidad de adorno, el simbolismo de su ornamentación, y su *visualidad* destacada en tanto que elemento de una colección de objetos. Anulado el impacto visual, sin imagen ni dimensión iconográfica, aislado del contexto espacial donde se exhibe, ya no es parte de un claustro o una capilla, sino que se ha vuelto mera letra tipográfica. En su versión impresa, el jeroglífico se trasforma así, podríamos decir, en una escueta descripción de sus características materiales. En la página de la crónica, el jeroglífico/ornato se convierte finalmente en una suerte de mero registro de versos, y del eco de su opulencia como artefacto. Sin embargo, la crónica detalla las condiciones sociales en que se realiza tal producción textual celebrativa, ya que están consideradas un elemento imperativo de la trasmisión y divulgación del jeroglífico que llevaba a cabo a través del volumen impreso.

El Colegio de Cirujanos organiza su fiesta (el 26 de abril) en la capilla que había edificado en el Real Convento de las Mercedes, de la Redención de Cautivos, orden marcadamente enraizada en Valencia.[9] El hecho que Valda

---

[7]   Remito a los numerosos trabajos de Víctor Mínguez sobre emblemática valenciana.

[8]   Hasta alrededor de 1540, el grabado xilográfico de jeroglíficos es frecuente en crónicas valencianas; entre otras, en *Solemnes y grandiosas fiestas* de Martínez de la Vega, y *Siglo quarto* de Ortí. Se produce después un cambio, cuando se generaliza el grabado en cobre. Las crónicas con imágenes calcográficas de jeroglíficos son menos frecuentes, como por ejemplo, Francisco de la Torre y Sebil, *Luces de la aurora*.

[9]   Los cirujanos tenían allí una capilla dedicada a san Cosme y san Damián. Construyeron un altar efímero de 74 por 34 palmos y 16 de profundidad (p. 242).

dedique un capítulo completo (XII) a la descripción de 'celebridad' tan elaborada da testimonio de cómo cirujanos y barberos aprovechan la ocasión para cobrar protagonismo en tanto que grupo señalado de Valencia. Pudo influir que la Capilla de los Santos Médicos era 'fábrica recién acabada con hermoso y bellísimo pulimento' (p. 343, errado por 243).[10] La celebración era el momento adecuado de presentarla a la ciudad.

Maestros y oficiales cirujanos se reparten espacios. Aquéllos se adueñan del lugar más señero, que se adorna de 'plata, flores, y muchas luzes [y] era vn *lucido parayso*' (p. 343). Los maestros erigen un 'altar de inventiva' que 'tocava en la bóveda del Templo [...] de setenta y quatro palmos, la latitud de treynta y quatro';[11] añade el cronista, 'como se mira en la lámina delineada' (p. 342), un grabado calcográfico incluido en la crónica. Frente a una de las puertas de la iglesia adornada con una 'hermosa pintura de la Concepción', otra puerta exhibe una 'pintura del mismo Convento como jeroglífico', poema inicial que explica lo 'puesto en razón' de que la Cirugía festeje 'glorias de la Concepción' (p. 344). Ocho postes de la iglesia 'igualmente repartidos' exhiben jeroglíficos 'pintados con hermosura sobre lienzo, tenían de altura ocho palmos, y seys de latitud' (p. 344); por tanto, cada uno sobrepasaba los dos metros. Siete estaban escritos en castellano y uno en valenciano; como es usual en la crónica de Valda, éstos se señalan con una manecilla tipográfica. La dilogía de algún término es la técnica compositiva predilecta. Así, *mancha* (que nunca tuvo la Inmaculada) y *La Mancha*, en un jeroglífico (*In omni terra steti*) que pinta a una mujer 'en traje de Peregrina, con esclavina, y bordón': 'Aunque dixe yo algun día,/ que en toda la tierra he estado,/ pero en La Mancha no he entrado' (p. 347).

Los nueve jeroglíficos de los maestros constituyen, no obstante, una producción llamativamente menor que la ofrecida por los oficiales cirujanos. En efecto, éstos emulan y sobrepasan a sus maestros:

> tomaron por su cuenta el aliño de los claustros, y portería [...] con vna pintura de la Concepción por timbre de la fachada, todos los claustros se colgaron de ricas colgaduras de terciopelo, y damascos, los vacíos, en que no cabía colgadura, de excelentes pinturas [...] de batallas, historias humanas, y divinas, y otras curiosidades. (p. 351)

---

[10]   A partir de la pág. 234 (final del cuadernillo Ff) hasta pág. 261 (Kk), que retoma la paginación correcta, la paginación de la crónica de Valda es errónea (Gg, Hh y Ii). En ese tipo de crónica valenciana son frecuentes errores de paginación, debido a la premura con que se imprimía, y sobre todo a la complejidad de integrar grabados calcográficos, que debían tirarse por separado.

[11]   Esta medida antropométrica tiene unos 20.8 cms. Es la medida de la mano extendida, desde el extremo del dedo pulgar al del meñique; en consecuencia, el altar tenía más de trece metros de alto.

Además, los oficiales erigen en el patio un 'imitado jardín' (p. 264), altar elevado 'hasta rayar con la sublimidad del claustro' (p. 261). Despliegan asimismo veintinueve jeroglíficos, escritos dos en valenciano, el resto en castellano. La mayoría de sus composiciones, a diferencia de las de los maestros, relacionan a la Inmaculada con procesos o instrumentos del oficio: 'se miravan muchos *agudos geroglíficos, todos al intento, y algunos con alusión particular a su exercicio*' (p. 351); así, la sangría, aludiendo al supremo sangrador que la realiza, a la necesidad o falta de necesidad de hacerla. Un jeroglífico (*Salus tua Deus suscepit me. Psal. 68*) dibuja un brazo sangrando a otro: 'A María *sangró* Dios,/ para darla assi virtud,/ pero *sangrola* en salud' (p. 352). Otro (*Ipsa conteres*) incide sobre la sangría que no es necesaria para quien goza de salud permanente. El asunto es 'vn brazo desnudo, y cerca del vna cinta *hecha pedazos*, y vna lanceta de sangrar *sin punta*': 'Como nunca estuvo enferma,/ y Dios estuvo en su brazo,/ se rompió el hierro, y el lazo' (p. 357).

La Inmaculada aparece comparada, entre otros artefactos, con el cauterio y la navaja; con la *bacia* – en una dilogía con *vacía* –, el jabón de afeitar, la silla y el estuche de barbero. Un jeroglífico (*Auro non ferro compacta*) mostraba 'vn brasero con lumbre con vnos hierros de dar cauterio': 'Quiso el hierro dar cauterio/ mas quedó, porque ha tardado/ Ella sana, y él quemado' (pp. 261–2). 'Vna navaja fue el intento' de otro jeroglífico (*Invenigratiam apud Deum*): 'Quitalle el bello de Adán/ pudo el Cielo al primer sello,/ mas ya lo halló todo bello' (p. 358). En otro (*Sine macula*) 'Pintaronse algunas pelotillas de jabón': 'Al Demonio di vn jabón,/ y en ella limpia, y sin par/ no se halla, qué jabonar' (p. 355). *Sedes sapientae* pinta la silla de 'hazer la barba': 'Como soy silla de Dios,/ no pudo, ni avn vn momento/ la culpa en mi hazer assiento' (pp. 358–9). '*Tuo gremio contulisti*' traza 'vn estuche de Barbero sin herramienta': 'Estuche fue, que contuvo/ a Dios, en suave encierro,/ pero vazío de hierro' (p. 352).

Dos jeroglíficos dibujan bacias de barbero. En el que se exhibe en la portería (*Gratia plena*), 'Pintose [...] una Luna en el lleno, y a vna parte vna *Bazia*': 'Toda está llena de gracia/ y dize la Cirugía/ esso es de culpa *Bazía*' (p. 351). El otro (*Spiritus Domini super aquas*) pinta una 'Bacia de barbero con agua, una mano removiéndola y una navaja a un lado'; 'Antes que llegase el hierro/ a la que limpia se espacia,/ llegó el agua de la gracia' (p. 360). Explica Valda que 'es frecuente instrumento en vn Barbero la guitarra, y assí se pintó para otro geroglífico' (*Instrumentum vitae*): 'Por ser la cuerda la prima,/ y el instrumento de Dios,/ la culpa no os tocó a vos' (p. 353).

El gracejo celebrador de imaginativos oficiales barberos resalta – recurriendo a una utilización asombrosamente trivial de caer, derribar, levantar – un elemento de la moda masculina, el bigote levantado que tanto gustaba de lucir el propio Felipe IV. *Astitit Regina* dibuja 'cerradas en vna mano' unas tenacillas de rizar, de levantar bigotes: 'Como no pudo caer,/ ni se pudo derribar,/ no tienen que levantar' (p. 262).

El 'insigne Colegio de la preclara Arte de Notaria' hizo su fiesta el primer día de la Octava, en el Convento de San Francisco. El hecho que la cofradía tuviera su capilla en el principal convento de franciscanos, orden que se había significado en la defensa de la Inmaculada Concepción, pudo impulsar a los notarios a hacer una celebración que llamara la atención. Hábiles para destacar en toda celebración valenciana, los notarios exhiben siete jeroglíficos – tres en valenciano, los demás en castellano – donde descuella un ingenio para elaborar variaciones incontables de vínculos entre su profesión y la Inmaculada. Lo que inspira varias composiciones aquí no es la sangría o la bacia sino el protocolo, el contrato, la firma notarial, 'el Colegio que dà Fè' (p. 318). Un jeroglífico muestra el signo del zodiaco Virgo: 'De tu limpia Concepción/ no ay Notario, que benigno,/ *no dè Fè*, y *ponga su signo*' (p. 319). Otros dos hacen alusión a instrumentos y procesos del oficio, la materialidad del contrato y protocolo, el escrito en limpio, el original de un documento y la copia notariada. Se pinta 'vn protocolo todo blanco, y a vn lado un brazo, y vna mano, que al parecer le estaba ojeando' (*Quaeratur in libris parentum suorum*): 'En este *protocolo blanco*,/ de aquel *contracto* de Adán,/ no encontramos el *original*' (p. 320).[12] El segundo (*Peritis arte est credendum*) dibuja 'vn pergamino medio desdoblado, y en medio vna Religión, y baxo a los pies dezía la letra': 'Según lo firmo que tú/, nos parece a los Notarios, que a esta *copia* (aunque carece del original) se le dará *plena Fe*' (p. 320).[13]

Los franciscanos, 'Atlantes de el Sagrado misterio de la concepción', celebran con fervor esa fiesta de marcada significación para ellos. Valda explica que debido a su temprana y tenaz defensa de la Inmaculada, la Civdad deseaba 'participarla [a la orden] su celebridad' (p. 295). El cronista describe el convento principal y las otras dos fundaciones franciscanas que había en Valencia. Una vez más el jeroglífico es cauce para expresar devoción, ardor de señalarse protagonista de la *celebridad*. Valda trascribe (pp. 300–17) los treinta y nueve jeroglíficos franciscanos 'que ha podido recoger mi diligencia' (p. 300).

Varias composiciones recurren a una dilogía; así, *Pone me, vt signaculum super cor tuum* hace un juego de palabras con el nombre del filósofo Escoto y escote, en referencia al escote de María: 'Pintose vn medio cuerpo de muger muy hermosa, muy *escotada* de pechos, y a *Escoto* arrodillado delante de ella': 'Mirau fillets Valencians/ que tinch lo Escot en los pits,/ Perque mels fa molts polits' (p. 305). *Sicut flamma comburens montes. Psal. 82* menciona asimismo

---

[12] 'En este blanc protocol,/ de aquell contracte de Adam,/ lo original no trobam', p. 320.
[13] 'Segons lo signe que te,/ als Notaris nos pareix,/ que a esta copia (encara que del original careix)/ se li dará plena Fè', p. 320.

a Escoto: 'Esta estrella, y esos montes/ despiden luz, porque Escoto,/ metió la luz por lo roto' (pp. 304–5). Una tercera composición (*Fuit homo missus à Deo cui nomen erat Ioannes*) relaciona a Escoto con 'el antojo de larga vista', tan de moda en aquel momento, polémico por haber permitido descubrir las imperfecciones de la luna; 'Entre vnas nuves se pintò a la Luna, despidiendo rayos, y baxo vn Religioso de san Francisco, con vnos antojos de larga vista, y sobre vn bufete vn bonete con borla de dotor': 'El gran Dotor Iuan Escoto/ miró con docta fortuna,/ y vio sin mancha la Luna' (pp. 310–11).

Otra serie de jeroglíficos franciscanos incide sobre la pulcritud de la tarea de escribir. Algunos recurren a metáforas similares a las de los notarios que, como menciono, en otra fecha habían tenido su celebración en el mismo convento franciscano. Así, similar al jeroglífico de los notarios, *Ab initio & ante secula creata sum* contrapone 'sacar en limpio' con un texto emborronado. Pinta una culebra que 'con la cola derramava un tintero manchándolo todo y a la parte de arriba un quaderno escrito en vna mano': 'Antes del golpe fatal/ ésta fue en limpio sacada,/ y assi no quedó manchada/ con la culpa original' (pp. 300–1).

El cuchillo de afilar la pluma es otro instrumento gráfico objeto de variaciones metafóricas (pluma de escribir / pluma de la paloma) en torno al Dios escribiente de textos impecablemente trazados. *Altissimum posuisti refugium tuum* dibuja una 'Paloma volando, con vna pluma en el pico, y baxo vn brazo, que en la mano tenía vn cuchillo de cortar plumas, como que la quiere alcanzar': 'Dios tan solo de sí fía,/ *cortar esta pluma*, pues/ buela tan alto, y porque es/ pluma del Ave María' (p. 301).

Con un festejo erudito y ostentoso organizado por facultades, la Universidad es la entidad que más tempranamente celebra el decreto de Alejandro VII. A pesar de que Valencia andaba mal de fondos, la institución muestra quizá su mayor dispendio en una celebración de la segunda mitad del siglo XVII.[14] De los numerosos poemas exhibidos en las decoraciones de los edificios universitarios y los carros triunfales de las facultades, destaca un conjunto de jeroglíficos que aluden asimismo al proceso de escribir y a instrumentos gráficos, con un énfasis en el ámbito de la creación poética y la musical, y que reelaboran imágenes desarrolladas por una nómina extensa de predicadores y poetas de la época. Las metáforas que repiten con variación, imágenes forjadas sobre la escritura divina, están además modeladas por el espacio donde se exhibe el jeroglífico – patio, capilla, puertas de la universidad –, así como por el modo de inscripción utilizado.

Un jeroglífico (*Iota vnum, aut vnus apex non praeteribit. Matth. 5*) exhibido por la Facultad de Teología se articula sobre una dilogía de *original*. Se refiere

---

[14]   '[…] como si le sobraran a la Vniversidad rentas, y propios, que expender en ellas', Valda, p. 42.

al manuscrito en limpio, el original de imprenta que se presentaba al solicitar la aprobación del Consejo de Castilla, y servía después para imprimir el texto. El poema caracteriza a la Virgen como una prueba de imprenta perfecta, copia impresa sin error que traslada a la letra de molde el texto original. Se inspira en una imagen prevalente de Dios como sumo tipógrafo, impresor a cargo de la prensa celestial que *imprime* a la Virgen: 'figuró vna prueva sacada de la prensa de la Impressión, y vn brazo con la pluma en la mano corrigiendo': 'A su *original* salió/ tan *ajustado* el trasunto,/ que no ay que *enmendar*, ni vn *punto*' (p. 160).

Virtus Altisimi abumbravit tibi se refiere a ese Dios escribiente presente también en jeroglíficos exhibidos por otros grupos. La mano celestial empuña una pluma: 'una mano que salía de vna nube con vna pluma sin tinta, que hazia vn punto en vna hoja blanca de vn libro' (p. 148): 'Todo es blanco, que la pluma/ de la paloma, alto assumto/ sin *tinta* hizo el primer *punto*' (p. 148). Ser concebida sin pecado original es ser escrita sin tinta de humo, trazada con una escritura carente de tachaduras y borrones.

La Facultad de Jurisprudencia, a quien se había cedido el teatro de la Universidad para que 'desasogase sus grandes afectos en este lucimiento' (p. 143), compara a la Virgen con el planeta y la nota musical *sol*, emblematizada como un *punto* que falta en un pentagrama. Con una alusión a la autoridad eclesiástica, *Sonoris effere praeconiis non desisunt, etc.* muestra a 'quatro Pontífices, y vn Obispo arrodillado, con vn papel en la mano rayado con cinco líneas, y en los quatro *puntos* de solfa, y la de arriba sin ellos': 'Después que en la Iglesia entona/ este quarto Capiscol,/ ya el *punto* que falta es *Sol*' (p. 149).

Artesanos propensos a señalarse devotos de la Valencia celebradora hiperbólica de la Inmaculada, expresan asimismo con jeroglíficos y otro género de poemas de mayor o menor fortuna, vínculos entre la Concepción e instrumentos y procesos de su oficio. En la Plaza del Mercado, espacio emblemático en las celebraciones de la ciudad, las ventanas de la casa del boticario Francisco Vadillo despliegan cuatro jeroglíficos y tres octavas acrósticas, 'no solo al intento de la Fiesta, *sino con mucha alusión al Arte, que professa*' (p. 328). Un jeroglífico pinta 'una Botica con botes, caxas, redomas, y demás aparatos, y trastos de que se suele componer', para recordar que María no es botica – no la necesita – sino 'Jardín lindo y galante' (pp. 330–1). La ornamentación poética del boticario devoto muestra la 'Triaca Magna' que protege de mordedura de serpientes; figura 'la Virgen de la Concepción, que con el índice señalava vn bote lleno de resplandor, en el que estava escrito Grazia' (p. 330). *Purissima distillatio* dibuja 'vna alquitara de vidrio, transparente con muchas flores dentro, de las quales se distilava agua, no al calor de fuego, sino al de los rayos del divino Espíritu […]': 'Pues distilarla procura/ Dios con fuego de su amor,/ tener suavíssimo olor/ es fuerza, y salir tan pura' (pp.

329–30). El cuarto jeroglífico pinta 'Vn Sol esparciendo vn círculo de rayos y en medio dél la Puríssima Concepción' (p. 328).[15]

En conclusión, la crónica de Valda refleja los complejos intercambios comunicativos que ese tipo de producción poética suscitaba, además de subrayar una mayor presencia de ciertos grupos en las celebraciones de la Valencia barroca. Sin duda, más allá de la dimensión material del jeroglífico, este género de poema celebrativo es parte de una producción de relevancia socio cultural para el conocimiento de la forja de una identidad urbana. El horizonte editorial específico en el que en tanto que jeroglíficos fueron impresos, descartó – como vemos – el componente iconográfico. Sin embargo, la crónica da cuenta de su dimensión de poema/artefacto, sugiriendo implícitamente la variedad de prácticas de lectura que solicitaba. Fraguada por una exhibición poética ornamental y abigarrada acomodada al arte que profesaba quien la exhibía, la lectura radial – que interpretaba el jeroglífico como pieza de una colección entretejida de artefactos, textos y símbolos – era probablemente la más significativa de todas.

---

[15] Un grupo de gremios obligados a participar en la procesión sacaron, como solían en tales ocasiones, carros adornados para el acontecimiento. Entre otros, los colchoneros, cuya patrona era la Virgen de las Nieves, arrojaron desde su carro 'algunas cedulillas impressas, donde se leían esta diversidad de coplas, con alusión a su misterio' (p. 457). Los poemas caracterizaban a la Virgen como 'colchón de Dios', mencionando materiales y artefactos del oficio; así, entre otras: 'Oy para escriviros pura/ de todo blanco colchón/ sea la lana algo dón', p. 458. Asimismo, el carro de los pescadores repartió coplas – 'ivanse dando estos versos muy del intento, como de su professión' (p. 481) –, donde figuran, remos, velas, redes, anzuelo, caña, pescados, rémora, pez espada, morena, escorpión marino, gran delfín (pp. 481–3); lo mismo ocurre con carpinteros (p. 513), sastres (pp. 524, 528), y varios grupos más.

13

Responding to Góngora:
María Rosal and the Clori Poems

ANNE HOLLOWAY

> La lei d'este verso es dezir cosas mayores o contrarias que el primero, i
> assi es mas dificil la parte que responde.
> Fernando de Herrera,
> *Anotaciones a la poesía de Garcilaso* (1580)

Herrera, writing in 1580, underscores the challenge inherent in the responsive poetic utterance. *El Divino*'s comments refer specifically to the performance of the amoeban song associated with pastoral poetry, which he presents as a model of emulative composition.[1] Philosophers of language in the twentieth century suggested that no utterance exists in isolation, indeed the need to respond and the desire to obtain response is enshrined in every communicative act:

> Any utterance – the finished, written utterance not excepted – makes response to something and is guaranteed to be responded to in turn. It is but one link in a continuous chain of speech performances. Each monument [written utterance] carries on the work of its predecessors, polemicizing with them, expecting active, responsive understanding, and anticipating such understanding in return.[2]

This essay will explore the voice of a fictional subject, identified as 'Clori', who is positioned by her creator, the Córdoban poet María Rosal Nadales, in dialogue with an overwhelming poetic predecessor of the Spanish Baroque period, Luis

---

[1]   Fernando de Herrera, *Anotaciones a la poesía de Garcilaso*, ed. Inoria Pepe and José María Reyes (Madrid: Cátedra, 2001), p. 975.

[2]   V. N. Voloshinov, *Marxism and the Philosophy of Language*, trans. Ladislav Matejka and I. R. Titunik. (Cambridge, MA: Harvard University Press, 1986), p. 72. On attribution of this text to Bakhtin, see Marcia Moraes, *Bilingual Education: A Dialogue with the Bakhtin Circle* (Albany: SUNY Press, 1996) pp. 15–19.

de Góngora. Rosal was born in Córdoba in 1961, and holds a doctorate in literary theory and comparative literature from the University of Granada. She has published a number of acclaimed poetry collections, including *Otra vez Bartleby* which was awarded the *Premio Andalucia de la Crítica de poesía* in 2003.[3] The focus of the analysis will be Rosal's *Ofrenda lírica a Góngora*, first published by the *Boletin de la Real Academia de Córdoba* in 2007. This *ofrenda* consists of six pairs of sonnets – of which two pairs will be analysed, to explore how Góngora's poetry becomes a point of departure for the creation of this defiant lyric subject.

Authentic examples of the type of poetic dialogue fictionalised by Rosal do, of course, exist. A sixteenth-century poetic exchange between a female writer of sacred verse in Santo Domingo, and a male peninsular writer provides a compelling example of the 'responsive understanding' to which Voloshinov refers. Sor Leonor de Ovando (1548–1616), writing in Santo Domingo, composed four of her five sonnets in direct response to the poetry of Eugenio de Salazar (1530–1602/4).[4] Salazar included these compositions in his *Silva de poesía*, compiled between 1585 and 1597.[5] Nela Rio has rightly emphasised the importance of sensitivity to the interaction between Salazar's poetry and Ovando's, possible only if they are read in conjunction. Within this small corpus, a sacred sonnet by Salazar serves as conduit for a responsive composition expressing the rapture of the female subject:

Del mismo a la misma Señora en la Pascua del Spiritu Sancto

El vehemente espíritu del cielo
en lenguas celestiales encendidas,
vino atemplar las lenguas, escogidas
para instruir al universo suelo:

---

[3]   Rosal's poetry has featured in anthologies including *Ellas tienen la palabra* (Madrid: Hiperión, 1997); *Mujeres de carne y verso* (Madrid: La Esfera, 2002); *Ilimitada voz. Antología de poetas españolas 1940–2002* (Cádiz: Universidad de Cádiz, 2003); and *El origen del mundo* (Madrid: Hiperión, 2004).

[4]   Ovando appears to have led a life of contemplative devotion in sixteenth-century Santo Domingo; her poetry has been dated at approximately 1574–6. Nela Rio reminds us that 'Sor Leonor poetizó la experiencia de la escritura y los efectos de su lectura, unos veinte años o más, antes que Clorinda, la poeta anónima de Perú lo hiciera en su "Loa a la poesía" y también antes que Bernardo de Balbuena (1552–1627) en *Grandeza mexicana*'. Nela Rio, 'Me hizo pensar cosa no pensada': La poesía de Sor Leonor de Ovando', in *Diálogos espirituales. Manuscritos femeninos hispanoamericanos, siglos XVI–XIX*, ed. Asunción Lavrin and Rosalva Loreto (Puebla: Universidad de las Américas, 2006), pp. 386–419, p. 399. She has been classified by Raquel Chang-Rodriguez as 'la primera mujer poeta de América de quien conservamos obra', in *'Aquí, ninfas del sur, venid ligeras': Voces poéticas virreinales*, ed. Raquel Chang-Rodríguez (Madrid: Iberoamericana, 2008), p. 177.

[5]   Salazar's *Silva de poesía* was conserved in *Academia de la Historia* (MS.C-56) and later published in *Ensayo de una Biblioteca de libros raros y curiosos*, ed. Bartolomé José Gallardo, 4 vols (Madrid: Manuel Tello, 1889), III, cols. 353–9.

Llenó los pechos de eternal Consuelo,
de gracia aquellas Almas tan lucidas,
y las cabezas doce tan subidas
de divinal entendimento, y celo.

Él puede consolar a la Alma vuestra,
dar gracia a vuestra Musa, y claro lustre,
calor, y gusto, que esté en él absorta:

En vos se siente, amen (señora Illustre)
desate vuestra lengua y de ella muestra
del celestial lenguaje, que conforta.

De la mismo señora al mismo en respuesta de otro suyo
[Soneto: Pascua de Pentecostés]

Pecho que tal concepto ha producido,
la lengua que lo ha manifestado,
la mano que escribió, me han declarado
que el dedo divinal os ha movido.

¿Cómo pudiera un hombre no encendido
en el divino fuego, ni abrasado,
hacer aquel soneto celebrado,
digno de ser en almas esculpido?

Al tiempo que lo vi quedé admirada,
pensando si era cosa por ventura
en el sacro colegio fabricada:

La pura santidad allí encerrada,
el énfasis, primor de la escritura,
me hizo pensar cosa no pensada.[6]

Salazar's Pentecostal sonnet carries within it the anticipation of its recipient's understanding, and a response which he suggests will be enhanced by divine fire. The immediacy and intimacy of the female speaker's positioning relative to the male writer in the opening quatrain present her as a confidante and reader, receptive to the possibility of the communicative impact of the Holy Spirit, but in fact reacting most strongly to the narration of divine fire within the textual catalyst that is Salazar's poem.

---

[6]   Nela Rio, 'Me hizo pensar cosa no pensada', p. 412.

The collective experience of divine visitation in Salazar's sonnet (lenguas/ pechos) gradually narrows in the tercets, while in Ovando's sonnet the poem is read as a message whispered to the lyric subject alone. The twelfth verse of Ovando's poem points to enclosure ('La pura santidad allí encerrada'), to the boundaries of the original sonnet and its ability to distil and contain the ineffable. Ovando reflects back the notion of poetry as divinely inspired – a mere mortal, it is insisted, would be incapable of such composition – yet this celestial inspiration is channelled and possessively claimed for Ovando's lyric speaker, and the stirring affirmation of linguistic creative power ends by foregrounding an activity that is undeniably cerebral. The rapturous female-voiced response which unfurls here, suggests that Salazar's poem comes to fruition in the precipitation of Ovando's utterance. In affirming the authoritative male model, Ovando argues for the transcendence of her own composition; the dialogue is revealed as the locus of an emergent female subjectivity.

In the secular Petrarchan tradition, examples of female-authored poetry presented alongside that of the male interlocutor are quite rare. A recently reassessed example is the sixteenth-century reply by Isabel de Vega to a sonnet directed to her by the Murcian writer Diego Ramírez Pagán dating from 1562. This is, however, noted as fairly exceptional by Nieves Baranda.[7] Indeed, the literary conventions underpinning Petrarchan compositions 'polemicize' Voloshinov's statement; such poems often explicitly anticipate only a hostile response from their ideal reader.

Introducing the 2007 *Ofrenda lírica*, Rosal humbly confronts her own trepidation at this poetic enterprise:

> [...] no es fácil ofrecer palabras o versos a los maestros, a los que nos han enseñado, ya quienes tanto admiramos. Por eso me gustaría que tomasen mis palabras más como un acto de humilde homenaje que de atrevimiento y que compartieran conmigo no sólo el texto, sino la zozobra que me acompañó mientras escribía estas palabras por encontrar el tono, el ritmo o el latido en un homenaje a nuestro ilustre poeta cordobés en el que me han precedido tantos compañeros queridos y admirados.[8]

---

[7]   Nieves Baranda, 'La Marfira de Ramírez Pagán: ¿otra mujer poeta del siglo XVI'?,' in *Actas del XIII Congreso de la Asociación Internacional de Hispanistas, Madrid 1998*, ed. Florencia Sevilla and Carlos Slavar (Madrid: Castalia, 2000), pp. 272–81, p. 277. Álvaro Alonso suggests it may have been a more established practice than the current scarcity of extant poetry of this type suggests, pointing to a greater richness in the Italian and French traditions. Álvaro Alonso, 'Isabel de Vega', in *Seis siglos de poesía española escrita por mujeres. Pautas poéticas y revisiones críticas* (Bern: Peter Lang, 2007), pp. 76–82, p. 76.

[8]   María Rosal, *Ofrenda lírica a Góngora (2006), Boletín de la Real Academia de Córdoba*, 152 (2007), 29–35.

Mirroring the awed reverence of Ovando's sonnet, Rosal's words reveal a tension between *homenaje* and *atrevimiento*; indeed, the six poems which constitute this lyric offering are replete with daring, not least in the fiction of a recently discovered letter, which frames the poems. The letter is said to have contained verses by 'Clori', and the description acknowledges two imagined readers, the mature Góngora 'agotado por la vida', and the poetic subject of his early love poetry.

De Clori, En Discreta Respuesta Al Poeta Cordobés, Joven Y Enamorado

> Los poemas que aportamos pertenecen a una carta inédita encontrada en una de las alacenas de la casa natal de Góngora en la que unos versos atribuidos a Clori responden a algunos de los más afamados poemas de amor que D. Luis de Góngora escribiera en su juventud. En dicha carta, Clori envía réplicas de amor al joven Góngora, las que, como se indica en el texto, fueron escritas en sus años mozos, aunque lleguen a las manos del poeta cordobés en su madurez, a las que éste responde desde su estado eclesiástico y de hombre agotado por la vida, devolviéndoselas a la dama con agradecimiento y cortesía.[9]

The parodic academic endeavour described here is self-consciously collaborative; Rosal outlines how she and her fictional colleague reassemble Góngora's corpus against Clori, the newly unearthed authority.[10]

> Después de arduas investigaciones en las que me ha acompañado D. Adalberto Álvarez, a la sazón descubridor de las cartas, en una inspección entre rutinaria y arqueológica en la citada finca, llegamos a la conclusión de que los seis poemas incluidos responden a los correspondientes de Luis de Góngora que anotamos en cursiva.

Notably, Góngora's letter returning Clori's poems was never sent, nor is it included here, giving her the last word, and somewhat undermining the humility topos of the prologue.

---

9   Carlos Clementson (ed.), *Cisne andaluz: Nueva antología poética en honor de Góngora* (Madrid: Editorial Eneida, 2011), pp. 407–19. All subsequent references to Rosal's *Ofrenda lírica* are to this anthology.

10   As a parodic strategy, the unearthing of literary 'fragments' is far from new; Rosal's introduction to her verse is reminiscent of Camilo José Cela's burlesque 'Soneto de los goces truncos o fabulilla del carajo', which he presents as the discovery of the fictional scholar (and poetic alter ego) Catulino Jabalón Cenizo. Cela's text more overtly parodies literary scholarship of the Early Modern period, puncturing the oft-times disproportionate reverence accorded scant fragments of verse. It was anthologised in the collection of contemporary erotic poetry *Polvo serán*, the Quevedesque title signposting the dialogue its authors establish with the earlier period. Camilo José Cela, 'Soneto de los goces truncos o fabulilla del carajo', in *Polvo serán: Antología de poesía erótica actual*, ed. Rafael de Cózar (Seville: El carro de la nieve, 1988), pp. 73–74.

A number of currents might be said to inform the creation of Rosal's subject Clori, reflective of Rosal's participation in both creative and scholarly discourses. The success of Rosal's 2007 publication is evident in the recent inclusion of these poems in the 2011 anthology *Cisne andaluz*, compiled by Carlos Clementson, a new poetic *homenaje* which also embraces many of the leading figures of the earlier part of the twentieth century. From 1927 onwards, the commemoration of Góngora would be allied to a generational self-definition. Rosal participates anew, then, in the valorisation of Góngora's poetry, even as she responds creatively to a longer tradition of the absence of women from creative and critical dialogue. The latter is tacitly acknowledged by the creation of 'Clori' and also in the prologue, which notes the dual difficulty and points to her own reinsertion into a dialogue already crowded by illustrious 'compañeros'. The need to redress the absence of female voices within the literary canon is revealed as an ongoing concern in Rosal's scholarly and editorial work. Her anthology of women's writing *Con voz propia*, published in the same year as the *Ofrenda lírica*, displays a robust practicality, reviewing teaching materials and noting wryly that the so-called 'boom' in Spanish women's poetry, from the 1980s onwards, has yet to be reflected in the reception and dissemination of a newfound abundance of texts.[11] Determined to write women back into the curriculum, she includes classroom activities to invite student engagement with (contemporary) female-authored verse.

Female-authored contemporary poetry often employs a discrete approach to canon revision, which John C. Wilcox has termed 'revisionary mythmaking', offering retellings of classical myths, often from the perspective of the female protagonist.[12] *Re*-vision, 'the act of looking back, of seeing with fresh eyes, of entering an old text from a new critical direction', as Adrienne Rich referred to it in her essay 'When we dead awaken', has loomed large in critical discourse around women's poetry in Spain, informing the work of critics including Sharon Keefe Ugalde.[13] In her own poetry, other manifestations of this objective align her with her female contemporaries, such as Amparo Amorós, who pro-

---

[11] María Rosal, *Con voz propia: Estudio y antología comentada de la poesía escrita por mujeres (1970–2005)* (Sevilla: Editorial Renacimiento, 2006).

[12] John Wilcox, *Women Poets of Spain, 1860–1990: Toward a Gynocentric Vision* (Urbana: University of Illinois Press, 1997). On the revisionist appropriation of cultural icons as a strategy within women's verse, see also W. Michael Mudrovic, *Mirror Mirror on the Page: Identity and Subjectivity in Spanish Women's Poetry (1975–2000)* (Bethlehem, PA: Lehigh University Press, 2008), pp. 29–30.

[13] Adrienne Rich, 'When We Dead Awaken: Writing as Re-vision', in *On Lies, Secrets, and Silence: Selected Prose, 1966–1978* (New York: W. W. Norton, 1979), pp. 33–49, p. 35. Following Rich, Alicia Ostriker's *Stealing the Language* (1986) has informed the work of critics including Sharon Keefe Ugalde. See *La poesía de María Victoria Atencia: Un acercamiento crítico* (Madrid: Huerga & Fierro, 1998).

duced the satirical collection *Quevediana* in 1988, and also with Ana Rossetti, Blanca Andreu, and Maria Victoria Atencia.[14] In her critical work, Rosal surveys tendencies in late twentieth-century Women's poetry, and points to a self-conscious awareness in twentieth-century women poets of their place in a lineage of authors, and the existence of gaps and absences within that lineage. The need to authenticate female voices in order to challenge master narratives of canonicity has, in some cases, fostered an emphasis on authorship and attribution which has led to the retrospective creation of these subjects, blurring the boundaries between academic engagement and fictionalisation. The 'revisionary mythmaking' which is a feature of the creative endeavour of contemporary women's poetry in Spain could not be said to be wholly absent from critical discourses when 'authentic' voices are uncovered.[15] Maria Rosal, aligning Clori's sonnets with those of Luis de Góngora, gestures playfully towards all of these concerns. Furthermore, the literary epistle is historically vulnerable to parodies and playful forgeries. In her analysis of Rabelaisian parody Rosalie Colie noticed the possible far-reaching effects of such parody, 'With his plays on that most cherished of human arts, letter-writing, and his paradoxical encomia of this and that, we sense the sharp commentary of the fakeries and chinks in the humanist programme.'[16]

The objectives Rosal and her contemporaries address might seem to be shared by Mikhail Bakhtin's pivotal study, *Rabelais and his World.* One of the attempts of Bakhtin's text is, after all, to *recover* sections of *Gargantua and Pantagruel* that, in the past, were either ignored or suppressed, and to explore the interrelation of the social and the literary. Nonetheless, it is Bakhtin's *Dialogic Imagination* which has been more usefully appropriated by feminist scholars. In 1993, the Chilean critic Myriam Díaz-Diocaretz employed this particular Bakhtinian text as the basis for the articulation of a 'poética dialógica de la diferencia'. She argued that Bakhtin's notion of the word as a neutral sign, ready to carry future significances and potentials, is corroborated by feminist discourse:

---

[14]   Ana Rossetti's poetry has been a focus of Rosal's critical work; her book-length study, *Carnavalización y poesía. Subversión erótica de símbolos religiosos en la poesía de Ana Rossetti* (Córdoba: La Manzana Poética, 2007) appeared the same year as the *Ofrenda lírica*. More recently, she has surveyed critical tendencies in late twentieth-century women's poetry in her article 'Las poetas de fin de siglo. Aspectos formales', *Anuario de Estudios Filológicos*, 33 (2010), 239–51.

[15]   Martina Vinatea Recoba's recent edition of the 'Epístola a Belardo' by the author known to date only as 'Amarilis', acknowledges that authorship and attribution has dominated the debate at the expense of critical engagement with the poem. Martina Vinatea Recoba (ed.), *Epístola de Amarilis a Belardo* (Madrid: Universidad de Navarra/Iberoamericana/Vervuert, 2009).

[16]   Rosalie L. Colie, *The Resources of Kind: Genre Theory in the Renaissance* (Berkeley and Los Angeles: University of California Press, 1973), p. 78.

> La existencia misma del discurso feminista como estrategia para
> desligitimar y revelar la hegemonía del discurso del patriarcado ilustra
> de manera diáfana las teorías bajtinianas de lo abierto y no finalizado o
> acabado del discurso. Prueba que la auto-proclamada palabra autorizada y
> monológica del patriarcado, que excluye a la mujer de muchos de los niveles,
> no es definitiva, y que no es ni puede ser la última palabra.[17]

Bakhtin's concept of bivocality comes to define women's literary discourse
within this model, characterised by a tendency to include the masculine alongside the speaker's own voice. As Bakhtin points out: 'The word in language is
half someone else's. It becomes "one's own" only when the speaker populates
it with his own intention.'[18] Rosal renders visible this process of appropriation
and repopulation; as feminist literary critic, and poet, she is herself a bivocal
presence within this short text, appearing as fictionalised *filologa*, reconstructing a lost dialogue, and behind the mask of Clori. Her 'fakery', to borrow from
Colie's analysis, opens up a chink in the past which permits poetic subjects to
enter into dialogue – Clori's reply to the voice of Góngora's early love poetry
is presented, albeit tongue-in-cheek, as historically anchored and authentic.

Within the new corpus created by the twelve sonnets, Clori is a reader who
participates in the poeticised 'reality' created by Góngora's *yo poético*. Within
that reality she fashions a response to one speaker who seems not to demand
it: the speaker of Góngora's celebrated *carpe diem* sonnet 'Mientras por competir con tu cabello'. The visibility of the *carpe diem* topos in popular culture,
from *Dead Poets Society* (dir. Peter Weir, 1989) to Metallica's 'Carpe Diem
Baby' (1997), reflects the continuing vigour of the classical topos reframed as
a male apostrophe to a female recipient. Cathy Yandell has identified the temporal implications of the prototypical *carpe diem* poem, including 'the privileg-
ing of the addressee's body as the locus of time and the projection of the poet's
own fear of aging onto the female addressee'.[19] In the French Renaissance
tradition, Ronsard employed the *carpe diem* poem as a vehicle for poetic immortality. Yandell, writing on the *Sonnets pour Hélène*, reminds us that Ronsard
'sees his poetic immortality in contrast to Hélène's rapidly disintegrating body'.[20]
In the memorable imitation of Ronsard by W. B. Yeats, 'When You are Old'

---

[17]   Myriam Díaz-Diocaretz's ideas are summarised in Isabel Navas Ocaña's *La literatura
española y la crítica feminista* (Madrid: Editorial Fundamentos, 2009), pp. 73–8.

[18]   M. M. Bakhtin, 'Discourse in the Novel', in *The Dialogic Imagination: Four Essays*, ed.
Michael Holquist, trans. Caryl Emerson and Michael Holquist (Austin: University of Texas
Press, 1981), p. 293.

[19]   Cathy Yandell, *Carpe Corpus: Time and Gender in Early Modern France* (Newark:
University of Delaware Press, 2000), p. 15.

[20]   Yandell, *Carpe Corpus*, p. 213.

(1893), the speaker recreates Ronsard's imagined future moment of nostalgia by commanding the beloved to 'take down this book', similarly conjuring a future moment of reception for his own poem. Yeats' poem affirms its existence on both temporal planes; in inviting the older version of herself to look back into the past, he forces the addressee to visualise a time when only the poet's text will provide access to her beauty. The text serves, therefore, as the mirror which facilitates this unsettling encounter. Rosal's fictional offering reverses the hypothesis on which *carpe diem* poems are constructed; Clori's 'réplicas de amor' allegedly reach Góngora 'when he is old', and thus in their entirety suggest a reading experience which forces the poet into confrontation with an earlier utterance, inevitably re-read against the reality of the poet's own aging and alongside Clori's poetic interjection.

Amidst Góngora's amorous verse, the *carpe diem* sonnets have received sustained attention, with 'Mientras que ...' generally received as a somewhat merciless rewriting of the gentler vision of Garcilaso's Sonnet 23, clinically enumerating the disintegration of the lady's charms and seeming to foreclose dialogue with the annihilating force of its lengthened final verse.[21] Nonetheless, Clori may have a Spanish American predecessor who takes up the challenge of opening a space for a female voice within the *carpe diem* paradigm.[22] The 'Celia' of Sor Juana Inés de la Cruz's *Soneto a la Rosa* famously addresses her meditation on transience to the flower itself:

Soneto a la Rosa
(Escoge antes el morir que exponerse a los ultrajes de la vejez).

Miró Celia una rosa que en el prado
ostentaba feliz la pompa vana

---

[21] The contrast between the sonnets has been noted in a number of comparative studies, see, for example, R. P. Calcraft, 'The *Carpe Diem* Sonnets of Garcilaso and Góngora', *The Modern Language Review*, 76 (1981), 2, 332–7; Michael E. Gerli, 'Más allá del carpe diem: el soneto "Mientras por competir con tu cabello" de Luis de Góngora', in *Estudios en homenaje a Enrique Ruíz-Fornells*, ed. Teresa Valdivielso et al. (Erie, PA: ALDEEU, 1990), pp. 255–8.

[22] Sor Juana, of course, also imitates the Gongorist *carpe diem* sonnet in 'Rosa divina que en gentil cultura', and 'Este que ves, engaño colorido', memorably rewriting the final line as 'es cadáver, es polvo, es sombra, es nada'. For Emilie Bergmann, 'the female speaker, whose face is the object portrayed in the painted representation of beauty, reveals the irrationality of the genre. Her representation of the true nature of mortal beauty is shocking: "es cadáver, es polvo, es sombra, es nada" [it is a cadaver, it is dust, it is shadow, it is nothing]. She dramatically transforms her poetic models and renders Góngora's "en sombra, en polvo, en tierra, en humo, en nada" [into shadow, dust, earth, smoke, nothing] a euphemistic evasion.' Emilie Bergmann, 'Sor Juana Inés de la Cruz: Dreaming in a Double Voice', in *Women Culture and Politics in Latin America (Seminar on Feminism and Culture in Latin America)* (Berkeley: University of California Press, 1990), pp. 151–72.

> y con afeites de carmín y grana
> bañaba alegre el rostro delicado;
> y dijo: – Goza, sin temor del Hado,
> el curso breve de tu edad lozana,
> pues no podrá la muerte de mañana
> quitarte lo que hubieres hoy gozado;
> y aunque llega la muerte presurosa
> y tu fragante vida se te aleja,
> no sientas el morir tan bella y moza:
> mira que la experiencia te aconseja
> que es fortuna morirte siendo hermosa
> y no ver el ultraje de ser vieja.[23]

The expected reproach for the ostentatious vanity of the rose, alluded to in the quatrain, is permanently deferred, and the sonnet seems to unfold as a celebration of the present. Celia, though, envies the rose its early death, spared from the indignity of aging. Sor Juana strikes at the heart of the topos, suggesting that the speaker of the *carpe diem* poem is bound to project their own deep-seated forebodings, as Yandell observed. Rosal moves beyond a concatenation of univocal *carpe diem* poems – appropriating Góngora's rhyme scheme, she exploits the liberating constraint of form and generates (or 'populates') her remade sonnet around these constant elements.[24]

> *Mientras por competir con tu cabello,*
> *oro bruñido al sol relumbra en vano;*
> *mientras con menosprecio en medio el llano*
> *mira tu blanca frente el lilio bello;*
> *mientras a cada labio, por cogello,*
> *siguen más ojos que al clavel temprano;*
> *y mientras triunfa con desdén lozano*
> *del luciente cristal tu gentil cuello:*
> *goza cuello, cabello, labio y frente,*
> *antes que lo que fue en tu edad dorada*

[23] Sor Juana Inés de la Cruz, *Obras completas: Lírica personal*, ed. Antonio Alatorre (México, Fondo de Cultura Económica, 2009), I, p. 390.

[24] Rosal engages with the *carpe diem* topos elsewhere in her verse, for example in 'Beatus Ille' from the collection *De remedio antiguo no hallado en botica* (1994). For an analysis of this poem, together with 'Tempus fugit' and 'Horsus Clausus', see María Ángeles Hermosilla Álvarez, 'La représentation du corps féminine chez María Rosal', pp. 5–6, originally published as 'La escritura del cuerpo en la última lírica femenina: La poesía transgresora de María Rosal', in *Cuerpos de mujer en sus (con)textos anglogermánicos, hispánicos y mediterráneos: Una aproximación literaria, socio-simbólica y crítico-alegórica*, ed. Mercedes Arriaga Flórez and José Manuel Estévez Saá (Seville: Arcibel, 2005), pp. 109–24.

oro, lilio, clavel, cristal luciente,
no solo en plata o viola troncada
se vuelva, mas tú y ello juntamente
en tierra, en humo, en polvo, en sombra, en nada.

En tanto ha de estar triste mi cabello
cuanto espera la dulce horma en vano,
así lilio tronchado desde el llano,
aspiro de tu piel el cauce bello.
Así, si a cada labio por cogello
tiemblo y me acerco con afán temprano,
no escatimes mi sed, desdén lozano,
de escalar el asombro de tu cuello.
Gocémonos en fin, y frente a frente
pues que ha de fenecer la edad dorada
sembremos del amor perfil luciente,
antes que vida en muerte ya troncada
nos torne cuerpo a cuerpo juntamente
en estéril despojo de la nada.[25]

In keeping with the bipartite structure of Rosal's presentation, here the projection of an awareness of a future demise becomes a mirroring, with reciprocity evident not only in the articulation of a shared desire, but in the joint confrontation with inevitable oblivion. Clori's response deflates the need for the male speaker's persuasive rhetoric by revealing her own desire, and removes the encroaching urgency of Góngora's insistent 'Mientras', restoring the Garcilasian 'En tanto que' at the outset. In presenting herself as the 'lilio tronchado', she recalls a classical metaphor for youth cut down in its prime, the violence of the image undoing the need to project her future demise as a mere withering of beauty.[26] Without disrupting the ending on 'nada', she also, arguably, restores the more serene acceptance of Garcilaso's sonnet, by moving beyond a person-

---

[25] The poems are quoted as they are presented in Clementson's anthology, *Cisne andaluz: Nueva antología poética en honor de Góngora* (Madrid: Editorial Eneida, 2011), pp. 407–19. Góngora's sonnets are given in italics within the *Ofrenda lírica*; perhaps to emphasise the fictional academic reconstruction described in the prologue.

[26] The image of the cut flower describes the body of the nymph Elisa in the third Garcilasian Eclogue ('antes de tiempo y casi en flor cortada', v. 228). The correspondence between the allusions to the cut flower in Eclogue II and III has been noted by Enrique Martinez-Lopez, 'Sobre "aquella bestialidad" de Garcilaso (egl. III.230)', *PMLA*, 87 (1972), 1, 12–25, p. 18. Audrey Lumsden highlighted the Virgilian model for this allusion in Garcilaso's Eclogue II (1253–1259), in 'Problems connected with the Second Eclogue of Garcilaso de la Vega', *Hispanic Review*, 15 (1947), 251–71, p. 256. The Virgilian metaphor expresses the death of Eurylas in battle as recounted at *Aeneid* IX. 433–7.

alised 'Golden Age': 'antes que lo que fue en tu edad dorada' / 'Pues que ha de fenecer la edad dorada'. Clori appropriates the unapologetic sensuality of the Gongorist sonnet and the imperative 'goza' but renders it a joint endeavour, a jointly experienced urgency, inviting the speaker into her *'embrace'* in the presence of the advancing spectre of the *'fine and private place'*.[27]

Replacing 'tu y ello juntamente', with 'cuerpo a cuerpo' exposes the sterility of the union at the heart of Góngora's sonnet, and reveals the exclusion of the male speaker, who oversees the unfolding of the beloved's eradication, from the 'gozo'. Rosal's invitation to a passionate union envisages a creativity which could overcome both of their deaths. This redemptive possibility of a joint inventive and sensual endeavour recalls Federico García Lorca's 'Soneto de la guirnalda de Rosas', from the *Sonetos del amor oscuro*:

Soneto de La Guirnalda de Rosas

¡Esa guirnalda! ¡Pronto! ¡Que me muero!
¡Teje deprisa! ¡Cantal! ¡Gime! ¡Canta!
Que la sombra me enturbia la garganta
y otra vez viene y mil la luz de enero.

Entre lo que me quieres y te quiero,
aire de estrellas y temblor de planta
espesura de anémonas levanta
con oscuro gemir un año entero.

Goza el fresco paisaje de mi herida,
quiebra juncos y arroyos delicados,
bebe en muslo de miel sangre vertida.

Pero ¡pronto! Que unidos, enlazados,
boca rota de amor y alma mordida,
el tiempo nos encuentre destrozados.[28]

Here, encroaching death plagues the speaker from the very outset, but impels a hasty creativity amidst erotic surrender. Clori's response eschews the martyrdom of Lorca's sonnet, yet both poems envisage a radiant monument, jointly fashioned, ultimately recovering a celebratory response from imminent oblivion. Rosal's poem is but one example of a sensual reclaiming of the *carpe diem* in contemporary women's poetry. Nieves Baranda's anthology groups

---

27   The reference is to Andrew Marvell's poem 'To his Coy Mistress' (1650s).
28   Federico García Lorca, *Sonetos del amor oscuro* (Barcelona: Áltera, 1995), p. 25.

poems wherein the body is understood as the locus of time's power under the heading 'El crono-topos del cuerpo'. While the body continues to be understood as the locus of time's power, the topos is again aligned with a vision of reciprocal sensual love.[29]

Góngora's amorous lyric has been somewhat overshadowed, or read as a mere forerunner to the more ambitious compositions, the *Polifemo* and *Soledades*.[30] To emphasise the *originality* of the vision of these poems, it has been necessary to relegate the preceding verse as dully conventional. This perception has informed twentieth-century poetic portrayals of a fictional Góngora, whom poets like Mariano Roldán have invested with an astute awareness of a need to awaken from a conventional mode of writing and radicalise the face of Spanish poetics:

> Yo escribí como todos escribían
> hasta que un día me aburrí, y entonces
> hice que el mundo se ordenara, nuevo.[31]

Jorge Luis Borges' distinct attempt to conjure the voice of Góngora offered us a shadowy despondent figure:

> Cercado estoy por la mitología.
> Nada puedo. Virgilio me ha hechizado.[32]
> (7–8)

For Borges' Góngora, the alchemy of the poetic enterprise had become a curse, his gaze denying the vitality of what he sought to represent:

---

[29]   See *El poder del cuerpo* (2009). For example, in 'La leyenda del cuerpo' from Aurora Luque's collection *Carpe amorem* (Seville: Renacimiento, 2007), a remembrance vitally conjures the presence of the loved body. The popularity of the topos within revisionist responses by women is evident in recent English poetry, for example Kate Clanchy's rewriting of W. B. Yeat's poem entitled 'Spell', which foregrounds the incantatory power of language to render the absent beloved physically present.

[30]   Isabel Torres neatly summarises critical attitudes to Góngora's early amorous poetry: 'appreciation of Góngora's art has been largely defined by the controversy over his major compositions, the *Soledades* and *Polifemo*, and by critical engagement with the poems themselves. His shorter works, in particular the sonnets published prior to 1613, have suffered from relatively negative value judgements; and have been presented as evidence of a period of apprenticeship in the poet's trajectory.' See *Love Poetry in The Spanish Golden Age. Eros, Eris and Empire* (Woodbridge: Tamesis, 2013), p. 121.

[31]   Mariano Roldán, 'El racionero Don Luis se explica (1627–77)'. The poem is dedicated to Dámaso Alonso, and features in the aforementioned anthology, *Cisne andaluz*, ed. Carlos Clementson (2011), pp. 319–20.

[32]   Jorge Luis Borges, 'Góngora', *Los conjurados* (Madrid: Alianza Editorial, 1985), p. 83.

Veo en el tiempo que huye una saeta
rígida y un cristal en la corriente
y perlas en la lágrima doliente.
Tal es mi extraño oficio de poeta.
Troqué en oro el cabello, que está vivo,
¿Quién me dirá si en el secreto archivo
de Dios están las letras de mi nombre? (13–19)

Góngora's sonnet 'Suspiros tristes, lágrimas cansadas' engages with concerns about the transformative, and potentially destructive impulse which underlies the creation of the poetic monument. It presents a demarcation between the sympathetic response of a mythical world and the 'real-life' situation of the poetic subject whose complaints are not believed:

Suspiros tristes, lágrimas cansadas,
Que lanza el corazón, los ojos llueven,
Los troncos bañan y las ramas mueven
De estas plantas, a Alcides consagradas;

Mas del viento las fuerzas conjuradas
Los suspiros desatan y remueven,
Y los troncos las lágrimas se beben,
Mal ellos y peor ellas derramadas.

Hasta en mi tierno rostro aquel tributo
Que dan mis ojos, invisible mano
De sombra o de aire me le deja enjuto,

Porque aquel ángel fieramente humano
No crea mi dolor, y así es mi fruto
Llorar sin premio y suspirar en vano.

Beneath the surface of this Baroque poem, we may detect Garcilaso de la Vega's memorable fusions of classical myth and the sorrowing stance of the courtly lover; images from his tenth sonnet, and his first Eclogue, inform the depiction of the futile lament and the 'fruto' referenced by Góngora's lyric speaker. The paradox of Garcilaso's canonic sonnet, with Apollo's tears perpetuating the very transformation of Daphne he mourns, is an image he later redeploys in his first Eclogue – 'hago con mis ojos, crecer, lloviendo, el fruto miserable'.

In Góngora's sonnet, the hard-hearted beloved, conventional within such a poetic utterance is unconvinced by the outward signs of sorrow, despite the speaker's assurances that they issue directly from the heart. In the tercet, however, she becomes fleetingly human. The appearance of the disbelieving recipient the, 'ángel fieramente humano', undoes all that has gone before. The effects of the speaker's anguished lament on the trees watered by his tears and his weary sighs now serve only to redouble his pain at his failure to provoke an emotive response where it counts. It is fitting, then, that granted the space of an entire sonnet by Rosal, the voice of the 'angel' dismantles anew well-worn pleas for reception with a barbed tenacity. The memorable image of the 'ángel fieramente humano', which derives from Góngora's own revision of Petrarchan archetypes, is amplified here to connect with a modern tradition.[33]

Ángel Fieramente Humano, en Respuesta

Por más que vuelvan súplicas cansadas
a repicar la aldaba donde llueven
lágrimas y lamentos, ya no mueven
las plantas a Diana consagradas.

Igual que Dafne invoca conjuradas
las deidades del bosque ya remueven
un corazón hastiado donde beben
las lágrimas de Apolo derramadas.

Pues no es de mi recibo este tributo
ni es mi deseo alzarme hasta tu mano
olvida el huracán. El llanto enjuto

ha de mostrarte al ángel tan humano
que sus plantas se enraízan como un fruto,
el que riega tu llanto, siempre en vano.

Rosal repositions Daphne centrally within her sonnet; in her retelling the 'súplicas / lágrimas / lamentos' are granted the same effect as Daphne's invocation to the deities for transformation – restoring the Garcilasian synthesis of the outward signs of Apollo's sorrow and Daphne's metamorphosis. Compelling the speaker towards a confrontation with the 'fruto' of his misery, she margin-

---

[33] Elsewhere in her verse, Rosal wilfully unmasks myths of femininity by foregrounding the less appealing facets of her character: *Mea culpa*, from a 2003 collection, contains the lines 'Soy bastante insufrible, lo confieso/ Tampoco yo me aguanto muchos días'. Her recent critical study offers a panorama of self-representation by women in contemporary poetry, these 'real' images presented as a bracing corrective to the 'mujer soñada'. See 'Mujer real frente a mujer soñada. Nuevas imágenes de mujeres en la poesía contemporánea', *Asociación de Estudios de Ciencias Sociales y Humanidades*, 24 (2010), 99–108.

alises herself from participation within the discussion – the sorrow which reveals his flawed humanity forces her to retreat further into abstraction.

Clori reminds the speaker that, following Garcilaso, to speak within Petrarchan conventions the darker origins of the symbols of poetic immortality must be confronted. María Victoria Atencia similarly coaxes a renewed recognition of the darker dimensions of classical myth from a Gongorist text in her contribution to the aforementioned anthology *Cisne andaluz*. Atencia translates Góngora's renowned 'Soneto cuatrilingüe' as 'Las tablas del bajel despedazadas'. The sonnet contains a fleeting reference to Syrinx, whose transformation into reeds is connected to the tale of Apollo and Daphne in the Ovidian *Metamorphoses*.

> Volveré a ser pastor, pues marinero
> quel dio non vuo, che col suo strale sprona
> do austro os assopros è do oceám as agoas;
>
> haciendo al triste son, aunque grosero,
> di questa canna, già selvaggia donna,
> saudade à as feras, è aos penedos magoas.[34]

In her Castilian rendering of the sonnet, Atencia uncovers more explicitly Góngora's allusion to the transformation of Syrinx; the many linguistic shifts within the original sonnet partially conceal this reality even as they signpost Góngora's transformational poetics. Notably, in the new rendering the *Silvestre niña* now precedes the 'caña':

> Volveré a ser pastor – pues marinero
> no lo quiere aquel dios que con su maña
> mueve los fondos y alza las galernas – ,
>
> haciendo al triste son, aunque grosero,
> de una silvestre niña – y ahora caña – ,
> las fieras suaves y las rocas tiernas.[35]

Dana Bultman's 2002 study engages with the darkness in the Ovidian myth of the origin of bucolic poetry, and at the heart of imitative poetic practice. She proposes that with the Syrinx allusion, Góngora's sonnet foregrounds the rela-

---

[34] Luis de Góngora, *Sonetos completos*, ed. Biruté Ciplijauskaité (Madrid: Castalia, 1969), sonnet 84.

[35] *Cisne andaluz*, pp. 324–5. The translation was originally published in *La señal* (Málaga: Ayuntamiento, 1990), p. 425.

tionship between poetry and violent desire. 'Góngora chooses to point out poetry's links to irrationality. Syrinx enters into poetry reluctantly, under the threat of violence in Latin myth and is reduced from rebellion to humility.'[36] Atencia's inversion underscores the speed with which the 'silvestre niña' has become poetic instrument, allowing the sylvan figure of Syrinx to 'speak' again.

Rosal is not alone then, in reaching beyond the *Polifemo* and the *Soledades* to forge new engagements with the sonnets. Her positioning within a late twentieth-/early twenty-first-century poetic tradition of Góngora-inspired poetry impels her, to a certain extent, to write back through her twentieth-century predecessors, such as Lorca, Blas de Otero, but also Atencia and Rosetti. Her scholarly approach also permits the recovery of the complexity of Góngora's own responses to the Renaissance legacy of Garcilaso. Clori, sparingly drawn in the original texts, fleshes out her own creator. As she speaks back over the intermediary texts she highlights not a voice weary with convention, but a subject refashioning amorous convention in his early compositions. She poeticises a continuing academic endeavour, imagining a possible recovery of dormant Córdoban voices awaiting discovery. At its most successful, Rosal's *Ofrenda lírica* sows connected images across a small corpus; 'sembremos del amor perfil luciente', 'No en vano hemos sembrado en el desierto/ huella melosa, vago desatino', glimpsing and participating in collaborative artifice. As we have seen in this brief study, Rosal's own declaration of purpose requires qualification. The contemporary female poet sidesteps the empty gesture of homage, polemicising while avoiding irreverence. It is, notably, a literary gesture founded upon the witty and cerebral engagement which Góngora's poetry demands of its readers.

---

[36]   Dana C. Bultman, 'Shipwreck as Heresy: Placing Góngora's poetry in the Wake of Renaissance Epic, Fray Luis, and the Christian Kabbala', *Hispanic Review*, 70 (2002), 3, 439–58, p. 452.

14

Traveling in Place: Baroque Lyric Transports in Translation, or Flames that Bridge the Stream

AMANDA POWELL

The title 'Poetry in Motion' suits the travel across language, culture, and time that constitutes literary translation. Across what bridge, by what mode, can a text arrive at the further shore – '[a] esotra parte, en la ribera' – transformed to a new language and occupying a foreign literary context, yet with intangible spirit intact?[1] Does it best travel naked or robed, empty-handed or with baggage? In particular, how do we bring across Baroque lyric: rhymed, metered, allusive, with incisively doubled meaning or gorgeously encrusted figuration. Should highly ornate originals be simplified in translation, in order to make them understandable? The paradoxically swift stillness and profuse simplicity expressed in classical Epicurean thought, and its relationship to the more familiar Stoicism, suggest a model not only for reading but rendering these poems into another language.

In this essay I splice two themes. First, an infrequently mentioned philosophical engagement with 'Neo-' or Christianized Epicureanism shapes Baroque Hispanic poetry and poetics along with more widely explored Neo-Stoic and Platonic influences. Second, Epicurean and Stoic models can illuminate approaches to the translation of early modern lyric into English today. Why mix these topics in limited space when each deserves full development? My brief answer: Epicureanism engages imagery that resonates with the intricacies of Baroque poetry, although in seldom acknowledged ways, and this philosophy can usefully inform a practice in translating that poetry. Indeed, the charged current between Stoic and Epicurean influences in the Baroque energizes my own approach to translating these works.

Poetic translation constitutes a genre of its own. The translation of Baroque lyric should be poetic, though rarely if ever will the product be a poem as such.

---

[1] Francisco de Quevedo, 'Amor que dura más allá de la muerte' (l. 5), in *Poemas escogidos*, ed. José Manuel Blecua (Madrid: Castalia, 1972), p. 178.

In 'Notes on Translation', Eliot Weinberger states that '[t]he object of a translation into English is not a poem in English'. Kent Johnson elaborates:

> Just as the object of poetic composition is the object of a poem, the object
> of an act of translation should be an object of translation. Not, that is,
> something that submissively hides its nature, but something that gladly
> bears the absences, contradictions, and ambivalences of its being.[2]

No translation fabricates an exact correspondence between original and new
work. As a particular type of literary work, poetic translation 'works' when it
puts before the reader all the key elements of its poem that the translator can
muster in the second language. By analyzing how the original employs linguistic and literary features, a translator prioritizes criteria for representation. A
strong translation offers an attuned reading that opens to view both techniques
and meanings in the original and the second language. As Dana Bultman shows
(in Chapter 9), María de Zayas's genre-bending mix of frame-tale, intercalated
narrative, and verse *romance* directs the reader to a satirical critique of gender
violence. In this sense, the poetry in Zayas offers an intra-lingual, inter-semi-
otic translation: a verse commentary that by its shift in genre both draws attention to the sensationalistic action of the narrative and moves the reader to a
meta-level of decoding. The space figuratively opened-and-traversed between
romance and narrative, like the crossing between original text and translation,
combines the philosophical strains of Epicureanism and Stoicism: pulling the
experiential, immersive level of details (of narrative action, or of lyric materiality) to an evaluative overview.

Baroque porch and garden

Across seventeenth-century Europe and its Catholic–Protestant divides, poets,
philosophers, theologians, and thinkers grappled with a vital but disrupted
inheritance that transmitted the Hellenic tenets and practices of Epicureanism
and Stoicism. Christian scholars and thinkers had begun to tangle with the
Classical legacy that informed their thinking as soon as Christianity became
not just institutionalized but imperialized – adopted by Rome – and thus more
politicized than ever. Famously, for example, Jerome struggled with whether it
was necessary to disavow the literary and philosophical Greek and Roman
heritage he loved. The early modern period took up this wrestling with vigor.
Scant remnants of Epicurus' prolific writings survived intact: a few letters,

---

2   Kent Johnson, 'Notes on "Notes on Translation"', *Translation Review*, 74 (2007),
10–15, p. 10.

fragments, and quotes reproduced by other authors. Resuscitated from these sources and often interlinked with what in time became the more dominant tradition of earlier thought from Socrates, Plato, and Aristotle, this Hellenistic thinking stirred and troubled the early modern period. What could be reconciled to, or dismissed by, Christian belief, art, or governance?

The recovery of Epicurus' natural and moral philosophy in the Renaissance and its dissemination in the early modern period had a significant effect on the evolution of philosophy. The theses of the plurality of worlds, their self-formation, the non-existence of any god or gods concerned with the affairs of men and women, and the centrality and validity of the hedonic motive in human life, came under extended scrutiny in the seventeenth and eighteenth centuries. Although it was once customary to regard Epicureanism as a fringe movement uniquely represented in the seventeenth century by the enigmatic Pierre Gassendi, it is now recognized that Epicurus' letters and sayings, and his follower Lucretius' Latin poem *On the nature of things*, contributed to the formation of a rival image of nature – the corpuscularian, mechanical philosophy – that replaced the scholastic synthesis of Aristotelianism and Christian doctrine. This atomistic model found special favor in the new scientific academies of Europe.[3] These concerns show up in the employment of literary forms as well as content and can more usefully be identified with specific poems than ascribed to particular poets.

For some early modern Spanish-language poems, Epicureanism looks like a buried – or at least occluded and under-attended – context. This philosophical approach, along with the coeval Stoicism, came back into view in the Florentine Renaissance and stayed current, though contested, for Baroque thinkers and writers across Europe. Epicurus (341–270 BCE), whose Athenian academy was dubbed The Garden, equated pleasure with virtue as the highest aim of human existence. Sensual engagement in the here-and-now became blissful by *ataraxia* or absence of disturbance, an emotional equilibrium reached by severely ascetic habits of mind and body. (As one scholar observes, 'No one could be less of an epicure than Epicurus.'[4]) Epicurean materialism saw natural science, rather than the abstract reasoning of Socrates, Plato, and Aristotle, as the route to philosophical understanding. Rejecting divinity as determinant in human affairs, it finds liberatory significance in free will.

Various scholars, including Catherine Wilson and Steven Greenblatt, view sixteenth- and seventeenth-century Epicureanism as a force propelling mo-

---

3   Catherine Wilson, 'Epicureanism in Early Modern Philosophy', in *The Cambridge Companion to Epicureanism*, ed. James Warren (Cambridge: Cambridge University Press, 2009), pp. 266–86, p. 266.
4   Richard Jenkyns, 'Introduction', *Lucretius: The Nature of Things* (London, New York and Toronto: Penguin, 2007), pp. vii–xxiii, p. ix.

dernity, although European thinkers then sought to reconcile or dismiss its principles in relation to Christian doctrine.[5] Certainly, 'atomism' suits the Baroque. The Epicurean physics of kinetic movement from fullness to empty space, busily composing complex beings and plural worlds, recalls the pull of complication, chiaroscuro, and ambiguity that characterizes the arts of the period:

> For the Epicureans, the universe is constituted by atoms and void; the atoms are invisible and indivisible, while qualities are created by their size, shape, motion and combination; and worlds are formed by their collisions, a state of affairs guaranteed by Epicurus' addition of the swerve to Democritus' deterministic atoms. The void must be deduced from the possibility of atomic movement; if the universe were plenistic, then there could be no way for atoms to change places. The universe so constituted by atoms and void is decentered, infinite, and cyclical: worlds form and decay, while matter stays the same.[6]

The unpredictable 'swerve' of these atoms causes collisions that generate created matter, sentient beings, and human free will. Surely the expressive hyperbaton and metaphors of *culteranismo* ride these currents. The Epicurean way is not 'hedonism' in a modern sense. In the English-speaking cultural world shaped by Calvinism, it is hard to retrace the austerity of ancient Epicureans, a discipline that made room for delight by renunciation of most worldly offerings. This is what Montaigne admires in the high calling of Epicurus' followers:

> [...] since our bodies, minds, and souls are all made of unstable atoms, the argument begins, our human constitutions are grievously subject to aggravation, trepidation, and collapse. Consequently, the happiest life is a physically painless one of mental tranquility in the garden among friends. [...] this [...] is what the Epicureans mean by elevating natural and necessary pleasure to the status of the greatest good ...[7]

The Epicurean worldview properly understood speaks to the power of poetry, by which words in measured limits and forms can stir our reflections, move our

---

[5]   See Stephen Greenblatt, *The Swerve: How the World Became Modern* (New York and London: Norton, 2011), pp. 219–63; and Catherine Wilson, *Epicureanism at the Origins of Modernity* (Oxford: Clarendon, 2008), especially the Introduction, 'The Revival of Ancient Materialism', pp. 1–38.

[6]   Reid Barbour, *English Epicures and Stoics: Ancient Legacies in Early Stuart Culture* (Amherst: University of Massachusetts Press, 1998), p. 13.

[7]   Barbour, *English Epicures*, p. 14.

emotions, weigh on our hearts, or lift our spirits. Not coincidentally, the most definitive surviving text on Epicureanism is a poem, Lucretius' *On the Nature of Things* (first-century BCE).[8]

More familiar in our scholarship is the early modern fascination with Neo-Stoicism. As today 'epicure' is to classical Epicureanism, the 'stoic' in Stoicism now carries connotations different from the term either in antiquity or in early modern understanding. The 'porch' or *Stoa* gave its name to the school founded by Zeno of Citium (335–263 BCE), which, like Epicureanism, promised salvation by freeing humans from false striving. Stoicism accepts divine providence, yet places responsibility on the wise individual for cultivating the mind as a citadel. The philosophy aims at *apatheia*: being 'without passion', a cognate different from our 'apathy'. Stoicism advocates not passivity or disinterest but eradication of pleasure, desire, grief, and fear.[9] Ignorance brings about the 'illness' of passion, and only right thinking can heal humankind.

For the early modern, the Epicurean and Stoic categories did not fall into strict opposition but intermingled; both were enlisted as exemplars of pre-Christian, Classical morality that might enhance (not contradict) Christian virtue. Montaigne commented that 'a Stoic ... says that he has given up being an Epicurean ... [because] he finds their road too lofty and inaccessible', reversing the usual hierarchy of Epicureanism as a corrupt imitation of the pious Stoics, to argue that true Epicureans excel in moral discipline, pacific community, and the *ars moriendi*.[10] As Barbour observes, this illustrates a pervasive seventeenth-century engagement with the two philosophies; in England, early Stuart culture is 'obsessed' with them 'apart from and in relation to one another'.[11] That is, they existed within a continuum, although modern thinking regards them more like opposing football teams. As previously in the ancient world (for instance, in the case of Seneca), a given early modern writer could enlist a Stoic or Epicurean approach – or both – in a given work. A lean, stripped-down, detached, abstract, and transcendent or satirical verse mode, oriented especially to reason, *concept*, and governance of the passions, is at times identifiable with Stoic moralizing. Similarly, in the Baroque, versifying Epicureanism engaged dynamism and immanence to enlist *experience* and the senses, offering not only an esthetic or formal approach to making poetry, but also an empiricist, frequently nature-based content.

---

8   Titus Lucretius Carus, *The Nature of Things*, trans. A. E. Stallings (London, New York and Toronto: Penguin Classics, 2007).

9   Karen King, *The Secret Revelation of John* (Cambridge, MA: Harvard University Press, 2006), p. 117; Martha Nussbaum, 'The Stoics on Extirpation of the Passions', *Apeiron*, 20 (1987), 129–77.

10   Michel de Montaigne, *Complete Essays of Montaigne*, trans. Donald M. Frame (Stanford, CA: Stanford University Press, 1958), p. 307.

11   Barbour, *English Epicures*, p. 2.

As Stephanie Merrim has observed, these philosophies inhabit the early modern period as 'currents' or energies rather than distinct schools of thought:

> [...] the epistemological landscape of the Baroque emerges as vast and as tremendously, intrinsically heterogeneous in its own special way. Whereas Renaissance scholars subjected received knowledge to acute scrutiny, critiquing it, Baroque intellectuals tended to accumulate information, to pile up and weave together information from the most varied sources so long as it did not clash with Christian doctrine. Inimical to the critical spirit of the Renaissance and to the Cartesianism and New Science of Francis Bacon that was infusing Northern Europe with radical skepticism, the Baroque modus operandi accepts and stockpiles multiple knowledges. [...] As myth rejoins fact, medieval scholasticism, which is Aristotelian in form and content, fuses with hermetic Renaissance Neoplatonism and with revivals of Skepticism, Stoicism, Epicureanism, and so on to form the eclectic, heteroglossic territory of seventeenth-century Spanish thought.[12]

Eclectic poets demonstrate skill in both modes, though some with particular leanings. Quevedo's reflections on Job make explicit an engagement with Neo-Stoic thought that shows up intensively throughout his satires and philosophical poems.[13] Yet Quevedo's enduring fascination with Seneca, whose thought consistently links the two philosophies, led him to compose a 'Defense' of Epicureanism. It is known that for the modest expenditure of only one *real*, Quevedo bought a MS. copy of Lucretius' poem; the text was found in other Spanish libraries of the period as well.[14] Surely Luis de Góngora knew and invoked the poem. For New Spain in a subsequent generation, late-Baroque humanists like Sor Juana and her compatriot Luis de Sigüenza y Góngora were deeply engaged with these philosophies.[15]

Stoic practicalities for the Epicurean translator

At its strongest, literary translation joins the esthetic purposes of art – delight, challenge, or both – to an ethics of representation. Uniting these purposes in content plus form means solving a puzzle of many parts that has few or no

---

[12]   Stephanie Merrim, *Early Modern Women's Writing and Sor Juana Inés de la Cruz* (Nashville, TS: Vanderbilt University Press, 1999), p. 158.

[13]   Henry Ettinghausen, *Francisco de Quevedo and the Neostoicist Movement* (Oxford and London: Oxford University Press, 1972), pp. 27–8.

[14]   Greenblatt, *The Swerve*, p. 249.

[15]   'Sor Juana and Sigüenza were well read in [...] Christianized epicurean skepticism', as Ruth Hill observes in *Sceptres and Sciences in the Spains: Four Humanists and the New Philosophy (c. 1680–1740)* (Liverpool and London: Liverpool University Press: 2000), p. 43.

definitive solutions but endless opportunity for near-misses: infinite variables and no answer key. Beyond this esthetic and linguistic re-crafting, the transfer from poem to representation requires presenting the context, *el con-texto*: that is, any crucial aspects of its world that travel *with the text* to accompany a poem into being and give it allusive power. Simple or elaborate, a literary text reflects facets of the environment that produced it: philosophies, controversies, erotic energies, commercial forces, beliefs or skepticisms current in its society, especially those its author selects to show us about the world. The translator's task includes bringing before readers whatever s/he deems they must grasp.

The characteristics of a given poem – rather than a currently prevailing theoretical or stylistic fashion – should determine which contexts figure as important in its translation. Often, some of these are already visible to prospective readers. Others lie buried by foreignness or time's passing. No single poem from the past replicates an entire ideological 'genome,' or data-set, for its period. But a complex utterance crafted by esthetic codes does carry some outright information, whether explicit or traceable, including shaping values, preoccupations, and tastes that we perceive in the structures, vocabularies, and conventions the text employs – and those it avoids. These equip readers to enjoy a poem in their present-day and also its long-gone terms.

A translation can correspond to the formal-literary or oral-traditional means in the original. Some highly literary lyric sings with conscious refinement, while some sounds with deliberate colloquiality. Poems often mix these qualities, whether to burlesque with high and low modes or simply to revel in the different levels. It's worthwhile to be alert to these categories. Broadly speaking, the Spanish baroque gives us two modes of lyric utterance: *conceptismo*, the acute distillation, alembic, of the idea; and *culteranismo*, the gorgeous gesture, grotesque twists, broad strokes. Like the Stoicism and Epicureanism with which they are associated, these styles of expression intertwine, employing shared poetic and rhetorical means, with different emphases rather than ingredients.

From both the Porch of the forbearing Stoics and the delectable Garden of the composed Epicureans, a translator seeks a middle-way. If I cannot summon the resources to convey in English one particular meaning or effect found in an original text, it takes Spartan toughness to leave, as it were, the non-viable baby on the hillside outside town. When possible, though, I cast my swerving vote into the Epicureans' amphora that allows for many offspring, a multiplicity of worlds: hybridity, mixed styles coexisting. Today's new physics seems to corroborate this vivacity of multiverses. In literary- and life-practice, we always have mixture. Dual modes (song and speech; distillation and lavish addition; spirit and matter; you and I) overlap, interact, and are not really separable: sound, diaphanous or battering, can insinuate or insist. Light travels as particle and as wave. In dance, bodies assume already-passing positions.

Poetry can be stripped down, contemplative, spare, lush and lavish, zingy, satirical, devout ... Simplicity in single-minded, unitive purity. Gorgeousness as a high value; sensual lushness and lusciousness to lead us upward. No one philosophy describes it.

In 'Translation and Literary Criticism', Rainer Schulte notes that literary critics profit by heeding the attention translators give to texts. Translation 'approximates . . . what [the translator] sees in the original text by creating linguistic situations in the new text that allow the reader to find dynamic spaces into which the possibilities of ambiguity have been transplanted from the original'.[16] These 'dynamic spaces' indicate what separates the literary translator's task from that of practitioners of interpretation in other discourses. Ambiguity carries as much significance, in literary art, as 'information'. Linking structure and stability to a creative opening-out, through branching shifts and endless choices, the expression of what a translator perceives in an admired original proceeds through Borges's 'garden of diverging paths'.[17] Precision-in-suggestion rules the translator's art.

A note on examples: rarely does comparison of translations legitimately disqualify some contestants outright while crowning others with laurels. Robert Wechsler calls literary translation a performance done 'without a stage' – not *the* but *an* interpretation of a work: '[...The translator is] an artist whose performance looks just like the original [...], nothing but ink on a page' whereas 'every musician knows that his performance is simply one of many'.[18] We eagerly hear new musicians' renditions of familiar pieces. Complex texts, too, deserve multiple interpretive performances. Most illuminate some particularity of the original.

Tone and lexicon

With so many factors at play in translation, where to begin? I suggest a poem's diction and overall voicing. For instance, in the well known ekphrastic sonnet by Sor Juana Inés de la Cruz, no. 145 in the *Obras completas*: why so stern?[19]

---

[16]   Rainer Schulte, 'Translation and Literary Criticism', *Translation Review*, 9 (1982), 4–7, p. 4.

[17]   Jorge Luis Borges, 'El jardin de los senderos que se bifurcan', *Obras completas*, I (Buenos Aires: Emecé, 2006), pp. 506–14.

[18]   Robert Wechsler, *Performing Without a Stage: The Art of Literary Translation* (New Haven, CT: Catbird Press, 1997), p. 7.

[19]   Sor Juana Inés de la Cruz, *Obras completas*, ed. Alfonso Méndez Plancarte, vol. I, 3rd edition (Mexico City: Fondo de Cultura Económica, 1994).

*[Procura desmentir los elogios que a un retrato de la Poetisa inscribió la
verdad, que llama pasión.]*

> Éste, que ves, engaño colorido,
> que del arte ostentando los primores,
> con falsos silogismos de colores
> es cauteloso engaño del sentido;
>   éste, en quien la lisonja ha pretendido
> excusar de los años los horrores,
> y venciendo del tiempo los rigores
> triunfar de la vejez y del olvido,
>   es un vano artificio del cuidado,
> es una flor al viento delicada,
> es un resguardo inútil para el hado:
>   es una necia diligencia errada,
> es un afán caduco y, bien mirado,
> es cadáver, es polvo, es sombra, es nada. (Sor Juana, I, 277)

Where do these terms of condemnation ('engaño, falsos, horrores, inútil, necia')
take aim? Why does a poet of lexical virtuosity repeat 'engaño' in lines 1 and
4? Reading this redundancy as significant, I deliberately echo it with noun and
verb ('painted snare' l. 1; 'to snare your sense' l. 4), rather than eliminating
repetition to 'improve' what might seem flawed. I want to translate the stoical,
conceptista tone that governs the meanings of the original, likewise refusing
to prettify or shy away from hard facts whether of repetition or falsehood.

A modern-seeming, starkly existential statement of 'nothing that is not there
and the nothing that is',[20] Sor Juana's display of Classical precepts demonstrates
a Stoic's virtuous command of internals in distinction to externals: while the
fact of aging lies outside the lyric speaker's control, her attention belongs with
the attitude taken to physical corruptibility. Paradoxically, a proliferation of
metaphor strips down to a demonstration of a *nothing* that, though it strives to
simulate reality, *lies* (in both senses of that verb) at the core, beneath the appearance, of a portrait of the poet. This discernment and its expression constitute the soul's opportunity for a kind of moral immortality.

While some translations of 'Éste, que ves ...' explicitly identify the demonstrative 'éste/this' with a portrait of the author, the *poem itself* never does, save
in the heading. This epigraph was not likely written by the poet but rather
added by the publisher.[21] My translation moves the 'Éste' to a more determina-
tive nominal phrase ('This object'):

---

[20] Wallace Stevens, 'The Snow Man' (l. 14), *The Collected Poems of Wallace Stevens* (New
York: Knopf, 1954), pp. 9–10.
[21] Frederick Luciani, 'Sor Juana Ines de la Cruz: Epígrafe, epíteto, epígono', *Revista Iberoamericana*, 132 (1985), 33, 777–84, p. 777.

> This object which you see – a painted snare
> exhibiting the subtleties of art
> with clever arguments of tone and hue –
> is but a cunning trap to snare your sense;
>   this object, in which flattery has tried
> to overlook the horrors of the years
> and, conquering the ravages of time,
> to overcome oblivion and age:
>   this is an empty artifice of care,
> a flower, fragile, set out in the wind,
> a letter of safe-conduct sent to Fate;
> it is a foolish, erring diligence,
> a palsied will to please which, clearly seen,
> is a corpse, is dust, is shadow, and is gone.[22]

That pesky recurring 'Éste' naturally suggests 'This [pronoun for an item to be named later]' followed by 'que', which we all know to be 'that [connective to the nominative clause following]'. In my version, 'This object that you see …' remains (I hope) suitably vague while avoiding an infelicitous 'This that you see …', given by several other translations (see below).

Edith Grossman similarly solves this opening moment with something substantial but undefined, turning 'Éste' to 'This thing …':

> This thing you see, a bright-colored deceit,
> displaying all the many charms of art,
> with false syllogisms of tint and hue
> is a cunning deception of the eye;
>   this thing in which sheer flattery has tried
> to evade the stark horrors of the years
> and, vanquishing the cruelties of time,
> to triumph over age and oblivion,
>   is vanity, contrivance, artifice,
> a delicate blossom stranded in the wind,
> a failed defense against our common fate;
>   a fruitless enterprise, a great mistake,
> a decepit frenzy, and rightly viewed,
> a corpse, some dust, a shadow, mere nothingness.[23]

[22] Juana Inés de la Cruz, *The Answer / La Respuesta*, ed. and trans. Electa Arenal and Amanda Powell, 2nd edition (New York: The Feminist Press at City University of New York, 2009), p. 159.
[23] Edith Grossman, *The Golden Age: Poems of the Spanish Renaissance* (New York: W. W. Norton, 2006), p. 193.

'Thing' neatly implies a slight contempt, putting the lovely-but-false portrait in its place.

However, the word 'object', I hope, suggests for alert readers another hard-headed and Stoically *conceptista* theme: Sor Juana's refutation of the sexual politics of the *carpe diem* convention. The octave states that the portrait deceives, flatteringly, because it remains youthful. Implicitly constituted as truthful, wiser, more valuable is the speaking consciousness. Able to discern Stoicism's inflexible 'externals' – age and mortality – from what can be changed, the 'internals' of one's own attitudes and behaviors – this voice chooses to be marked by, and thus learn from, experience as interpreted philosophically. Neither youth in its supposed perfections, nor the forever *unmarked* beauty of the painted portrait, can attain this healing wisdom. In other words, the poem refutes the conventional objectification of women as seen in the mute inanimate portrait – 'this object'.

What Lawrence Venuti terms 'hermeneutic translation' renders a meaning that engages syntactic and semantic relations internal to the text, to diverse aspects of the original context, *and also* to significant aspects of the 'target' or receiving context.[24] 'Éste que ves' critiques the *carpe diem* topos through its lyric subject, who 'objects' to the objectification of women that occurs when female worth is conflated with youthful beauty. It serves my purposes, then, to translate this limitation of the 'object' that the portrait puts before us.

Form and convention

How to convey conventions of rhyme, meter, line length without contorting English vocabulary or twisting syntax (and meaning)? To represent the Spanish Baroque sonnet in English today, does one make an Italianate, or an Italian*ish*, or an Elizabethan(-*ish*) sonnet; or is it preferable – for the talents of the poet, for the ear of the reader – to use more common contemporary poetic idioms? I adopt a flexible treatment, given modern ambivalence toward formal verse. Sound-elements can convey a 'sense of' formal structure without having to enlist the exact rhyme or precise meters that to a (post-)modern ear sound 'dumpty-dump' and heavy-handed in English. When translating a sonnet, an accentual pentameter line, with five beats but not necessarily ten iambic syllables, gives greater flexibility with word choice, but keeps a suitable sonnet 'feel'. Usually I preserve Petrarchan or Italianate structure, rather than adopting the final quatrain and couplet of Elizabethan form, and working for the 'sound of' a sonnet, using pentameter (not strictly iambic) and near-, off-, and slant rhymes rather than true.

---

[24]   Lawrence Venuti, 'Adaptation, Translation, Critique', *Journal of Visual Culture*, 6 (2007), 25–43.

A necessary unmaking – breaking and entering, wrenching and reforming – transforms materials of an older poem into a workable new one in another language. Margaret Sayers Peden enlists Stoically sturdy metaphors in 'Building a Translation: The Reconstruction Business' to compare her own and seven other translations (from the 1920s to 1980s) of sonnet 145. However, the complex allusiveness of this sonnet calls for a translation approach that "swerves" into dynamic movement, as I hope to show. Peden recalls Walter Benjamin's famous evocation of translation as an archaeological reordering of shards of an antique vase, to be fitted with cherishing precision despite disparity and inevitable gaps. Translators might find this image for their work unsettling, as Peden notes, given its suggestion of how 'the marks of the patching' may show, and she next offers a more liquid evocation of the translation process: thawing and re-congealing ice cubes.[25] To discuss sonnet 145, however, she likens translation to physical demolition by a remodeler, 'a builder in the reconstruction business'. The image is apt for the 'architectural' sonnet form in general; it particularly suits the 'constructedness' of this sonnet. Her elegant structural solution emphasizes the poem's notable syntax, with its anaphoric repetition, as a key element governing original and translation. (This formula works only selectively, however; not every poem has an elongated syntactical pattern.)

Peden's approach applies a Stoic stasis – the solidly built 'porch', we might say, of the structural metaphors used in her essay. The figures in her essay and translated sonnet invoke the fixities of carpentry and crystallized water molecules, in a *conceptista* structure that hammers away (as it were) at definitions for '*éste*'. As noted, the single sentence carries an insistent anaphora that 'defines' a mysteriously indeterminate demonstrative pronoun: '*Éste que ves* ... *éste* ... *es* ... *es* ... *es* ... *es* ... *es* ... *es*'. Peden's version reproduces this syntax:

> This that you gaze on, colorful deceit,
> that so immodestly displays art's favors,
> with its fallacious arguments of colors
> is to the senses cunning counterfeit,
>   this on which kindness practiced to delete
> from cruel years accumulated horrors,
> constraining time to mitigate its rigors
> and thus oblivion and age defeat,

---

[25]   Margaret Sayers Peden, 'Building a Translation: The Reconstruction Business. Poem 145 of Sor Juana Inés de la Cruz', *The Craft of Translation*, ed. John Biguenet and Rainer Schulte (Chicago, IL: University of Chicago Press, 1989), pp. 13–27, p. 13. Peden cites here p. 90 of the following version of Benjamin's essay: 'The Task of the Translator', trans. James Hynd and M. Valk, *Delos*, 2 (1969), 76–98; more accessible is the version reprinted by Lawrence Venuti; see the 'Works Cited'.

<u>is but</u> artifice, a sop to vanity,
<u>is but</u> a flower by the breezes bowed,
<u>is but</u> a ploy to counter destiny,
    <u>is but</u> a foolish labor ill-employed,
<u>is but</u> a fancy, and, as all may see,
<u>is but</u> cadaver, ashes, shadow, void.[26]

Peden maintains this syntactic 'architecture' exactly and suggests that other translations, ignoring it, 'collapse' in some way (p. 23). Peden is unusual among translators in her masterful re-creation of a Petrarchan rhyme scheme and meter of the original (abba/abba/cdc/dcd). Prioritizing this, she enlists eye-rhyme ('deceit/counterfeit') and near-rhyme as well as exact rhyme ('vanity/destiny/all may see'; 'bowed/employed/void'). Her choice then requires use of hyperbaton, in order to position the necessary end-sounds in lines 4 ('is to the senses …') and 8 ('and thus oblivion and age defeat'). The original sonnet uses relatively little hyperbaton, moving straightforwardly through its 14 lines – a marked difference from many other poems by the author, let alone of her distortion-loving Baroque period. In poetic style, this sonnet is decidedly *conceptista* rather than *cultista* – heightening its air of stern rejection of ornament or hypocrisy.

The syntactical arrangement here – what Peden calls 'architecture' – carries philosophical weight. Squarely engaging an aphoristic, *conceptista* tradition, it evokes Stoic associations: we look death in the face and refuse to lament 'externals' over which we have no control, such as aging and physical decay. At the outset, my translation clarifies this reading. As Eliot Weinberger observes, 'The success of a translation is nearly always dependent on the smallest words: prepositions, articles. Anyone can translate nouns.'[27] Peden's version begins successive lines with the verb 'is', omitting a subject pronoun (lines 9–14). To my ear, the emphatic ellipsis, 'is but …/ is but …/ is but …', stands out oddly in English – why would the speaker repeat 'is but' in this way? Unlike English, a Spanish verb (after a first usage to state its subject) usually stands alone. In effect, Sor Juana's repeated 'es' here *means*, 'it is …/ it is …/ it is …'. Peden's commitment to mirroring one aspect of Spanish structure in English moves the spoken diction away from what is natural without gain.

More striking, the displacement of flower and adjective in Sor Juana's line 10 obliquely recalls the gently devastating finish of Catullus 11 ('Furi et Aureli comites …'). Having violently excoriated the disappointing Lesbia, the speaker dismisses her along with his former love for her, now gone like a flower touched by a plough ('ultimi flos, praetereunte postquam/ tactus aratro

---

[26]   Peden, 'Building a Translation', p. 22.
[27]   Johnson, 'Notes on "Notes on Translation"', p. 11.

est'; Charles Martin translates: 'like a flower/ at the edge of a field after the plowshare/ brushes it, passing').[28] As Sor Juana excoriates the portrait's deceptiveness, no instrument need strike its briefly living subject; time alone – weather, wind, change – will wither all; but the line's devastation cuts deeper by means of the classical echo, with 'flor' divided by 'viento' from its own fragile beauty, 'delicada'. Another deft turn in Grossman's version above comes in this line, where 'a delicate blossom stranded in the wind' renders 'es una flor al viento delicada …', one of very few moments of hyperbathon in the original. Peden renders this 'is but a flower by the breezes bowed …', so that a parallel hyperbathon (the placement of 'bowed') brings attention to the line (and allows completion of the off-rhyme, mentioned below). My line, 'a flower, fragile, set out in the wind …', alliteratively emphasizes this vulnerability (similar to Peden's alliterative 'by … breezes bowed'); but I wasn't able to make the wind divide the flower from itself as Sor Juana does. Grossman's use of 'stranded' neatly suggests the separation from self, and tangentially, the isolated, field-edge position of Catullus' precursor bloom. Weinberger comments, on a principle of compensation-by-substitution, that '[e]ffects that cannot be reproduced in the corresponding line can usually be picked up elsewhere, and should be'.[29] Here, an effect of hyperbathon that cannot be reproduced exactly in English is 'picked up' in the same line but by means of word-choice: Grossman introduces a concept not present in Sor Juana's sonnet. The verb 'stranded' suggests not only the isolated flower soon to fade but also the way the passage of time will 'strand' the unknowing picture in dumb suspension, away from the greater meaning of its living-and-passing subject. Alternative translations always illuminate their source texts.

Both foreign and familiar

Decisions made in poetic translation place in dynamic tension what readers who know the sounds and means of poetry in English are likely to sense as poetic 'foreignness' on the one hand and 'familiarity' on the other. As Michael

---

[28]   Charles Martin, *Catullus* (New Haven, CT: Yale University Press, 1992). Catullus uses similar images elsewhere, including 62.46–51 (where the vulnerable flower evokes virginity); Virgil in turn enlists the Catullan metaphor through a simile closer in tone, context, and stress on color to Sor Juana, to express the death of Euryalus in *Aeneid* IX, 435–7 (a purple flower crushed by a plough); the flower image reappears with the death of Pallas in XI, 68–71, and, with the death of Camilla, in XI, 819 (not as a flower, but the 'purpureus color' leaving her cheeks). Virgil, who ambivalently exploits *carpe diem* to express the vitality and potentiality of youth wasted, and within his foundational epic to say something of the futility of heroism in war, is considered unique among Classical poets in reconciling Epicureanism and Stoicism in his work. I thank Isabel Torres for alerting me to these antecedents in poets important to Sor Juana.

[29]   Johnson, 'Notes on "Notes on Translation"', p. 11.

Riffaterre points out, poetry stirs the reader precisely by its refusals to signify as language normally does, creating significance beyond habitual meanings, through 'ungrammaticalities'.[30] In his interpretation of Sor Juana's sonnet 145,[31] Samuel Beckett follows syntactic structure and Italianate form, eschews rhyme, but maintains a pentameter verse:

> This coloured counterfeit that thou beholdest,
> vainglorious with the excellencies of art,
> is, in fallacious syllogisms of colour,
> nought but a cunning dupery of sense;
> this in which flattery has undertaken
> to extenuate the hideousness of years,
> and, vanquishing the outrages of time,
> to triumph o'er oblivion and old age,
> is an empty artifice of care,
> is a fragile flower in the wind,
> is a paltry sanctuary from fate,
> is a foolish sorry labour lost,
> is conquest doomed to perish and, well taken,
> is corpse and dust, shadow and nothingness. (Peden, 19)

The translation gives an antique flavor with the second-person intimate 'thou'. In particular, 'a foolish sorry labour lost' (line 12) brings the poem allusively close for an English literary world, echoing Shakespeare's *Love's Labour's Lost*, an addition that heightens the sterile futility of the referenced portrait, in the context of the comedic toils of studious lords and camping ladies.

Close allusion: nothing can come of *nada*

The last line: Sor Juana's poem thrusts forward its critique of the *carpe diem* topos by replicating, almost verbatim, the end of Luis de Góngora's 'Mientras por competir con tu cabello ...', in which the lyric speaker threatens the female addressee not only with the future fading of her beauty but annihilation of her body. His poem concludes: '... [se vuelva] ... en tierra, en humo, en polvo, en

---

[30]   Michael Riffaterre, *Semiotics of Poetry* (Bloomington: Indiana University Press, 1978), pp. 4–5.

[31]   Peden, 'Building a Translation', p. 19; originally published in *An Anthology of Mexican Poetry* (1960), with Beckett's noteworthy translations of sixteenth- through mid-twentieth-century poets. Sor Juana – the sole woman included – is named by the patronymic, Juana de Asbaje. See *An Anthology of Mexican Poetry*, ed. Octavio Paz, trans. Samuel Beckett (Bloomington: Indiana University Press, 1960), pp. 78–92.

sombra, en nada' (literally: [become] earth, smoke, dust, shadow, nothing).[32]
Sor Juana changes his preposition into the verb *ser/to be*, giving the intensify-
ing 'es … es … es … es' of the last line. Electa Arenal and I remark elsewhere:

> This simple transformation emphasizes the subjectivity and indeed
> substance behind a female 'image' thus reduced to nothing. She interrupts
> a masculine tradition to speak in a woman's voice. With her verbal
> art, the poet engages the convention by which a male poet (as active
> voice) describes a painted portrait of a woman (as passive image). She
> refuses women's idealized enshrinement in agelessness, which implies a
> condemnation to worthlessness as they age. Thus, she defies the 'master
> poet', Góngora, as well.[33]

While only knowledge of Góngora's sonnet (with its grotesque, cubistic fractures
of the blazoned woman's beautiful features, already itself an exaggerated
parody of Petrarchist convention) can set this precursor poem in rightful relation
to Sor Juana's, or side-by-side inclusion in a volume, the translation should
register this literally ad-nihilo finish.

How, then, to give the impact of that final 'nada'? The Porch, of the Stoics,
does befit a consideration of this poem, with its through-worked conceit of the
un-aging portrait. But the Garden (or Nature) extends beyond, inviting an
Epicurean view. The final line underscores this sonnet's relationship to the
precursor poem, which displays the expressive, avant-garde poetics of sensory-
rich multiplicity for which Quevedo vociferously attacked Góngora's *cultismo*.
In this context, imagery for translation that stresses dynamic movement is at
least as usefully disruptive as Peden's yanking apart or melting, to emphasize
not just wooden, stone, or even ice structures.

In English, the trochaic (stress-unstress, or so-called 'feminine') ending
reads with less punch than a final accented syllable. Various solutions show
awareness of this difficulty: none of the translations cited by Peden (pp. 19–23)
end with '*no*thing': 'nothingness' (Beckett); 'nothing more' (John A. Crowe);
'nothing at all' (Kate Flores); '['tis] naught' (Roderick Gill); '[is] naught!' (Muna
Lee); 'painted nothingness' (Frederick Bliss Luquiens); 'less than these' (B.G.P.);
'void' (Margaret Sayers Peden); and 'thing of naught' (G. W. Umphrey). No
one wants the English version simply to drop off.

Epicurean philosophy argued that virtuously pleasurable living came from
peace of mind, the chief obstacle to which was anxiety about death. This Epi-

---

[32] For a discussion of the contemporary poet María Rosal's response to Góngora's poem,
see Anne Holloway's chapter in this volume.
[33] *The Answer*, p. 147.

curus removed by theorizing the simultaneous extinction of body and mind, removing the possibility of subsequent suffering or punishment. (For this, contemporary followers hailed him a liberator.) Luis de Góngora, Sor Juana Inés de la Cruz and others explored the period's complexly Christianized Epicureanism for both intellectual and expressive purposes. Like Sor Juana's apparently Stoical poem, my version nods to Góngora's sonnet, at the last, with an Epicurean 'swerve' into motion, an almost-verbal vanishing: 'and is gone'.

Far contexts

When the poet's and poem's contextual worlds lie far from the expected reader's, translation faces steep challenges. Allusion requires a dual mapping, on the one hand tracing prevalent concerns and references of the original period (or the poet, or even a given poem). On the other, the translator tracks down resources for conveying these, in English, in successfully accessible yet acceptably 'estranged' form. How best to give contextual information?

Vital information can sometimes be incorporated unobtrusively in a translated text, whether poetry or prose. For example, the *coloquio espiritual* titled *La muerte del Apetito*, a verse play composed for convent performance by Marcela de San Félix, gives the admonition: 'nunca llevarás la palma/ ni triunfarás de ti misma'.[34] The phrase 'llevar la palma' (literally, to carry or bear away the palm branch) refers to a classical and Biblical-era association of palm fronds with triumph. Successful Roman games-champions and military leaders were lauded with palm branches, and the practice among Jews is reflected in the Christian New Testament account of the Palm Sunday acclaim of Jesus entering Jerusalem. Because this background is unfamiliar, 'You'll never carry [or receive, win] the palm' won't convey meaning to most current-context readers (especially given the English homonym 'palm of the hand'). My translation simplifies: 'you will never win the prize/ nor triumph over yourself ...'. Here I opt for clear meaning without spelling out the cultural practices.

More complex concepts, however, don't squeeze into soundbites, yet may be essential to overall meaning. Again in *La muerte del Apetito*, we need to know who the respectively male and female characters Appetite and Mortification are, and why in this convent world the latter has the right and duty to kill the former. Readers encountering only short answers will likely want to know further: But what are 'spiritual exercises'? What is 'mortification of the flesh'? Excuse me, some nuns wore a belt made out of *what* against the skin, under

---

[34]   Electa Arenal and Stacey Schau (eds), *Untold Sisters: Hispanic Nuns in Their Own Works*, trans. Amanda Powell, 2nd edn (Albuquerque: University of New Mexico Press, 2009), p. 247, pp. 13—14.

their habits? *Why*? At times, to bring the (now) unusual and occasionally bizarre world of the past into view, we should put vital information in the scholarly apparatus of introductory essays, footnotes, and the like.

Still, I advocate that we present literary works as art, as deftly as possible. A scholarly edition of *Góngora's Shorter Poetic Masterpieces in Translation* misrepresents the extensive research and insightful commentary that it offers.[35] This study provides Spanish originals, detailed annotation, and illuminating literal renderings, invaluable as defining 'trots' or synopses to aid understanding. However, set typographically as poems and thus indicated in the collection title, they become what one might call *cauteloso engaño del sentido*. By contrast, Elias Rivers's straightforward approach, in the perennial anthology *Renaissance and Baroque Poetry of Spain*, offers prose versions as information in relation to the art of the originals. Readers and scholars need both practices, each labeled clearly.[36]

Form and ethereal gesture, oral and popular voice

The work of two sister poets of the early seventeenth century displays the usefulness of viewing this interwoven philosophical underpinning for stylistic approaches to Baroque lyric. Raised in an intellectually accomplished family, in their youth Cecilia del Nacimiento and María de San Alberto Sobrino Morillas received humanistic instruction from a highly learned mother and also accompanied sessions taught by their brothers' tutors – like other women of the period, making the most of informal yet erudite educational opportunities at home. Both then entered the Discalced Carmelite convent at Valladolid, where Teresian tradition supported the cultivation of literary creativity for spiritual aims. As contrasting companion pieces, the following examples show (first) a Stoic and (next) an Epicurean predisposition, available to poets who absorbed the humanistic teachings essential to that era. In turn, understanding the presence of these philosophic currents can help guide the translation of poetic form and content.

Poems by Cecilia del Nacimiento Sobrino Morillas follow in the luminous tradition of San Juan de la Cruz, representing a state that attains Stoic-like affective and cognitive stability through abstraction, to render the disembodied suspension of lyrical mysticism of the *via negativa* tradition. Lyric form here pushes to express the unknowable and ineffable:

---

35   Diane Chaffee-Sorace, *Góngora's Shorter Poetic Masterpieces* (Tempe, AZ: ACMRS, 2010).
36   Elias L. Rivers, *Renaissance and Baroque Poetry of Spain: With English Prose Translations* (Prospect Heights, IL: Waveland Press, 1988).

*Canciones de la unión y transformación del alma en Dios por la niebla
divina de pura contemplación*

> Aquella niebla oscura
> es una luz divina, fuerte, hermosa
> inaccesible y pura,
> íntima, deleitosa,
> un ver a Dios sin vista de otra cosa.
>
> La cual a gozar llega
> el alma que de amor está inflamada,
> y viene a quedar ciega
> quedando sin ver nada,
> la ciencia trascendida y alcanzada. [...]

Cecilia del Nacimiento's spare, ascending vision of an escape from sensory
multiplicity into unitary presence of the Divine and absence of materiality in
fact depends for its expression on crafted form, the *lira* used by Juan de la Cruz
for mystical verse. My translation creates a '*liras*-like' form that doesn't hew
to Spanish norms and has no equivalent in English tradition but 'might' be used
by an English poet approximating Spanish versification. Few English readers
may notice, but this shapes the *feel* of stanzaic verse to communicate the control
of artistry, even as consciousness swoons upward toward mystical union:

> That dark and shadowy cloud
> is a most holy, mighty, radiant light,
> unreachable and pure,
> tender, filled with delights,
> a view of God with nothing else in sight.
>
> And there, to take her pleasure,
> the soul draws near, with burning love enflamed,
> and so bereft of vision
> that nothing can be seen –
> all knowledge overmastered and attained. [...] (*Untold Sisters*, p. 178)

I use various strategies to recreate the almost formlessly formal qualities here.
As in the sonnet above, I give metrical beats rather than measured feet; here,
alternating trimeter and pentameter lines (3 / 5 / 3 / 3 / 5) replace the syllabic
stanza (7 / 11 / 7 / 7 / 11) of the *lira*. My translation gestures toward rhyme
rather than insisting, for practical and esthetic reasons. English possesses statis-
tically fewer rhyming sounds than Spanish, overall. Also, English allows less
flexibility in word-order than the more Latinate Spanish, which has more tolerance

for hyperbathon to accommodate end-sounds. Third, across languages since the early twentieth century, learned (as opposed to oral or popular) poetry largely abandoned formal rhyme. Once natural and expected, exact rhyme today risks distorting a translation – especially in a Stoically spare poem that evokes simultaneously both Renaissance lucidity and modern Imagism. In this *lira*, consonant rhyme follows an aBabB structure. My translation trusts that a modicum of exact rhyme (sometimes internal to the line), plus off-rhyme and assonance, will make this language sound shaped but not forced. In stanzas one and two, the end-sounds are 'cloud – light – pure – delights – sight' and 'pleasure – enflamed – vision – seen – attained'. The *zh* sound and trochaic (or 'masculine') scansion of the end-words 'pleasure' and 'vision' carry a hint of sound-relationship, explicit in the stronger 'light – delights – sight' and 'enflamed – attained'.

The first stanza of 'Transformación del alma' relates to the anonymous *Cloud of Unknowing* of the English medieval mystical tradition, transmitted, in Cecilia's Discalced Carmelite context, through the work of San Juan de la Cruz. Translating the seemingly obvious '*o[b]scura*' took some thought. To keep various literal and figurative senses, including 'color que casi llega a negro', as well as 'confuso', 'peligroso' – although I usually work to avoid 'filler' or 'ripios', where an original does not employ redundancy – I suggest connotative senses present in the original by giving 'dark and shadowy' for the single adjective 'oscura'.

María de San Alberto, sister to Cecilia in the talented Sobrino Morillas family, also wrote an exceptional body of lyric at the Discalced convent in Valladolid. In contrast to her sister, María de San Alberto excels at the re-creation of popular poetic forms rich in the linguistic characteristics of orality and a tangible imagery of lived experience – an Epicurean-like savoring of particular multiple perceptions. In the following brief example, a shepherd-girl (performed by a nun) makes an offering to the infant Jesus, in the process instructing his mother:

> Yo os ofrezco esta jarrilla
> llena de manteca y miel
> para haceros la papilla,
> hermosísimo doncel.
>
> Y vos, Virgen consagrada
> en haciendo la papilla
> volveréisme la jarrilla
> porque la traigo prestada.[37]

---

[37] Cecilia del Nacimiento, *Fiesta del Nacimiento*, II, in *Untold Sisters*, ed. Electa Arenal and Stacey Schlau, trans. Amanda Powell, 2nd edition (Albuquerque, New Mexico: University of New Mexico Press, 2010 [1989]), p. 160.

The original is composed to be sung by Discalced nuns, for their community celebration of Christmas. Staging of the piece enlists popular village traditions of the sung *villancico* and Nativity enactments, even while the poetry moves in *Cancionero* fashion into consonant rhyme (rather than the assonant rhyme of oral tradition). Lively tenderness, naïve freshness, and sympathetic humor are essential to the tone; a translation must convey María de San Alberto's poignant evocation of the material world of nature and the quotidian.

> I offer you this little pot
> of creamy curds and honey,
> so that you may have some pap,
> little Child most comely.
>
> And please, dear Virgin of holy beauty,
> when you've made the pap,
> remember to give me back the pot
> because it was loaned to me. (*Untold Sisters*, p. 163)

The translation needs a detailed, even empirical materializing of the items that are mentioned (and no doubt presented physically in performance): an earthenware pot (the diminutive *jarilla* given here as 'this little pot' to convey the speaker's simultaneous pride in and modest diminishment of her gift) and its contents. At first glance, I have changed things: today, *manteca* means 'lard', whereas this gift combines honey with 'creamy curds'. (Which would you give a baby?) The Co-varrubias *Tesoro de la lengua castellana o española* gives two entries for the same word, *manteca*.[38] The first is 'animal fat, especially that of a suckling pig' [Manteca. La gordura del animal, especialmente del lechón]; the second, 'of cattle ... the thick of the milk ... the first food given to children after milk ...' [Manteca de ganado, lo gruesso de la leche ... la primer comida que les dan a los niños después de la leche ...]. A Latin reference to Isaiah 7[:15] follows: 'Butyrum et mel comedet, etc.' Comparison of various Bible translations gives butter, curds, or yogurt, mixed with honey, for this passage about the child's preferred first food.

Nuns in María de San Alberto's convent, who heard Bible readings and devotional texts at refectory meals or during their hour of recreation, would catch this reference – as would any visiting male cleric in attendance. But home experience too could confirm the ingredients for *pablum*. Historically informed approaches to form and content can capture the cheerful yet deeply devout interplay of multiple voicings among shepherds, angels, and holy family.

---

38   Sebastián de Covarrubias, *Tesoro de la lengua castellana o española* (Barcelona: Horta, 1943), p. 787.

'Epicurean' verse asserting philosophical views and political implications

My final example returns to the philosophically aware Sor Juana Inés de la Cruz. Addressing an idealized mistress, she not only enlists but parodies the lavish early modern discourse of Petrarchan flattery, making a point of going over the top with ornate particularities of the sensory world – making a playful visit to the Epicurean garden.

A number of Sor Juana's most passionate love poems are dedicated to the vicereine María Luisa Manrique de Lara, Countess of la Laguna, to the consternation or fascination of readers and critics then and now. The following example plays on the Petrarchan convention of the ostentatious display of fragmented aspects of the lady's loveliness. Characteristically, in Sor Juana's poetry to women, earnest homage combines with a simultaneous parodic treatment of conventional flattery to indicate a presence and selfhood not only of the poet, but of her beloved object, that are usually absent from male-authored love poems in the period. This and other love poems by Sor Juana were not anomalous but took their place in a seventeenth-century European lyric practice where women's love poems to women appeared not only in peninsular Spanish but in French, Italian, Flemish, Dutch, Portuguese, and English poetry.[39]

In structure and rhetoric, translation of this poem presents obvious challenges. With formal virtuosity, the original launches every line with an *esdrújulo*, a word accented on the antepenultimate syllable (relatively infrequent in Spanish). While maintaining the assonant or vowel rhyme typical of the originally folk or oral-traditional structure, the poet here elongates the *romance* line from the usual eight into ten syllables.

> Lámina sirva el cielo al retrato,
> Lísida, de tu angélica forma:
> cálamos forme el Sol de sus luces;
> sílabas las estrellas compongan.
>
> Cárceles tu madeja fabrica:
> Dédalo que sutilmente forma
> vínculos de dorados Ofires,
> Tíbares de prisiones gustosas.[40]

---

[39] Concerning the extensive period fashion for women's love poems to women that forms a context for the poem by Sor Juana discussed here, see Amanda Powell, 'Baroque Flair: Seventeenth-century European Sapphic Poetry', in *Humanist Studies & the Digital Age*, 1 (e-journal, February 2011; ISSN 2158-3846), and Dianne Dugaw and Amanda Powell, 'Sapphic Self-Fashioning in the Baroque Era: Women's Petrarchan Parody in Spanish and English 1550–1700', *Studies in Eighteenth-Century Culture*, 35 (2006), 129–63.

[40] Juana Inés de la Cruz, *Obras completas*, I, 172.

In its line-length, recondite opening words, and resulting elaborate syntax, artifice is both a necessary means and an end, essential to convey the point of the poem: Sor Juana's over-the-top parody of Petrarchan convention. Yet the means bring about another end, equally essential and just as much the point: a lush, lavish, erotically suggestive lyrical beauty.

In this translation, I work to stretch English almost to a breaking point (as did Sor Juana and earlier, Góngora, in Spanish). I approximate the *esdrújulo* with the dactyl. For line-length, I use a loose pentameter (similar to Sor Juana's unusual ten-syllable *romance* line, five beats extend the usual trimeter or te-trameter ballad-line in English). A flexible sound-relationship between lines 2 and 4 of each stanza evokes rhyme. These techniques serve, rather than obscure, the point: flattery, in its hyperbolic attentions, creates a subtle humor, yet deliv-ers it with doting tenderness and a resulting erotic charge. All should vibrate together in the experience of reading.

Poetic translation must bring forward subsumed or occluded elements in order to present and illuminate texts from distant or past contexts. The pro-ject of translation can bring to view entire lost or hidden texts – not just aspects of known texts – for the receiving culture. This is true of early modern women's lyric composed in Spanish. Marilyn Gaddis Rose points out that translation can play a special role in 'rescuing women writers for the canon'.[41] Further, the translation of women's works can save the canon from itself – from rigid, schematic exclusions that constrict what we know as worthy literary art. These texts prompt stretches and shifts in the bound-aries of old precincts. Much writing by women, both secular and religious, readily takes a place by received literary standards, without adjustment. Poetry by the erudite Cecilia del Nacimiento, lively verse by her 'real life' sister Maria de San Alberto, and dramatic *coloquios* as well as devotional lyric by Marcela de San Félix (daughter of the dramatist, and paternally melodramatic, Lope de Vega), all belong, with the 'previously exceptional' Sor Juana, in anthologies and curricula. But they have to be known in order to be included.[42]

---

[41] Marilyn Gladdis Rose, *Translation Horizons Beyond the Boundaries of 'Translation Spectrum': A Collection of Essays Situating and Proposing New Directions and Major Issues in Translation Studies* (Binghamton, NY: State University of New York Press, 1996), p. 228.

[42] Doubly disappointing, then, is a long-awaited edition of a neglected body of work that claims to 'translate' poetry that it distorts by a rendering that flattens or at times misreads an exquisite original. This is the lamentable case with Donnelly and Sider's new, and still sole available, study and edition of poems by Cecilia del Nacimiento; given the exigencies of publish-ing, its existence will preclude a more just representation of her work for some time. See *Journeys of a Mystic Soul in Poetry and Prose*, ed. and trans. Kevin Donnelly and Sandra Sider (Toronto: Center for Reformation and Renaissance Studies, 2012).

When I translate, the edifice of a poem moves and responds as I climb around inside and examine it for reformulation. If I am a demolishing and reconstructing carpenter, in Peden's figure, then this carpenter works in a delicately balanced, free-turning mobile, not in four-square walls. I recall the window-washer who once came to our fifth-floor flat in another country: climbing out on the ledge and balancing precariously, where one space opens to another that we want to see clearly. The cat-walking out with bucket and old rags, the scrubbing at grimy glass, *and* the act of seeing through: all together, these let the light and views of one text shine across into another language. Yet again: a translation enters a quick or stately set of courtly or country dancers, performing their steps in suitable timing, to the music and figures of older forms but in a new setting. Footing it featly, with a body today, to music and figures of dance forms then. Or translation puts us in a *jai-alai* volley, where the gist-spirit-*pelota* of the poem flies across the space-time-court (and that nth dimension, language) to be caught in the *also itself* moving basket (the *zesta*) – that is, the new poem of the translation. Yet again, a river courses down. Upstream stands the original text ... some desire or force compels it over language, through time, and along the further banks: the same river but in new form. Each of these images gives a bridge to understanding what a 'good-enough' translation generates, with temporary stability and necessary movement: the Epicurean atom entering its 'swerve'.

Works Cited

Aierdi, Joaquim, *Dietari; Notícies de València i son regne, de 1661 a 1664 i de 1667 a 1679*, ed. Vicent Josep Escartí (Barcelona: Barcino, 2000)

Alarcos Llorach, Emilio, 'La Oda a Grial de Luis de León', in *Homenaje a José Manuel Blecua* (Madrid: Gredos, 1983)

Alatorre, Antonio, 'Sueño e imaginación', in *El sueño erótico en la poesía española de los Siglos de Oro* (México, DF: Fondo de Cultura Económica, 2003), pp. 137–52

Alberti, Rafael, *Soledad tercera*, Intro. Aurora Egido, ed. Luis Sánchez Laílla (Madrid: Fundación Federico García Lorca-Fundación Rafael Alberti, 2005)

Alcántara Mejía, José Ramón, *La escondida senda: Poética y hermenéutica en la obra castellana de Fray Luis de León* (Salamanca: Universidad de Salamanca, 2002)

Alcina, Juan Francisco, 'Poesía neolatina y literatura española en los siglos XVI y XVII', *Acta Conventus Neo-Latini Abulensis. Proceedings of the Tenth International Congress of Neo-Latin Studies*, ed. Rhoda Schnur (Tempe, AZ: University of Arizona Center for Medieval and Renaissance Studies, 2000), pp. 9–28

————, 'Entre latín y romance: modelos neolatinos en la creación poética castellana de los Siglos de Oro', in *Humanismo y pervivencia del mundo clásico*, ed. J. M. Maestre and J. Pascual (Cádiz: Universidad de Cádiz-Ayuntamiento de Alcañiz, 1993) I, pp. 3–27

————, 'Herrera y Pontano. La métrica en las *Anotaciones*', *Nueva Revista de Filología Hispánica*, 35 (1983), 2, 340–54

————, (ed.), *Fray Luis de León. Poesía* (Madrid: Cátedra, 1986)

————, (ed.), *Fray Luis de León. Poesía* (Madrid: Cátedra, 1994)

Aliverti, María Inés, 'Travelling with a Queen: The Journey of Margaret of Austria (1598–99) Between Evidence and Reconstruction', in *Writing Royal Entries in Early Modern Europe*, ed. Jean Andrews and Marie-Claude Canova-Green (Brussels: Brepols, 2013), pp. 46–57

Allo Manero, María Adelaida, and Juan Francisco Esteban Lorente, 'El estudio de las Exequias Reales de la monarquía hispana: Siglos XVI, XVII y XVIII', *Artigrama*, 19 (2004), 39–94

Almansa y Mendoza, Andrés de, *Obra periodística*, ed. Henry Ettinghausen and Manuel Borrego (Madrid: Castalia, 2002)

Alonso, Álvaro, 'Isabel de Vega', in *Seis siglos de poesía española escrita por mujeres. Pautas poéticas y revisiones*, ed. Dolores Romero López, Itzíar López Guil, Rita Catrina Imboden and Cristina Albizu Yeregui (Bern: Peter Lang, 2007), pp. 76–82

Alonso, Dámaso, *Góngora y el 'Polifemo'*, 7th edn, 3 vols (Madrid: Gredos, 1994)

————, *Góngora y el Polifemo*, 3 vols (Madrid: Gredos, 1980)

Alonso Asenjo, Julio, 'Sin par loor de Córdoba por Góngora', *Quaderns de Filologia. Estudis Literaris*, 10 (2005), 133–54

Alonso Veloso, María José, *El ornato burlesco en Quevedo. El estilo agudo en la lírica jocosa* (Sevilla: Universidad de Sevilla, 2007)

Amann, Elizabeth, 'Petrarchism and Perspectivism in Garcilaso's Sonnets (I, X, XVIII, XXII)', *The Modern Language Review*, 108 (2013), 3, 863–80

Amir, Ayala, 'Sunt lacrimae rerum: Ekphrasis and Empathy in Three Encounters between a Text and a Picture', *Word and Image*, 25 (2009), 3, 232–42

Anon., *Exequias, túmulo y pompa funeral que la Universidad de Salamanca hizo en las honras del Rey nuestro señor don Felipe III en cinco de Iunio de mil y seiscientos y veynte y uno* (Salamanca: Antonio Vázquez, 1621)

Anon., *Relación de las honras que se hizieron en la Ciudad de Cordoua, à la muerte de la Serenísima Reyna Señora nuestra, doña Margarita de Austria que Dios Aya* (Cordoba: Viuda de Andrés Barrera, 1612)

Arata, Stephen, 'Rhyme, Rhythm and the Materiality of Poetry: Response', *Victorian Studies*, 53 (2011), 3, 518–26

Arellano, Ignacio and J. Enrique Duarte, *El Auto Sacramental* (Madrid: Laberinto, 2003)

Arenal, Electa and Amanda Powell (eds and trans.), *Juana Inés de la Cruz: The Answer/ La respuesta* (New York: The Feminist Press at City University of New York, 2009)

—————, and Stacey Schau (eds), Amanda Powell (trans.), *Untold Sisters: Hispanic Nuns in Their Own Works*, 2nd edn (Albuquerque, New Mexico: University of New Mexico Press, 2010)

Argan, Giulio Claudio, 'La Rettorica Aristotelica e il Barocco. Il Concetto di Persuasione come Fundamento della Tematica Barocca', *Kunstchronick*, 8 (1955), 91–3

Aristóteles, *Sobre las líneas indivisibles. Mecánica*, ed. Paloma Ortiz (Madrid: Gredos, 2000)

—————, *Física*, ed. Guillermo R. de Chandía (Madrid: Gredos, 1995)

—————, *Retórica*, ed. Quintín Racionero (Madrid: Gredos, 1990)

Armas, Frederick A. de (ed.), *Ekphrasis in the Age of Cervantes* (Lewisberg, PA: Bucknell University Press, 2005)

Armisén, Antonio, 'Intensidad y altura: Lope de Vega, César Vallejo y los problemas de la escritura poética', *Bulletin Hispanique*, 87 (1985), 277–304

Armon, Shifra, 'Rhymes and Reasons: Verse Interpolation in Golden Age Fiction', *Calíope*, 7.1 (2001), 93–109

Artigas, Miguel, *Don Luis de Góngora y Argote* (Madrid: Real Academia Española, 1925)

Asensio, Eugenio, 'El Ramismo y la crítica textual en el círculo de Luis de León: Carteo del Brocense y Juan de Grial', in *Fray Luis de León*, ed. Víctor García de la Concha (Salamanca: Universidad de Salamanca, 1981), pp. 44–76

—————, 'Reloj de arena y amor en una poesía de Quevedo (fuentes italianas, derivaciones españolas)', *Dicenda. Cuadernos de Filología Hispánica*, 7 (1987), 17–32

Atencia, María Victoria, *La señal* (Málaga: Ayuntamiento, 1990)

Aynsley, Jeremy, Charlotte Grant and Harriet McKay (eds), *Imagined Interiors: Representing the Domestic Interior Since the Renaissance* (London: V&A Publications, 2006)

Azar, Inés, *Discurso retórico y mundo pastoral en la* Égloga segunda *de Garcilaso* (Amsterdam: John Benjamins-Universidad de Barcelona, 1981)

————, 'Discourse in the Novel', in *The Dialogic Imagination: Four Essays*, ed. Michael Holquist, trans. Caryl Emerson and Michael Holquist (Austin, TX: University of Texas Press, 1981), pp. 259–422

Ballestero, Manuel, *Poesía y reflexión. La palabra en el tiempo* (Madrid: Taurus, 1989)

Baranda, Nieves, 'La Marfira de Ramírez Pagán: ¿Otra mujer poeta del siglo XVI?', in *Actas del XIII Congreso de la Asociación Internacional de Hispanistas, Madrid 1998*, ed. Florencia Sevilla and Carlos Slavar (Madrid: Castalia, 2000), pp. 272–81

Barbour, Reid, *English Epicures and Stoics: Ancient Legacies in Early Stuart Culture* (Amherst, MA: University of Massachusetts Press, 1998)

Barthes, Roland, *A Lover's Discourse: Fragments*, trans. Richard Howard (London: Vintage, 2002), pp. 13–14

Bartra, Roger, *Melancholy and Culture. Diseases of the Soul in Golden Age Spain*, trans. Christopher Follett (Cardiff: University of Wales Press, 2008)

Becerra Hiraldo, José María (ed.), *Fray Luis de León: Cantar de los Cantares. Interpretaciones: literal, espiritual, profética. Texto bilingüe* (Real Monasterio de El Escorial: Ediciones Escurialenses, 1992)

Belfiore, Elizabeth, 'A Theory of Imitation in Plato's Republic', *Transactions of the American Philological Association*, 114 (1984), 121–46

Bellarmine, Robert, *Explanatio in Psalmos*, 2 vols (Paris: Vivès, 1874)

Benjamin, Walter, *On the Concept of History*, in *Selected Writings*, vol. 4, ed. Howard Eiland and Michael W. Jennings, trans. Edmund Jephcott et al. (Cambridge, MA: Harvard University Press, 2003)

————, 'The Task of the Translator: An Introduction to the Translation of Baudelaire's *Tableaux parisiens*', trans. Harry Zohn, note by Steven Rendall, in *The Translation Studies Reader*, ed. Lawrence Venuti (New York and London: Routledge, 2000), pp. 75–85

————, 'The Task of the Translator', trans. James Hynd and M. Valk, *Delos*, 2 (1969), 76–98

Benson, Hugh (ed.), *A Companion to Plato* (Oxford: Blackwell, 2006)

Bergmann, Emilie L., 'Abjection and Ambiguity: Lesbian Desire in Bemberg's *Yo, la peor de todas*', in *Hispanisms and Homosexualities: Plural Perspectives*, ed. Sylvia Molloy and Robert McKee Irwin (Durham, NC: Duke University Press, 1998), pp. 229–47

————, 'Ficciones de Sor Juana: Poética y biografía', in *'Y diversa de mí misma, entre vuestras plumas ando': Homenaje internacional a Sor Juana Inés de la Cruz*, ed. Sara Poot-Herrera, co-ord. Sara Poot-Herrera and Elena Urrutia (México, DF: Colegio de México, 1993), pp. 171–83

————, 'Sor Juana Inés de la Cruz: Dreaming in a Double Voice', in *Women, Culture and Politics in Latin America*, by the Seminar on Feminism and Culture in Latin America (Emilie L. Bergmann et al.) (Berkeley: University of California Press, 1992), pp. 151–72

————, *Art Inscribed: Essays on Ekphrasis in Spanish Golden Age Poetry* (Cambridge, MA: Harvard University Press, 1979)

Bernabé, Alberto, 'Orfeo, una *Biografía* compleja', in *Orfeo y la tradición Órfica. Un reencuentro*, ed. Alberto Bernabé y Francesc Casadesús (Madrid: Akal, 2008), pp. 15–32

Bernat Vistarini, Antonio, and John Cull, *Enciclopedia Akal de emblemas españoles ilustrados* (Madrid: Akal, 1999)

Berrio Martín-Retortillo, Pilar, *El mito de Orfeo en el Renacimiento* (Madrid: Universidad Complutense, 2002)

Beuchot, Mauricio, *Sor Juana, una filosofía barroca* (Toluca, Estado de México: Universidad Autónoma del Estado de México, 2001)

Beverley, John, *Aspects of Góngora's* Soledades, Purdue University Monographs in Romance Languages, 1 (Amsterdam: Benjamins, 1980)

Biblia sacra iuxta vulgatam versionem, ed. Robert Weber, 4th edition prepared by Roger Gryson (Stuttgart: Deutsche Bibelgesellschaft, 1994)

Biguenet, John, and Rainer Schulte (eds), *Theories of Translation: An Anthology of Essays from Dryden to Derrida* (Chicago, IL: Chicago University Press, 1992)

Blanco, Mercedes, 'Arquitectura fúnebre en un soneto de Góngora', in *Cultura oral, visual y escrita en la España de los Siglos de Oro*, ed. José María Diez Borque (Madrid: Visor, 2012), pp. 101–32

————, 'La Poésie monumentale de Gabriel Bocángel', in *Mélanges offerts à Maurice Molho* (Paris: Études Hispaniques, 1988), I, pp. 203–22

Blasing, Mutlu Konuk, *Lyric Poetry: The Pain and the Pleasure of Words* (Princeton, NJ: Princeton University Press, 2006)

Blecua, Alberto, 'Virgilio, Góngora y la Poesía Nueva', *La hidra barroca. Varia lección de Góngora*, ed. Rafael Bonilla and Giuseppe Mazzochi (Seville: Junta de Andalucía, 2008)

Blecua, José Manuel (ed.), *Fray Luis de León: Poesía completa* (Madrid: Gredos, 1990)

Blondell, Ruby, *The Play of Characters in Plato's Dialogues* (Cambridge: Cambridge University Press, 2002)

Bloomfield, Morton W., 'The Elegy and the Elegiac Mode: Praise and Alienation', in *Renaissance Genres: Essays on Theory, History and Interpretation*, ed. Barbara Kiefer Lewalski, Harvard English Studies, 14 (Cambridge, MA: Harvard University Press, 1986), pp. 147–57

Bobes, Carmen, *Historia de la teoría literaria* (Madrid: Gredos, 1995–8)

Borges, Jorge Luis, 'El jardín de los senderos que se bifurcan', *Obras completas*, I (Buenos Aires: Emecé, 2006), pp. 506–14

————, *Los conjurados* (Madrid: Alianza Editorial, 1985)

Bosse, Monika, 'El sarao de María de Zayas y Sotomayor: Una razón (femenina) de contar el amor', in *La creatividad femenina en el mundo barroco hispánico*, ed. Monika Bosse, Barbara Potthast and André Stoll, vol. 1 (Kassel: Reichenberger, 1999), pp. 239–300

Bouza, Fernando, *Corre manuscrito, Una historia cultural del Siglo de Oro* (Madrid: Marcial Pons, 2001)

Braden, Gordon, 'Plus Ultra', in *Petrarchan Love and the Continental Renaissance* (London and New Haven, CT: Yale University Press, 1999), pp. 129–61

Bravo Arriaga, María Dolores, 'Significación y protagonismo del "oír" y el "ver" en el *Sueño*', *Colonial Latin American Review*, 4 (1995), 2, 63–71

Brooks, Jeanice, 'Music as Erotic Magic in a Renaissance Romance', *Renaissance Quarterly*, 60 (2007), 1207–56

Brown, Gary J., 'Lope de Vega's Evolving Rhetoric and Poetics: The Dedicatory Epistle to Arguijo (*Rimas*, 1602)', *Hispanófila*, 1 (2009), 29–49

Buck, Anna-Sophia, '"Triste estáis, dueño querido …". Presencia y función del discurso melancólico en las *Novelas amorosas y ejemplares* y en los *Desengaños amorosos* de María de Zayas y Sotomayor', in *Escenas de transgresión: María de Zayas en su contexto literario-cultural*, ed. Irene Albers, Uta Felten and Hans Ulrich Gumbrecht (Madrid and Frankfurt: Iberoamericana/Vervuert, 2009), pp. 177–88

Bultman, Dana, *Heretical Mixtures: Feminine and Poetic Opposition to Matter–Spirit Dualism in Spain 1531–1631* (Valencia: Albatros Hispanófila Siglo XXI, 2007), pp. 29–54

————, 'Shipwreck as Heresy: Placing Góngora's Poetry in the Wake of Renaissance Epic, Fray Luis, and the Christian Kabbala', *Hispanic Review*, 70 (2002), 3, 439–58

Burke, Peter, *On Symbol and Society* (Chicago, IL: University of Chicago Press, 1989)

Byatt, A. S., 'Arachne', in Ovid Metamorphosed, ed. Philip Terry (London: Vintage, 2001), pp. 131–57

Cabañas, Pedro, *El mito de Orfeo en la literatura española* (Madrid: CSIC, 1948)

Cabrera de Córdoba, Luis, *Relaciones de cosas sucedidas en la Corte de España desde 1599 hasta 1614* (Madrid: Imprenta J. Martín Alegría, 1857)

Calcraft, R. P., 'The *carpe diem* Sonnets of Garcilaso and Góngora', *The Modern Language Review*, 76 (1981), 2, 332–7

————, *The Sonnets of Luis de Góngora* (Durham: University of Durham Press, 1980)

Calderón de la Barca, Pedro, *El divino Orfeo*, ed. J. Enrique Duarte (Pamplona and Kassel: Universidad de Navarra-Ed. Reichenberger, 1999)

————, *La fiera, el rayo y la piedra*, ed Aurora Egido (Madrid: Cátedra, 1989)

Cancelliere, Enrica, *Góngora. Itinerarios de la visión* (Cordoba: Diputación de Córdoba, 2006)

Carreira, Antonio, 'El sentimiento de la naturaleza en Góngora', *Homenaje a Francis Cerdan*, ed. F. Cazal (Toulouse: CNRS-Université de Toulouse-Le Mirail, 2008), pp. 135–50

————, 'El manuscrito como transmisor de Humanismo en la España del Barroco', in *Barroco*, ed. P. Aullón de Haro (Madrid: Verbum, 2004), pp. 597–618

Carreño, Antonio, 'Amor "regalado"/Amor "ofendido": Las ficciones del yo lírico en las *Rimas* (1609) de Lope de Vega', in *Hispanic Studies in Honour of Geoffrey Ribbans*, ed. Ann L. Mackenzie and Dorothy S. Severin (Liverpool: Liverpool University Press, 1992), pp. 73–82

Cascardi, Anthony J., *Ideologies of History in the Spanish Golden Age* (University Park, PA: The Pennsylvania University Press, 1997)

————, 'History and Modernity in the Spanish Golden Age. Secularization and Self-Assertion in Don Quijote', in *Cultural Authority in Golden Age Spain*, ed. Marina S. Brownlee and Hans Ulrich Gumbrecht (Baltimore and London: The Johns Hopkins University Press, 1993)

Castillo Gómez, Antonio, *Entre la pluma y la pared. Una historia social de la escritura en los Siglos de Oro* (Madrid: Akal, 2006)

Castro, Américo, and Hugo A. Rennert, *Vida de Lope de Vega (1562–1635)* (Salamanca: Ediciones Anaya, 1968)

Castro, Antonio (ed.), *Pedro Mexía: Silva de varia lección*, 2 vols (Madrid: Cátedra, 1989–90)

Catullus, *Catullus, Tibullus, Pervigilium Veneris*, ed. rev. G. P., Goold, second Loeb Classical Library, 6, 2nd edition (Cambridge, MA: Harvard University Press, 1995)

Cerdan, Francis, 'La emergencia del estilo culto en la oratoria sagrada del siglo XVII', *Criticón*, 58 (1993), 61–72

Cerezo Galán, Pedro, *Palabra en el tiempo. Poesía y filosofía de Antonio Machado* (Madrid: Gredos, 1981)

Céspedes, Baltasar de, *Relación de las honras que hizo la Universidad de Salamanca a la Magestad de la Reyna doña Margarita de Austria nuestra señora, que se celebraron miércoles nueve de noviembre del año M.DC.XI* (Salamanca: Francisco de Cea Tesa, 1611)

Chaffee-Sorace, Diane, *Góngora's Shorter Poetic Masterpieces* (Tempe, AZ: University of Arizona Center for Medieval and Renaissance Studies, 2010)

Chang-Rodríguez, Raquel (ed.), *'Aquí, ninfas del sur, venid ligeras': Voces poéticas virreinales* (Madrid: Iberoamericana, 2008)

Chemris, Crystal, 'The Pilgrimage *Topos* and the Problem of Modernity: A Transatlantic View of Selected Hispanic Texts', *Romance Studies*, 26 (April 2008), 2, 136–49

Cicero, *Sobre el Orador*, ed. Javier Iso (Madrid: Gredos, 2002)

————, *La invención retórica*, ed. Salvador Núñez (Madrid: Gredos, 1997)

————, *Retórica a Herenio*, ed. Salvador Núñez (Madrid: Gredos, 1997)

————, *De re publica, De Legibus*, trans., Clinton Walker Keyes, The Loeb Classical Library (London and Cambridge, MA: Heinemann and Harvard University Press, 1928)

Clementson, Carlos (ed.), *Cisne andaluz: Nueva antología poética en honor de Góngora* (Madrid: Editorial Eneida, 2011)

Colie, Rosalie L., *The Resources of Kind: Genre Theory in the Renaissance* (Berkeley and Los Angeles: University of California Press, 1973)

Collins, Marsha S., 'Staging Lost Love in the Eclogues of Lope's *Rimas* (1609)', *Neophilologus*, 91 (2007), 625–39

Colombí-Monguió, Alicia de, *Petrarquismo peruano: Diego Dávalos y Figueroa y la poesía de la 'Miscelánea austral'* (London: Tamesis, 1985)

Coolidge, Grace, *Guardianship, Gender, and the Nobility in Early Modern Spain* (Farnham: Ashgate, 2010)

Cornelius à Lapide, *Commentaria in Scripturam Sacram*, 21 vols (Paris: Vivès, 1868–76)

Coroleu Oberparleiter, Veronika, 'Der Humanist versetzt Berge. Zu einer Facette des Parnass in der neulatineischen Dichtung', *Grazer Beiträge*, 28 (2011), 120–32

Costa, Juan, *Govierno del civdadano ... trata de como se ha de regir a si, su casa, y republica ...*, 3rd edn (Zaragoza: Casa de Ioan de Altarach, 1584), Houghton Library, Harvard University

Covarrubias Orozco, Sebastián de, *Tesoro de la lengua castellana* (Barcelona: Horta, 1943)

Cózar, Rafael de (ed.), *Polvo serán: Antología de poesía erótica actual* (Seville: El carro de la nieve, 1988)

Crombie, C., *Augustine to Galileo 2. Science in the Later Middle Ages and Early Modern Times, 13th–17th Century* (Harmondsworth: Penguin Books, 1969)

Cruz, Anne J., '"Verme morir entre memorias tristes": Petrarch, Garcilaso and the Poetics of Memory', *Annali d'Italianistica*, 22 (2004), 221–36

————, 'Spanish Petrarchism and the Poetics of Appropriation: Boscán and Garcilaso de la Vega', in *Renaissance Rereadings. Intertext and Context*, ed. Maryanne Cline Horowitz, Anne J. Cruz and Wendy A. Furman (Urbana and Chicago: University of Illinois Press, 1988), pp. 80–95

Cuevas, Cristóbal (ed.), *Fray Luis de León: Poesías completas* (Madrid: Castalia, 2000)

————, (ed.), *Fray Luis de León: De los nombres de Cristo* (Madrid: Cátedra, 1997)

————, 'Teoría del lenguaje poético en las *Anotaciones* de Herrera', in *Las* Anotaciones *de Fernando de Herrera. Doce estudios*, ed. Begoña Lopez Bueno (Seville: Universidad de Sevilla, 1997)

Cull, John, 'El teatro emblemático de Mira de Amescua', in *Emblemata áurea. La emblemática en el arte y la literatura del Siglo de Oro*, ed. Rafael Zafra and José García Azanza (Madrid: Akal, 2000)

Curtius, Ernst Robert, *European Literature and the Latin Middle Ages*, trans. Willard R. Trask (Princeton, NJ: Princeton University Press, 1990)

Dadson, Trevor J. (ed.), *Diego de Silva y Mendoza, Conde de Salinas y Marqués de Alenquer. Cartas y memoriales (1584–1630)* (Madrid: CEEH-Marcial Pons Historia, 2014) [at press]

————, and Helen H. Reed (eds), *Epistolario e historia documental de Ana de Mendoza y de la Cerda, Princesa de Éboli* (Madrid: Iberoamericana-Vervuert, 2013)

————, 'El Mercado del libro en Madrid durante el primer tercio del siglo XVII: Algunos apuntes y un inventario', in *Edición y literatura en España (siglos XVI y XVII)*, ed. Anne Cayuela (Zaragoza: Prensas Universitarias de Zaragoza, 2012), pp. 239–68

————, '"Poesía que vive en variantes": Retorno a Antonio Rodríguez-Moñino de mano del Conde de Salinas', in *De re typographica. Nueve estudios en homenaje a Jaime Moll*, ed. Víctor Infantes and Julián Martín Abad (Madrid: Calambur, 2012), pp. 73–93

————, 'La difusión de la poesía española impresa en el siglo XVII', *Bulletin Hispanique*, 113 (2011), 13–42

————, *Diego de Silva y Mendoza: Poeta y político en la Corte de Felipe III* (Granada: Universidad de Granada, 2011)

————, 'Gracián's *Agudeza y arte de ingenio* and the Count of Salinas: Some Reflections on the Circulation and Dating of his Poetry', *Bulletin of Hispanic Studies*, 86 (2009), 823–38

————, 'Editing the Poetry of don Diego de Silva y Mendoza, Count of Salinas and Marquis of Alenquer', *Bulletin of Hispanic Studies*, 85 (2008), 285–331

Dagenais, John, 'The Imaginative Faculty and Artistic Creation in Lope', in *Lope de Vega y los orígenes del teatro español: Actas del I Congreso Internacional sobre Lope de Vega*, ed. Manuel Criado de Val (Madrid: EDI-6, 1981), pp. 321–6

Darst, David H., 'Garcilaso's Love for Isabel Freire: The Creation of a Myth', *Journal of Hispanic Philology*, 3 (1979), 261–8

Davis, Nina Cox, 'Re-framing Discourse: Women before their Public in María de Zayas', *Hispanic Review*, 7.3 (2003), 325–44

Delano, Lucile Kathryn, 'Lope de Vega's *Gracioso* Ridicules the Sonnet', *Hispania*, first special number (1934), 19–34

Derrida, Jacques, 'White Mythology: Metaphor in the History of Philosophy', *New Literary History*, 6.1 (1974), 5–74

Díaz Larios, Luis F., and Olga Gete Carpio (eds), *Diego Hurtado de Mendoza. Poesía* (Madrid: Cátedra, 1990)

Díaz Marroquín, Lucía, 'Técnica vocal y retórica de los afectos en el Hermetismo espiritualista del siglo XVII. El artículo XII *De oris coloquutione* de Juan Caramuel', *Criticón*, 103.4 (2008), 55–68

Diccionario de autoridades: Edición facsímil, 3 vols (Madrid: Gredos, 2002 [1990])

Díez de Revenga, F. J., and Florit, F., *La poesía barroca* (Barcelona: Júcar, 1994)

Díez Fernández, Ignacio, *La poesía erótica en los Siglos de Oro* (Madrid: El Laberinto, 2003)

Dixon, Victor, 'Lope's Knowledge', in *A Companion to Lope de Vega*, ed. Alexander Samson and Jonathan Thacker (Woodbridge: Tamesis, 2008), 15–28

Duffy, Carol-Ann, 'Achilles (for David Beckham)' <http://www.sheerpoetry.co.uk/general-reader/carol-ann-duffy/achilles>; *The Mirror*, 16 March 2010 (accessed 31/7/2013)

Dugaw, Dianne, and Amanda Powell, 'A Feminist Road Not Taken: Baroque Sapphist Poetry', in *Reason and Its Others in Early Modernity: Spain/Italy 1500s–1700s*, ed. David Castillo and Massimo Lollini (Nashville, TS: Vanderbilt University Press, 2006), pp. 123–42

————, 'Sapphic Self-fashioning in the Baroque Era: Women's Petrarchan Parody in Spanish and English 1550–1700', *Studies in Eighteenth-Century Culture, 35* (2006), 129–63

Dyson, R. W. (ed. and trans.), *Augustine: The City of God against the Pagans* (Cambridge: Cambridge University Press, 1998)

Egido, Aurora, 'Bases artísticas del *Concepto imaginado* y del *Práctico concepto* en Calderón', in *Homenaje a Leonardo Romero Tobar* (Zaragoza: Prensas Universitarias de Zaragoza, 2012)

————, 'La dignidad de la escritura', *Bulletin Hispanique*, 114.1 (2012), 9–39

————, 'El Barroco en el laboratorio de las revistas', in *El Siglo de Oro en la España contemporánea*, ed. Hanno Ehrlicher and Stefan Schreckenberg (Madrid: Iberoamericana-Vervuert, 2011), pp. 23–52

————, *El águila y la tela. Estudios sobre Santa Teresa de Jesús y San Juan de la Cruz* (Barcelona: J. de Olañeta-Universitat de les Illes Balears, 2010)

————, *El Barroco de los Modernos. Despuntes y pespuntes* (Valladolid: Universidad de Valladolid, Cátedra Miguel Delibes, 2009)

————, 'Bodas de arte e ingenio', in *Homenaje/Hommage a Francis Cerdan*, ed. F. Cazal (Toulouse: CNRS-Université de Toulouse, 2008), pp. 261–79; *Bodas de arte de ingenio*. Estudio sobre Baltasar Gracián (Barcelona: Acantilado, 2014)

————, *De la mano de Artemia. Estudios de literatura, emblemática, mnemotecnia y arte en el Siglo de Oro* (Barcelona: J. de Olañeta-Universitat de les Illes Balears, 2004)

————, *La voz de las letras en el Barroco* (Madrid: ABADA, 2003)

————, 'Voces y cosas. Claves para la poesía del Siglo de Oro', *Homenaje a Gonzalo Sobejano* (Madrid: Gredos, 2001), pp. 105–22

————, *Fronteras de la poesía en el Siglo de Oro* (Barcelona: Crítica, 1999)

————, '*Sin poética hay poetas*. Sobre la teoría de la égloga en el Siglo de Oro', *Criticón*, 30 (1985), 43–77

El Saffar, Ruth, 'Ana/Lisis/Zayas: Reflections on Courtship and Literary Women in María de Zayas's *Novelas amorosas y ejemplares*', in *María de Zayas: The Dynamics of Discourse*, ed. Amy R. Williamsen and Judith A. Whitenack (Teaneck, NJ: Fairleigh Dickinson University Press, 1995), pp. 192–216

Escalante, Evodio, 'Octavio Paz y los cuarenta años de la Poesía en Movimiento', *La Jornada Semanal*, 599 (27 de agosto de 2006)

Escudero, José Luis, *Antonio de Paredes, Un poeta extremeño en la 'corte literaria gongorina'* (Cordoba: Litopress, 2010)

Farmer, Julia, 'The Experience of Exile in Garcilaso's Second Eclogue', *Bulletin of Hispanic Studies*, 88.2 (2011), 161–77

Felski, Rita, *Uses of Literature* (Malden, MA: Blackwell Publishing, 2008)

Fernández Mosquera, Santiago, 'Lope y la tormenta: Variaciones de un tópico', *Anuario de Lope de Vega*, 8 (2002), 47–80

Ferrater Mora, José, *Diccionario de filosofía* (Barcelona: Ariel, 1994)

Fiadino, Elsa Graciela, 'Góngora y las representaciones de la muerte: El túmulo en sus sonetos fúnebres', *Celehis. Revista del Centro de Letras Hispanoamericanas*, 3 (1994), 175–85

Ficino, Marsilio, *L'Essenza dell'Amore* (Rome: Atamor, 1982)

Filón de Alejandría, *Sobre los sueños. Sobre José* (Madrid: Gredos, 1997)

Foley, W. Trent, and Arthur G. Holder (trans.), *Bede: A Biblical Miscellany* (Liverpool: Liverpool University Press, 1999)

Fowler, Alastair, *Renaissance Realism: Narrative Images in Literature and Art* (Oxford: Oxford University Press, 2003)

Freccero, John, 'The Fig Tree and the Laurel: Petrarch's Poetics', *Diacritics*, 1.1 (1975), 34–40

Frede, Michael, 'Plato's Arguments and the Dialogue Form', in *Oxford Studies in Ancient Philosophy*, Supplementary volume (Oxford: Oxford University Press, 1992), 201–20

Friedman, Edward H., 'Constructing Romance: The Deceptive Idealism of María de Zayas's *El jardín engañoso*', in *Zayas and Her Sisters, 2: Essays on* Novelas *by 17th-Century Spanish Women*, ed. Gwyn Elizabeth Campbell and Judith A. Whitenack (Binghamton, NY: Global Publications, 2001), pp. 45–61

Frutiger, Perceval, *Les Mythes de Platon* (Paris: Félix Alcan, 1930)

Fumaroli, Marc, *La diplomacia del ingenio. De Montaigne a La Fontaine* (Barcelona: Acantilado, 2011)

————, 'Academia, Arcadia, Parnassus: Trois lieux allégoriques de l'éloge du loisir lettré', in *Italian Academies of the Sixteenth Century* (London: Warburg Institute, 1995)

Gadamer, Hans Georg, *Dialogue and Dialectic. Eight Hermeneutical Studies on Plato*, trans. and intro. P. Christopher Smith (Newhaven, CT: Yale University Press, 1980)

Gagliardi, Antonio, 'Dante e Averroè: La Visione di Dio. *Paradiso XXXIII*', *Tenzone*, 5 (2004), 39–78

Gaillard, Claude, 'Un inventario de las poesías atribuidas al Conde de Salinas', *Criticón*, 41 (1988), 5–66

————, *Le Portugal sous Philippe III d'Espagne. L'action de Diego de Silva y Mendoza* (Grenoble: Université de Grenoble, 1983)

Gallardo, Bartolomé José (ed.), *Ensayo de una biblioteca de libros raros y curiosos*, 4 vols (Madrid: Manuel Tello, 1889)

Gamba Corradine, Jimena, 'Hacia una lectura de la teoría neoplatónica del amor en *La Galatea*', *Literatura: Teoría, Historia, Crítica*, 8 (2006), 285–313

Gamboa-Tusquets, Yolanda, 'María de Zayas, or Memory Chains and the Education of a Learned Woman', in *Women's Literacy in Early Modern Spain and the New World*, ed. Anne J. Cruz and Rosilie Hernández (Farnham: Ashgate, 2011), pp. 209–2

García Aguilar, Ignacio, *Poesía y edición del Siglo de Oro* (Madrid: Calambur, 2009)

García Arranz, José Luis, *Ornitología emblemática. Las aves en la literatura simbólica ilustrada en Europa durante los siglos XVII y XVIII* (Cáceres: Universidad de Extremadura, 2008)

García Berrio, Antonio, *Introducción a la poética clasicista (Comentario a las tablas poéticas de Cascales)* (Madrid: Taurus, 1988)

García de la Concha, Víctor (ed.), *Fray Luis de León* (Salamanca: Universidad de Salamanca, 1981)

García Galiano, Ángel, 'Las polémicas sobre Cicerón en el Renacimiento europeo', *Escritura e Imagen*, 6 (2010), 241–66

García Gibert, Javier, *Sobre el viejo humanismo. Exposición y defensa de una tradición* (Madrid: Marcial Pons, 2010)

García Gómez, Emilio, *Todo Ben Quzman* (Madrid: Gredos, 1972)

García Icazbalceta, Joaquín, *Francisco de Terrazas y otros poetas del siglo XVI* (Madrid: José Porrúa Turanzas, 1962)

García López, Jorge, 'Reflexiones en torno al estilo lacónico', in *La poética barroca a Europa. Un nou sistema epistemològic i estètic*, ed. Antoni L. Moll and Josep Solervicens (Barcelona: Punctum, 2004)

García Lorca, Federico, *Sonetos del amor oscuro*, ed. Javier Ruiz-Portella (Barcelona: Áltera, 1995)

Garcilaso de la Vega, *Obra poética y textos en prosa*, ed. Bienvenido Morros (Barcelona: Crítica, 2001)

—————, *Obra poética y textos en prosa*, ed. Bienvenido Morros, preliminary study by Rafael Lapesa, Biblioteca Clásica, 27 (Barcelona: Crítica, 1995)

Garín, Eugenio, *La revolución cultural del Renacimiento* (Barcelona: Crítica, 1981)

Garrote Pérez, Francisco, 'El ascenso poético o el poder transformador de la belleza. Un proyecto humanista de realización personal', *Silva*, 2 (2003), 81–110

Gatland, Emma, '"¿Que me ha de aprovechar ver la pintura d'aquel que con las alas derretidas, cayendo, fama y nombre al mar ha dado?": Liminality in the Sonnets of Garcilaso de la Vega', *Forum for Modern Language Studies*, 47 (2011), 1, 75–91

Gaylord, Mary M., 'Góngora and the Footprints of the Voice', *Modern Language Notes*, 180 (1993), 2, 230–53

—————, 'Poética de la poética de Lope', *Ínsula*, 45 (April 1990), 520, 31–2

—————, 'Proper Language and Language as Property: The Personal Poetics of Lope's *Rimas*', *Modern Language Notes*, 101 (1986), 2, 225–46

Gerli, Michael E., 'Más allá del *carpe diem*: El soneto "Mientras por competir con tu cabello" de Luis de Góngora', in *Estudios en Homenaje a Enrique Ruíz-Fornells*, ed. Teresa Valdivielso et al. (Erie, PA: Cuadernos del ALDEEU, 1990), pp. 255–8

Gicovate, Bernard, *Garcilaso de la Vega* (Boston, MA: Twayne Publishers, 1975)

Gilson, Simon, 'Historicism, Philology and the Text. An Interview with Teodolinda Barolini', *Italian Studies*, 63 (2008), 1, 141–52

Givone, Sergio, 'Virtudes teologales y filosofía del amor en Dante', in *Dante, la obra total*, ed. Juan Barja and Jorge Pérez de Tudela (Madrid: Círculo de Bellas Artes, 2009)

Glantz, Margo, 'Sor Juana: Los Materiales afectos y el *Sueño*', in *Historia de la literatura mexicana, vol. 2, La cultura letrada en la Nueva España del siglo XVII*, ed. Raquel Chang-Rodríguez (México, DF: Siglo Veintiuno Editores-UNAM, 2002), pp. 672–90

Gómez Canseco, Luis, *Poesía y contemplación. Las Divinas nupcias de Benito Arias Montano y su entorno literario* (Huelva: Universidad de Huelva, 2007)

Góngora, Luis de, *Fabula de Polifemo y Galatea*, ed. Jesús Ponce Cárdenas (Madrid: Cátedra, 2010)

—————, *Soledades*, ed. Robert Jammes (Madrid: Castalia, 1994)

—————, *Sonetos completos*, ed. Biruté Ciplijauskaité, 6th edn (Madrid: Castalia, 1989 [1985])

González Roldán, Aurora, *La poética del llanto en Sor Juana Inés de la Cruz* (Zaragoza: Prensas Universitarias de Zaragoza, 2009)

Goodwyn, Frank, 'New Light on the Historical Setting of Garcilaso's Poetry', *Hispanic Review*, 46 (1978), 1–22

Gossy, Mary S., *Empire on the Verge of a Nervous Breakdown* (Liverpool: Liverpool University Press, 2009)

Gracián, Baltasar, *Agudeza y arte de ingenio*, ed. Aurora Egido (Zaragoza: Institución Fernando el Católico, 2007)

—————, *Arte de ingenio*, ed. Aurora Egido (Zaragoza: Institución Fernando el Católico, 2005)

—————, *Agudeza y arte de ingenio, Obras completas*, introducción de Aurora Egido, ed. Luis Sánchez Laílla (Madrid: Espasa, 2000)

Graf, E. C., 'From Scipio to Nero to the Self: The Exemplary Politics of Stoicism in Garcilaso de la Vega's Elegies', *PMLA*, 116 (2001), 5, 1316–33

Granada, Miguel Ángel, 'La cosmología de Dante', in *Ciencia y cultura en la Edad Media, Actas VIII y X Fundación Canaria Orotava de Historia de la ciencia* (Palma de Gran Canaria, 2001), pp. 311–25

—————, 'Virgilio y la *Theología poética* en el Humanismo y en el Platonismo del Renacimiento', *Faventia. Revista de Filología Clàssica*, 5 (1983), 41–64

Greenblatt, Stephen, *The Swerve: How the World Became Modern* (New York and London: W. W. Norton, 2011)

Greene, Thomas, *The Light in Troy: Imitation and Discovery in Renaissance Poetry* (New Haven, CT: Yale University Press, 1982)

Grial, Juan de, *Divi Isidori Hispal. Episcopi opera* (Madrid: ex typographia regia, 1599)
—————, *Opera* of St Isidore (Madrid: ex typographia regia, 1599)

Grieve, Patricia E., 'Point and Counterpoint in Lope de Vega's *Rimas* and *Rimas sacras*', *Hispanic Review*, 60 (1992), 4, 413–34

Grimaldi Pizzorno, Patrizia, *The Ways of Paradox from Lando to Donne* (Florence: Leo S. Olschki, 2007)

Grossi, Verónica, 'Diálogos transatlánticos en un soneto petrarquista de Francisco de Terrazas', *Calíope*, 16 (2010), 1, 95–118

—————, *Sigilosos v(u)elos epistemológicos en Sor Juana Inés de la Cruz* (Madrid: Iberoamericana/Vervuert, 2007)

Grossman, Edith, *Why Translation Matters* (New Haven and London: Yale University Press, 2010)

—————, *The Golden Age: Poems of the Spanish Renaissance* (New York: W. W. Norton, 2006)

Guillén, Claudio, *El primer Siglo de Oro. Estudio de géneros y modelos* (Barcelona: Crítica, 1988)

Gundersheimer, Werner L., 'Patronage in the Renaissance: An Exploratory Approach', in *Patronage in the Renaissance*, ed. Guy Fitch Lytle and Stephen Orgel (Princeton, NJ: Princeton University Press, 1981), pp. 3–23

Hayes, Francis C., *Lope de Vega*, TWAS, 28 (New York: Twayne Publishers, 1967)

Heiple, Daniel, *Garcilaso de la Vega and the Italian Renaissance* (University Park, PA: Pennsylvania State University Press, 1994)

Helgerson, Richard, *A Sonnet from Carthage: Garcilaso de la Vega and the New Poetry of Sixteenth-century Europe* (University Park, PA: University of Pennsylvania Press, 2007)

Henríquez Ureña, Pedro, 'Nuevas poesías atribuidas a Terrazas', *Revista de Filología Española*, 5 (1918), 49–56

Heráldica Hispánica <http:www.heraldicahispanica.com/historiaescudo.htme> (accessed 3/07/2012)

Hermosilla Álvarez, María Angeles, 'La escritura del cuerpo en última lírica femenina: La poesía transgresora de María Rosal', in *Cuerpos de mujer en sus (con)textos anglogermánicos, hispánicos y mediterráneos: Una aproximación literaria, socio-simbólica y crítico-alegórica*, ed. Mercedes Arriaga Flórez and José Manuel Estévez Saá (Seville: Arcibel, 2005), pp. 109–24

Herrera, Fernando de, *Anotaciones a la poesía de Garcilaso*, ed. Inoria Pepe and José María Reyes (Madrid: Cátedra, 2001)

Hill, Ruth, *Sceptres and Sciences in the Spains: Four Humanists and the New Philosophy (c. 1680–1740)* (Liverpool and London: Liverpool University Press: 2000)

Hollander, Robert (Introduction and notes), and Jean Hollander (trans.), *Dante Alighieri: Paradiso* (New York: Doubleday, 2007)

Iglesias Feijóo, Luís, 'Lectura de la Égloga 1', in *Academia Literaria Renacentista IV, Garcilaso de la Vega*, ed. Víctor García de la Concha (Salamanca: Ediciones Universidad de Salamanca, 1983), pp. 61–82

Íñigo Madrigal, Luis, 'Sobre el soneto de Terrazas "¡Ay, basas de marfil, vivo edificio!"', *Anales de Literatura Hispanoamericana*, 25 (1996), 105–22

Iventosch, Herman, 'Garcilaso's Sonnet "Oh dulces prendas": A Composite of Classical and Medieval Models', *Annali Istituto Universitario Orientale, Napoli, Sezione Romana*, 7 (1965), 203–27

Jacobs, Helmut J., *Divisiones philosophiae. Clasificaciones españolas de las artes y las ciencias en la Edad Media y el Siglo de Oro* (Madrid: Iberoamericana, 2002)

Jameson, A. K., 'Lope de Vega's Knowledge of Classical Literature', *Bulletin Hispanique*, 38 (January–March 1936), 444–501

Jammes, Robert, *La obra poética de Don Luis de Góngora y Argote* (Madrid: Castalia, 1987)

————, 'Elementos burlescos en las *Soledades* de Góngora', *Edad de Oro*, II (1983), 99–117

Jeffrey, David L. (ed.), *A Dictionary of Biblical Tradition in English Literature* (Grand Rapids, MI: Eerdmans, 1992)

Jenkyns, Richard, 'Introduction', *Lucretius: The Nature of Things* (London, New York and Toronto: Penguin, 2007)

Jerome, Saint, *Lettres*, ed. Jérôme Labourt, 8 vols (Paris: Les Belles Lettres, 1949–63)

Johnson, Barbara, *The Feminist Difference: Literature, Psychoanalysis, Race and Gender* (Cambridge, MA: Harvard University Press, 1988)

Johnson, Carroll B., 'Personal Involvement and Poetic Tradition in the Spanish Renaissance: Some Thoughts on Reading Garcilaso', *Romanic Review*, 80 (1989), 288–304

Johnson, Kent, 'Notes on "Notes on Translation"', *Translation Review*, 74 (2007), 10–15

Johnson, W. R., *Darkness Visible: A Study of Vergil's Aeneid* (Berkeley: University of California Press, 1976)

Jones, R. O., *Historia de la literatura española. 2. Siglo de Oro: Prosa y poesía* (Barcelona: Ariel, 1974)

————, *Poems of Góngora* (Cambridge: Cambridge University Press, 1966)

Juan de la Cruz, San, *Cántico espiritual y poesía completa*, ed. Paola Elia and M. J. Mancho (Barcelona: Crítica, 2002)

Juana Inés de la Cruz, Sor, *Obras completas, I, Lírica personal*, ed., intro. and notes by Antonio Alatorre (México, DF: Fondo de Cultura Económica, 2009)

————, *Obras completas, I*, ed., intro y notas de Alfonso Méndez Plancarte, vol. I, 3rd edn (México, DF: Fondo de Cultura Económica, 1994 [1951])

————, *Obras completas, IV, Comedias, sainetes y prosa*, ed., intro. y notas de Alberto G. Salceda y Alfonso Méndez Plancarte (México, DF: Instituto Mexiquense de Cultura-Fondo de Cultura Económica, 1994 [1957])

Jung, Carl Gustav, *Four Archetypes: Mother, Rebirth, Spirit, Trickster*, trans. R. F. C. Hull (London and New York: Routledge, 2003)

Keats, John, *Complete Poems*, ed. Jack Stillinger (Cambridge, MA: Harvard University Press, 1982)

Keefe Ugalde, Sharon, *La poesía de María Victoria Atencia: Un acercamiento crítico* (Madrid: Huerga & Fierro, 1998)

Keniston, Hayward, *Garcilaso de la Vega: A Critical Study of His Life and Works* (New York: Hispanic Society of America, 1922)

King, Karen, *The Secret Revelation of John* (Cambridge, MA: Harvard University Press, 2006)

Kraut, Richard, *How to Read Plato* (London: Granta, 2008)

————, (ed.), *The Cambridge Companion to Plato* (Cambridge: Cambridge University Press, 1992)

Kristeller, P. O., *Il pensiero filosófico di Marsilio Ficino* (Florence: Le Lettere, 1988)

Lagmanovich, David, *Estudios sobre la traducción poética* (Buenos Aires: Insil, 2001)

Lapesa, Rafael, *La tradición poética de Garcilaso* (Madrid: Revista de Occidente, 1968)

————, *La trayectoria poética de Garcilaso de la Vega* (Madrid: Revista de Occidente, 1948)

Lara Garrido, José (ed.), *Francisco de Aldana. Poesías castellanas completas* (Madrid: Cátedra, 1985)

Lausberg, H., *Manual de retórica literaria* (Madrid: Gredos, 1980)

Lázaro Carreter, Fernando, 'Imitación compuesta y diseño retórico en la Oda a Juan de Grial', *Anuario de Estudios Filológicos*, 11 (1979), 89–119

Lewis, C. S., *La imagen del mundo (Introducción a la literatura medieval y renacentista)* (Barcelona: Antoni Bosch, 1980)

López Baralt, Luce, 'Anonimia y posible filiación espiritual islámica del soneto "No me mueve mi Dios para quererte"', *Nueva Revista de Filología Hispánica*, XXIV (1975), 243–66

López Bueno, Begoña, 'Tópica y relación textual: Unas notas en la poesía española de las ruinas en el Siglo de Oro' *Revista de Filología Española*, LXVI (1986), 59–74

Lorenzo, Javier de, 'Orfismo y autorepresentación poética especular de Garcilaso', *Revista de Estudios Hispánicos*, 32 (1998), 2, 271–96

Luciani, Frederick, 'Sor Juana Ines de la Cruz: *Epígrafe, epíteto, epígono*', *Revista Iberoamericana*, 132–3 (1985), 777–84

Lucretius Carus, Titus, *The Nature of Things*, trans. A. E. Stallings (London, New York and Toronto: Penguin Classics, 2007)

Luis de León, Fray, *Cantar de los Cantares de Salomón*, ed. José Manuel Blecua (Madrid: Gredos, 1994)

————, *Poesía completa*, ed. Guillermo Serés (Madrid: Taurus, 1990)

————, *Obras completas castellanas de Fray Luis de León*, 2 vols, 4th edn, ed. Félix García (Madrid: Biblioteca de Autores Cristianos, 1957)

————, *The Original Poems*, ed. Edward Sarmiento (Manchester: Manchester University Press, 1953)

————, *In Cantica Canticorum Solomnis Explicatio* (Salamanca: Lucas à Iunta, 1580)

Lumsden Kouvel, Audrey, 'Problems Connected with the Second Eclogue of Garcilaso de la Vega', *Hispanic Review*, 15 (1947), 251–71

Luque, Aurora, *Carpe amorem* (Seville: Renacimiento, 2007)

Ly, Nadine, 'El trabajo de la rima en los sonetos de Garcilaso de la Vega', in *Studia aurea: Actas del III Congreso de la AISO (Toulouse, 1993)*, ed. Ignacio Arellano Ayuso, Carmen Pinillos, et al. (Pamplona: Eurograf, 1996), pp. 387–94

Lyán Atienza, Ángel Luis, 'El estilo a*fetuoso* en las *Anotaciones* de Herrera', *Revista de Literatura*, LXVI (2004), 373–88

Maclean, Ian, 'Foucault's Renaissance Episteme Reassessed: An Aristotelian Counterblast', *Journal of the History of Ideas*, 59 (1998), 1, 149–66

Macrí, Oreste (ed.), *La poesia de Fray Luis de León* (Salamanca: Anaya, 1970)

Mañero Lozano, David, 'Del concepto de *Decoro* a la *Teoría de los estilos*: Consideraciones sobre la formación de un tópico clásico y su pervivencia en la literatura española del Siglo de Oro', *Bulletin Hispanique*, III (2009), 357–85

Maravall, José Antonio, *Culture of the Baroque: Analysis of a Historical Structure*, trans. Terry Cochran (Minneapolis: University of Minnesota Press, 1986)

Marchese, Angelo, and Forradellas, Joaquín, *Diccionario de retórica, crítica y terminología literaria* (Barcelona: Ariel, 2000)

Marcos Álvarez, Francisco de B., 'Las invectivas del *Laurel de Apolo* de Lope de Vega', in *Actas del VIII Congreso de la Asociación Internacional de Hispanistas II*, ed. David A. Kossoff, José Amor y Vázquez, Ruth H. Kossoff and Geoffrey Ribbans (Madrid: Istmo, 1986), pp. 247–58

Martin, Charles, *Catullus* (New Haven, CT: Yale University Press, 1992)

Martínez de la Vega, Jerónimo, *Solemnes y grandiosas fiestas, que la noble y leal Ciudad de Valencia ha hecho por la beatificación de su santo pastor y padre, Tomás de Villanueva* (Valencia: Felipe Mey, 1620)

Martínez Góngora, Mar, *La utilización masculina del espacio doméstico rural en textos españoles del Renacimiento* (Vigo: Academia del Hispanismo, 2010)

————, 'Relaciones homosociales, discurso antibelicista y ansiedades masculinas en Garcilaso de la Vega', *Calíope*, 10 (2004), 1, 123–40

Mascia, Mark J. 'Constructing Authority in Lope de Vega's *Égloga a Claudio*: Self-Referentiality, Literary Judgment, and Ethics', *Romance Notes*, 45 (Winter 2005), 181–91

Mazzochi, Giuseppe, 'La biblioteca imaginaria del genio', *La hidra barroca: Varia lección de Góngora*, ed. Rafael Bonilla and Giuseppe Mazzochi (Seville: Junta de Andalucía, 2008), pp. 55–80

Mazzotta, Giuseppe, 'Petrarch's Thought', in *Mimesis in Contemporary Theory, An Interdisciplinary Approach*, ed. Mihai Spariosu, vol. 2 (Philadelphia, PA: J. Benjamins, 1984), pp. 27–43

McGann, Jerome, *Radiant Textuality. Literature after the World Wide Web* (New York: Palgrave, 2001)

McGrady, Donald, 'Explicación del soneto *A Júpiter* de Góngora, sobre la evidencia de otros ingenios', *Estudios sobre Calderón y el teatro de la Edad de Oro. Homenaje a Kurt y Roswitha Reichenberger* (Barcelona: PPU, 1989), pp. 397–416

————, *Mil años de poesía española*, ed. Francisco Rico (Barcelona: Planeta, 2009)

Mejías Álvarez, María Jesús, '*Pyras Philipicas*: Los túmulos de Felipe III y Felipe IV erigidos en la Ciudad de Écija', *Laboratorio de Arte*, 18 (2005), 193–200

Merrim, Stephanie, *Early Modern Women's Writing and Sor Juana Inés de la Cruz* (Nashville, TS: Vanderbilt University Press, 1999)

Micó, José María, *De Góngora* (Madrid: Biblioteca Nueva, 2001)

————, and Jaime Siles (eds), *Paraíso cerrado. Poesía en lengua española de los siglos XVI y XVII* (Barcelona: Galaxia Gutenberg, 2003)

Milán, Luis, *Libro de motes de damas y caballeros: Intitulado el juego de mandar* (Valencia: Francisco Díaz Romano, 1535). Edición facsímil con la transcripción al castellano moderno (Barcelona: Ediciones Torculum, 1951)

Millé y Giménez, Juan, and Isabel Millé y Giménez, *Luis de Góngora y Argote. Obras completas*, 6th edn (Madrid: Aguilar, 1972)

Miller, Madeleine, *The Song of Achilles* (London: Bloomsbury, 2012)

Milton, John, *Paradise Lost*, ed. Alistair Fowler (London: Longman, 1971)

Monforte y Herrera, Fernando de, *Relación de las fiestas que ha hecho el Colegio Imperial de la Compañía de Iesus de Madrid en la canonización de San Ignacio de Loyola, y S. Francisco Xavier* (Madrid: Luis Sánchez, 1622)

Montaigne, Michel de, *Complete Essays of Montaigne*, trans. Donald M. Frame (Stanford, CA: Stanford University Press, 1958)

Moraes, Marcia, *Bilingual Education: A Dialogue with the Bakhtin Circle* (Albany: SUNY Press, 1996)

Morales Borrero, Manuel, *La geometría mística del alma en la literatura española del Siglo de Oro. Notas y puntualizaciones* (Salamanca: Universidad Pontificia: 1975)

Moreno Cuadro, Fernando, *Las celebraciones públicas cordobesas y sus decoraciones* (Cordoba: Monte de Piedad, Caja de Ahorros de Córdoba, 1988)

Morreale, Margarita, *Homenaje a Fray Luis de León* (Salamanca: Universidad de Salamanca, 2007)

————, 'Algo más sobre la oda, "Recoge ya en el seno"', *Nueva Revista de Filología Hispánica*, 32 (1983), 380–8

Morros, Bienvenido, 'Cuatro notas inéditas sobre el clasicismo de Garcilaso en sus sonetos', *Studia Aurea*, 4 (2010), 73–80

Mosquera, Cristóbal, *Paradojas*, ed. Valentín Núñez Rivera (Salamanca: Universidad de Salamanca, 2010)

Nacimiento, Cecilia del, *Journeys of a Mystic Soul in Poetry and Prose*, ed. and trans. Kevin Donnelly and Sandra Sider (Toronto: Center for Reformation and Renaissance Studies, 2012)

Navarrete, Ignacio, *Orphans of Petrarch. Poetry and Theory in the Spanish Renaissance* (Los Angeles: University of California Press, 1994)

Navas Ocaña, Isabel, *La literatura española y la crítica feminista* (Madrid: Editorial Fundamentos, 2009)

Nebrija, Antonio de, *Gramática de la lengua española*, ed. Pascual Galindo Romeo and Luís Ortiz Muñoz, 2 vols (Madrid: CSIC, 1946)

Nieto, Lidio, and Manuel Alvar Ezquerra, *Nuevo tesoro lexicográfico del español siglo XIV–1726* (Madrid: Visor, 2007)

Novo, Yolanda, *Las Rimas sacras de Lope de Vega. Disposición y sentidos* (Santiago de Compostela: Universidad de Santiago de Compostela, 1990)

Nussbaum, Martha, 'The Stoics on Extirpation of the Passions', *Apeiron*, 20 (1987), 129–77

————, *The Fragility of Goodness, Ethics and Luck in Greek Tragedy and Philosophy* (Cambridge: Cambridge University Press, 1986)

Olivares, Julián, 'Towards a Poetics of Women's Loss', in *Studies on Women's Poetry of the Golden Age*, ed. Julián Olivares (Woodbridge: Tamesis, 2009), pp. 19–50

————, (ed.), 'Introducción', in *Novelas amorosas y ejemplares*, by María de Zayas y Sotomayor (Madrid: Cátedra, 2000), pp. 9–135

O'Reilly, Terence, 'The Image of the Garden in *La vida retirada*', in *Belief and Unbelief in Hispanic Literature*, ed. Helen Wing and John Jones (Warminster: Aris and Phillips, 1995)

Orozco Díaz, Emilio, *Los sonetos de Góngora (antología comentada)*, Colección de Estudios Gongorinos, 1 (Cordoba: Diputación de Córdoba, Delegación de Cultura, 2002)

Ortí, Marco Antonio, *Siglo cuarto de la conquista de Valencia* (Valencia, 1640); edición facsímil (Valencia, 2005)

————, *Solemnidad festiva con que en la insigne, leal, noble y coronada ciudad de Valencia se celebró la feliz nueva de la canonización de su milagroso arzobispo santo Tomás de Villanueva* (Valencia: Jerónimo de Villagrasa, 1659)

————, *Segundo centenario de los años de la canonización del valenciano apóstol san Vicente Ferrer* (Valencia: Jerónimo de Villagrasa, 1656)

Ortí Belmonte, Miguel Ángel, *Córdoba monumental, artística e histórica* (Cordoba: Diputación Provincial, 1980)

Ostriker, Alicia Suskin, *Stealing the Language: The Emergence of Women's Poetry in America* (London: The Women's Press, 1987)

Osuna, Inmaculada (ed.), *Poética Silva. Un manuscrito granadino del Siglo de Oro*, 2 vols (Cordoba: Universidad de Córdoba, 2000)

Ovid, *Tristia. Ex Ponto*, ed. and trans. Arthur Leslie Wheeler, Loeb Classical Library, 151, 2nd edition revised by G. P. Goold (Cambridge, MA: Harvard University Press, 1988)

————, *The Art of Love, and Other Poems*, trans. J. H. Mozley, Loeb Classical Library, 232, 2nd edition revised by G. P. Goold (Cambridge, MA: Harvard University Press, 1979)

————, *Metamorphoses*, trans. Frank Justus Miller, The Loeb Classical Library, 3rd edn, 2 vols (Cambridge, MA, and London: Harvard University Press, 1977)

Padilla, Pedro de, *Romancero*, ed. José J. Labrador Herraiz and Ralph A. DiFranco (México, DF: Frente de Afirmación Hispanista, 2010)

Page, Carlos A., 'Arte y arquitectura efímera en los funerales reales de Córdoba el Tucumán', *Hispania Sacra*, LXI (Julio–Diciembre 2009), 423–46

Parker, A. A., *La filosofía del amor en la literatura española 1480–1680* (Madrid: Cátedra, 1986)

Paz, Octavio, *Sor Juana Inés de la Cruz o las Trampas de la Fe* (Barcelona: Seix Barral, 1982)

———— (ed.), *An Anthology of Mexican Poetry*, trans. Samuel Beckett (Bloomington: Indiana University Press, 1960)

Peconi, Antonio, 'La presencia de Italia en México en los siglos XVI y XVII', in *Estudios sobre el mundo latinoamericano/ Studi sul Mondo Latinoamericano*, ed. Gaetano Massa (Rome: Centro di Studi Americani, 1981), pp. 97–111

Peden, Margaret Sayers, 'Building a Translation: The Reconstruction Business. Poem 145 of Sor Juana Inés de la Cruz', in *The Craft of Translation*, ed. John Biguenet and Rainer Schulte (Chicago, IL: University of Chicago Press, 1989)

Pedraza, Pilar, *Barroco efímero en Valencia* (Valencia: Archivo Municipal, 1982)

Pedraza Jiménez, Felipe B., *El universo poético de Lope de Vega* (Madrid: Ediciones del Laberinto, 2003)

————, *Lope de Vega* (Barcelona: Teide, 1990)

Peña, Margarita (ed.) *Flores de baria poesía. Cancionero novohispano del siglo XVI*, prólogo y edición crítica (México, DF: Fondo de Cultura Económica, 2004)

Pérez de Moya, Juan, *Philosophía secreta de la gentilidad* (Madrid: Cátedra, 1995)

Pérez Romero, Antonio, 'The *Carajicomedia*: The Erotic Urge and the Deconstruction of Idealist Language in the Spanish Renaissance', *Hispanic Review*, 71 (2003), 67–89

Petteri Pietikainem, 'Archetypes as Symbolic Form', *Journal of Analytical Psychology*, 43.3 (1998), 325–43

Pierce, Frank, *La poesía épica del Siglo de Oro* (Madrid: Gredos, 1961)

Pineda, Juan de, *Diálogos familiares de la agricultura cristiana*, ed. Juan Meseguer Fernández, 5 vols (Madrid: Atlas, 1963–4)

Plato, *The Republic*, trans. and intro. Desmond Lee (London: Penguin, 2003)

Poliziano, Angelo, *Silvae*, ed. and trans. Charles Fantazzi (Cambridge, MA, and London: Harvard University Press, 2004)

Powell, Amanda, 'Baroque Flair: Seventeenth-century European Sapphic Poetry', *Humanist Studies & the Digital Age*, 1 (e-journal, February 2011)

————, 'Sor Juana's Love Poems to Women', in *Approaches to Teaching the Works of Sor Juana Inés de la Cruz*, ed. Emilie L. Bergmann and Stacey Schlau (New York: MLA, 2007), pp. 209–19

Pozzo, Cassiano del, *El diario del viaje a España del Cardenal Francesco Barberini*, ed. Alessandra Anselmi (Madrid: Fundación Carolina, 2004)

Prieto, Antonio, *Garcilaso de la Vega* (Madrid: SGEL, 1975)

Quevedo, Amalia, *El movimiento accidental en Aristóteles* (Pamplona: Universidad de Navarra, 2008)

Quevedo, Francisco de, *Un heráclito cristiano. Canta sola a Lisi y otros poemas*, ed. Lía Schwartz and Ignacio Arellano (Barcelona: Crítica, 1998)

————, *Poemas escogidos*, ed. José Manuel Blecua (Madrid: Castalia, 1972)

————, *Poesía original completa*, ed. José Manuel Blecua (Barcelona: Planeta, 1981)

Rabin, Lisa M., 'Sor Juana's Petrarchan Poetics', in *Approaches to Teaching the Works of Sor Juana Inés de la Cruz*, ed. Emilie L. Bergmann and Stacey Schlau (New York: MLA, 2007), pp. 170–7

————, 'Speaking to Silent Ladies: Images of Beauty and Politics in Poetic Portraits of Women from Petrarch to Sor Juana Inés de la Cruz', *Modern Language Notes*, 112 (1997), 2, pp. 147–65

Race, H. de, E. de Lachaud and F. B. Flandrin (eds), *Concordantiae Sacrae Scripturae* (Madrid: Palabra, 1984)

Ramajo Caño, Antonio (ed.), *Fray Luis de León: Poesía* (Barcelona: Galaxia Gutenberg, 2006)

————, 'Notas sobre el tópico de *Laudes* (Alabanza de Lugares): Algunas manifestaciones en la poesía áurea española', *Bulletin Hispanique*, 105 (2003), 1, 99–117

Rennert, Hugo A., and Américo Castro, *Vida de Lope de Vega (1562–1635)*, 2nd edn (Salamanca: Anaya, 1968)

Rhodes, Elizabeth, *Dressed to Kill: Death and Meaning in Zayas's* Desengaños (Toronto: University of Toronto Press, 2011)

Rich, Adrienne, 'When We Dead Awaken: Writing as Re-vision', in *On Lies, Secrets, and Silence: Selected Prose, 1966–1978* (New York: W. W. Norton, 1979), pp. 33–49

Ricoeur, Paul, *The Rule of Metaphor: The Creation of Meaning in Language* (London and New York: Routledge, 2003)

Riffaterre, Michael, 'Compulsory Reader Response: The Intertextual Drive', in *Intertextuality: Theories and Practices*, ed. Michael Worton and Judith Still (Manchester: Manchester University Press, 1990), pp. 56–78

—————, *The Semiotics of Poetry* (Bloomington: Indiana University Press, 1978)

Río, Nela, '"Me hizo pensar cosa no pensada": La poesía de Sor Leonor de Ovando', in *Diálogos espirituales. Manuscritos femeninos hispanoamericanos, siglos XVI–XIX*, ed. Asunción Lavrín and Rosalva Loreto (Puebla: Universidad de las Américas, 2006), pp. 386–419

Rivers, Elías L., 'María de Zayas como poeta de los celos', in *La creatividad femenina en el mundo barroco hispánico*, ed. Monika Bosse, Barbara Potthast and André Stoll, vol. 1 (Kassel: Reichenberger, 1999), pp. 323–33

—————, *Renaissance and Baroque Poetry of Spain with English Prose Translations* (Prospect Heights, IL: Waveland Press, 1988)

—————, *Fray Luis de León. The Original Poems*, Critical Guides to Spanish Texts, 35 (London: Grant & Cutler, 1983)

—————, (ed.), *Garcilaso de la Vega: Obras completas con comentario* (Madrid: Castalia, 1974)

Rivers, Isabel, *Classical and Christian Ideas in English Renaissance Poetry* (London: Routledge, 1992)

Rodríguez de la Flor, Fernando, *Pasiones frías, secreto y disimulación en el barroco hispano* (Madrid: Marcial Pons, 2005)

Rodríguez García, José María, 'Epos delendum est: The Subject of Carthage in Garcilaso's "A Boscán desde La Goleta"', *Hispanic Review*, 66 (1998), 2, 151–70

Rodríguez Moñino, Antonio, *Construcción crítica y realidad histórica en la poesía española de los siglos XVI y XVII* (Madrid: Castalia, 1965)

Rodríguez Rípodas, Alberto (ed.), *El sacro Pernaso*, with an Introduction by Antonio Cortijo (Pamplona: Universidad de Navarra / Kassel: Reichenberger, 2006)

Rosal, María, 'Las poetas de fin de siglo. Aspectos formales', *Anuario de Estudios Filológicos*, 33 (2010), 239–51

—————, 'Mujer real frente a mujer soñada. Nuevas imágenes de mujeres en la poesía contemporánea', *Asociación de Estudios de Ciencias Sociales y Humanidades*, 24 (2010), 99–108

—————, *Carnavalización y poesía. Subversión erótica de símbolos religiosos en la poesía de Ana Rossetti* (Córdoba: La Manzana Poética, 2007)

—————, *Ofrenda lírica a Góngora*, *Boletín de la Real Academia de Córdoba*, 152 (2007)

—————, *Con voz propia: Estudio y antología comentada de la poesía escrita por mujeres (1970–2005)* (Seville: Editorial Renacimiento, 2006)

—————, *El origen del mundo* (Madrid: Hiperión, 2004)

—————, *Ilimitada voz. Antología de poetas españolas 1940–2002* (Cádiz: Universidad de Cádiz, 2003)

—————, *Mujeres de carne y verso* (Madrid: La Esfera, 2002)

—————, *Ellas tienen la palabra* (Madrid: Hiperión, 1997)

—————, *De remedio antiguo no hallado en botica* (1994)

—————,Rosales, Luis, 'La obra poética del Conde de Salinas', in *Obras completas*, 6 vols, vol. V (Madrid: Editorial Trotta, 1996)

Rose, Marilyn Gladdis, *Translation Horizons Beyond the Boundaries of 'Translation Spectrum': A Collection of Essays Situating and Proposing New Directions and Major Issues in Translation Studies* (Binghamton, NY: State University of New York, 1996)

Rosenblatt, Louise M., *The Reader, the Text, the Poem. The Transactional Theory of the Literary Work*, with a new Preface and Epilogue (Carbondale, IL: Southern Illinois University, 1994)

Rozas, Juan Manuel, *Estudios sobre Lope de Vega* (Madrid: Ediciones Cátedra, 1990)

Sabat de Rivers, Georgina, 'Sor Juana y sus retratos poéticos', in *En busca de Sor Juana* (México, DF: UNAM, 1998), pp. 57–78

————, 'Veintiún sonetos de Sor Juana y su casuística de amor', in *Sor Juana y su mundo. Una mirada actual*, ed. Sara Poot-Herrera (México, DF: Universidad del Claustro de Sor Juana, 1995), pp. 397–445

Salazar, Eugenio de, *Silva de poesía* in *Ensayo de una biblioteca de libros raros y curiosos*, ed. Bartolomé José Gallardo, 4 vols (Madrid: Manuel Tello, 1889)

Salstan, M. Louise, 'Francisco de Aldana's Metamorphoses of the Circle', *Modern Language Review*, 74 (1979), 599–606

Sánchez Jiménez, Antonio, *El pincel y el fénix: Pintura y literatura en la obra de Lope de Vega Carpio* (Madrid and Frankfurt: Iberoamericana/Vervuert, 2011)

————, *Lope pintado por sí mismo. Mito e imagen del autor en la poesía de Lope de Vega Carpio* (Woodbridge: Tamesis, 2006)

Sánchez Marín, José A. and María Nieves Muñoz Martín, 'La poética de Scaligero: Introducción a su vida y a su obra', *Ágora. Estudios clásicos de debate*, 9 (2007), 1, 116–17

Sánchez Robayna, Andrés, 'Córdoba o la Purificación', *Syntaxis*, 18 (1988), 39–43

Sánchez Salor, A., 'La poética, disciplina independiente en el Humanismo Renacentista', in *Humanismo y pervivencia del mundo clásico. Homenaje al Profesor Luis Gil*, ed. J. M. Maestre and J. Pascual (Cádiz: Universidad de Cádiz-Ayuntamiento de Alcañiz, 1993), I, pp. 211–22

Sanders-Regan, Mariann, *Love Words: The Self and the Text in Medieval and Renaissance Poetry* (Ithaca, NY: Cornell University Press, 1982)

Scarry, Elaine, *Dreaming by the Book* (New York: Farrar, Straus and Giroux, 1999)

Schulte, Rainer, 'Translation and Literary Criticism', *Translation Review*, 9 (1982), 4–7

Schwartz, Lía, 'Discursos dominantes y discursos dominados en textos satíricos de María de Zayas', in *La creatividad femenina en el mundo barroco hispánico*, ed. Monika Bosse, Barbara Potthast and André Stoll, vol. 1 (Kassel: Reichenberger, 1999), pp. 301–21

Segal, Charles, *Orpheus: The Myth of the Poet* (Baltimore, MD: The Johns Hopkins University Press, 1989)

Senabre, Ricardo, *Estudios sobre Fray Luis de León* (Salamanca: Universidad de Salamanca, 1998)

————, *Tres estudios sobre Fray Luis de León* (Salamanca: Universidad de Salamanca, 1978)

Serés, Guillermo, 'La belleza, la gracia y el movimiento. Fray Luis de León y Quevedo', *Edad de Oro*, XXIV (2005), 351–69

————, *La transformación de los amantes. Imágenes del amor de la antigüedad al Siglo de Oro* (Barcelona: Crítica, 1996)

Silva y Mendoza, Diego de, *Antología poética de D. Diego de Silva y Mendoza, Conde de Salinas (1564–1630)*, ed. Trevor J. Dadson (Madrid: Visor, 1985)

Simal López, Mercedes, *Los Condes-duques de Benavente en el siglo XVII. Patronos y coleccionistas en su Villa Solariega* (Benavente: Centro de Estudios Benaventanos 'Ledo del Pozo', 2002)

Smith, Paul Julian, *Writing in the Margin. Spanish Literature of the Golden Age* (Oxford: Clarendon Press, 1988)

Solomon, Michael, *The Literature of Misogyny in Medieval Spain: The Arcipreste de Talavera and the Spill* (Cambridge: Cambridge University Press, 1997)

Spitzer, Leo, *Die Literarisierung des Lebens in Lope's 'Dorotea'* (Bonn and Cologne: Rohrscheid, 1932)

Stevens, Wallace, *Collected Poems* (New York: Knopf, 1954)

Stevenson, Jane, 'Sor Juana Inés de la Cruz and the Position of the Woman Intellectual in Spanish America', in *Mexico 1680: Cultural and Intellectual Life in the* Barroco de Indias, ed. Jean Andrews and Alejandro Coroleu (Bristol: HiPLAM, 2007), pp. 81–108

Stewart, Susan, *Poetry and the Fate of the Senses* (Chicago: The University of Chicago Press, 2002)

Suárez, José María, 'El otoño del Renacimiento: Poética de madurez en cuatro sonetos de Francisco Aldana', *Lemir*, 13 (2009), 177–90

Tanner, Marie, *The Last Descendant of Aeneas: The Hapsburgs and the Mythic Image of the Emperor* (New Haven, CT: Yale University Press, 1993)

Terry, Arthur, *Seventeenth-Century Spanish Poetry: The Power of Artifice* (Cambridge: Cambridge University Press, 1993)

——, *An Anthology of Spanish Poetry, 1500–1700*, vol. II (Oxford: Pergamon Press, 1968)

Terukina-Yamauchi, Jorge, 'Parodia, autoparodia y deconstrucción de la arquitectura efímera en dos sonetos de Luis de Góngora (Millé 315, 326)', *Bulletin of Spanish Studies*, LXXXVI. (2009), 6, 719–45

Thompson, Colin, *The Strife of Tongues: Fray Luis de León and the Golden Age of Spain* (Cambridge: Cambridge University Press, 1988)

Tibullus, *Catullus, Tibullus, Pervigilium Veneris*, ed. G. P. Goold, second Loeb Classical Library, 6, 2nd rev. edn (Cambridge, MA: Harvard University Press, 1995)

Toledana Molina, Juana, 'Tres sonetos de Góngora en su contexto', *Boletín de la Real Academia de Córdoba de Bellas Letras y Nobles Artes*, 149 (2005), 181–90

Torre y Sebil, Francisco, *Reales fiestas que dispuso la noble, coronada y siempre leal ciudad de Valencia en honor de la milagrosa imagen de la Virgen de los Desamparados en la Translación a su nueva y suntuosa capilla* (Valencia: Jerónimo de Vilagrasa, 1668)

——, *Luces de la aurora, días del sol en fiestas de la que es sol de nuestros días y aurora de las luces, motivadas por el indulto de Alejandro VII, celebradas por la piedad del marqués de Astorga y San Román, virrey y capitán general de Valencia* (Valencia: Jerónimo de Vilagrasa, 1665)

Torres, Isabel, *Love Poetry in the Spanish Golden Age. Eros, Eris and Empire* (Woodbridge: Tamesis, 2013)

——, 'Outside In: The Subject(s) at Play in *Las rimas humanas y divinas de Tomé de Burguillos*', in *A Companion to Lope de Vega*, ed. Alexander Samson and Jonathan Thacker (Woodbridge: Tamesis, 2008), pp. 91–106

——, 'Sites of Speculation. Water/Mirror Poetics in Garcilaso de la Vega, Eclogue II', *Bulletin of Hispanic Studies*, 86 (2009), 6, 877–92

————— (ed.), *Rewriting Classical Mythology in the Hispanic Baroque* (London: Tamesis, 2007)

—————, '"A small boat over an open sea?" Gabriel Bocángel's *Fabula de Leandro y Hero* and Epic Aspirations', in *The Polyphemus Complex. Rereading the Baroque Mythological Fable*, *Bulletin of Hispanic Studies*, Monograph Issue, 83 (2006), 2, 131–63

Trabulse, Elías, *La muerte de Sor Juana* (México DF: CONDUMEX, 1999)

—————, 'Sor Juana Inés de la Cruz: Contadora y archivista', in *Sor Juana Inés de la Cruz y las vicisitudes de la crítica*, ed. José Pascual Buxó (México: UNAM, 1998), pp. 77–86

—————, *Los años finales de Sor Juana: Una interpretación (1688–1695)* (México, DF: CONDUMEX, 1995)

Trinkaus, Charles, *In Our Image and Likeness. Humanity and Divinity in Italian Humanistic Thought* (London: Constable, 1970)

Tuan, Yi-Fu, *Passing Strange and Wonderful: Aesthetics, Nature, and Culture* (Washington, DC: Island Press, 1993)

—————, *Space and Place: The Perspective of Experience*, rpt. 2008 (Minneapolis: University of Minnesota Press, 1977)

Tubau, Xavier, 'Agustín en España (siglos XVI. XVII). Aspectos de estética', *Criticón*, 107 (2009), 29–55

—————, 'La Dorotea: A Tragicomedy in Prose', in *A Companion to Lope de Vega*, ed. Alexander Samson and Jonathan Thacker (Woodbridge: Tamesis, 2008), pp. 256–65

Ueding, Gert, '*Rhetorica Movet*. Acerca de la genealogía retórica del *Pathos*', *Anuario Filosófico*, 31 (1996), 567–79

Valda, Juan Bautista de, *Solemnes fiestas que celebró Valencia a la Inmaculada Concepción de la Virgen María* (Valencia: Jerónimo de Vilagrasa, 1663)

Vega, María José, 'La poética de la lectura en el siglo XVI. Hacia una reescritura de la historia de la crítica en el Renacimiento', in *El Brocense y las humanidades en el siglo XVI*, ed. Carmen Cordoñer Merino, Santiago López Moreda and Jesús Ureña Bracero, *Estudios Filológicos*, 298 (Salamanca: Ediciones Universidades Salamanca, 2003), pp. 255–71

—————, *El secreto artificio. Maronología y tradición Pontaniana en la poética del Renacimiento* (Madrid: CSIC-Universidad de Extremadura, 1992)

Vega Carpio, Lope de, *Laurel de Apolo*, ed. Antonio Carreño (Madrid: Ediciones Cátedra, 2007)

—————, *Rimas humanas y otros versos*, ed. Antonio Carreño (Barcelona: Crítica, 1998)

—————, *Obras poéticas*, ed. José Manuel Blecua (Barcelona: Editorial Planeta, 1989)

—————, *Égloga a Claudio. Obras sueltas I*, ed. Antonio Pérez Gómez (Cieza, 1968–71), pp. 1–12

—————, *Laurel de Apolo*, in *Colección escogida de obras no dramáticas*, ed. Cayetano Rosell, Biblioteca de Autores Españoles, 38 (Madrid: Atlas, 1950)

—————, *Relación de las fiestas que la insigne villa de Madrid hizo en la canonización de su bienaventurado hijo y patrón San Isidro, con las comedias que se representaron, y los Versos que en la Iusta Poética se escribieron* (Madrid: Viuda de Alonso Martín, 1622)

Venuti, Lawrence, 'Adaptation, Translation, Critique', *Journal of Visual Culture*, 6 (2007), 25–43

Vilanova, Antonio, 'Nuevas notas sobre el tema del peregrino de amor', in *Studia Hispanica in Honorem Rafael Lapesa*, ed. Eugenio de Bustos et al., 2 vols (Madrid: Gredos, 1972), I, pp. 563–70

————, 'El peregrino de amor en las *Soledades* de Góngora', in *Estudios dedicados a Menéndez Pidal*, 7 vols (Madrid: Consejo Superior de Investigaciones Científicas, 1952), III, pp. 421–60

Viñas Piquer, David, *Historia de la crítica literaria* (Barcelona: Ariel, 2002)

Vinatea Recoba, Martina (ed.), *Epístola de Amarilis a Belardo* (Madrid: Universidad de Navarra/Iberoamericana/Vervuert, 2009)

Virgil, *Opera*, ed. R. A. B. Mynors (Oxford: Clarendon Press, 1986)

Voloshinov, V. N., *Marxism and the Philosophy of Language* trans. Ladislaw Matejka and I. R. Titunik (Cambridge, MA: Harvard University Press, 1986)

Wagschal, Steven, *The Literature of Jealousy in the Age of Cervantes* (Columbia, MO: University of Missouri Press, 2006)

Waley, Pamela, 'Garcilaso, Isabel and Elena: The Growth of a Legend', *Bulletin of Hispanic Studies*, LVI (1979), 11–15

Wardropper, Bruce, 'Góngora and the Serranilla', *Modern Language Notes*, 77 (1962), 178–81

Warner, Marina, *Fantastic Metamorphoses, Other Worlds: Ways of Telling the Self* (Oxford: Oxford University Press, 2002)

Weber, Alison, 'Lope de Vega's "Rimas sacras": Conversion, Clientage, and the Performance of Masculinity', *PMLA*, 120 (March 2005), 404–21

Wechsler, Robert, *Performing Without a Stage: The Art of Literary Translation* (New Haven, CT: Catbird Press, 1997)

Weiss, Julian, 'Between the Censor and the Critic: Reading the Vernacular Classic in Early Modern Spain', in *Reading and Censorship in Modern Europe*, ed. María José Vega, Julian Weiss and Cesc Esteve (Barcelona: Universitat Autònoma de Barcelona, 2010), pp. 93–112

Wilcox, John, *Women Poets of Spain, 1860–1990: Toward a Gynocentric Vision* (Urbana: University of Illinois Press, 1997)

Williams, Patrick, *The Great Favourite: The Duke of Lerma and the Court and Government of Philip III of Spain, 1598–1621* (Manchester: Manchester University Press, 2006)

Wilson, Catherine, 'Epicureanism in Early Modern Philosophy', *The Cambridge Companion to Epicureanism*, ed. James Warren (Cambridge: Cambridge University Press, 2009), pp. 266–86.

————, *Epicureanism at the Origins of Modernity* (Oxford: Clarendon, 2008)

Wilson, Edward M. (ed.), *Fray Luis de León. Poesías completas* (Madrid: Castalia, 1998)

————, 'La estructura simétrica de la *Oda a Francisco Salinas*', *Entre las Jarchas y Cernuda. Constantes y variables en la poesía española* (Barcelona: Ariel, 1977), pp. 197–201

Wright, Elizabeth R., *Pilgrimage to Patronage: Lope de Vega and the Court of Philip III, 1598–1621* (Lewisburg, PA: Bucknell University Press, 2001)

Yandell, Cathy, *Carpe Corpus: Time and Gender in Early Modern France* (Newark: University of Delaware Press, 2000)

Yllera, Alicia (ed.), 'Introducción', *Parte segunda del Sarao y entretenimiento honesto [Desengaños amorosos]*, by María de Zayas y Sotomayor (Madrid: Cátedra, 1983), pp. 11–112

Zabala, Arturo, 'Alusión de Lope de Vega a unos supuestos amores valencianos', *Estudios dedicados a Menéndez Pidal*, 6 (Madrid: Consejo Superior de Investigaciones Científicas, 1956), pp. 591–609

Zayas y Sotomayor, María de, *Parte segunda del Sarao y entretenimiento honesto [Desengaños amorosos]*, ed. Alicia Yllera (Madrid: Cátedra, 1983)

————, *Novelas amorosas y ejemplares*, ed. Julián Olivares (Madrid: Cátedra, 2000)

Index

Acis (in Góngora's *Fábula de Polifemo y Galatea*) 25
Aeneas 49, 54–6
Aguilar, Gaspar de 29
Alarcón, Doña Antonia de 135–6
Alatorre, Antonio 166, 170–1
Alberti, Rafael,
  Soledad tercera 18
Aldana, Francisco de 19, 64, 75
  'Mil veces callo, que romper deseo' 20
  'Montano, cuyo nombre es la primera' 29–30
Aligheri, Dante 30
Allo Manero, Maria Adelaida 133
Alonso, Dámaso 12
Amalteo, Hierónimo 27–8
Amann, Elizabeth 51, 57
Ambrogini Poliziano, Angelo 59
Amir, Ayala 53
Amorós, Amparo,
  Quevediana 241
Anaxarte 91
Andrade, Pedro de,
  'Váseme la vida' 22
Antonio y Cleopatra 89–90
Apollo 66–7, 239–40
Arata, Stephen 52
Arenal, Electa 258
Argensola, Bartolomé Leonardo de 36
Argensola, Lupercio Leonardo de,
  'Llevó tras sí los pámpanos octubre' 25
Arguijo, Juan de,

'A la vihuela' 16
Arias Montano, Benito 64
  Divinas nupcias 29
Aristotelianism 44–5
Aristotle 33
  Physics 11
  Poetics 37, 45
Asensio, Eugenio 27–8
Atencia, María Victoria,
'Volveré a ser pastor – pues marinero' 240
Atomism 245–6
Auriga (constellation) 61

Baranda, Nieves 236–7
Barbour, Reid 246–7
Bautista Valda. Juan,
  Solemnes fiestas que celebró Valencia a la Inmaculada Concepción de la virgen María 213–15, 217–24
Beckett, Samuel 257
Benjamin, Walter 46, 254
Beverley, John 127
Bocángel, Gabriel de,
  'Huye del Sol, el Sol, y se deshace' 37
Borges, Jorge Luis 237–8
Boscán, Juan 16, 34. 49, 168
'Carta a la Duquesa de Soma' 32
Bouza, Fernando 13
Braden, Gordon 52–3
Bultman, Dana 240–1

Cairasco de Figueroa, Bartolomé,

'Música' 14
Calderón de la Barca 9, 11, 64
   El Divino Orfeo 16
   El día mayor de los Días 29
   La cena del Rey Baltasar 29
Callisto 108–10
Camila Lucinda 87–99
Camoens, Luis de,
   'Irme quiero madre' 24
Capricorn (constellation) 61, 69
Caramuel, Juan 19
Carpe diem 232–53
Carreño, Antonio 88
Carrillo, Luis,
   '¡Con qué ligeros pasos vas
     corriendo!' 26
Cascales, Francisco de 108
Cascardi, Anthony 47–8
Catullus 11, 256–7
Cervantes 9
   Don Quijote 48
   Los trabajos de Persiles y Sigis-
     munda 25
   Viaje del Parnaso 24
Céspedes, Baltasar de 134–5
Chaffee-Sorace, Diane 260
Chemris, Crystal 127
Cisne andaluz (anthology) 230,
   240
Colegio de Cirujanos 218–20
Colegio de la preclara Arte de
   Notaria 221
Colie, Rosalie 231
Conceptismo 249, 255
Costa, Juan 120
Culteranismo 102, 249, 255, 258

Dadson, Trevor 13
Daphne 53, 238–40
Darío, Rubén 15
Diana 107–08
Díaz-Diocaretz, Myriam 231–2
Dido 47, 49, 54–7
Diógenes 179

Dixon, Victor 103
Don Juan,
   in María de Zayas's *Novelas*
     amorosas 147–53, 158, 160,
     162
Donne, John 14

Ekphrasis 20
Epístola moral a Fabio 26
El Brocense 50, 55
Elysian fields 84
Epicureanism 243–66
Ercilla, Alonso de,
   La Araucana 26
Escoto 221–2
Espinosa, Pedro de,
   'Como el triste piloto que por el
     mar incierto' 25
Eurydice 87
   in Ovid's *Metamorphoses* 98–9

Ficino, Marsilio 10, 17
Flores de baria poesía 167
Foucault, Michel 44–5
Freire, Isabel 50
Funeral ceremony (royalty) 133–46

Gaddis Rose, Marilyn 265
Galatea (in Góngora's *Polifemo*)
   25
Gálvez de Montalvo, Luis 188
García Gibert, Javier 22
García Lorca, Federico,
   Soneto De La Guirnalda De
     Rosas 236
Garcilaso de la Vega 17, 33–4, 43,
   45–50, 106–07, 168, 239–40
   A Boscán 14
   'A Dafne ya los brazos le
     crecían' 25
   Canción IV 21
   Eclogues 20, 169
   Eclogue I 50, 53, 95
   Eclogue II 49

Eclogue III 53
'Ilustre honor del nombre de
   Cardona' 18
'Oda ad florem Gnidi' 16
Sonnet V 54
Sonnet X 43, 50–57
Sonnet XIII 53
Sonnet XXXIII 49, 233–6
Gatland, Emma 51
Gaylord, Mary 88
Góngora, Luis de 10–12, 34, 36,
   45, 47, 104, 225–33
   A Córdoba 15
   'A la que España toda humilde
      estrado'. 143–4
   'Cosas, Celalba mia, he visto
      extrañas' 26
   'De ríos, soy el Duero acompaña-
      do' 125–7
   'Descaminado, enfermo, peregri-
      no' 118, 122–4
   'En esta, que admirays de piedras
      graues' 144–5
   'Este a Pomona, cuando ya no
      sea' 128
   'Huésped sacro, señor, no peregri-
      no' 122–4
   La fábula de Polifemo y
      Galatea 17, 25, 237
   'La más bella niña' 14
   'La perla que esplendor
      fue' 145–6
   'Maquina funeral' 142–3
   'Mientras por competir con tu
      cabello' 233–6, 257
   'No de fino diamante' 141–2
   'Ociosa toda virtud' 146
   Soledades 18, 20, 84, 117,
      126–7, 237
   'Soneto cuatrilingue' 240
   'Suspiros tristes, lágrimas cansa-
      das' 238–9
Goodwyn, Frank 50
Gracián, Baltasar,
   Agudeza y arte de ingenio 33–7
   El Criticón 35
   El Discreto 35
Greenblatt, Stephen 245–6
Grial, Juan de 63
Grossman, Edith 252–3, 256
Gundersheimer, Werner 124

Heiple, Daniel 50–1
Helgerson, Richard 48–9
Helicon, Mount 64–5, 101–06,
   111–12, 116
Hermes,
   statue 12
Herrera, Fernando de,
   Anotaciones a la poesía de
      Garcilaso 19, 24, 33, 225
Horace 45, 59, 61, 66, 74
Humanism 44, 47–8
   Christian 63
Hurtado de Mendoza, Diego 105
   'la primera epístola horaciana
      escrita en castellano en tercetos
      encadenados' 74–5

Ibycus 61–2, 70
Isabel,
   in María de Zayas's Parte
      segunda del Sarao 156–2

Jáuregui, Juan de 24, 31
   Orfeo 16
Johnson, Caroll B. 50
Johnson, Kent 244
Juana Inés de la Cruz, Sor 165–81
   Carta al Padre Nuñez 173
   'Lámina sirva el cielo al
      retrato' 264–5
   Primero Sueño 170–81
   Procura desmentir los elogios que
      a un retrato de la Poetisa
      inscribió la verdad, que llama
      pasión 251–7
   Respuesta 173–74, 178

Romance 19, 170–81
Soneto a la Rosa 233–4
Jung, Carl Gustav 54
Juno 108–09
Jupiter,
    mythology 108–10
    planet 82–3

Keats, John 46

Laura,
    narrative voice in Lope de Vega's
        Laurel de Apolo 102, 107–16
Lázaro Carreter, Fernando 59, 64, 67
Lisis 147–62
Locus amoenus 76–7, 107, 129
Logos (Christian) 67
Lope de Vega 13, 30
    'Agora creo, y en razón me
        fundo' 13
    'A la dana dina' 14
    'A la muerte de Carlos Félix' 27
    'A una calavera' 27
    'Blancos y verdes álamos, un día'
        92
    'Cleopatra a Antonio en oloroso
        vino' 89–90
    'Cuando como otra Eurídice,
        teñido' 87
    'Epístola a Juan de Arguijo' 12
    'Era la alegre víspera del día'
        88–91
    '¡Hola, que me lleva la ola' 14
    'Inmenso monte cuya blanca
        nieve' 94
    Laurel de Apolo 101–16
    'Luz que albumbras el sol, Lucinda
        hermosa' 98
    '¡Oh palabra de Dios, cuánta
        ventaja' 11
    'Probemos esta vez el sufrimien-
        to' 94
    Rimas 87–99
López de Zárate, Francisco 28

Lorente, Esteban 133
Lovesickness 156–7
Lucretius,
    On the nature of things 17, 245,
        247
Luis de León, Fray,
    'A Francisco Salinas' 23, 68, 79
    'Alma región luciente' 84
    Cantar de los Cantares 21–2
    'Noche serena' 73, 79–85
    'Oda al Licenciado Juan de Grial'
        23, 59–72
    'Vida retirada' 73–9, 85
Luján, Micaela de 88–9
Ly, Nadine 51

Machado, Antonio 9
Maclean, Ian 44–5
Mairena, Juan de 9
Manrique de Lara, María Luisa 264
Manrique, Jerónimo, obispo de
    Salamanca 122–4
Manzanares, River 107, 111–12
Marcos Álvarez, Francisco de B.
    103, 110–13
Marsias (myth) 112
Martínez Góngora, Mar 121
Mecenazgo 124
Merrim, Stephanie 248
Mexia, Pedro 62
Milán, Luis.
    El maestro 15
Mimesis 43
Modernism 47–8
Montaigne, Michel de 247
Montalbán, Juan Pérez de,
    El Orfeo en lengua castellana
        16
Montemayor, Jorge de 105
Morreale, Margherita 60, 64
Narváez, Luis de,
    *Los seis libros del Delfín de
       Música* 15
Navarrete, Ignacio 50

Nebrija, Antonio   32, 48
Neo-Aristotelianism   45
Neo-Stoicism   73–4
Nieremberg, Juan Eusebio,
    Oculta filosofía   22
    'No me mueve mi Dios para
        quererte'   29
Noguera, Vicente   105

Obras de Boscán y Garcilaso   13
Old Testament   65, 67, 71
Orpheus (mythology)   16–17, 85
    in Ovid's *Metamorphoses*   98–9
    'Orfeo español'   87, 99, *see also*
        Lope de Vega
    Orphic   52–53
Ovando, Sor Leonor de   226
    *De la mismo señora al mismo en
        respuesta del otro suyo*   227–8
Ovid   59, 71
    Metamorphoses   84, 98–9, 240
    Tristia   67

Padilla, Pedro de,
    'Canción tercera glosando este
        verso: *Que todo vive y todo
        cabe en ella*'   191
Paravicino, Fray Hortensio Félix
    10
Parnassus, Mount   63–5, 68
Paz, Octavio   9
Pellicer, Jusepe de,
    Lecciones solemnes   104
    rivalry with Lope de
        Vega   101–14
Petrarca, Francesco   28, 50, 166–7
    Petrarchism   52, 56–57, 228,
        253, 264–5
    in Sor Juana   165–81
Philip III   132–3
Phoebus   61, 66–7, 69
Pimentel, Leonor   186–212
    Motes de Palacio   210–11
Pineda, Juan de   70

Plato   41–6, 80
    Phaedrus   42
    Platonic love   159
    Platonism   95
    Republic   41–4
    Timaeus   28
Pliny the Elder   70
Plutarch,
    Moralia   61
Pontano, Giovanni   19

Quevedo, Francisco de   31, 45, 47,
    248
    'Ah de la vida…'   27
    'En breve cárcel traigo aprisiona-
        do'   30
    'Este polvo sin sosiego'   27
    'No es artífice, no, la simetría',
        29
    Parnaso español   13

Ramajo Caño, Antonio   59
Rich, Adrienne   230
Riffaterre, Michael   257
Rivers, Elias,
    *Renaissance and Baroque Poetry
        of Spain*   260
Rodríguez García, José María   49
Rodríguez Moñino, Antonio   13
Roldán, Mariano   237
Ronsard, Pierre de   232–3
Rosal Nadales, María   225–41
    'Ángel Fieramente Humano, en
        Respuesta'   239–40
    Con voz propia   230
    'En tanto ha de estar triste mi
        cabello'   235–7
    *Ofrenda lírica a
        Góngora*   226–41
Rosenblatt, Louise M.   44

Salazar, Eugenio de,
    *Del mismo a la misma Señora en
        la Pascua del Spiritu*

Santo   226–8
Salinas, Conde de   125–6, 185–212
   'El remedio del castigo'   188
   'En la fuente está Leonor'
      194–5
   'Mal conocéis a Amor, Leonor'
      193
   'Miedo y seguridad del pensa-
      miento'   190
   Motes de Palacio   196–202, 211
   '¡Oh qué ciego está el Amor!'
      193–4
   'Para su mayor rigor'   194
   'Tardanzas, confusión, contradic-
      ciones'   192–3
   'Tinieblas de encerramiento'
      200–01
Sánchez Ferlosio, Rafael,
   Las Semanas del Jardín   25
Sánchez Jiménez, Antonio   89, 115
Sanders-Regan, Mariann   53
San Félix, Marcela de,
   La muerte del Apetito   259, 265
San Juan de la Cruz   261–2
   'La llama de amor viva'   24
   'Noche oscura del alma'   23
Sarmiento de Acuña, Diego   186–7,
   192, 202–04, 207–08
Saturn   82–4
Sayers Peden, Margaret   254–5, 258
Schulte, Rainer   250
Senabre, Ricardo   73
Seneca   66, 74
Serés, Guillermo   28
Sion, Mount   64
Sobrino Morillas, Cecilia del Naci-
   miento   260–2, 265
   *Canciones de la unión y transfor-
      mación del alma en Dios por la
      niebla divina de pura contem-
      plación*   261–2
Sobrino Morillas, María de San
   Alberto   260, 265
   Yo os ofrezco esta jarrilla   262–3

Socrates (in Plato's *Republic*)   43
Solomon, Michael   156–7
Soria, Antonio de,
   'Vuestra es la culpa de mi atrevi-
      miento'   30
Spitzer, Leo   88
Stoicism   243–62
St. Paul   71
Syrinx (mythology)   240–1

Tantalus (mythology)   78, 158–9,
   161
Terrazas, Francisco de,
   '¡Ay, basas de marfil, vivo
      edificio!'   168–9
   'Dexad las hebras de oro'   168
Terry, Arthur   88
Tibullus   71
Tiziano Vecelli (Titian),
   *Alegoría del tiempo gobernado
      por la prudencia*   27
Torre y Sebil, Francisco de la   28
   A la pluma   13

Universidad de Valencia   222–3

Valencia   213–24
   Plaza del Mercado   223
Vega, María José   45
Villamediana, Conde de   31
Villegas, Esteban Manuel de,
   'Dulce vecino de la verde
      selva'   15
Virgil   19, 57, 59, 95
   Aeneid   49, 54–5
Voloshinov, V. N.   54, 225–6, 231–2

Wagschal, Steven   147
Warner, Marina   89, 98
Weber, Alison   123
Wechsler, Robert   250
Weinberger, Eliot   244, 255
Weiss, Julian   57
Wilcox, John C.   230

Wilson, Catherine 245
Wilson, Edward 68
Wölfflin, Heinrich 10
Wright, Elizabeth 129

Yandell, Cathy 232
Yeats, W. B. 232–3
Yllera, Alicia 160
Zayas, María de 244
  Aventurarse perdiendo 151–2

El castigo de la miseria 152
*El desengaño amando y premio de
  la virtud* 153
El jardín engañoso 153–4
El juez de su causa 153
El Prevenido engañado 152
La fuerza del amor 153
Novelas amorosas y ejemplares
  147–55, 159
Parte segunda del Sarao 155–63